U0541397

国家社会科学基金青年项目
"多重机制非对称作用下的中国结构性通缩及调控体系研究"
(基金项目批准号：16CJL007；结项证书号：20200922)

重庆大学公共经济与公共政策研究中心系列丛书

中国结构性通缩
形成机制及调控体系研究

龙少波 ◎ 著

中国社会科学出版社

图书在版编目（CIP）数据

中国结构性通缩形成机制及调控体系研究 / 龙少波著．
—北京：中国社会科学出版社，2020.7
（重庆大学公共经济与公共政策研究中心系列丛书）
ISBN 978 – 7 – 5203 – 6665 – 6

Ⅰ.①中⋯　Ⅱ.①龙⋯　Ⅲ.①通货紧缩—研究—中国
Ⅳ.①F822.5

中国版本图书馆 CIP 数据核字（2020）第 097502 号

出 版 人	赵剑英
责任编辑	刘晓红
责任校对	周晓东
责任印制	戴　宽

出　　版	中国社会科学出版社
社　　址	北京鼓楼西大街甲 158 号
邮　　编	100720
网　　址	http://www.csspw.cn
发 行 部	010 – 84083685
门 市 部	010 – 84029450
经　　销	新华书店及其他书店
印刷装订	北京市十月印刷有限公司
版　　次	2020 年 7 月第 1 版
印　　次	2020 年 7 月第 1 次印刷
开　　本	710×1000　1/16
印　　张	22.75
字　　数	359 千字
定　　价	128.00 元

凡购买中国社会科学出版社图书，如有质量问题请与本社营销中心联系调换
电话：010 – 84083683
版权所有　侵权必究

序
preface

改革开放以来的四十多年，中国经济保持了高速、稳定的增长，与此同时，总体物价水平也保持在相对平稳区间。中国经济实践的成功经验表明，审慎的宏观调控需要处理好政府与市场的关系。

2012—2016年，中国出现了"PPI持续54个月负增长，而CPI增速逐渐放缓但依然为正"的结构性通缩。也就是说，中国出现了比较明显的双元物价变动结构，即制造业产品价格不断下降，但农产品和服务类产品的价格呈现上升趋势。宏观价格水平是社会总需求和总供给对比关系的外在反映，这表明当时的中国经济存在供需结构性失衡状况。在此阶段，工业领域的产能过剩与价格通缩问题表现得非常突出。钢铁、煤炭、电解铝、水泥、平板玻璃等工业领域出现了供大于求的状况以及严重的产能过剩，工业领域的价格指数PPI出现了持续下跌。

在此背景下，本书基于2012—2016年中国价格双元变化的典型性事实，从多重机制非对称作用的视角，深入探讨了中国结构性通货紧缩的形成机制，并研究了如何完善宏观调控体系以更好地预防与应对未来可能出现的结构性通缩。该研究对于厘清结构性通缩的形成原因以及提出未来的宏观调控政策具有较强的借鉴意义。

从政府与市场经济学的视角来看，对结构性通缩的调控需要处理好政府与市场的关系。在任何现代经济体中，政府都是最大的参与者，经济运行好坏很大程度上取决于政府行为。当经济出现产能过剩、通货紧缩和趋冷时，即使面临过度的市场竞争和普遍的行业亏损，单个企业也不自愿退出，而是进行"消耗战博弈"。企业认为一旦熬过艰难时期，剩下未倒闭的企业就是胜利者，未来可以享受行业供给减少所带来的价格和利润提升。

可见，企业个体决策理性所带来的微观博弈会导致市场加总的非理性。在市场失灵的情况下，有必要更有效地发挥好政府在宏观调控中的作用，以"政府之手"帮助"市场之手"，促使落后企业在过剩产能行业中退出，使得市场更快出清、减少社会福利损失和走出通缩。

中国此轮结构性通缩的成功应对，与我国在宏观调控中所强调的充分发挥市场机制作用且更好地发挥政府作用有着很大的关系。从调控的实践来看，政府在推进供给侧结构性改革的同时，主要采取市场化、行政化以及改革手段"三管齐下"的方式帮助过剩行业的落后企业退出，加快市场出清并走出结构性通缩。在此过程中，中央政府、地方政府与生产企业共同发力以解决产能过剩问题。其中，中央政府利用激励与约束机制，在帮助落后企业在产能退出中起到总决策、总统领和总调控作用；地方政府在对该地区落后产能退出起到落实责任的作用；而生产企业则承担着化解产能过剩的主体责任的作用。可见，政府与市场关系的处理，政府激励机制对于产能过剩的化解以及结构性通缩的消除起到了重要的作用。

按照政府与市场经济学理论，前期市场机制失灵所带来的重复建设、造成的经济结构扭曲，是后期工业领域产能过剩、无效供给与短缺并存的重要原因。因此，未来必须加大改革力度，充分发挥市场机制作用，同时进一步完善市场经济中政府激励机制的作用，从而更好地匹配好市场供需结构，保持宏观价格水平稳定。在未来的宏观调控中，需要进一步加强宏观调控手段的市场化与法制化建设，建立起高效的政策反馈机制，提高宏观调控的前瞻性、时效性、针对性和灵活性，助力宏观经济的平稳运行和高质量发展。

李稻葵

全国政协常委、清华大学中国经济思想与实践研究院院长

2020 年 7 月

摘 要

2012年以来，中国宏观经济形势发生了重大变化，经济由高速增长转变为中高速增长，经济发展进入"新常态"。在此过程中，衡量经济冷热程度的宏观价格指数也发生了显著的变化：一方面，自2012年3月到2016年8月，代表生产端价格的PPI同比增速连续54个月负增长，持续时间之久创历史之最；另一方面，代表消费端价格的CPI同比增速虽然一直为正，但增速逐渐放缓，呈通胀减速状况。可见，2012—2016年，中国出现了"PPI长时间持续负增长，而CPI增长率放缓但仍为正"的结构性通缩。如此长时间的结构性通缩会抑制企业投资和居民消费、加重企业债务负担从而加大金融系统的风险，不利于宏观经济健康平稳运行。因此，研究此轮结构通缩的原因和机制以及如何加以调控应对，对于结构性通缩的防治具有重要意义。

第一，本书从中国宏观经济的现实背景出发，探究了此轮结构性通缩的原因和形成机制。研究发现，多重机制非对称作用是2012—2016年中国结构性通缩形成的主要原因。其一，供求机制的非对称作用。长期以来，我国高端服务的供给相对需求不足以及低端工业品供给相对需求过剩的结构性失衡，造成了PPI与CPI走势的分化。其二，劳动力成本机制的非对称作用。劳动力成本上升对劳动和服务密集型的CPI影响力度大于对资金密集型的PPI影响力度，造成PPI和CPI走势分化。其三，国际大宗商品价格机制的非对称作用。国际大宗商品价格下降对资金密集型的PPI影响大于CPI，造成二者走势的分化。其四，"债务—通缩"机制的非对称作用。

"债务—通缩"机制所形成的利息支出压力对资本密集的PPI影响显著大于对非资本密集的CPI影响，造成PPI与CPI走势分化。总而言之，上述四重机制的非对称作用使得我国在2012—2016年出现了PPI通缩而CPI通胀减速的状况。此外，上游PPI下跌向下游的传递也对CPI产生了一定的下拉作用，最终形成了PPI持续下跌和CPI温和上涨的局面，从而出现了结构性通货紧缩。

第二，从实证角度检验和证实了多重机制非对称作用下的结构性通缩理论。本书从多个角度、利用多种实证方法和多种数据来源对上述理论进行了实证检验，结果发现，该理论对中国结构性通缩具有很好的解释力。具体的实证检验方法如下：

其一，采用向量自回归（VAR）模型和因子分析相结合的方法，对我国2012—2016年结构性通缩的形成机制进行了实证检验。首先采用因子分析法将影响CPI与PPI变动的主要宏观经济变量共150个指标进行因子分析，抽取主成分因子，获得非对称影响CPI与PPI的多重机制。然后将CPI与PPI以及多重机制构建VAR模型，获得各机制对CPI与PPI的不同影响系数以及脉冲响应函数，验证了正是多重机制对CPI与PPI的非对称作用，造成了中国结构性通缩。

其二，采用MS-VAR模型，从CPI与PPI背离的角度分析了多重机制非对称作用对结构性通缩的影响。通过构建CPI与PPI背离指数，实证发现我国CPI与PPI的背离具有明显的两区制特征，各种因素与价格背离指数之间存在显著的非线性关系，进一步论证了多重机制对PPI与CPI的非对称作用对结构性通缩形成的影响。

其三，运用带有随机波动项的时变参数向量自回归模型（TVP-VAR-SV），研究了PPI与CPI之间的传导关系减弱对于结构性通缩的影响。研究发现，2012—2016年PPI与CPI之间的传导关系有减弱的趋势，这对CPI与PPI之间的背离以及结构性通缩起到了一定的作用。

第三，通过回顾通缩历史和总结通缩调控经验得失，为结构性通缩调控提供经验借鉴。为此，本书主要分析和总结了中国、美国和日本的通缩历程和调控经验。一方面，本书回顾分析了自1992年以来的中国历次通缩的发生背景、特征表现、形成原因、调控措施和调控效果，比较了中国历次通缩的异同以及调控经验和教训。另一方面，放眼国际的通缩历史，比较分析了20世纪以来美国和日本所经历的、具有代表性的通货紧缩历史阶段，并深入剖析历次通货紧缩的背景、原因，总结了其通缩调控的手段及效果，以期寻求防范和解决中国结构性通缩的基本思路和经验。

第四，在多重机制非对称作用的结构性通缩理论的基础上，结合历史上通缩调控的经验和教训，尝试建立了中国结构性通缩调控体系。中国结构性通缩调控体系不仅仅包括调控措施，还包括结构性通缩的判定标准、调控底线与目标、预警与预测、调控原则与方案措施，以及调控效果评价与建议等。可见，结构性通缩的调控体系是一个包括事前预测预警、事中调控原则与方案措施以及事后效果评价在内的、完整的有机整体，具有理论上的科学性、系统性以及程序上的可操作性，对结构性通缩的防治具有重要的理论和现实意义。

第五，本书对2012—2016年中国结构性通缩的调控经验和教训进行了总结。主要包括：其一，建立中国结构性通缩调控的体系需要坚持预防和调控并重。不仅需要关注通缩发生后的调控措施制定，还要重视通缩发生前的预防与事后的调控效果评价。其二，宏观经济政策需要同时兼顾需求侧与供给侧政策。通过双侧共同发力促进市场供需总量和供需结构恢复平衡，最终将经济增速和价格水平稳定在合理区间内。其三，应对结构性通缩需要采取区间调控。在我国经济增速明显放缓，价格运行中枢和波动区间整体下移，且价格的结构性变化明显的情况下，需要提升对通缩的容忍度，反通缩调控应该从单一的点目标调控转向区间调控。

值得注意的是，近段时间以来中国结构性通缩再次显现：一方面，2019年以来，中国的PPI同比增速持续低迷，并在2019年7月和8月出现负增长，通缩风险加剧；另一方面，2019年3月以来，CPI同比增速保持在2%以上，而1—8月CPI非食品价格同比增速为1.5%。可见，2019年7月以来，中国再次面临结构性通缩的压力。因此，本书建议在结构性通缩调控体系下，积极地预防和调控可能再次出现的结构性通缩。

关键词：通货紧缩；结构性；调控体系；多重机制；非对称作用

目录

第一章 绪论 / 1
第一节 研究背景与问题提出 // 1
第二节 研究意义 // 5
第三节 研究范畴、内容框架与方法 // 7
第四节 基本观点与创新之处 // 13
第五节 小结 // 14

第二章 国内外有关通货紧缩的文献综述 / 16
第一节 通货紧缩的定义和判定标准的研究 // 16
第二节 国内外有关通货紧缩的理论研究 // 21
第三节 国内外有关通货紧缩影响的研究 // 27
第四节 2012—2016年中国通货紧缩的研究 // 29
第五节 小结 // 37

第三章 中国历次通货紧缩的比较分析 / 39
第一节 1992年以来中国所经历的四次通货紧缩 // 39
第二节 1998—2000年中国通货紧缩 // 44
第三节 2001—2002年中国通货紧缩 // 58
第四节 2008—2009年中国通货紧缩 // 72
第五节 2012—2016年中国通货紧缩 // 86
第六节 小结 // 100

第四章 2012—2016年中国结构性通缩形成的理论研究 / 102
第一节 CPI与PPI的构成以及四重机制非对称作用 // 102

第二节　供需失衡机制非对称作用对结构性通缩影响 // 104

第三节　国际大宗商品价格机制非对称作用对结构性通缩影响 // 108

第四节　"债务—通缩"机制非对称作用对结构性通缩影响 // 111

第五节　劳动力成本机制非对称作用对结构性通缩影响 // 113

第六节　小结 // 115

第五章　多重机制非对称作用下的中国结构性通缩：因子分析 / 118

第一节　宏观经济因素对结构性通缩影响的因子分析 // 118

第二节　多重机制对结构性通缩影响的实证分析 // 128

第三节　2012—2016年中国结构性通缩调控措施的效果模拟 // 139

第四节　小结 // 146

第六章　多重机制非对称作用下的中国结构性通缩：CPI与PPI背离 / 148

第一节　中国CPI与PPI背离特征分析 // 149

第二节　中国CPI与PPI背离的文献评述 // 152

第三节　中国CPI与PPI背离的MS-VAR研究方法 // 156

第四节　中国CPI与PPI背离的实证结果分析 // 160

第五节　中国CPI与PPI背离实证结果的稳健性检验 // 174

第六节　小结 // 176

第七章　多重机制非对称作用下的中国结构性通缩：PPI与CPI的传导 / 177

第一节　上游PPI与下游CPI的相互传导机制 // 177

第二节　PPI与CPI相互传导关系的文献综述 // 179

第三节　PPI与CPI相互传导关系的研究方法 // 182

第四节　PPI与CPI相互传导关系的实证结果分析 // 185

第五节　小结 // 198

第八章　美国和日本通缩历程与调控经验借鉴 / 201

　　第一节　20 世纪以来美国和日本经历的几次通缩 // 201
　　第二节　1929—1933 年大萧条时期美国的通货紧缩 // 202
　　第三节　1997—1999 年美国的良性通货紧缩 // 209
　　第四节　2008—2009 年次贷危机下美国通货紧缩 // 215
　　第五节　2015 年美国短暂通货紧缩 // 223
　　第六节　1985—2006 年日本的通货紧缩 // 230
　　第七节　2009—2016 年日本的通货紧缩 // 244
　　第八节　小结 // 256

第九章　中国结构性通货紧缩调控体系的建立 / 258

　　第一节　中国结构性通缩调控体系的基本框架 // 258
　　第二节　中国结构性通缩调控的底线与目标 // 260
　　第三节　中国结构性通缩的预警与预测 // 265
　　第四节　中国结构性通缩调控的原则与方案措施 // 271
　　第五节　中国结构性通缩调控的效果评价与建议 // 289
　　第六节　小结 // 297

第十章　2012—2016 年中国结构性通缩调控经验总结 / 299

　　第一节　需求侧管理：总量调控和结构性优化并重 // 299
　　第二节　供给侧结构性改革：优化供给结构 // 315
　　第三节　前瞻性和区间调控：提高对通缩的预测能力和容忍度 // 319
　　第四节　2012—2016 年中国结构性通缩调控的思考 // 322
　　第五节　小结 // 331

参考文献 / 332

后记 / 349

第一章 绪 论

第一节 研究背景与问题提出

2012年以来，我国经济形势发生了重大变化，经济由高速增长转变为中高速增长，经济发展进入"新常态"。在此过程中，衡量经济冷热程度的宏观价格指数也发生了显著的变化：一方面，2012年3月到2016年8月，代表生产端价格的工业生产者出厂价格指数PPI同比增速连续54个月负增长，持续时间之久创历史之最；另一方面，代表消费端价格的消费者价格指数CPI同比增速虽然一直保持为正，但增速逐渐放缓，呈通胀减速状况。

如图1.1所示，我国工业生产者出厂价格指数PPI同比增速在2011年7月达到顶峰7.5%后一路下跌，2012年3月PPI同比增速跌破0，此后PPI负增长呈扩大趋势。2015年9月，PPI同比增速跌至-5.95%，创2009年11月以来最大跌幅。截至2016年8月，此轮通缩中的PPI指数持续长达54个月同比负增长。由此可见，2012年3月到2016年8月，我国的生产领域已完全陷入通货紧缩状态。虽然对于整体经济供需状况的判断而言，仅仅关注PPI指数并不具有普遍性，但对于生产企业而言，PPI在一定程度上是总体价格指数的代表。因为PPI表示的是全部工业品出厂价格指数，代表企业生产的产品出厂销售时的总体价格水平，关系到企业的利润变化，会对企业的生产决策行为产生重要的影响，并会影响整体宏观经济形势的变化。

与此相反的是，我国的消费者价格指数CPI同比增速一直保持为正，但增速逐渐放缓，处于通胀放缓的态势。其中，2015年1月的CPI同比增速仅为0.76%，几乎要跌破正增长。对于一个保持经济中高速增长的新兴发展中国家而言，这样的CPI通胀水平是极低的。而且，从以往历次通缩的经验来看，持续的PPI通缩可能会通过生产链的传导作用而带来下游CPI的通缩。也就是说，在严重通货紧缩期间，会出现PPI与CPI负增长重合的区间。一般情况是上游生产领域的PPI先出现同比负增长，然后传导到下游消费领域，导致CPI出现同比负增长，最终两者同时处于负增长的态势。因此，在经济新常态下，2012—2016年我国PPI的长期通缩使CPI也处于严重的通缩风险当中。虽然从2016年9月开始，我国的PPI同比增速转负为正，生产领域正式走出此轮通缩，而且CPI同比增速在此期间并没有转负，但是，分析我国此次结构性通缩形成的原因，总结结构性通缩的调控经验，对于我国未来调控生产领域的通缩和预防消费领域的通缩具有重要的意义。

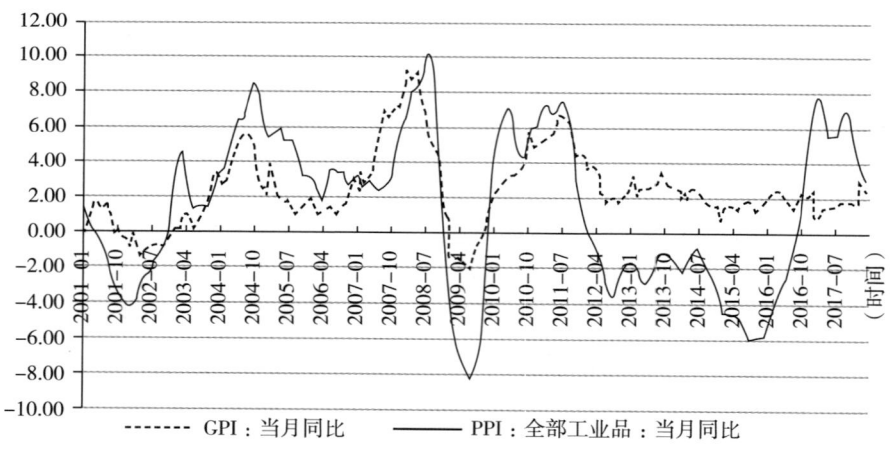

图1.1　2001—2017年中国CPI与PPI同比变化趋势

资料来源：Wind数据库。

由于此次我国价格大幅波动表现出PPI持续大幅负增长，而CPI增速却始终没有为负的状况，似乎未严格符合通货紧缩的经典定义，所以学者们对于此次价格波动是否属于通货紧缩尚存在争论。例如，冯明（2015）等认为，我国此阶段的CPI同比增速虽然很低，但毕竟在零之上，因此难言"已经陷入通缩"。然而，尽管中国并未出现PPI和CPI全面通缩的状况，但是，结合PPI持续负增长、CPI通胀减缓和GDP平减指数（GDP deflator）间断性负增长的态势进行综合分析，许多学者（殷剑峰，2015；蔡喜洋、张炜，2015）认为我国在此阶段出现了结构性通货紧缩。本书综合考虑了前人的研究结论和我国经济的实际运行状况，认为此阶段我国经济虽然尚未陷入全面性通缩，但是处于结构性通缩的状况。结构性通缩的典型特征一般表现为生产领域已经通缩，但消费领域只是通胀放缓，且PPI 与 CPI 增速走势呈现出正负"二元分离"和不断扩大的状况。

尽管结构性通缩对经济的负面影响不及全面性通缩之大，但是结构性通缩对经济仍然有严重的危害。首先，结构性通缩可能会抑制企业的投资需求。一般而言，工业品出厂价格水平的持续下跌意味着企业的产品不断降价和利润减少，这会抑制企业生产的积极性，从而降低其投资需求，并提高失业率（DeLong & Sims，1999）。企业利润减少迫使企业要维持生产就需要增加负债，而通货紧缩有利于债权人而不利于债务人，债务负担的加重会使得作为生产者或投资者的债务人选择减少生产和投资活动，在此过程中经济增长将进一步受到抑制。另外，名义工资刚性的存在，还会进一步挤压企业的边际利润率（Bernanke & Carey，1996）。而且物价不断下跌还会使得实际利率提高，进一步加重企业的债务，形成"债务—通缩"螺旋，从而抑制企业的再投资。

其次，结构性通缩可能会抑制消费需求。在通货紧缩情况下，企业的生产积极性下降和投资减少会导致其在就业市场上对工人的需求减少，引起失业率升高和收入水平降低，进而使消费需求受到抑制。此外，在通货紧缩情况下，由于未来商品价格会更低，理性的消费者会进行消费行为的跨期平滑，倾向于减少当期的消费以用于未来的消费，这也会在一定程度上抑制当期的消费需求。

再次，结构性通货紧缩会使实体经济风险传导至金融领域，引起金融体系风险增加。通货紧缩时期，企业借债难度增大，偿债能力减弱，实体经济风险将引致金融领域风险。在通货紧缩情况下，由于大众对未来的信心不足，金融的顺周期性会使得银行减少借贷，加剧企业融资难问题并进一步影响到投资需求。并且，许多宏观经济政策工具在通货紧缩情况下会失灵，使得政府无法或很难控制通缩带来的危害。例如，货币政策会因经济中各种类似于"流动性陷阱"的"刚性"存在而失灵。而且，资金一旦不愿流入实体经济，就会涌入虚拟经济，造成资金脱实向虚和空转，推升资产泡沫。

最后,如果生产端 PPI 的通缩长时间没有传导至消费端 CPI 上,就会扭曲市场价格信号,进一步加剧出厂产品价格指数 PPI 的通缩程度,进而加剧结构性通缩的程度。

2012—2016 年,中国连续长达 54 个月陷入结构性通货紧缩当中,其中至少有两点值得我们注意和思考。一方面,宏观价格结构性失衡说明我国经济存在着结构性失衡,因为宏观价格是总供给和总需求平衡状况的反映。其主要表现为:工业领域内部大量低端无效产能过剩导致低端产品市场上供大于求,但高端产品的有效供给相对于高端有效需求却明显不足,导致高端市场上供小于求。例如,服务业领域面临需求结构升级的迫切需要,但是服务业产业结构升级跟不上需求的步伐(比如医疗、教育等行业);农产品的供给结构不适应农产品的需求结构,造成结构性的短缺和过剩共存的现象。另一方面,需要防止出现结构性通缩演变和恶化成为全面性通缩。如果 CPI 增速放缓的趋势不能得到有效抑制而转化为负增长,那么全面性通缩的出现以及更强的通缩预期将会带来更大的社会危害和福利损失。一般而言,通货紧缩会造成经济中总需求的收缩,而总需求的收缩会进一步加剧通货紧缩,如此循环反复可能会造成经济增长减速。因此,对结构性通缩进行有效调控对我国经济发展具有十分重要的意义。

通货紧缩对经济发展有着很大的负面影响,许多学者就通货紧缩展开了深入的研究,但鲜有学者就我国 2012—2016 年的结构性通缩做专门的研究和提出有针对性的建议。现有文献大多关注我国 1998—2000 年、2001—2002 年以及 2008—2009 年所出现的全面性通货紧缩。由于 2012—2016 年所出现的结构性通货紧缩不同于之前的三次全面通货紧缩,其调控和治理方式也会有所区别。因此,我们有必要对 2012—2016 年出现的结构性通缩进行深入研究。

为此,本书聚焦于我国 2012—2016 年的结构性通缩,也就是"PPI 持续通缩,CPI 通胀减速,且 PPI 与 CPI 正负分离并不断扩大"这一状况。首先根据科学的标准来判断我国在 2012—2016 年是否存在结构性通缩,并描述结构性通缩的特征,进而分析多重机制非对称作用对中国结构性通缩的形成的影响以寻找结构性通缩的形成原因,最后提出结构性通货紧缩的调控体系和具有针对性的政策建议。

第二节 研究意义

一 理论意义

2012—2016 年的结构性通缩发生在中国经济从高增速平台向中高速平台转换的过程中，具有不同于以往的、明显的结构性特征，对其进行全面的、系统的研究具有重要的理论意义：

第一，从理论上进一步补充和完善了结构性通缩的概念和理论，有利于通货紧缩分类标准的制定与判定。一般而言，按照不同的标准，通货紧缩有不同的分类。例如，按照通货紧缩形成的原因，可分为需求不足型通货紧缩、供给过剩型通货紧缩；按照通货紧缩对经济的危害与否，可分为恶性通货紧缩和良性通货紧缩；按照通货紧缩的程度，可分为轻度通货紧缩、中度通货紧缩和重度通货紧缩；按照通货紧缩发生在全面领域还是局部领域，可分为全面性通货紧缩和结构性通货紧缩。鉴于我国 2012—2016 年的通货紧缩并非全面性的通货紧缩，而是呈现出"PPI 持续通缩，CPI 通胀减速，且 PPI 与 CPI 正负分离并不断扩大"的典型结构性特征，所以，本书拟从结构性通缩的角度对本轮通缩进行研究。为此，本书在回顾以往相关文献的基础上，比较了现有的几种关于结构性通缩的判定方法，并确定了相对科学合理的判定标准，这有利于识别和理解我国结构性通缩状况，为学界厘清和判断结构性通缩提供更为科学的理论基础。

第二，从非对称作用的角度提出了我国结构性通缩的形成理论，这一理论对现实情况有着很好的解释力度。本书从中国当前的宏观经济背景特征和变化趋势实际情况出发，筛选出影响总体价格水平的几大主要因素，研究其在经济"新常态"下对 CPI 与 PPI 的非对称作用机制，从而找到消费端和生产端物价变化趋势存在分化的形成机制以及结构性通缩的成因，从而对我国结构性通缩的现实状况给出合理的解释。该理论在一定程度上弥补了现有文献从单一角度分析通缩形成机理的不足，并具有较强的解释力度。

理论与实证研究均发现，主要是四重机制的非对称作用造成了我国 2012—2016 年结构性通缩的局面。其一，供求机制的非对称作用——我国高端服务的供给相对需求不足以及低端工业品供给相对需求过剩的结构性失衡，造成了 PPI 与 CPI 走势的分化；其二，劳动力成本机制的非对称作用——劳动力成本上升对劳动和服务密集型的 CPI 的影响力度大于资金密集型的 PPI 的影响力度，造成 PPI 和 CPI 走势分化；其三，国际大宗商品价格机制的非对称作用——国际大宗商品价格下降对资金密集型的 PPI 的影响大于对 CPI 的影响，造成二者走势的分化；其四，"债务—通缩"机制的非对称作用——"债务—通缩"机制对资本密集的 PPI 的影响大于对非资本密集的 CPI 影响。PPI 主要衡量的是资本密集型的工业品的价格，例如，钢铁、水泥、氧化铝等工业品的出厂价格。而 CPI 中的日常用工业品资本密集程度相对较低。债务通缩所形成的利息支出压力对 PPI 的影响明显大于对 CPI 的影响。总而言之，以上四重机制的非对称作用使得我国 2012—2016 年出现了 PPI 通缩而 CPI 通胀减速的状况。除此之外，上游 PPI 的下跌向下游传递也会对 CPI 产生一定的下拉作用，最终形成了 PPI 持续下跌和 CPI 指数温和上涨的局面，从而出现了结构性通货紧缩。

在形成机制的基础之上提出了针对结构性通货紧缩的调控体系理论。PPI 与 CPI 由于受到多重机制的非对称影响而出现正负分离现象，为了使 PPI 和 CPI 同比增速回到合意的区间，实现价格的平稳增长，本书提出对 PPI 与 CPI 采取非对称（包括措施类型、方向、力度）且协调的调控方案措施，建立和完善结构性通货紧缩调控体系，具体包括结构性通缩调控的底线和目标、预测与预警、方案措施、模拟选优、政策建议以及反馈调整在内的一系列有机调控步骤。[①]

二 现实意义

自 1992 年以来，中国已经发生了四次通货紧缩，通缩的频率相对较高，研究和总结通缩调控的经验，对于后续通缩的预防和调控有着重要的现实意义。

其一，为未来可能出现结构性通缩的研判提供科学的标准，有利于政府提前做好防范通货紧缩的准备。一般来说，政策制定者在价格调控时更加关注 CPI，而容易忽视 PPI 通缩的危害性。与以往历次的全面性通缩不同，2012—2016 年结构性通缩期间，我国 PPI 出现通缩，但 CPI 仍然处于正增长的区间。由于学界对结构性通缩的判定还没有形成统一的判定标准，因此对

---

① 目前宏观调控只设置了通胀率的上限值而无下限值，但在通缩与失业率、经济增长率关系变化密切的情况下，设置价格调控的下限值是必要的，也符合区间调控的原则。因此，本书力图提出设立通货紧缩目标下限的建议，并为宏观价格的区间调控提供创新理论支持。

于此次价格大幅度变动是否应判定为通货紧缩存在争论,从而不利于通缩的预防和提前调控,这也是此轮结构性通缩持续长达54个月之久的重要原因之一。

因此,未来当我国再次面临通缩时,如果仍旧缺乏结构性通缩的科学判定标准,可能会延误调控时机,甚至使结构通缩演化为更为严重的全面性通缩,从而增加调控的难度和造成更大的社会福利损失。因此,本书尝试提出结构性通缩的判定标准,以期对结构性通缩进行提前研判,并根据形势变化预测预警、形成预案,从而实现通货紧缩的提前防范和前瞻性调控。

其二,为结构性通缩的非对称精准调控提供政策建议,以供决策部门参考。如何最小成本地解决我国的结构性通缩问题,为我国经济在长期内保持中高速增长提供稳定的价格环境,是我国众多学者和政策制定者重点关注的问题,更是"新常态"背景下政府实施宏观调控的重要任务。本书首先从理论角度厘清结构性通缩的形成原因和机制,然后综合运用多种实证方法从多重机制非对称作用角度分析我国结构性通缩的成因。在此基础上提出针对结构性通缩的调控体系和框架,建立形成"设立底线和目标→预测与预警→调控原则和方案措施→具体方案措施效果模拟和评价→政策建议"的通缩调控体系。这将为我国决策部门采取精准措施调控结构性通缩,稳定价格环境提供决策参考,同时也将为世界其他国家和地区稳定宏观经济环境提供一定的借鉴。

其三,同时为全面性通缩的调控提供一定的借鉴和建议。从通缩严重程度来看,我们可以把全面性通缩看成是结构性通缩的演变和恶化,因此结构性通缩调控体系对全面性通缩的调控也具有一定的启发意义和实用性。当结构性通缩发生后,如果CPI逐步演变成了负增长,则结构性通缩也就演变成了全面性通缩。相对于结构性通缩的调控措施重点针对PPI通缩而言,全面性通缩的调控措施则需要进一步加大对CPI反通缩的调控力度。因此,当发生全面性通缩时,我们可以在结构性通缩调控体系的基础上适度地加大对CPI的反通缩调控力度,从而应对全面性的通货紧缩。

第三节 研究范畴、内容框架与方法

一 研究范畴

本书的范畴是结构性通货紧缩,主要研究对象是我国2012—2016年的结构性通缩现象，也就是我国"PPI 持续通缩，CPI 通胀减速，且 PPI 与 CPI 正负分离并不断扩大"的状况。

二 研究内容框架

本书对我国 2012—2016 年"PPI 持续通缩，CPI 通胀减速，CPI 与 PPI 之间缺口不断扩大"的结构性通缩现象进行研究。首先，基于典型性事实，从"多重机制非对称作用"的视角分析我国结构性通缩的形成机制。其次，构建结构性通缩的调控体系，并对调控措施进行模拟和评价。最后，选出最优的政策组合并给出具体的调控建议。

本书的内容框架如图 1.2 所示，具体研究内容包括：

第一章是绪论。主要介绍研究背景、研究意义、研究内容、研究方法、基本观点和创新之处等。

第二章是国内外有关通货紧缩的文献综述。该部分首先对与通货紧缩的定义和判定标准相关的文献进行归纳，并重点梳理国内外有关通货紧缩的相关理论。其次，梳理现有文献对 2012—2016 年中国通缩的不同判断和观点，并利用较为科学的标准给出本书对 2012—2016 年中国通缩的判定：中国在此期间虽未陷入全面性通缩，但存在结构性通缩并面临全面性通缩的风险。接下来，梳理国内外文献中关于通货紧缩对经济影响的主要观点。最后，梳理现有文献对 2012—2016 年中国结构性通货紧缩提出的调控措施和建议，并进行对比分析。

第三章是中国历次通货紧缩的比较分析。该部分从通缩产生的背景、特征表现、形成原因、调控措施及效果评价等方面，比较分析了我国自 1992 年建立社会主义市场经济以来所经历的四次通货紧缩。通过比较分析发现，我国通货紧缩普遍面临货币供应量增速减少，固定投资增速减少，出口增速和 GDP 增速显著放缓的状况。[①] 但与历次通货紧缩不同的是，2012—2016 年通缩并非全面性通缩，而是结构性通缩。对我国历次通货紧缩的一般规律和差异性的比较分析以及调控经验进行总结，为结构性通缩理论的构建以及结构性通缩调控体系的建立打下基础。

---

① 值得注意的是，在 2001—2002 年的良性通缩中，我国 GDP 增速、投资增速、消费增速、出口增速以及货币供给和信贷增速均呈现出上升的态势。

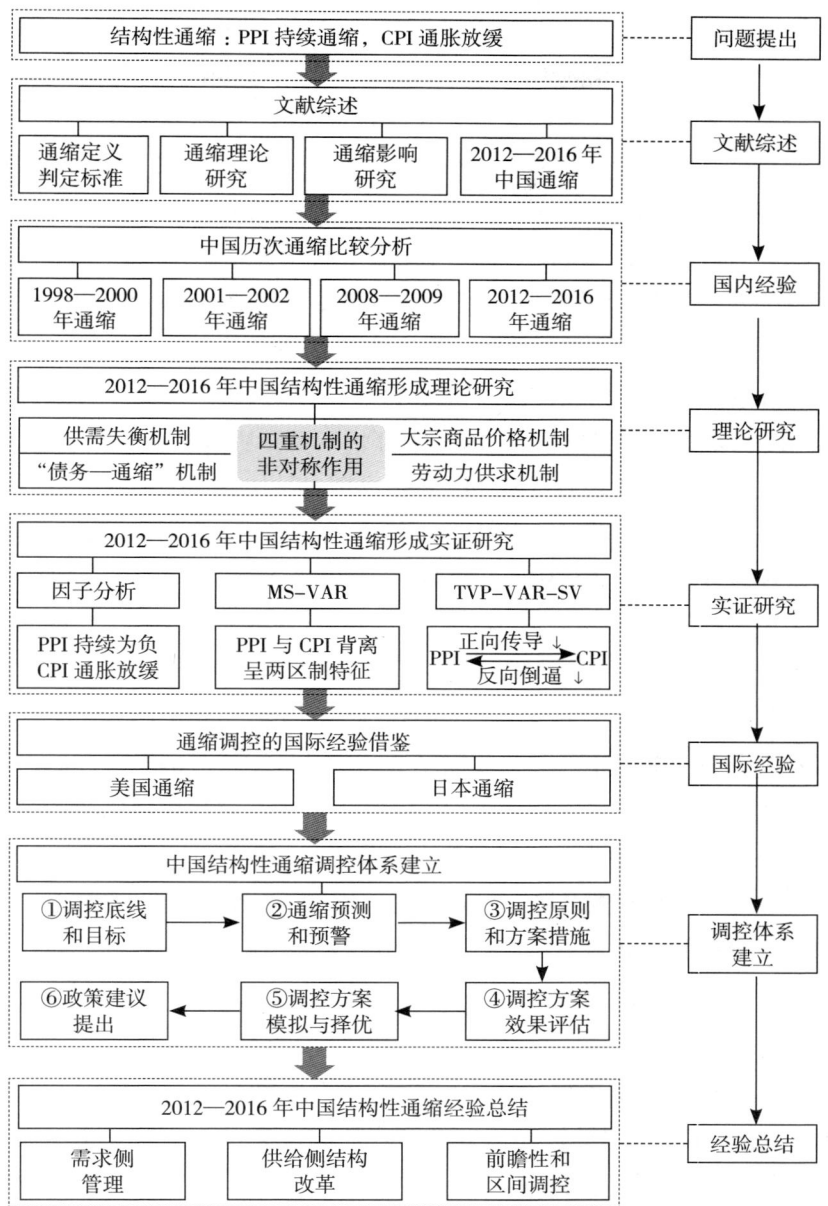

图1.2 多重机制非对称作用下的中国结构性通缩及调控体系的逻辑框架

第四章是2012—2016年中国结构性通缩形成的理论研究。该部分紧密结合我国宏观经济情况，提出四重机制的非对称作用导致中国在2012—2016年出现了结构性通缩。其中，第一重为供需机制的非对称作用。PPI

中工业品产能过剩，供大于求压制 PPI 同比增速，而 CPI 中农产品和服务供给不足，求大于供提升 CPI 同比增速。第二重为国际大宗商品价格机制的非对称作用。国际原油和矿石等大宗商品价格下跌带动 PPI 同比大幅下降，而对 CPI 中农产品和服务价格的作用较小。第三重为"债务—通缩"机制的非对称作用。"债务—通缩"对资本密集的 PPI 生产资料价格的负面冲击大，而对资本占比较小的 CPI 中农产品和服务价格的负面冲击较小。第四重为劳动力成本机制的非对称作用。劳动力成本上升对劳动力成本占比小的 PPI 生产资料价格冲击小，而对劳动力密集的 CPI 中农产品和服务价格的冲击大。以上四重机制的非对称作用，加上 PPI 下跌向 CPI 的传递，使得 PPI 指数增速持续向下，CPI 指数涨幅下降，从而形成结构性通缩。

第五章至第七章是多重机制非对称作用对结构性通缩形成理论的实证研究。从多个角度出发、运用多种实证方法和多种数据来源进行了检验，结果发现该理论对中国结构性通缩具有很好的解释力。

其中，第五章利用因子分析法研究四重机制的非对称作用对中国结构性通缩形成的影响。首先，把反映供需失衡机制、"债务—通缩"机制、大宗商品价格机制和劳动力成本机制的指标集的 150 个指标纳入一个统一的宏观经济分析框架当中，并采用因子分析法抽取主成分因子。其次，运用所得到的主成分因子与 CPI、PPI 以及利率 R 建立向量自回归（VAR）模型，运用脉冲响应函数来分析四重机制与 CPI、PPI 之间的动态互动关系，并使用方差分解来观测各机制对 CPI、PPI 变动的贡献程度。最后，进行需求侧和供给侧相关政策模拟，以考察不同政策措施对结构性通缩的调控作用，进而为治理结构性通缩提供相应的政策建议。

第六章利用马尔科夫区制转换向量自回归模型（MS-VAR）就四重机制对中国结构性通货紧缩形成的原因进行实证研究。该部分从 CPI 与 PPI 背离的角度分析我国结构性通缩的形成原因，通过构建一个衡量 CPI 与 PPI 背离的指数，并利用 MS-VAR 模型就多重机制对价格指数背离成因的非线性关系进行实证分析。研究发现，我国 CPI 与 PPI 的背离具有明显的两区制特征，多重机制与价格指数背离之间存在显著的非线性关系，多重机制的非对称作用造成了 CPI 与 PPI 的背离。

第七章是利用带有随机波动项的时变参数向量自回归（TVP-VAR-SV）模型对 PPI 与 CPI 之间的非线性传导关系进行研究。该部分首先分析了上游 PPI 与下游 CPI 之间的相互传导机制。然后，梳理了学界有关 PPI 与 CPI 相互传导的主要观点。接下来，介绍了本章所用的带有随机波动项的时变参数向量自回归模型（TVP-VAR-SV）的产生背景和基本原理。随后，运用 TVP-VAR-SV 模型，在考虑货币驱动机制的情况下（加入 M2 和 R），对我国 2012—2016 年通缩阶段的 PPI 与 CPI 之间的非线性传导关系进行实证检验。实证结果显示，在 2012—2016 年通缩期间，我国 PPI 与 CPI 之间的正向传导和反向倒逼机制依然存在，但两者之间的传导和倒逼关系的强度有所减弱。

第八章是美国和日本通缩历程与调控经验借鉴。该部分放眼于国际通缩历史，通过分析和比较美国与日本所经历的有代表性的通缩历史阶段，深入剖析其历次通缩的原因，总结通缩的调控手段，了解其通缩调控的效果，寻求防范和治理通货紧缩的一般规律和思路，目的是借鉴他国反通缩经验为我国所用。

第九章是中国结构性通货紧缩调控体系的建立。该章的主要目的是构建较为科学、完备的通缩调控体系和框架。主要包括以下四部分：其一，设定中国结构性通缩的调控底线和目标，并论证设立"PPI 增速 3%，CPI 增速 2%—3%"作为通缩调控目标的合理性。其二，建立结构性通缩预测和预警机制。建议利用先行指标和宏观经济预测模型、景气信号灯方法对结构性通缩进行预警与预测。其三，提出结构性通缩调控的原则和方案措施，并模拟通缩调控措施组合的政策效果且对其效果进行评价，以提出更好的政策建议。其四，对通缩调控方案和措施的效果进行动态监控和反馈，并依此对反通缩方案措施进行实时动态修订，以达到更好的调控效果。

第十章是 2012—2016 年中国结构性通缩调控经验总结。同时，给出本书关于本轮中国结构性通缩的思考。例如，在需求侧管理方面，政府坚持了总量调控和结构性优化并重的原则，实施积极的财政政策和稳健的货币政策等。在供给侧结构性改革方面，政府依靠改革的相关措施限制了低效、无效、过剩产能，刺激了短缺的、有效的高端产能的供给。此外，政府在调控目标方面开始从单一的点目标调控转向区间调控，在调控过程中更加注重预期管理与前瞻性调控。最后，本书对目前宏观价格变动中所存在的风险与问题进行了分析，并就中国宏观价格未来变动的调控提出了相关的政策建议。

三 研究方法

本书采用理论分析和实证分析相结合的研究方法对中国结构性通缩进行分析。

在理论分析方面，通过文献回顾和梳理，明晰结构性通缩的判定标准，并从多重机制非对称作用的角度分析结构性通缩形成的机理，从而为通货紧缩寻求理论支持。

在实证分析方面，综合运用因子分析法、向量自回归（VAR）模型、马尔科夫区制转换向量自回归（MS-VAR）模型和带有随机波动项的时变参数向量自回归（TVP-VAR-SV）模型进行实证研究。

第一，运用因子分析方法和向量自回归模型分析多重机制的非对称作用对中国结构性通缩的影响。因子分析法能在尽可能损失较少信息的情况下把众多指标简化为少量主要因子，有效地解决了 VAR 模型在变量个数上的局限性。本书首先采用因子分析法提取能代表广泛经济信息的综合性变量，然后，将提取的因子与 CPI 和 PPI 建立 VAR 模型，使用脉冲响应函数观测 CPI 和 PPI 在各因子冲击下的非对称反应情况，验证中国结构性通缩的形成机制。

第二，采用马尔科夫区制转换向量自回归（MS-VAR）模型分析 CPI 与 PPI 背离的原因。利用我国 2003 年 1 月至 2016 年 12 月的 CPI 和 PPI 月度数据，通过构建一个衡量 CPI 与 PPI 背离的指数，利用马尔科夫区制转换向量自回归（MS-VAR）模型对价格指数背离成因的非线性关系进行实证分析。实证结果表明多重机制是 CPI 与 PPI 背离以及结构性通缩形成的重要原因。

第三，利用带有随机波动项的时变参数向量自回归（TVP-VAR-SV）模型，分析 PPI 与 CPI 之间的相互传导强度变化趋势。在考虑货币驱动机制的情况下（加入 M2 和 R），考察了 PPI 与 CPI 之间的相互传导关系，验证了在 2012—2016 年结构性通缩期间，PPI 与 CPI 之间的传导强度减弱的事实，也进一步论证说明了 PPI 与 CPI 背离的事实以及结构性通缩的形成机制。

第四节　基本观点与创新之处

一　基本观点

本书基于2012—2016年我国所出现的"PPI持续通缩，CPI通胀减速"的结构性通缩典型事实，提出多重机制非对称作用下的结构性通缩理论，并得到了实证结果的验证和支持。另外，也对我国历次通缩以及美国和日本的通缩历史、调控措施、经验和规律进行了总结。在此基础上，提出了以下研究结论和基本观点：

第一，2012—2016年，中国存在"PPI通缩、CPI通胀减速"的结构性通缩事实，但并没有陷入全面性通缩的严重状况。而自2014年以来，中国供给侧结构性改革下的去产能和去杠杆以及需求侧的调控，是此次结构性通缩缓解和最终解决的重要原因。

第二，中国结构性通缩的形成是因为PPI与CPI分别受到了多重机制的非对称作用。在经济"新常态"下，多重机制的非对称作用是PPI与CPI分化以及结构性通缩形成的主要原因。

第三，中国需要建立完备的结构性通缩调控体系以应对未来可能出现的结构性通缩问题。结构性通缩的调控不仅包括通缩调控措施，还应包括调控的底线和目标、通缩的预测与预警、调控措施组合方案的效果模拟评价以及调控过程的动态监测与反馈调整等整个过程。完整的调控体系以及预案更加有利于预防和治理通货紧缩，并降低通缩的治理成本和社会成本。

第四，在针对结构性通缩时，我们需要对PPI与CPI采取协调但有差异的短期和中长期调控措施。基于PPI与CPI对于多重机制作用所表现出的不同反应特征，我们需采取非对称调控措施以同时实现PPI增速达到3%以上，CPI增速回归至2%—3%区间的调控目标。

二　创新之处

从研究内容上看，本书的创新之处体现在以下三方面。其一，与以往文献从某一视角入手分析通缩相比，本书从多重机制非对称作用的角度出发，分析了中国结构性通缩的形成原因。由于PPI与CPI受到多重机制的非对称作用，从而出现"PPI通缩、CPI通胀减速"的结构性通缩，我们需要从机制作用的异质性角度出发分析结构性通缩形成的原因。其二，建立了较为完备的结构性通缩调控体系。调控体系不仅需要包括通缩调控措施，还应包括调控的底线和目标、通缩的预测与预警以及调控措施组合效果模拟评价等方面的内容。其三，基于PPI与CPI对于多重机制的非对称反应的特征，提出了对PPI与CPI采取非对称调控方案措施的建议，以求同时达到PPI增速3%以上，CPI增速回归2%—3%的调控目标。

从研究方法上看，本书的创新之处体现在以下三个方面。首先，利用"从整体到局部的思想"，从宏观经济的广义视角将可能影响通缩的所有指标纳入统一框架并提炼主成分因子，以有效地防止影响机制的遗漏问题，并有效地解决其他模型无法克服的变量过少、信息有限问题，从而更好地估计多重机制的非对称作用对PPI通缩与CPI通胀减速的影响。其次，利用马尔科夫区制转换向量自回归模型（MS-VAR）对CPI与PPI两大价格指数背离成因的非线性关系进行实证分析，进一步证实多重机制非对称作用对PPI与CPI背离的影响。最后，利用带有随机波动项的时变参数向量自回归模型（TVP-VAR-SV），实证分析了PPI与CPI之间的非线性动态传导关系，并重点分析2012—2016年PPI与CPI之间传导关系减弱的现象，从而对理论中的PPI对CPI的传导效应仍然存在，但是传导力度减弱的机制进行了证实，进一步支持了多重机制非对称作用对结构性通缩形成的影响。

第五节 小结

本章主要对中国结构性通缩的研究背景、研究意义、研究范畴、研究方法、基本观点以及创新之处进行了阐述。

第一，介绍了中国结构性通缩的研究背景。2012—2016年的结构性通缩发生于我国经济增速由高速增长向中高速增长转变的"新常态"时期。伴随着经济形势的变化，衡量经济冷热程度的宏观价格指数也发生了显著变化，中国出现了"PPI长时间持续负增长，而CPI增长率放缓但仍为正"的结构性通缩。

第二，从理论和现实两个角度阐述了中国结构性通缩的研究意义。从理论上看，本书不仅进一步明确了结构性通缩的判定标准，还从非对称作用的角度深入剖析了造成我国结构性通缩的四重机制，并在此基础上提出了针对结构性通货紧缩的调控体系，有利于补充和完善结构性通缩的相关理论；从现实来看，本书为结构性通缩的研判提供科学的标准，有利于政府提前进行通缩的预测与预警，并建立了科学、严谨的结构性通缩调控体系，从而有利于为政府的结构性通缩调控提供更为精准的决策建议。

第三，介绍了本书的研究范畴、内容框架及研究方法。本书采用理论分析和实证分析相结合的研究方法，首先，基于典型事实，从"多重机制非对称作用"的视角分析并实证检验了我国结构性通缩的形成机制，并分析和总结了中国、美国和日本的通缩历程和调控经验。其次，构建了结构性通缩调控体系，并对调控措施进行模拟和评价。最后，对2012—2016年结构性通缩的调控经验进行了总结，并提出了关于本轮结构性通缩的相关思考。

第四，提出了本书的基本观点与创新之处。首先，阐述了本书对2012—2016年通缩的性质、成因和形成机制以及调控体系等方面的基本观点。其次，从研究内容和研究方法两个方面出发，介绍本书的创新之处，包括：在研究内容方面，从多重机制非对称作用的角度出发，分析中国结构性通缩的形成原因，并建立了较为完备的结构性通缩调控体系；在研究方法方面，利用因子分析法、马尔科夫区制转换向量自回归（MS-VAR）模型以及带有随机波动项的时变参数向量自回归（TVP-VAR-SV）模型进行了实证分析，克服了以往模型存在的弊端等。

第二章
国内外有关通货紧缩的文献综述

第一节 通货紧缩的定义和判定标准的研究

一 通货紧缩的定义和判定标准

通货紧缩一般被认为是通货膨胀的反面,有关通货紧缩(Deflation)的定义已经达成基本的共识,一般是指商品和服务的总体价格水平持续性下跌的过程(Samuelson & Nordhaus,1992;Barro & Grilli,1994;Bordo & Filardo,2005)。但关于通货紧缩的判定标准,学界尚未达成完全一致的看法,主要包括以下几种代表性的观点:

其一,"单一要素"论。"单一要素"论将价格指标作为唯一的判定标准。该理论认为,当总体价格水平指标出现持续一段时间的负增长就是通货紧缩(余永定、张延群,1999;Chris et al.,2003;汪同三、李涛,2011)。衡量通货紧缩的指标一般为消费者价格指数 CPI,但也包括生产者出厂价格指数 PPI 以及 GDP 平减指数(Hoffmann,1967;Wray et al.,2003;Borio & Filardo,2004;张平,2015;卢峰,2016),当然,目前更多的是选用 CPI 作为总体价格水平的判断指标。

而关于总体价格水平下跌持续多长时间才能判定为通缩则存在一定的争议。第一种标准认为,总体价格水平持续下降半年以上即为通货紧缩;第二种标准认为,总体价格水平持续下降两年以上为通货紧缩;第三种标准认为,通货膨胀率由正变负为轻度通货紧缩,由正变负超过一年为中度通货紧缩,由正变负达到两年为严重通货紧缩(刘树成,1999)。但一般情况下，认为持续3个月（月度数据）或半年（季度数据）的价格下降可以在技术上判定为通货紧缩（陈东琪，1998；IMF，2003）。

其二，"双要素"论。"双要素"论将总体价格水平和另外一个因素的双双持续下降作为通缩的判定标准。其中，有的学者将货币供应量下降作为通货紧缩判定的另一个必要条件。例如，刘树成（1999）认为，当总体价格水平和货币供应量均表现为持续下降时可判定为通货紧缩。也有学者将经济增速下降作为通货紧缩判定的另一个必要条件。例如，张曙光等（2000）认为，总体价格水平的持续负增长和实际经济增长率持续低于潜在增长率则意味着通货紧缩。刘伟（2015）认为，严格意义的"通缩"主要体现为物价总体水平和经济增长两方面的宏观经济指标的负增长。

其三，"三要素"论。"三要素"论认为，通货紧缩要结合"两个特征、一个伴随"来进行判断，即总体物价水平的持续下降和货币供应量的持续下降，以及伴随着经济衰退（北京大学中国经济研究中心宏观组，1999；左小蕾，2006）。易纲（2000）根据"大萧条"期间各国通缩的经济表现提出，只有物价和货币供应量水平都保持下降，并且经济衰退这三种情况同时发生，才能判定为通货紧缩。但是，即使对通货紧缩持"三要素"定义的学者当中，对货币供应量的下降与经济增长率的下降也有两种不同的观点：第一种观点认为，必须是货币绝对量的下降，即货币供应量的负增长和经济的负增长，经济连续两个季度以上出现负增长，即严格意义上的经济衰退；第二种观点认为，不必是绝对量的下降，可以是相对量的下降，即货币供应量增长率的下降和经济增长率的下降（刘树成，1999）。

其四，"低于1%通胀率"判断标准。此标准将通胀率低于1%判定为通货紧缩。该观点将低于1%的正通胀率认作通货紧缩的主要原因包括两个方面：一方面，官方统计没有将商品额外的功能和质量改善考虑进去，物价水平要高估1个百分点，因此通胀率小于1%就可以判定为通货紧缩（吴国权、杨义群，2003）；另一方面，该观点将通缩与通胀放缓的概念相混淆。通胀放缓（Disinflation）是一般物价水平上涨幅度的下降，越来越低，但增速仍然为正的状况，而正通胀率的减速并不等于通缩。

综上所述，通货紧缩存在"单一要素"论、"双要素"论、"三要素"论，以及"低于1%的正通胀率"的四种不同判定标准。基于以下几点分析，本书认为单要素判断标准更加科学，更能揭示通货紧缩最本质的特征。

首先,"双要素"不适合作为通缩的判定标准。其一,经济增长减速或衰退只是通缩严重到一定程度产生的一种可能性后果,并且通缩也并不一定会带来经济增长减速或衰退(Atkeson & Kehoe,2004;Smith,2006;Borio et al.,2015)。历史经验表明,通货紧缩与经济衰退之间不存在必然联系。Claudio 等(2015)用 1870—2013 年间 38 个经济体的数据进行了实证研究,发现通货紧缩和经济增长减速之间的关系非常薄弱。其二,货币供给的下降只是通缩形成的一个可能原因,还有来自生产率提升和生产成本下降等其他方面的原因(Favero,2010)。如果将货币供应量作为通缩判定的必要条件,那么可能会对有效降价形成漏判或误判(樊纲,2003)。钟红等(2015)从货币中性的角度论证了用综合指标判定通缩并不完全合适,仅考虑货币供应量和物价的关系而不考虑潜在产出增速的变化很难得出准确结论。

其次,"低于 1% 的正通胀率"同样不适合作为通缩的判定标准。其一,即使在短期内部分产品质量变化会对价格产生一定的影响,但对总体物价水平的影响程度较小,而且统计部门也会定期对 CPI 等指数进行调整。其二,不应将通货紧缩与通胀放缓(通胀减速)相混淆,而应明确地认识到,当一般价格水平同比增速为正时,其涨幅的下跌为通胀放缓,而非通货紧缩。

最后,与其他三种观点相比较,"单一要素"论对通货紧缩的界定更合理,更有利于通货紧缩的治理。作为不失普及性和科学性的通缩概念,"单一要素"标准反映了经济现象最基本、最显著的特征(刘树成,1999)。"双要素论"或"三要素论"除了认为通货紧缩的重要表征是物价持续下跌外,还将货币供给不足或是经济衰退作为判断依据。其中,将货币供给不足作为判断依据具有一定的合理性,因为价格的全面持续下降表明单位货币所反映的商品价值在增加,是货币供给量相对不足的表现,也就是说,货币供给不足至少可以成为通货紧缩的原因之一(车维汉,2011)。而将经济衰退作为通缩的判断依据则不符合经济事实,因为经济衰退已非通货紧缩本身,而是严重通缩的结果。而且,从历史经验来看,通缩也不一定带来经济增长减速。例如,1872—1877 年美国的 CPI 下降了 12.3%,但国民生产总市值却同比增长了 22.4%。而且,用经济减速或萧条作为判定通货紧缩是否存在的标准,可能会错过治理通货紧缩的最佳时期。

因此,将物价全面持续下跌作为通缩的判定标准比较合理,而其他经济现象则可作为寻找通货紧缩成因、判断其深化程度的依据(车维汉,

2011）。而且，国际上一般也采用单一的物价总水平指标作为通缩的主要判定标准（如 IMF）。

综上所述，按照定义的科学性原则以及国际惯例，本书根据国际货币基金组织（IMF）的标准，将通货紧缩界定为，总体价格水平在一段时间内（月度数据 3 个月，季度数据半年）持续负增长的现象。

二 通货紧缩的衡量指标

在通货紧缩的具体衡量指标方面，各学者也持有不同的观点。一般而言，主要集中在 CPI（消费者价格指数）、PPI（生产者出厂价格指数）以及 GDP 平减指数上。

消费者价格指数（CPI）是度量居民消费的产品及服务项目的价格水平随着时间变动的相对数，反映居民购买的商品以及服务项目价格水平变动的趋势和变动程度，其变动率通常用来反映通胀或者通缩的程度。CPI 实际上是衡量居民所消费的一揽子商品与服务的加权平均价格，其中的权数主要是根据各种商品与服务占消费者总支出的比例来确定的，消费者价格指数很好地反映了消费端价格变动的主要趋势。但是，CPI 不包括生产资料、房产等投资品的价格，不能反映所有商品变化的态势，仅仅反映的是消费品价格的变动情况。

生产者出厂价格指数（也称为工业品出厂价格指数，PPI）是衡量工业企业所生产的产品总体出厂价格变动趋势和变动程度的指数，反映某一时期生产领域价格变动情况的重要经济指标。由于厂商生产的部分产品最后会通过批发、流通、零售等环节进入消费领域，通常认为上游的生产者出厂价格指数会通过成本传导至下游的消费者价格指数，从而使得 CPI 与 PPI 之间存在同向变动关系，PPI 的变动对 CPI 有预测作用。但是，由于 PPI 与 CPI 内部分项构成有较大的差异，PPI 对 CPI 的传导不是完全传导，也不完全同步，有时二者的变化甚至会出现走势分化的态势。

GDP 平减指数（GDP Deflator），又称 GDP 缩减指数，是指名义 GDP（现价 GDP）与实际 GDP 之比，也能用于衡量通胀和通缩水平。其基本原理是，名义 GDP 是包含了价格水平因素的国内生产总值，而实际 GDP 是不考虑价格变化因素的实际国内生产总值，将两者相比就得到了代表总体价格因素的 GDP 平减指数。GDP 平减指数所涵盖的范围和统计口径比 CPI 和 PPI

都要广，包括国内生产的全部商品和服务的价格，包含消费品和服务、生产资料、投资品等的价格。由此可见，GDP平减指数是衡量整个社会各种产品与服务的总体价格水平指数，CPI则是衡量消费领域的价格水平指数，而PPI则是衡量工业生产领域的价格指数。因此，根据不同的情况，需要选择不同的指数作为衡量总体价格水平变动以及通胀与通缩的指标。

从现有研究对三类指标的选择来看，江明伟（2015）认为，应该选取GDP平减指数以及CPI和PPI等具体指标对通货紧缩进行判定。钟红等（2015）认为，PPI主要反映的是第二产业工业部门的价格变化，存在局限性，因此，比较合理的方法是仅以最直观的、反映一般物价水平的CPI或GDP平减指数的趋势性变化（3个月或6个月以上）作为衡量经济是否陷入通缩的标准。冯明（2015）亦提出以CPI或者GDP平减指数作为判定指标。王宇鹏、赵庆明（2014）则认为，采用核心CPI来判断通缩比较合理。张前荣、王福祥（2015）认为，与PPI相比，CPI与居民生活联系更密切，因此应选用CPI作为通货紧缩的度量指标。

综上所述，GDP平减指数统计口径最宽，能够代表全社会生产的所有产品的价格变动情况，是衡量价格全面变化的最佳指标。但是，GDP平减指数公布的最高频率是季度数据，其公布频率不能满足通缩预警的要求。CPI是公众最为熟悉的衡量一般价格水平的指标，能够代表消费端价格水平的变化趋势，且为公布频率最高的月度数据，而且，发达国家也通常用CPI来衡量总体物价水平。

但是，我国与发达国家之间的经济结构存在重大差异，发达国家的经济增长主要由个人消费支出所驱动，而我国经济则长期由投资和出口双轮驱动。虽然近年来我国个人消费占比逐渐提升，但投资和出口的力量依然不容忽视。因此，发达国家用CPI来衡量总体物价水平是合适的，但衡量我国的物价水平则不仅要看CPI，还要看PPI。CPI主要包括食品类和非食品两大类别，CPI食品类价格较好地反映了第一产业价格水平，CPI非食品类价格主要衡量消费服务的价格，较好地反映了第三产业价格水平。PPI为工业品出厂价格指数，较好地反映了第二产业价格水平，而第二产业与投资和出口的关系更为密切。

因此，为全面反映我国价格水平的变动，并对通缩提前进行预警预测以便更好地进行前瞻性的调控，本书同时采用CPI和PPI反映我国物价水平变动情况，进行通货紧缩的判定，提供预测和预警，为价格水平的及时调控提供方便。

第二节 国内外有关通货紧缩的理论研究

一 马克思关于通货紧缩的思想

马克思不仅较早地提出了有关通货紧缩的概念，而且多次表达自己对流通中货币的膨胀和收缩这一问题的看法。他认为，引起通货的膨胀和收缩的原因是复杂的。既可能是因为频繁改变的流通中商品的数量和价格，又可能是因为不断变化的货币流通速度，还有可能是持续更新的技术因素。但是，他的研究实际上是以金币为主的货币流通环境为前提条件的，金属货币的数量不会改变币值，因为其本身具备价值。换句话说，他并不是在讨论货币供给和物价水平的关系，而是在讨论金币流通与替代金币流通的价值符号的关系。此外，马克思关于持续更新技术因素对通缩影响的思想，对后续的恶性和良性通缩的划分有重要的启发意义。

二 凯恩斯的有效需求不足理论

凯恩斯在1933年提出了"有效需求不足"理论，并在其1936年出版的著作《就业、利息与货币通论》中对这一理论进行了重点阐述。这一理论产生于经济"大萧条"和大量非自愿性失业并存的19世纪30年代。凯恩斯详细地说明了当时的经济情况，并进一步分析了通货紧缩的形成机理，他认为通货紧缩表现为价格总水平的持续下降，通货紧缩与供需缺口之间有直接的关系，有效需求不足是导致通货紧缩的根本性原因。通货紧缩相比于通货膨胀会有更大的危害性，因为通货紧缩的再分配效应不利于债务人，从而会降低总体消费需求，不利于刺激有效需求，并进一步加重通缩程度。

凯恩斯分析了有效需求不足的原因：一是消费需求不足，二是投资需求不足。而两者的需求不足又是由三个心理规律所决定，即边际消费倾向、资本边际效率和流动性偏好规律。消费需求不足是因为尽管人们在增加收入时往往会增加消费，但是消费增加的幅度却没有收入增加的大，从而造成消费需求不足。投资需求不足是因为投资者在资产设备成本提高或是资本数量扩大的情况下，会预期投资回报将越来越少，从而减少投资。另外，有效需求不足会影响到人们对流通中现金的偏好。这种对货币需求的偏好是由人们对货币需求的交易动机、谨慎动机、投机动机所共同决定的。在经济低迷时期，当利率降到一定程度后，货币当局不管增加多少货币供给，人们都将其持在手中而不愿投资，造成所谓的流动性偏好陷阱和需求不足，从而使得投资需求不足。

凯恩斯还分析了有效需求不足对通货紧缩的影响。他认为有效需求不足会导致供给的相对过剩，使得价格水平不断下跌和出现通货紧缩。其一，消费的不足会使得社会总生产收缩和就业率降低；其二，人们因为预期资本边际效率下降而减少投资，进一步加剧生产相对需求过剩和失业增加；其三，由于流动性偏好陷阱导致投资需求再次减少。凯恩斯用这三大规律阐明了有效需求不足的原因，用有效需求相对于供给过剩的理论解释了通货紧缩的形成机理，这是目前解释通缩最一般的规律。当然，他从实体经济层面解释了通货紧缩的成因，但没有强调货币供应等金融因素对通缩的影响。

凯恩斯有效需求不足理论的政策含义是，由于通货紧缩的根本原因是有效需求不足，那么摆脱通货紧缩就需要尽可能地刺激有效需求的增加。在通货紧缩时期，政府应采取积极的财政政策和宽松的货币政策扩大总需求。例如，通过累进税和财产税对富人收入进行再分配从而刺激穷人增加消费。在经济严重衰退时，企业家的预期利润极低以及流动性偏好陷阱的存在，会使得任何低利率都显得太高，因此以货币政策抑制衰退效果不明显，为此可以通过增加政府开支与削减税收来稳定有效需求。

三 克鲁格曼的总需求不足理论

20世纪90年代，日本发生了严重的通货紧缩，当时国际的主流观点认为是供给过剩引起了日本的通货紧缩。然而，克鲁格曼（2012）否定了这种观点，他认为通货紧缩并非由产品供给的过剩造成，总需求不足才是其根本原因。通货紧缩、物价下降是市场价格机制强制实现经济均衡的一种必然方式，更是"流动性陷阱"作用的结果。因为日本当时已经采取了扩张基础货币和扩大财政支出等政策措施来治理通货紧缩和刺激经济增长，但是并没有取得应有的成效。他由此提出了总需求不足理论，认为总需求不足是通货紧缩产生的根本原因。换言之，只有找出限制总需求发挥作用的因素，才能真正地解释通货紧缩。

克鲁格曼认为人口结构因素是日本经济总需求受到限制的原因。人口增长乏力和海外移民增多这两大因素直接导致了日本劳动力迅速减少，劳动力价格提高使得企业不看好未来的利润，导致国内投资的减少。加之，日本经济泡沫破灭使得企业进一步减少了投资，公众也认为未来收入会降低而不愿意增加消费，这使得总需求更加不足，最后形成了通货紧缩。

在分析通货紧缩的成因时，克鲁格曼在凯恩斯的流动性陷阱理论中加入了理性预期的影响作用。克鲁格曼认为，消费者的收入有两个去向，一是消费，二是储蓄。而储蓄是为了在未来进行消费。因此，消费者要在当期的消费和未来的消费之间做选择。在持久性收入保持基本稳定的假设前提下，影响消费者跨期消费的因素有两个：一是当期的价格水平，二是未来的价格水平的贴现值。理性的消费者总会在两者间选择更低的价格水平进行消费。如果当期价格水平更高，消费者则会选择储蓄延迟消费。这样一来，当期的价格水平就会下降，最终与未来的价格水平相等，实现长期的均衡。所以，克鲁格曼认为过低的预期价格或是过高的名义利率才是低通胀下引起物价下跌的真正原因。因此，他提出应对通货紧缩需要提高公众的未来通胀预期和通过发行货币来降低名义利率，主张通过"有管理的通货膨胀"来治理通货紧缩，这也是对传统货币金融理论的挑战。克鲁格曼发展了凯恩斯主义流动性陷阱理论，提出激进的货币政策主张，但其没有提及经济结构调整和改革对治理通缩的作用。

四 以弗里德曼为代表的货币主义通货紧缩理论

货币紧缩理论一般认为通货紧缩主要是由货币供给的收缩引起的。传统的货币数量论认为价格水平变化仅仅是一种货币现象，价格水平与货币数量成正比（王德贞，2009），但是货币数量论的假设条件在现实中却不容易得到完全满足和成立。

现代货币数量论的代表人物弗里德曼认为，是货币量的减少引起了总需求相应的减少。货币供给对经济活动起着决定性的作用，直接作用于经济增长和价格水平，从而引起通货膨胀或通货紧缩。他认为应该从货币需求函数和货币供给函数的相互作用出发来揭示货币在经济中的作用。因为持久性收入对货币需求起着决定性作用，所以货币需求函数可以看作是稳定的。这样一来，如果改变了货币供给量，那么价格水平也会发生变化。因此，该理论得到的基本结论是：增加货币供给量会带来价格水平的上升，增加实际货币量能增加实际产出，也就是说增加货币可以作为促进经济发展的政策手段。那么，根据弗里德曼的货币主义理论，通货膨胀与通货紧缩是一种货币现象，主要是由货币供给方面所决定的。货币供给的过分收缩是导致价格水平下跌和通货紧缩的主要原因。

此外，他还提出货币政策的最终目标是维持物价的稳定，主张实行单一规则的货币政策，提倡自然失业率，实行自由汇率（周继燕，2016）。认为货币当局应尽量避免政策波动，且货币存量应当以固定比例增加，货币增长率与最终产品价值水平保持一致，使物价水平保持稳定。

五 费雪的债务—通缩理论

费雪在20世纪初提出了"费雪方程式"：$MV = PT$。这个方程式说明，货币流通速度V的快慢、货币量M的多少、各类商品的交易总量T的大小共同决定了物价水平P的高低。其中，货币供应量是外生的；货币流通速度是随政策改变而变化的，但由于政策不会频繁变动，可把货币流通速度视为常数；商品交易总量因为和产出水平保持一定的比例，相对比较稳定（Fisher & Barber，1920）。因此，决定物价水平的主要因素是货币供应量。但如果给定物价水平，即$P = MV/T$，则需要货币量和总交易量保持在固定的比值上。

1933年，费雪在此基础上提出了"债务—通缩"理论。该理论认为大萧条的形成和通缩以及过度负债有着重要的关系。他认为，债务和通货紧缩这两个变量在萧条中发挥首要作用，次要变量包括利率、货币量等。如果次要变量要在很大程度上影响萧条，则必然要与债务和通缩这两个变量中的一个或两个共同发挥作用，否则不会单独产生显著的影响。该理论一是假设过度负债会给原本处于均衡状态下的经济体系带来冲击；二是假设价格水平只会受到主要变量和次要变量的影响，不会因为其他因素发生变化而变化。"债务—通缩"理论分析以"过度负债"的经济为起点，在这种情况下，债务人担心自己以后无法偿还欠款而选择立即偿还债务，债权人担心自己无法收回贷款而选择立刻催债，从而不利于资金借贷和投资以及增加总需求。如图2.1所示，这导致了9步连锁反应的发生，从而形成了"债务—通缩"螺旋，加重了通缩程度。

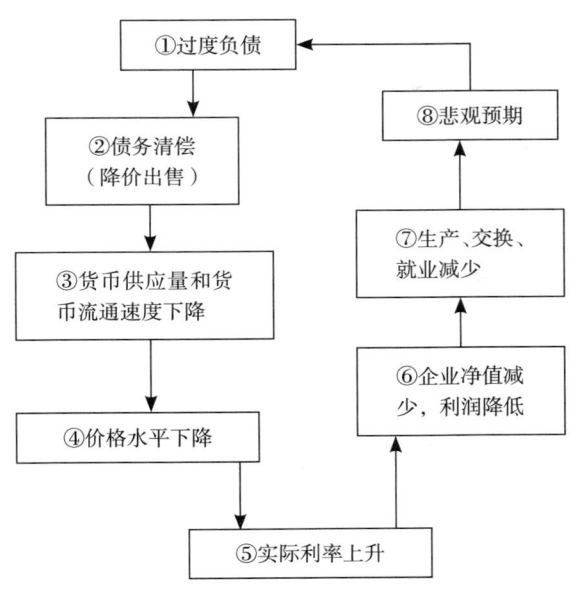

```
     ①过度负债  ←──────────────┐
         ↓                      │
     ②债务清偿              ⑧悲观预期
     （降价出售）               ↑
         ↓                      │
     ③货币供应量和          ⑦生产、交换、
     币流通速度下降          就业减少
         ↓                      ↑
     ④价格水平下降          ⑥企业净值减
                             少，利润降低
         ↓                      ↑
         └──→ ⑤实际利率上升 ───┘
```

图 2.1　债务—通缩螺旋形成过程

尽管费雪（Fisher，1932）提出的"债务—通缩"理论以企业过度负债为起点，强调了债务人在价格下跌时承受的财富损失，但是没有考虑到债权人实际上会在价格下跌时获利，即庇古（Pigou，1943）效应。之后，托宾（Tobin，1994）提出债务人的边际消费倾向要高于债权人，因此债务人的财富损失对社会经济的影响更大。明斯基（Minsky，1986）指出，利率的变化和资产价格的变化触发了"债务—通缩"机制（柳永明，2002）。

事实上，针对我国 1998 年出现的通货紧缩，北京大学中国经济研究中心宏观组就曾按照费雪的"债务—通缩"模型对经济情况进行了分析。然而，余永定（2016）却认为，费雪的"债务—通缩"理论并不能很好地解释中国 1998 年的通货紧缩。应该把生产成本上升所导致的企业亏损，而不是有效需求不足作为分析中国通货紧缩的起点。同时，也不能将有效需求不足作为"债务—通缩"动态过程因果链条中的关键环节。其机理应该为：在中国出现通货紧缩之前的物价上涨时期，中国企业的经济效益就一直在下降。也就是说，在此期间，中国企业的生产成本一直在上升。成本的上升导致企业严重亏损，企业要么选择退出，要么选择向银行借贷以维持生产。但是，由于亏损越来越严重，企业债务负担也越来越重。除此之外，企业还可以通过提高劳动生产率、降低工资等方法来维持或扩大生产。

现实情况是，企业往往选择向银行借贷。企业因为亏损严重而不得不减少固定投资，银行因为企业债台高筑而不愿意继续借贷，企业员工收入降低。在总供给变化不大的情况下，企业亏损导致的投资和消费需求的减少将使得总需求不足，继而引致物价下跌。物价的下跌使得企业亏损更加严重，企业亏损又将引致物价下跌，于是便形成了物价下跌的恶性循环。

六 奥地利学派的经济周期理论

奥地利的经济周期理论认为通货紧缩是一种派生的过程，即通货紧缩并非是独立形成的，而是由促成经济萧条的生产结构失调所引起的（张前荣、王福祥，2015）。米塞斯和哈耶克对通缩的分析是从充分就业假设开始的，他们认为通货紧缩是由生产结构的失调引起的，是繁荣（投资）过度后的必然结果（哈耶克、国鹰，1983）。银行系统信贷的增加促使市场利率下降并低于自然利率，企业家接收到该错误信号后将选择减少消费品生产而增加投资品生产。这种供给结构的错配必将导致消费品供给相对小于需求，导致消费品价格上涨。为使经济体系重新向均衡方向调整，央行提高利率，这就使得原来在低利率时有利可图的投资现在变得无利可图，危机也随之出现。此外，银行信贷的扩张使得货币供给大量流向投资品部门，投资品部门的预期收益无法实现，继而，银行贷款质量恶化。为防范风险，银行收缩信贷，通货紧缩发生。

与凯恩斯理论相反，奥地利学派理论认为通货紧缩的成因是投资过度，而凯恩斯理论则认为是投资不足。奥地利学派主张通货紧缩需要通过市场机制来自发治愈，抑制衰退的有效手段是防止繁荣过度发展，做到防患于未然。他们认为政府干预将会进一步扭曲和阻碍资本结构的必要调整，是有害的。因此他们的政策建议是避免政府干预，支持通货紧缩顺其自然地发展，市场机制自发地将价格水平恢复到正常水平。

七 虚拟经济与通货紧缩的理论

在传统的货币数量论中，分析前提是货币主要用于真实产品和服务的交易。然而，在当代经济中，每天都进行着包括房地产、金融资产在内的许多资产的交易，并且交易额已超过许多实际产品与服务的交易额。货币不仅作为实际经济交易的媒介，其在以地产和金融活动为主的虚拟经济中同样扮演着重要的角色。因此，有必要认识到物价水平的波动不仅仅需要考虑实体经济中的产品和服务价格与货币数量的关系，还必须考虑虚拟经济对物价水平的影响。在经济运行当中，如果虚拟经济部分膨胀过快则会吸引大量货币，从而造成实体经济中货币量减少和物价水平下降，进而发生通货紧缩（张前荣、王福祥，2015）。

综上所述，以上各种通货紧缩理论之间存在异同点。凯恩斯的理论和克鲁格曼的理论主要都是从需求和供给关系失衡的角度来加以分析的。马克思和弗里德曼的理论则是主要从货币供给数量和物价水平变动关系的角度来进行研究的。费雪的理论则是强调通缩与债务之间的互动所导致的"债务—通缩"螺旋对经济萧条负面效应的加强以及持续性连锁反应的影响。虚拟经济与通货紧缩的理论则突破了仅就实体经济与货币需求关系来讨论通货紧缩的局限，而是根据虚拟经济迅速发展的现实，将虚拟经济对货币的需求纳入总体需求当中来，从而在该方面突破了通缩认识的局限性。但是，目前的研究也尚未就虚拟经济泡沫破灭对经济萧条和通缩影响得出一致的理论。奥地利学派的经济周期理论则是强调经济周期过程的前期经济繁荣时的过度投资对后期经济通缩所造成的影响，将通缩置于整个经济周期中加以分析，并重点讨论了经济结构失衡对于通缩的影响，这对于结构性通缩的研究有着非常大的启示意义。

第三节 国内外有关通货紧缩影响的研究

一 通货紧缩对经济增长有负面效应

已有文献大多认为通货紧缩具有负面效应，会对经济造成较大的危害。Kindleberger（1973）认为，通货紧缩情况下消费者选择减少当期消费，用以未来消费，这将导致总需求减少，从而造成经济波动。Bernanke 和 Carey（1996）认为，由于存在名义工资刚性，通货紧缩将会使企业边际利润率降低，企业的利润逐渐减少迫使企业选择减产或裁员，进而降低均衡时总供给和总需求水平。DeLong 和 Sims（1999）认为，通货紧缩将会提升实际利率从而抑制投资，进一步减少总需求，造成失业率上升，并使得经济陷入衰退。Furhrer 和 Sinaderman（2000）认为，由于人们预期通缩和经济衰退在未来继续存在甚至加强,由此形成通缩螺旋。刘慧玲(2015)认为,通货紧缩发生时,物价持续下跌,迫使企业下调产品价格,企业利润不断减少直至亏损。企业生产积极性受到打击,将选择缩小生产规模或者停产,这将抑制经济增长,加大社会不安定因素。刘战武(2015)认为,通货紧缩导致失业率上升。一方面,在通货紧缩的情况下,投资者的投资机会减少,投资所带动的就业机会也相应减少;另一方面,通货紧缩导致企业利润减少降低生产者积极性,企业减产或停产导致失业人员增加。王永龙(2016)认为,通货紧缩会使得实体经济负债过高,导致企业将新获得的贷款用于还债,而非投入生产,从而造成高杠杆率和流动性陷阱。

二 通货紧缩增加银行体系的风险

通货紧缩会给银行系统带来风险,甚至导致银行大批倒闭。Fisher(1933)认为,通货紧缩将会导致实际债务增加,资产价格下降,加重债务人负担,使企业陷入财务困境,面临"债务—通缩"问题。而债务问题的爆发会危害到银行贷款的安全。Friedman 和 Schwartz(1963)以及 Bernanke(2002)认为,通货紧缩将导致银行系统性风险加大。刘慧玲(2015)也认为,通货紧缩会增大金融风险,通货紧缩时期,企业借贷难度增大,还债能力降低,实体经济风险将传导至金融领域。殷剑峰(2015)认为,在通货紧缩时许多宏观经济政策工具,特别是货币政策会因经济中的各种"刚性"(如"流动性陷阱")而失灵。王永龙(2016)用实证数据证明实体经济风险从长三角、珠三角地区向中西部地区扩散,融资风险从钢贸扩散到其他多个行业。

三 通货紧缩的正面效应

但有文献研究指出,通货紧缩也有一定的正面效应,这主要取决于通货紧缩产生的原因。Rogoff(2003)认为,通货紧缩对经济产生的影响与其产生原因相关。对于需求端冲击导致的通货紧缩,价格水平下降可能伴随货物和服务需求下降;而对于供给端冲击导致的通缩,价格水平下降却可能伴随产出增加。Atkeson 和 Kehoe(2004)的统计结果表明,只有在1929—1933年的大萧条时期,通货紧缩与经济衰退之间存在因果关系。

Borio 和 Filardo(2004)认为,通缩可以分为好的通缩、坏的通缩以及

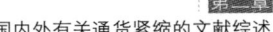

恶劣的通缩，而好的通缩会对经济产生积极影响。好的通缩是指由于总供给提升的速度超过了总需求提升的速度，并且这种超过是由技术进步引起的，而不是由产能过剩引起的。坏的通缩是指总需求下降的速度超过了总供给下降的速度，造成经济衰退。恶劣通缩是指与严重衰退相联系的大幅价格水平的下降。张启迪（2017）将通货紧缩分为良性通缩和恶性通缩两类。良性通缩是指，由于技术进步、国际大宗商品价格下降以及贸易自由化等原因带来的成本下降所引起的总供给超过总需求而形成的通缩。恶性通缩是指，由消费不足、投资不足、政府支出下降或者国外需求下降等原因引起的总需求低于总供给，在其他条件不变的情况下，经济同时表现为价格水平下降和产出下降时的通缩。良性通缩对经济发展有正面影响。良性通货紧缩情况下，资本边际收益增加，因而价格水平下降、实际利率升高及产出增加。

殷剑峰（2015）认为，"好的"通货紧缩主要是由技术进步引发的总供给线外推造成，"坏的"通货紧缩则主要是由总需求萎缩引发的。钟红等（2015）认为，由生产效率提高所引发的通货紧缩是有利于经济长期健康发展的。江明伟（2015）认为，通货紧缩是结构调整时期的正常表现。刘慧玲（2015）认为，通货紧缩的正面效应表现为物价持续下跌，低利率使货币实际购买力提高，消费与投资成本降低等。

第四节　2012—2016年中国通货紧缩的研究

一　对2012—2016年中国通缩的不同判断

由于学者们对通货紧缩的判断标准不完全一致，加之各文献对该阶段通缩做出研究判断的时间节点不同，学者们对2012—2016年的通货紧缩的判断也有着以下不同的看法。

第一种观点认为，中国尚未进入通缩阶段，但面临严重的通缩压力。当前我国经济处于"中高速增长伴随低通胀"的运行状态，尚未出现实质性通货紧缩，但必须警惕通货紧缩的风险（周小川，2015；毕吉耀、陈磊，2015；张天顶，2015；满向昱、汪川，2015；张前荣、王福祥，2015）。钟红等（2015）认为，尽管我国PPI增速持续处于低位，但这与中国长期以投资为主的经济增长方式有关，在我国去产能、去杠杆的经济转型和结构调整背景下，经济增速有所下降、信贷增长乏力、需求增长放缓是必然会经历的，因此中国陷入通货紧缩的风险不大。李德水（2015）认为，我国 CPI 处于国际上公认的最佳水平，但仍应关注 PPI 连续过于低迷的状况。

陆磊（2016）认为，我国当时面临通缩压力，特别是工业领域的通缩压力持续加大。他主要从三方面做出论断：产能过剩和库存严重积压是通缩压力的主要供给侧来源，消费与出口低迷是通缩压力的主要需求侧来源，就业形势则进一步提升企业成本。宋国青（2015）认为，由于衡量价格水平最主要的指数 CPI 仍然为正，需要更长的时间来判断是否陷入通缩。姚景源（2015）认为，虽然我国传统重化工业发展呈现下行趋势，但食品、医药等行业发展势头迅猛，经济增长具有较强的内生动力，因而不会出现全面通货紧缩。

田国强、黄晓东（2015）从经济增长的需求面进行分析，认为消费、投资和进出口的价格指数处于下降态势，投资和进出口出现负增长，通货紧缩风险严峻。殷剑峰（2015）根据国际组织和央行的看法进行判断，认为我国至少处于"潜在"通缩的状态。宋开（2015）结合"单要素""双要素"以及"三要素"通货紧缩理论，选取 CPI、PPI、货币供应以及经济增长等指标进行分析，认为我国在此时期虽然没有形成实质性通货紧缩，但存在着巨大的通货紧缩压力，且至少处于潜在通货紧缩区域。

第二种观点认为，中国已经进入通货紧缩的状态。从 GDP 平减指数来看，中国经济已进入通缩状态（张平，2015）。樊纲（2015）认为，中国经济目前所面临的产能过剩、债务问题和通货紧缩都很严重。余永定（2016）认为，中国存在着严重的产能过剩，现实经济增长速度低于潜在经济增长速度，从核心 CPI、PPI 和 GDP 平减指数等物价指标来看，中国经济确实已经处于通货紧缩状态中。汪涛等（2015）认为，PPI 已经连续数年下降，这表明工业部门生产状况不佳，与此同时，CPI 涨幅下降，社会融资成本提高，因而中国经济已经步入通缩轨道。王永龙（2016）按照 PPI 负增长和核心 CPI 连续 3 个月低于 2% 的标准认为，我国已经陷入了通货紧缩状态。邹静娴（2016）总结了典型通货紧缩时期 CPI、PPI 等指标表现的趋势特征，结合文献中对于度量通胀指标的评价和 CPI 先导指标的预测，认为中国的情况更接近于通货紧缩。

第三种观点认为，中国仅进入结构性通缩状况。当前生产部门的通货紧缩已经成为不可回避的事实（张平，2015），结构性通缩问题已经表现得比较突出（冯明，2015；张可心，2016），市场通缩的预期在增强（郭克莎、汪红驹，2015）。与前三次通缩相比，本轮物价下行表现为 PPI 通缩和 CPI 增速放缓，结构性分化特征明显（蔡喜洋、张炜，2015）。江明伟（2015）认为，我国 CPI 增速在放缓却仍呈现正增长的态势，而 PPI 增速却长时间为负，这说明工业、制造业领域出现通缩，总体表现为结构性通缩。张启迪（2017）认为，国际大宗商品价格下降是导致通货膨胀水平下降的主要原因，其次是来自经济下行因素的原因，故而本轮通货紧缩是以良性通缩为主、恶性通缩为辅的结构性通缩。

可见，已有研究根据不同的标准对 2012—2016 年中国是否存在通缩进行了不同的判断。综合三大价格指数走势可以得出以下结论：第一，从消费者价格指数来看，CPI 上涨率虽然已经下降，但仍为正并未转负，据此判断消费领域处于通胀放缓（Disinflation）而不是通货紧缩。第二，从 GDP 平减指数来看，2015 年第一季度和第三季度为负增长，这表明我国已经处在通缩的边缘。第三，从生产者价格指数来看，PPI 自 2012 年 3 月以来连续 54 个月负增长，最低点达到 -5.95%，且降幅有所扩大，这说明生产领域面临严重的通缩。基于国际上主要以 CPI 作为通缩判定的标准，上游先行指标 PPI 已经严重通缩，并存在着向 CPI 传导的作用机制，以及 GDP 平减指数已经接近通缩边缘的事实，本书认为：2012—2016 年中国虽然尚未进入全面的通缩状况，但确实存在着结构性通缩的现象，并面临着全面通缩的压力和风险。本书中的结构性通缩具体是指，生产领域通缩和消费领域通胀放缓所造成的 PPI 与 CPI 走势正负"二元分离"且不断扩大的状况。

二 2012—2016 年中国通货紧缩形成机制分析

由于研究视角的差异，国内外文献中有关 2012—2016 年我国通货紧缩的形成机制的观点主要包括以下几种：

第一，市场上商品供求机制失衡导致价格水平下降和通缩。商品供大于求局面的持续出现使得价格水平不断下降而出现通缩。由于商品的供给结构不适应需求结构的转型升级，部分行业的产能过剩和一些行业需求相对不足，导致供大于求的情况（郭克莎、汪红驹，2015；刘战武，2015）。我国目前产能供给过剩和投资需求减少（Zhang & Balding，2015；李中，2015），导致整体消费需求不断走低（殷剑峰，2015），同时存在需求疲软和供给扩张的通缩冲击（刘伟、苏剑，2014；张天顶，2015）。冯明（2015）认为，这次通缩的成因主要来源于部分行业前期产能快速扩张而造成的产能过剩，以及经济增速下行所导致的需求低迷，两者共同作用形成了结构性供需失衡。刘慧玲（2015）提出，一方面，经济结构性产能过剩是构成通缩压力的根本原因；另一方面，居民收入增长速度低于经济增长速度，居民预防性储蓄增加从而抑制消费需求，以及老龄化加速影响居民的消费预期，这三者共同作用导致的居民有效需求不足，是造成通货紧缩压力的重要因素。江明伟（2015）认为，我国企业部门投资过度，工业产能过剩且居民消费不足，由此导致供需失衡从而产生结构性通缩，这种情况短期内不易改变。陆磊（2016）首先用规模以上工业增加值、企业利润等指标的变化来证明国内的供给过剩，其次用社会消费品零售总额及增速来证明国内的需求不足，然后在此基础上分析了就业市场，他指出工资水平的提高使得企业的生产成本也得以提高，这减少了企业的利润并进一步削弱了投资需求，上述分析进一步证实了供需失衡是此次通缩形成的重要原因。

第二，国际大宗商品价格下降向国内输入通缩的机制。国际大宗商品价格下跌造成的输入型通缩与前期工业品供给过剩叠加是本轮通缩的主要原因（董小君、吕君临，2015；王军，2015）。蔡喜洋、张炜（2015）认为，国际大宗商品价格下跌带来的输入性通货紧缩在短期内加剧了价格下行压力，但此因素短暂可逆且不具有持续性。毕吉耀、陈磊（2015）认为，我国原油对外依存度高，油价大幅下跌给我国带来严重的输入型通缩压力，大宗商品现货市场也出现不同程度的价格下降。

第三，生产率提升降低生产成本从而导致价格水平下降的机制。国外相关文献研究指出，生产率的提升可以降低生产成本价格，从而降低总体价格水平（David，1962）。江明伟（2015）认为，我国长期技术进步和生产率的改进，使得PPI低迷而难以大幅度反弹。殷剑峰（2015）认为，由技术进步和生产率提升而引发的总供给曲线外推而造成通货紧缩，这属于"好的"通货紧缩。钟红等（2015）也认为，由生产效率提高所引发的通货紧缩是有利于经济长期健康发展的。

第四,"债务—通缩"循环下的通缩形成机制。"债务—通缩"的基本机制是,当产品价格下降时,企业因利润下降而加大企业偿债的压力,负债压力会进一步强化通缩,形成"债务—通缩"螺旋(Fisher,1933)。经济主体负债过多将会导致通货紧缩,而通货紧缩又会进一步加重经济主体的债务负担,这两个因素相互作用,经济衰退就可能出现。在此时期,我国经济领域存在高负债率问题(刘慧玲,2015;李德水,2015),杠杆率过高甚至成为中国经济的风险点。殷剑峰(2015)认为,目前实体经济部门的负债"过度"和债务利息加重影响企业的投资需求并使得价格进一步下跌。毛振华(2015)认为,债务负担过重、供给过剩和需求相对不足以及国际大宗商品价格下跌等因素都可能导致通缩的发生。

还有一些学者不局限于其中一种理论,选择从多个角度对通缩成因进行分析。殷剑峰(2015)认为,债务累计、资产价格下跌和外部传导(一是跨国资金的流动,二是大宗商品价格的传导)是我国通缩的三大成因。李伟(2016)综合考虑了供需失衡因素、货币性因素、企业债务累积因素、资产价格因素、国际市场的传导性因素和居民通货紧缩预期因素等多重因素,以分析此轮通缩成因。方昕(2016)认为,经济下行、高杠杆率、资产价格下跌、产能过剩、人民币汇率贬值预期、国际大宗商品价格中长期颓势均是我国通缩形成的重要影响因素。蔡喜洋、张炜(2015)认为,PPI通货紧缩,CPI通胀放缓的原因是由于CPI与PPI的决定因素不同,且传导效应较弱所造成的。因为CPI主要受食品、住房和服务的影响,而PPI则主要受投资、国际大宗商品价格和产能过剩的影响,各因素的变动趋势不一致对PPI和CPI的影响也不同。

可见,已有研究分别从不同角度解释2012—2016年我国通缩的形成机制。然而,与前三次(1998—2000年、2001—2002年以及2008—2009年)我国PPI和CPI同时通缩的特征不同,我国2012—2016年所处的是"PPI持续通缩,CPI通胀减速"的结构性通缩境况,因此,从不同部门受到多重机制非对称作用的视角来加以解释似乎更为清晰。

首先,PPI主要受到供给过剩冲击、成本下降冲击和债务冲击三重机制的不利影响而形成通缩。其一,前期大规模重复投资下的低端工业品产能供给过剩相对于投资和出口需求放缓,使得PPI受到供大于求的冲击而产生通缩;其二,国际大宗商品价格大幅回落使得国内工业品生产成本降低，PPI 受到成本持续降低的冲击而产生通缩；其三，工业品出厂价格回落亏损使得债务上升，债务压力的冲击使得 PPI 通缩进一步加剧。

其次，CPI 受到劳动力成本冲击、消费需求冲击和 PPI 传导冲击的三重机制的影响从而形成通胀减速的状况。其一，CPI 构成中服务项价格和农产品价格受到劳动力长期成本上升冲击而上涨；其二，CPI 构成中服务项价格受到消费需求增加和升级影响而上涨；其三，CPI 中的工业品因为上游 PPI 生活资料价格下降的传导冲击而有所下降。当 CPI 中服务项与农产品项的价格上涨幅度大于生活工业品价格下降对 CPI 的传导带动幅度时，CPI 表现为通胀减速的状况。

最后，PPI 与 CPI 受到的冲击在具体类型、方向和强度方面的作用机制都存在异质性。具体表现：其一，供求冲击的异质性。对于 PPI 而言，我国低端工业品供给相对于低端工业品的需求过剩，而使得 PPI 下跌和通缩；对 CPI 而言，中国农产品的供给相对于其需求是紧平衡的状况，来自供给方面的成本冲击会使得农产品价格较大幅度上涨。而 CPI 中服务（教育、医疗等）的供给对于需求而言是不足的，使得 CPI 因为服务价格面临上升的态势。其二，成本冲击的异质性。PPI 主要受到国际大宗商品价格大幅快速下跌的负向冲击；CPI 主要受到劳动力成本缓慢上升的正向冲击。其三，"债务—通缩"冲击的异质性。"债务—通缩"对资本占比高、价格迅速回落的工业部门冲击强度大，而对资本比重低、价格下跌幅度小的农业和服务冲击强度相对小。

因此，本书将所有可能的影响机制纳入一个整体框架中，然后筛选出影响通缩的几重主要机制，并总结为四重机制非对称作用对中国结构性通缩的影响：第一重，供需失衡机制的非对称作用。PPI 中低端工业品产能过剩，供大于求压制 PPI；而 CPI 中农产品和服务供给不足，求大于供提升 CPI。第二重，国际大宗商品机制的非对称作用。国际原油和矿石价格下跌带动 PPI 生产资料价格大幅下降，而对 CPI 中农产品和服务价格作用较小。第三重，"债务—通缩"机制的非对称作用。"债务—通缩"机制对资本密集的 PPI 中生产资料构成项的冲击很大，而对资本占比较小的 CPI 中的农产品和服务价格冲击较小。第四重，劳动力成本机制的非对称作用。劳动力成本上升对劳动占比小的 PPI 生产资料价格的冲击小，而对劳动密集的农产品和服务价格冲击大。总而言之，四重机制的非对称作用，再加上 PPI 下跌对 CPI 的向下传递作用,使得 PPI 价格持续向下,CPI 指数温和上涨,从而形成结构性通缩。

三 2012—2016 年中国通货紧缩调控措施

由于学者对 2012—2016 年通缩的原因、通缩的程度判断不完全一致,所提出的调控措施也不一样。

第一种观点认为,应该实施"逆周期"的总量需求调控政策加以应对。其一,采取适度放松货币政策扩大总需求。货币政策应该从之前的防通胀转向防通缩,并提升对未来经济走势的预见性和调控作用(郭克莎、汪红驹,2015)。其二,实施积极的财税政策,进行必要的财政刺激(殷剑峰,2015;国家发展和改革委员会经济研究所经济形势分析课题组,2015),实施减税政策并适当增加财政支出。与此同时,加大基础设施投资,发展新兴产业,优化投资结构从而改善产能过剩局面(刘慧玲,2015)。同时适当加大国债发行力度,优化实体经济的负债结构,以稳定总需求(江明伟,2015)。

第二种观点认为,应该实施结构性的需求调控政策。传统的、常规化的总量宏观调控政策已无法对冲结构性减速(张平,2015),通过结构性宽松和"定向"的财政和货币政策,向特定领域提供融资支持(董小君、吕君临,2015)。通过推出定向再贷款、定向降准等结构性货币政策工具,来应对通缩(冯明,2015)。

第三种观点认为,可以依托国家发展战略消化过剩产能。低端产能过剩是目前通缩的重要原因,需要通过"一带一路"倡议转移部分富余产能,提升投资需求和化解工业通缩压力(张前荣、王福祥,2015)。加快实施"一带一路"倡议,努力开拓国内外市场,趁 PPI 低迷的有利时机重点推出关系国计民生和具有战略意义的建设项目(李德水,2015)。结合京津冀一体化、"一带一路"、长江经济带建设等重大项目,在基础设施、产业科技、能源发展等领域发掘投资热点(毕吉耀、陈磊,2015)。刘战武(2015)提出通过"一带一路"倡议规划,实现产业转移和资本输出,从而重新调整全球贸易布局、生产布局及投资布局,进而带动劳务、设备和产品输出,全面对接全球价值链。产能的战略性输出和转移会减轻供给压力,从而缓解工业领域尤其是上游重工业的价格下跌的压力。

第四种观点认为，深化资本市场改革化解"债务—通缩"链条。通过放宽股权融资渠道，实施债务置换和"债转股"，降低负债率和杠杆率，以化解"债务—通缩"螺旋（张平，2015；殷剑峰，2015；毛振华，2015；满向昱、汪川，2015；李中，2015）。为了有效解决债务风险问题，应该压制货币有效需求，让资金收缩从供给端向需求端传导，使企业逐步实现市场出清，降低负债率与利率水平（刘慧玲，2015）。

第五种观点认为，应该采取供给侧改革与需求侧调控相结合的方法。从需求侧稳定市场预期，实施积极的货币政策和财政政策；从供给侧促进结构调整，推进国有企业、用地供给等关键制度改革（刘伟，2015；方昕，2016）。解决中国通缩的关键是进行制度性改革和结构性改革（田国强、黄晓东，2015），通过改革来硬化预算约束，让市场的清偿机制更加顺畅（冯明，2015；张平，2015）。在此基础上通过逆周期调节为经济转型升级争取足够的时间（常清、王倩，2012；方福前，2014；范建军，2015；国家发展和改革委员会经济研究所经济形势分析课题组，2016；李中，2015；王军，2015）。由于严重的通缩，生产价格的下降和投资增速下降形成恶性循环，在没有外部刺激的情况下，中国经济增长难以自行稳定。因此，在加强供给侧结构性改革的同时，中国政府有必要通过扩张性财政政策，增加基础设施投资。为此，应该增加国债发行，为基础设施投资融资（余永定，2016）。

可见，上述调控建议具有很强的启发意义和实践价值，但更多的是针对全面性的通缩，且尚未形成完备的调控体系。就目前结构性通缩的调控而言，以下几方面仍值得研究：

第一，针对结构性通缩应该采取力度非对称又协调的差异性调控措施。由于仅仅是PPI面临严重的通缩，而CPI仍然处于正向增长的态势。如果采取的反通缩措施没有侧重点或者力度把握不好的话，可能无法同时兼顾PPI和CPI两个调控目标。因此，反结构性通缩的措施应该满足以下两个条件：其一，既要能消除生产领域的PPI通缩，同时又能防止通缩从PPI向CPI过度传导进而形成全面性通缩；其二，还需防止调控力度过大使得消费领域的CPI过度上涨而形成后期通胀。

第二，需要建立通缩调控的底线和目标。现有研究没有明确提出通缩调控锚定的具体指标以及调控的底线和目标值。在中国经济结构失衡的状况下，设立全面反映生产、消费以及全局的具体通缩指标以及调控底线和目标值将更加有利于对宏观经济环境进行精准的调控。然而，学界尚无研究提出价格水平指标在接近某个底线时需要启动前瞻性的防通缩措施，也没有研究提出通缩调控的合意区间应该是多少。本书对通缩调控指标、底线和目标值的确定，有利于在实践中反通缩调控具体措施有的放矢地实施。

第三，需要建立完备的通货紧缩调控体系应对未来可能出现的通缩。现有研究大多是针对具体的通缩问题而提出独立的调控措施，并没有倡导建立针对通货紧缩的完整调控体系。与反通缩的调控措施不同，反通缩的调控体系应包括底线和目标、预测和预警、原则和方案措施以及效果评价与反馈等方面的内容。完备的调控体系对调控具体措施组合的实施效果进行模拟、评价和择优，有利于帮助决策者在多个措施组合之间进行最优决策，并为后续的反通缩调控提供丰富的参数和经验。

第五节　小结

本章对国内外有关通货紧缩的文献进行了梳理和总结。

第一，对有关通货紧缩的判定标准与衡量指标的文献进行了归纳与总结。在对各观点进行了比较分析和仔细权衡后，本书将通货紧缩界定为总体价格水平在一段时间内（月度数据3个月，季度数据半年）持续地负增长的状况，并选取代表消费端一般物价水平变动的CPI指数，以及反映生产部门物价水平变动的PPI指数来综合判定通缩。

第二，对国内外有关通货紧缩的理论做了梳理与总结。其中包括马克思关于通货紧缩的思想、凯恩斯的有效需求不足理论、克鲁格曼的总需求不足理论、以弗里德曼为代表的货币主义通货紧缩理论、费雪的债务——通缩理论、奥地利学派的经济周期理论以及虚拟经济与通货紧缩理论等，并比较各通缩理论的异同以及对结构性通缩理论发展的借鉴和作用。

第三，归纳了学者们对2012—2016年中国通缩状况的不同判断，并且给出了本书的判断。本书分析认为中国在此期间虽尚未进入全面性通缩，但存在结构性通缩，并面临全面性通缩的压力和风险。在此基础上，归纳出了造成中国结构性通缩的四重机制非对称作用：第一重，供需失衡机制的非对称作用；第二重，国际大宗商品机制的非对称作用；第三重，"债务—通缩"机制的非对称作用；第四重，劳动力成本机制的非对称作用。

第四，梳理并总结了国内外有关通货紧缩对经济影响的观点。由于通缩产生的原因不同，通缩对经济的影响有正面效应也有负面效应。但在更多情况下，通货紧缩都伴随着总需求萎缩和经济衰退，表现为负面效应。

第五，对有关 2012—2016 年中国结构性通货紧缩调控措施的研究进行了归纳和总结。由于学者对 2012—2016 年这轮通缩的原因、通缩的程度判断不完全一致，所提出的调控措施建议也不一样，且各措施之间相互独立，未形成完整的调控体系。基于此，本书提出应采取力度非对称又协调的差异性调控措施，设定目标指标、底线和调控目标并建立完备的调控体系。

第三章
中国历次通货紧缩的比较分析

第一节　1992年以来中国所经历的四次通货紧缩

一　中国的宏观价格周期波动特征

本章将分析研究1992年中国确立社会主义市场经济以来所经历的四次通缩。根据我们对之前文献的研究和总结，我们将判定通缩的主要指标确定为CPI与PPI。若CPI连续三个月处于负增长的状况，则说明消费领域面临通货紧缩；若PPI连续三个月处于负增长的状况，则说明生产领域面临通货紧缩；若PPI与CPI均连续三个月处于负增长的状况，则说明经济处于全面性通缩的状况；若PPI通缩，而CPI处于正增长状况，则说明经济处于结构性通缩的状况。根据上述标准，研究发现，1992年以来中国的宏观经济周期当中出现了四次通货紧缩。其中，前三次为全面通缩，第四次为结构性通缩。

从图3.1可以看到，从1992年开始CPI大幅度攀升，到1994年年底达到顶峰。在此阶段，邓小平"南方谈话"后，国内各地区对于基本建设的投资热情高涨，海南甚至出现了房地产投资热潮，总需求大于总供给矛盾凸显，中国出现了高速的通货膨胀，CPI衡量的通货膨胀率最高达到了27.5%。在中央"16条调控"措施的作用下，CPI增速从1994年10月后开始迅速回落，并在1997年5月达到了2.8%的较低水平。然而，CPI的增速并未控制在合意的3%以内的水平而保持稳定。1997年开始的亚洲金融危机带来的出口下降对我国CPI的继续下跌造成了重要影响，我国CPI

增速不断下跌，至 1998 年 2 月 CPI 开始出现负增长随后回正并于 1998 年 4 月开始进一步下跌，到 1999 年 5 月跌至谷底后开始反弹，一直到 2000 年 2 月才突破"0"，但随后又再次转正为负，直到 2000 年 5 月才开始正式实现正增长，并且保持短时间内的小幅上升。开始实现正增长，并且保持短时间内的小幅上升。

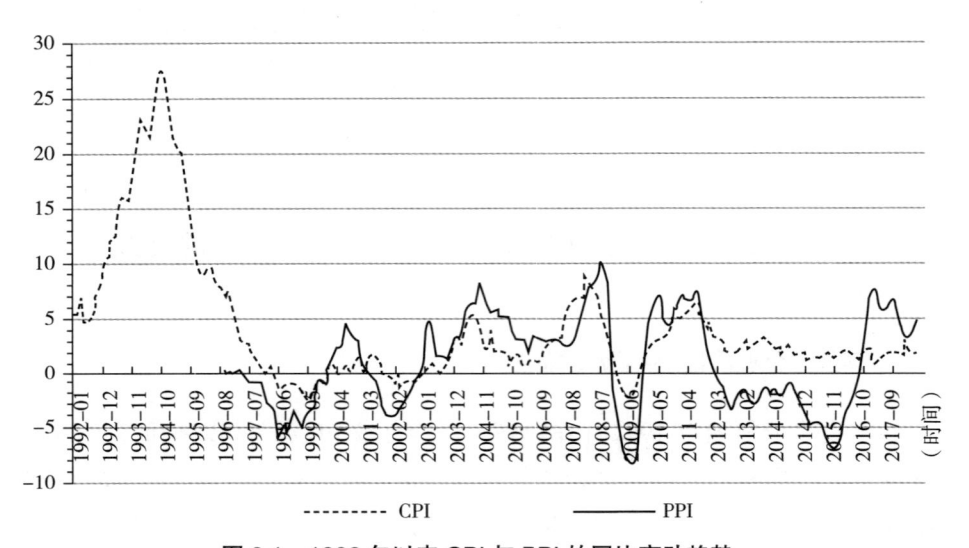

图 3.1　1992 年以来 CPI 与 PPI 的同比变动趋势

资料来源：中经网统计数据库。

同时，1997—2000 年，PPI 的波动趋势几乎与 CPI 的走势一致。PPI 增速从 1997 年 6 月开始出现负增长，一直到 1998 年 10 月跌至谷底的 −5.7% 后才开始反弹回升，并在 2000 年开始实现正增长。因此，1998—2000 年，我国的 CPI 与 PPI 都持续下降并同时处于持续负增长状况。由此可知，在此区间，中国经历了一次全面的通货紧缩。

尽管 2000 年以来，在我国积极的财政政策与货币政策的双重作用下，CPI 增速出现了 1 年多小幅回升的态势，但是经济复苏的势头并没有持续保持回暖的趋势。从 2001 年 9 月开始，我国的 CPI 增速又开始出现回落，且在 2001 年 9 月再一次跌破"0"并不断下行，直到 2003 年 1 月才开始实现正向增长。在此区间内，我国 PPI 的变化状况依旧与 CPI 的趋势保持一致。PPI 增速上升至 2000 年 7 月的 4.5% 后开始下滑，并在 2001 年 4 月开始负增长，直到 2002 年 12 月才上升到零上。从总体变化趋势来看，CPI 与 PPI

都经历了从上升到下降的变动过程，两者发展态势相同。但从时间来看，PPI 由升转降的转折点明显提前于 CPI；同时从变动程度来看，PPI 无论是在经济复苏时期还是经济下行阶段，都表现出更为强劲的态势，尤其是在经济下行阶段，PPI 增速始终低于 CPI，这些证据表明 PPI 下跌带动 CPI 下降。可见，2001—2002 年，我国的 CPI 与 PPI 再一次回落并出现持续的负增长现象，中国再一次出现了全面性通货紧缩的局面。

2003 年年初以来，中国经济开始了新一轮的景气周期，经济增速维持在 10%—14.3%，经济保持着高速增长繁荣状况，同时伴随着宏观价格水平的稳步上升。2003 年 1 月以来，CPI 同比增速开始转正并呈现出持续上升的态势，在 2004 年 8 月到 5.3% 的峰值后下降，下行过程中伴随着阶段性的小幅上升，但仍然无法逆转 CPI 持续下降的总趋势。CPI 增速在 2006 年 3 月末达到 0.8% 的阶段性的谷值，此后又开始在震荡中稳步上升，经济繁荣的景象一直维持到 2008 年 4 月，在达到 8.5% 的峰值后 CPI 大幅持续下跌，并且其下跌程度前所未有。2003—2007 年，我国的 PPI 走势与 CPI 的变化趋势几乎一致，但是不同于前期 PPI 均领先 CPI 一定时间，在此阶段 CPI 的峰值和谷值均提前于 PPI。另外值得注意的是，即使存在时滞，PPI 增速在多数情况下都高于 CPI 增速。其中，在 2004 年以及 2007—2008 年上半年的两个区间内，中国经济经历了过热和通货膨胀的阶段。

从 2008 年下半年开始，肇始于美国的国际金融危机对国内经济影响的负面效应开始显现，使得中国经济从之前的繁荣迅速走向下滑，宏观价格水平经历了过山车般的变化。自 2008 年下半年开始，CPI 与 PPI 的增速同时呈现出大幅度下降的趋势。其中，CPI 增速在 2008 年 4 月开始就出现下滑的态势，并在 2009 年 2 月转为负增长，此后持续了 9 个月的负增长，最终在 2009 年 11 月转负为正，走出通缩状况。PPI 增速变化态势的逆转要早于 CPI，PPI 增速在 2008 年 12 月就开始出现负增长，2009 年 7 月跌至谷底的 -8.2% 后开始回升，并到 2009 年 12 月才回升到正的增速状况。因此，2008—2009 年，我国的 CPI 与 PPI 经历了同时大幅下降的态势，并且在 2009 年处于持续负增长阶段，中国再次处于全面性通货紧缩当中。

为了防止金融危机对我国经济造成不可预计的冲击，政府出台了大规模的、积极性的需求管理政策，这使得 2009 年我国经济下滑的态势得以迅速扭转，并实现了经济增速的"V"形反弹。2010—2011 年年末，中国的 CPI 与 PPI 都处于快速上行的阶段，并出现了较为严重的通胀。CPI 与 PPI 增速于 2011 年 7 月分别达到了 6.5% 和 7.5% 的高峰，之后开始下降。

然而，前期大规模刺激带来的高速经济增长并未能长久持续，投资过剩与产能过剩使得宏观经济处于供大于求的状况。中国经济也进入了增长速度换挡期、结构调整阵痛期以及前期刺激政策消化期的三期叠加阶段。政府大规模刺激政策的退出造成的需求下降以及供给端的产能过剩矛盾造成了我国上游投资领域价格的持续下跌。从 2011 年年末开始，我国经济增速出现了较大幅度的下滑。我国的 PPI 开始出现大幅度下降，到 2012 年 3 月开始出现负增长，并在 2012 年 3 月至 2016 年 9 月期间，持续 54 个月负增长。但是，与 PPI 增速长时间持续为负的表现不同，我国的 CPI 并没有出现负增长，而是出现通胀减速的态势。在此期间，我国的 CPI 增速一直维持在 1% 左右，增长速度非常缓慢，有进入负增长的风险。因此，根据 CPI 增速放缓但仍然为正，PPI 持续负增长的情况，本书认为，2012—2016 年，中国经历了长达 54 个月的结构性通货紧缩。

二　中国所经历的四次通货紧缩

根据对 1992 年以来中国宏观价格周期波动特征的分析，并利用通货紧缩判定标准可以看出，自 1992 年以来，中国一共经历过四次通货紧缩。

第一次通货紧缩发生于 1998—2000 年。1998 年以前，我国经济因为投资过热而出现了通货膨胀。为了解决这一问题，政府实行了包括行政命令措施在内的紧缩政策以压缩基本建设投资，并对降低物价水平起到了较为明显的作用。同时，居民收入增长缓慢限制了消费需求；银行体系积累过多坏账阻碍了融资渠道的畅通，投资需求大幅削减。国际方面，东南亚爆发了国际金融危机，并且迅速波及我国经济，我国外部需求降低，进一步导致供求失衡，引起价格水平下跌。上述多方面因素共同导致了 PPI 与 CPI 的全面下跌和通货紧缩，货币供给量 M1 和 M2、国内固定资产投资以及出口增速快速下降，GDP 增速也出现了下降。

第二次通货紧缩发生于 2001—2002 年。与其他三次通货紧缩不同，中国此次所经历的是一次良性的通货紧缩。此次通货紧缩的根本原因在于总供给增长速度快于总需求增长速度。供给方面，科学技术的改革和发展提高了生产效率并降低了生产成本，而在需求方面，我国居民消费不足导致需求增长缓慢；再加上我国加入 WTO，从多个渠道影响国内物价走向，最终导致价格下降。大多经济指标呈现良好态势充分说明此次通缩是市场的良性调整。尽管我国消费不足，但工业生产和投资需求不断扩大，带动 GDP 增速上升。货币增速企稳回升，信贷规模没有明显下降。出口增速短时间内下降，但在我国加入 WTO 之后恢复上行。

第三次通货紧缩发生于 2008—2009 年。2007 年下半年，美国次贷危机开始席卷世界各国，中国亦未能幸免。次贷危机成为我国此轮通缩形成的重要原因。一方面，次贷危机造成全球经济低迷重创我国国内出口需求，进一步加剧国内产能过剩的危机。另一方面，次贷危机导致全球金融体系的动荡，我国金融环境恶化形成信贷紧缩，加剧通货紧缩风险。次贷危机还通过影响美元贬值进一步削减我国出口需求，加重了供需失衡问题。此外，国际大宗商品的价格大幅下跌并通过减少生产成本来降低生产领域 PPI。且此轮通缩伴随经济衰退。2008—2009 年，我国消费、出口、固定资产投资均大幅下降，直接拉低 GDP 增速。工业生产持续低迷，企业利润受到严重挤压，大量工厂倒闭、工人失业，经济形势十分严峻。

第四次通货紧缩发生于 2012—2016 年。2012 年以来，我国经济由高速增长转为中高速增长阶段，进入"新常态"。自 2011 年以来，我国的经济运行态势就有所放缓，2012 年 3 月起 PPI 开始了持续 54 个月的负增长。同时由于受到 PPI 下行压力的影响，尽管 CPI 一直保持正增长，但其增速却放缓了许多，且 PPI 与 CPI 之间的缺口不断扩大，中国出现了结构性通货紧缩。首先，供需失衡是造成此次通货紧缩的重要因素。在供给方面，国内长期的产能过剩没有得到根本性的化解，低效和无效供给进一步增长；在需求方面，国内总体消费需求增速变化不大，但投资需求、出口需求增速都明显降低。供过于求导致了总体价格水平下降。其次，此次通货紧缩发生在中国经济"新常态"的背景下，国内的宏观环境与之前相比有了较大的改变，我国人口老龄化和人口红利减少，劳动力成本上升，支撑着食品与服务份额占比大的 CPI 的上涨趋势，而生产资料价格占主导的 PPI 指数并不因为劳动成本上涨而得以支撑。最后，国际大宗商品价格下降使我国工业企业生产成本降低，影响工业产品的生产价格，从而使得工业品的总体出厂价格 PPI 下降。此外，过度负债使生产企业的负担加重，由此引发的"债务—通缩"螺旋进一步加剧了通货紧缩。可见，国内外各种因素共同作用使我国生产领域陷入通缩状况。

下文将具体分析上述中国四次通缩的国内外背景、特征表现、形成机制、所采取的调控政策措施以及调控效果,并比较其中的异同点,以为防范通货紧缩提供经验借鉴和教训。

第二节 1998—2000年中国通货紧缩

一 1998—2000年中国通货紧缩的背景

(一)国内经济环境

1998—2000年通缩发生的前期,中国经济经历了长期的过热和通货膨胀。1992年邓小平"南方谈话"和社会主义市场经济体制确立后,地方政府与各市场主体都树立了强烈的信心,政府和企业都铆足劲"大干快上",地方基本建设和企业投资的热情空前高涨,大量的重复投资使得后期产能严重积压。

在通缩发生之前,国有银行为了支持企业投资和地方政府的建设,将信贷增速持续维持在较高位置。商业银行贷款增速也大幅度上升,经济呈现出持续过热的态势。然而,随着过剩产能的累积、产品库存的堆积,许多企业出现利润下降甚至亏损情况,银行因此也积累了不少的呆账、坏账。

为了治理前期的经济过热和通货膨胀问题,中央提出了"16条措施"来加以调控。并且,从1996年开始,政府制定了严格的政策来控制国有银行的坏账增速,要求商业银行信贷部门负责人对未来的贷款坏账承担相应责任,包括行政处罚等。这使得国有银行信贷负责人不愿冒风险放贷,银行贷款增速出现较快速度的下滑。通缩前期,银行信贷增速从1996年8月44.2%的高点下降到了1997年12月的9.7%。银行信贷增速的大幅下滑,对企业资金的获得产生影响,不利于后续投资需求的增加。

(二)国际经济环境

1997年的亚洲金融危机的爆发对亚洲地区的经济产生了不利的影响,并导致我国外部需求疲软,加深了我国供给过剩的情况。受亚洲金融危机影响，一些国家的经济增速下滑、居民财富受损、收入下降，直接影响我国对其出口的增长。亚洲金融危机期间，在东南亚大部分国家货币竞相贬值之时，我国承诺保持人民币币值的稳定，但本币币值不变而外币贬值导致我国出口商品价格竞争优势下降，不利于出口需求的增长。

二 1998—2000 年中国通货紧缩的特征表现

1998—2000 年通缩期间，我国上下游价格指数 PPI 和 CPI 出现持续负增长的状况，全面通缩特征十分明显。亚洲金融危机以来，我国的 PPI 与 CPI 的增速持续下跌，并同时维持负增长的状况达到两年多之久。从 1998 年 4 月开始，我国的居民消费价格指数 CPI 持续了 25 个月的负增长，直到 2000 年 5 月才结束。而工业品出厂价格指数 PPI 在 1997 年 6 月便提前出现了负增长，并在 2000 年 1 月结束了负增长，持续了 31 个月的通货紧缩。可见，1998—2000 年，我国经历了消费领域与生产领域同时价格持续下滑的全面通货紧缩。而且，PPI 通缩开始和结束时间都要早于 CPI。可见，生产领域价格 PPI 是消费领域价格 CPI 的先行指标，上游生产领域价格的下降和通缩对下游消费领域的价格下降和通缩有很强的传导作用。[①]

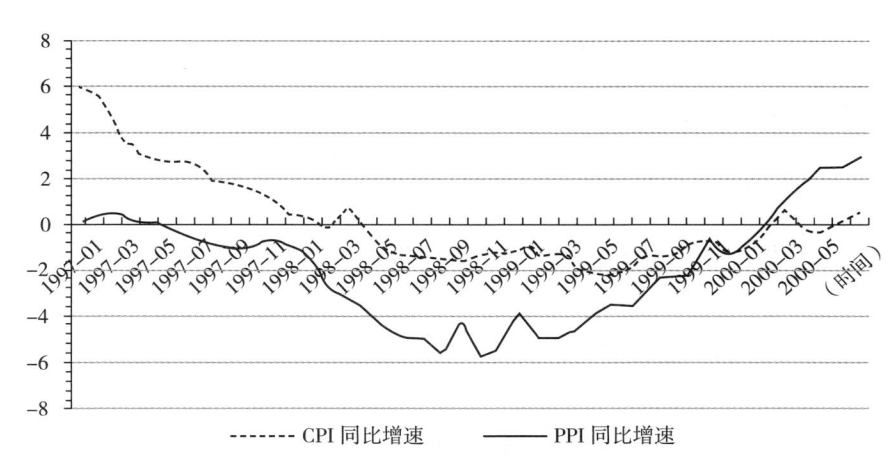

图 3.2　1997—2000 年中国 CPI 与 PPI 同比增速变化趋势

资料来源：中经网统计数据库。

[①] PPI 作为上游的价格指数，代表上游出厂价格的总体变动，通过成本链条传递到下游的消费端价格指数 CPI。在此轮通缩成本传导过程中，从 PPI 到 CPI 存在一定的 5—8 个月的传导时滞。

在 1998—2000 年通缩前期以及通缩期间，我国货币供给增速也出现了快速降低与收缩的迹象。如图 3.3 所示，在此轮通缩前夕（自 1996 年以来），我国的广义货币供应量 M2 的增速就出现了大幅度的下滑态势，M2 增速从 1996 年 4 月的 28.5% 这一最高点下降到了 1997 年 10 月的 15.8%，此后处于震荡下行的态势，并在 2000 年 10 月达到了的 12.3% 阶段性的低点。

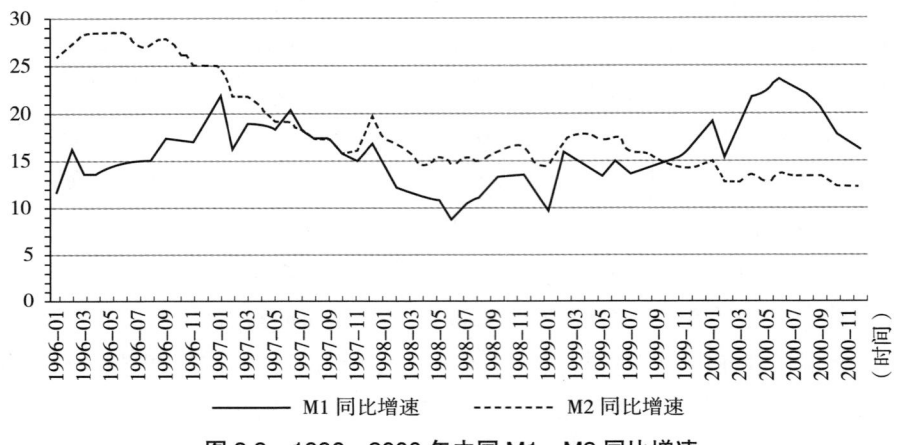

图 3.3　1996—2000 年中国 M1、M2 同比增速

资料来源：中经网统计数据库。

M1 增速也同样显现出下降趋势。M1 增速在 1997 年 1 月达到 22.2% 的峰值之后便开始回落，下滑态势延续至通缩期，并且在通缩期间下滑更加明显，1997 年 M1 增速为 17.9%，而 1998 年 M1 增速下降至 11.9%。1996—1997 年的 M1 同比增速均值为 16.7%，而 1998—2000 年平均增速下降至 15.4%。

在通缩前期，我国信贷规模增速出现明显的收缩态势。如图 3.4 所示，自 1996 年以来金融机构人民币各项贷款同比增速表现出明显的下降态势，并在 1997 年 11 月出现断崖式下降，由 1997 年 11 月的 22.9% 下降至 1997 年 12 月的 9.7%，下降幅度超过一半。之后的信贷增速虽有小幅上升，但一直保持在较低水平，且总体保持缓慢下降趋势。1996—1997 年的贷款增速平均值在 30.0%，而 1998—2000 年的贷款增速为 14.7%，增速降幅超过一半，信贷收缩趋势非常明显。

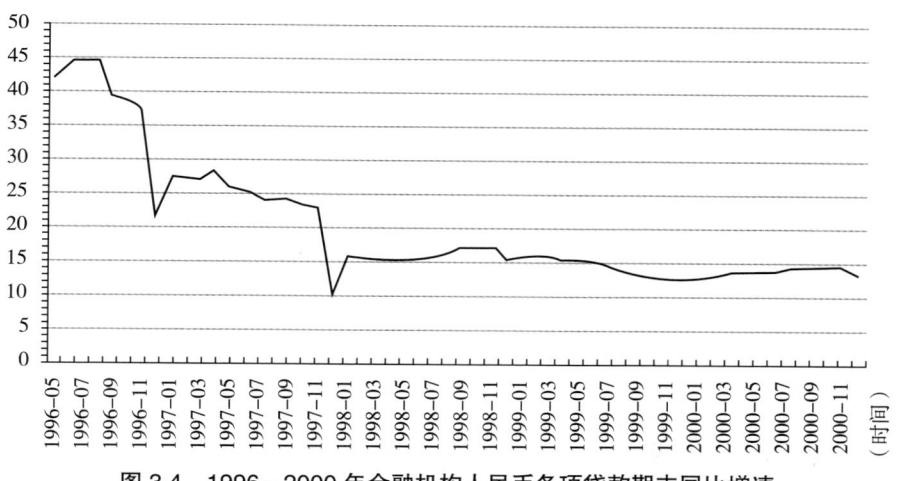

图 3.4　1996—2000 年金融机构人民币各项贷款期末同比增速

资料来源：中经网统计数据库。

与此同时，在 1998—2000 年通缩期间，我国经济的实际增速也表现出了趋势性的下滑特征。如图 3.5 所示，1992—1997 年，我国的实际 GDP 平均增速达到了 11.9%；而 1998—2000 年，我国实际 GDP 平均增长率为 8.0%，相对于 1992—1997 年下降了接近 4 个百分点。可见，在通货紧缩的背景下，中国的经济增速出现了大幅度的下滑。

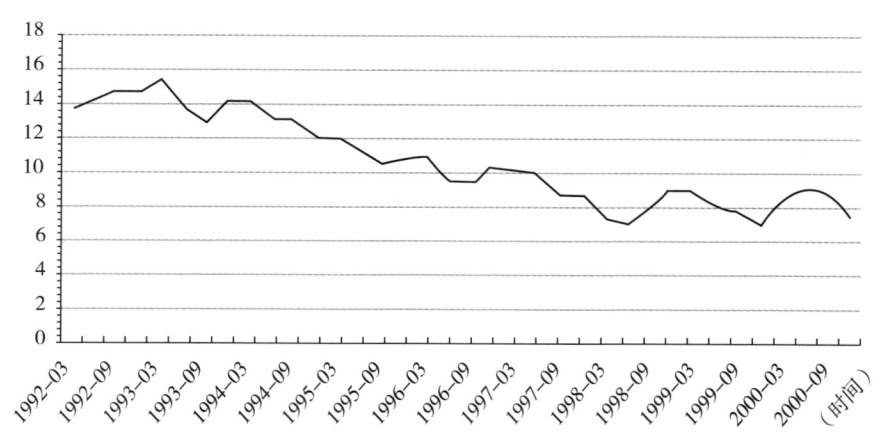

图 3.5　1992—2000 年中国 GDP 增长率变化趋势

资料来源：中经网统计数据库。

三 1998—2000 年中国通缩的形成原因

1998—2000 年，我国经济出现通货紧缩状况的原因是多方面的。供需失衡是导致价格下降、诱发通货紧缩的主要因素：一方面，国内生产面临供给严重过剩的困境；另一方面，我国总需求增长受到国内外两方需求同时削弱的影响。银行处置不良贷款增加了企业贷款困难，从而抑制企业投资资金来源和投资需求；我国的收入分配等体制机制因素限制了居民收入增长从而影响居民的消费能力；1998 年的亚洲金融危机导致我国外部需求疲软而影响了出口需求。另外，治理前期经济过热的紧缩性调控政策存在时滞，紧缩政策效果的持续和蔓延也是加剧 1998—2000 年物价下跌和通缩的重要原因。

其一，前期持续的投资热潮和重复建设的不断累积导致了阶段性的产能过剩。在前期的投资热潮中，全国上下盲目建设和重复建设之风盛行，企业热情高涨，不断扩大生产规模，生产能力不断累积导致总供给能力过剩，国内外市场需求无法完全消耗积压的产品库存，使得总体价格水平不断下跌。1998 年通货紧缩的主要原因是生产能力过剩，其根源在于盲目投资、重复建设（胡鞍钢，1999）。虽然全国的投资、建设热情高涨，但是存在投资效率低、资源严重浪费的现象，如此恶性循环，厂房库存不断累积，最后爆发严重的通货紧缩。

其二，政府对银行坏账处理硬化了企业预算约束，导致企业有效投资需求下降。在亚洲金融危机之前的通货膨胀时期，国内银行积累了大量的呆账和坏账，金融体系中不良资产比重过高导致金融风险不断上升。为此，国家自 1996 年开始采取严厉的行政措施以处理银行不良贷款所积累的金融风险。政府强化了银行负责人和贷款负责人的信贷责任，明确坏账和呆账增加对负责人的处罚。银行以及贷款负责人的风险防范意识因此而大幅提升，严格审查贷款人的信用，严格限制对经营不良企业的贷款，从而使得整个银行业表现出了"惜贷"现象。因此，包括国有企业在内的所有企业不能像之前一样轻松获得银行贷款，企业因此而获得的资金减少，从而使得投资需求下降。事实上，1996 年下半年以来，全国的贷款增速持续下降，出现了信贷萎缩的情况。

由于从企业的贷款获批到企业进行投资有一定的时滞，从实际情况来看，信贷萎缩对投资的影响存在明显的滞后性。如图3.6所示，1996年以来的持续信贷收缩对企业的投资下降的影响主要体现在1999年1月到1999年12月这段时间内。固定资产投资完成额累计同比增速从1999年年初的47.5%下降到了1999年年末的6.3%。由于当时驱动中国经济的主要是内需方面的投资，投资的下降引起需求下降，并使得总体物价水平下降和出现通货紧缩。

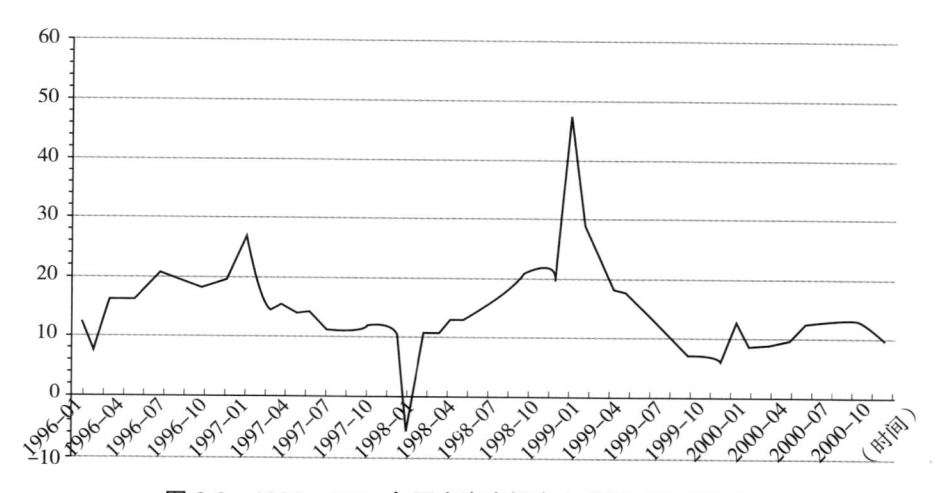

图3.6　1996—2000年固定资产投资完成额累计同比增速
资料来源：中经网统计数据库。

其三，前期的劳动收入占国民收入的比例过低，居民收入增长较慢导致消费需求不足。此次通货紧缩的发生在于前期所实行的"高积累"政策（汪同三、李涛，2001）。由于我国传统的体制机制方面的原因，政府通过对工资水平和价格水平的直接控制，将相当一部分国民收入在初次分配时就转化为积累，而相对较少地转化为居民收入，居民收入增长缓慢。而且我国居民的储蓄率也一直居高不下，消费能力不足和高储蓄共同限制了消费需求的增加。

其四，从当时的国际经济形势来看，亚洲金融危机导致的外部需求不足，加剧了总需求不足的局面，加速了我国总体价格水平的进一步下跌。东南亚金融危机是一场波及范围较广的金融灾难，使得很多亚洲国家的经济受到重创，也使得我国的出口需求较大幅度降低。如图3.7所示，1997年以来，我国出口需求增速不断下降，较大幅度地影响了我国总需求的增长。1997年中国出口总额同比增速高达35%,而1998年10月则降为−17.3%,下降幅度高达52%。由于当时中国经济出口依存度已经达到20%,出口的疲软导致出口部门发展萎缩,从而使得国内的供给大于需求。对外出口的减少扩大了国内需求与供给的缺口,进而导致了国内总体物价水平的下跌。

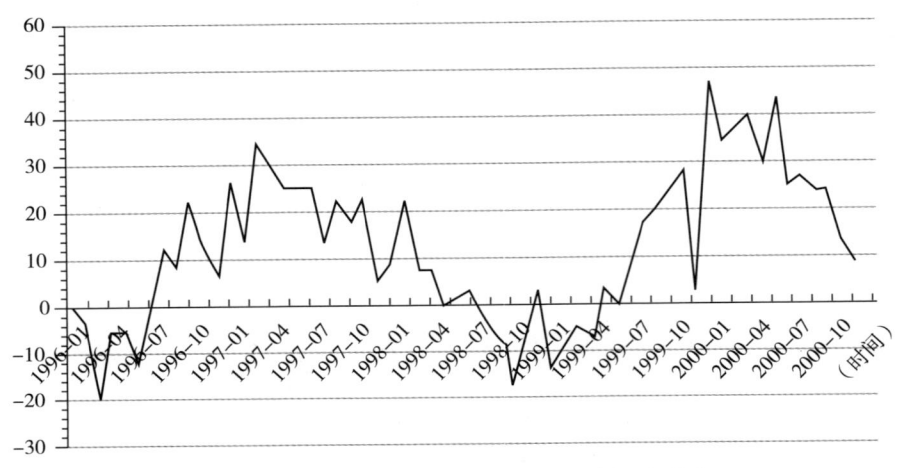

图 3.7　1996—2000 年我国出口额当期同比增速

资料来源：中经网统计数据库。

另外,前期持续从紧的调控政策对 1998—2000 年的通货紧缩也有一定程度的影响。1998 年通货紧缩是短期性、回落性、综合性的轻度通货紧缩（刘树成,1999）,此次通货紧缩是对前期通货膨胀的矫正,是在治理 1994 年的通货膨胀后出现的。1996 年前,中国经济过热并出现了通货膨胀,对此政府采取了"适度从紧"的货币政策,强调增强货币供给的产出效应、提高货币资金的使用效率,在抑制总需求方面起到了积极作用。然而持续采取过紧的紧缩性货币政策在抑制通胀的同时,也会因为时滞效应而对未来价格水平带来下跌效应,甚至促使价格水平出现持续性的下降。在 1996 年我国经济实现"软着陆"之后,由于政府缺乏对通货紧缩的足够认识,以及之前为了解决通货膨胀的宏观政策存在滞后性,物价水平出现了持续下跌。

可见,国内外的因素共同导致了 1998—2000 年中国通货紧缩的发生。宏观政策的滞后影响以及银行改革造成的银行"惜贷"影响了国内投资需求。下岗职工增加、群众收入增长缓慢等问题日益显现,使得国内市场消费不旺。而 1992—1997 年的经济过热、重复投资使得供给过剩。再加上国际金融危机的冲击下出口外需减少，使得国内供求进一步失衡，价格持续低迷与降低，加剧了通货紧缩的程度。

四 1998—2000 年中国通货紧缩的调控措施

改革开放以来，我国出现更多的是经济过热的现象，因此政府在抑制通胀方面积累了许多经验。而 1998—2000 年出现的通货紧缩是政府之前所未面临的宏观经济现象，需要在不断的摸索总结中调整反通缩政策的方向和实施力度。从调控的过程和结果来看，政府比较及时地改变了宏观经济政策的方向，将宏观经济政策的方向从紧缩向扩张进行了较好的切换，并达到了良好的效果。通过稳健的货币政策、积极的财政政策等需求管理政策以及经济体制改革等方式，使得经济走出了通缩，并保持经济平稳较快发展。

（一）实施稳健的货币政策

在货币政策方面，中央银行先后多次下调存贷款利率、降低准备金率并取消国有银行指令性贷款计划规则，以刺激经济增长和物价回升。

在 1998—2000 年通缩期间，中央银行曾先后三次下调存款和贷款基准利率，以降低企业的融资成本和鼓励企业投资。从表 3.1 可见，1997 年 10 月，中国人民银行将活期存款利率由之前的 1.98% 下调至 1.71%，下降了 0.27 个百分点；而不同期限的定期存款利率平均下调接近 2%。1998 年 7 月，央行再一次下调存款利率，其中活期存款利率下调 0.27%，与上一次下调幅度接近；定期存款利率除 3 个月存款利率轻微变动之外，平均降幅依旧保持在 2% 左右。第三次下调是在 1999 年 6 月，活期存款利率大幅下调，调整后的利率已不到 1%；而定期存款利率也依然保持大幅下降。存款利率的下降降低了储户的预期收益率，在一定程度上鼓励其多消费而少储蓄，从而有利于需求的扩大。

表 3.1　　　1996—2002 年我国活期和定期存款基准利率调整变化　　　单位：%

时间	活期存款利率	定期存款利率			
		3 个月	6 个月	1 年	2 年	3 年
1996 年 8 月—1997 年 10 月	1.98	3.33	5.4	7.47	7.92	8.28
1997 年 10 月—1998 年 7 月	1.71	2.88	4.14	5.22	5.58	6.21
1998 年 7 月—1999 年 6 月	1.44	2.79	3.33	3.78	3.96	4.14
1999 年 6 月—2002 年 2 月	0.99	1.98	2.16	2.25	2.43	2.7

资料来源：中经网统计数据库。

与此同时，央行也将贷款基准利率不断下调，以期达到降低企业融资成本和刺激企业投资需求的目的。如表 3.2 所示，1997 年 10 月，央行制定的短期贷款基准利率和长期贷款基准利率均有大幅的下降。短期贷款利率由原来的 10.08% 下降至调整后的 7.92%；1 年至 5 年中长期贷款基准利率由 11.7% 下降至 9.72%；5 年期以上长期贷款基准利率由 12.42% 下调至 10.35%，下降均幅超过 2%。在 1998 年 7 月，央行第二次下调各类贷款的基准利率，其中，短期贷款基准利率下调 1.53%，中长期贷款下调幅度均超过 2%。为了进一步降低融资成本，1999 年 6 月，央行第三次下调贷款基准利率，短期贷款基准利率再次下降 0.54%；1 年至 5 年中长期贷款基准利率下降 1.17%，5 年以上长期贷款基准利率下降了 1.35 个百分点，下调至 6.21%。

表 3.2　　　　　1996—2002 年贷款基准利率变化　　　　　单位：%

时间	短期贷款利率	中长期贷款利率	
		1 年至 5 年	5 年以上
1996 年 8 月—1997 年 10 月	10.08	11.7	12.42
1997 年 10 月—1998 年 7 月	7.92	9.72	10.35
1998 年 7 月—1999 年 6 月	6.39	7.2	7.56
1999 年 6 月—2002 年 2 月	5.85	6.03	6.21

资料来源：中经网统计数据库。

在此轮通缩期间，中央银行还降低了准备金率，重新整顿准备金管理制度。1998 年 3 月，中国人民银行对存款准备金制度进行改革，将各金融机构法定存款准备金账户和备付账户合并为准备金账户，法定存款利率从 13% 下调至 8%，取消之前实行的 7% 备付金率。在 1998 年年初取消国有银行的贷款限额控制，实行资产负债比例管理和风险管理（林毅夫，2000）。降低法定存款准备金以及取消对贷款限额的控制，有利于商业银行释放更多的流动性，方便企业获得更多的贷款而增加投资需求，从而有利于总体价格的回升。

国家取消国有银行下达指令性贷款计划的规则，改为按年（季）下达指导性计划，给予商业银行很大程度的自主权。1998 年 1 月 1 日起，中国人民银行对商业银行贷款增加量不再按年分季下达指令性计划，改为按年（季）下达指导性计划。[①] 中央银行将这个指导性计划作为宏观调控的监测目标，并供商业银行执行自编资金计划时参考。各商业银行所筹集的资金在依法上交一定比例后可自行使用，自主合规地发放贷款。商业银行获得很大程度的自主权，同样有利于对企业贷款的增加，刺激投资需求。

但是，这一系列放松银根来刺激需求的措施并没有达到预想的结果，投资需求疲软的问题并没有因此而得到解决。

（二）采取积极的财政政策

与此同时，国家实行了积极的财政政策，通过增发国债、扩大赤字、减免税收等手段增加政府投资，以弥补私人投资的不足，从而扩大总需求以应对通缩。

首先，政府通过增发国债筹集资金来增加政府投资。1998 年年初增发 1000 亿元长期国债，所筹措资金用作国家预算内的基础设施建设专项投资，且只对国有商业银行发行（贾康，2002）。这部分资金的投资重点主要在以下六个方面。第一，增加农田水利和生态环境建设投资。第二，加快铁路、公路、电信和一些重点机场的建设。第三，扩大城市环保和城市基础设施建设规模。第四，建设 250 亿公斤仓容的国家储备粮库。第五，实施农村电网改造和建设工程，同时抓紧进行城市电网改造。第六，扩大经济适用住宅规模（王红茹，2008）。后期，将年初预算中原用于基础设施建设的 180 亿元调整为经常性项目支出，用于增加科技教育投入、国有企业下岗职工基础生活费保障、离退休人员养老金的按时足额发放和增加抢险

[①] 中国人民银行：《关于改进国有商业银行贷款规模管理的通知》（银发〔1997〕560 号），http://www.chinalawedu.com/falvfagui/fg22016/40639.shtml。

救灾支出。这些措施从改善供给质量、提高社会保障等方面刺激了消费需求。另外,还对国有独资银行发行2700亿元特别国债,提高资金充足率和抗风险能力。

1999年,国家决定调整国债发行的规模以支持政府投资的实施力度。在年初原定的500亿元长期国债发行规模的基础上再追加600亿元国债发行。这部分资金主要用于基础设施建设、一些重点行业的技术改造、重大项目装备国产化和高新技术产业化、环保与生态建设和科教基础设施建设等方面(贾康,2002)。

2000年,政府继续大规模发行国债,在年初1000亿元的国债基础之上追加500亿元国债发行。新增的500亿元国债主要用于以下五个方面。第一,水利和生态项目建设。第二,教育设施方面的建设。第三,交通等基础设施建设。第四,企业技术改造、高新技术产业化、城市轨道交通、环保等设施的国产化,国防军工企业技术改造以及生物芯片、同步辐射等重大科技项目。第五,城市环保项目建设(贾康,2002)。

国家增发国债大力兴建基础设施,投资环保、生态、教育、高新技术等重点项目,一方面可以直接拉动投资增长并通过乘数效应扩大有效需求;另一方面基础设施的改善为我国以后的经济发展奠定了坚实的物质基础、积累优质的劳动力要素和资本要素,对我国经济持续发展,继续扩大内需起到重要作用。

其次,扩大财政赤字和扩大财政支出。1998年中央财政赤字由年初预算的460亿元扩大到960亿元,增加了500亿元。1999年继续扩大财政赤字300亿元,以保持投资持续增长。政府扩大财政赤字、增加政府支出直接刺激社会总需求增长,并带动相关产业的销售增长,进一步拉动物价上涨。各产业链条上的企业因利润增加而增加投资,这一方面增加了就业岗位缓解了失业问题,另一方面提高了职工和居民可支配收入,增强了其消费能力。

最后,调整国民收入分配政策和税收政策,增加总需求。其一,调整收入分配政策,重点增加中低收入者的收入和提高社会保障,包括提高国有企业下岗职工基本生活保障、失业保险金和城镇居民最低生活费(贾康,2002)。其二,调整部分税收政策,支持外贸出口。一是提高出口商品退税率,增加国内产品的国际竞争力,促进出口需求增加。二是减半征收固定资产投资方向调节税，减轻企业投资负担以刺激投资。三是减免房地产行业营业税、契税和土地增值税，扩大居民住房投资需求。四是规定高新技术产业方面的税收减免政策，鼓励高新技术产业的发展、优化产业结构，和提高供给体系质量。五是明确涉外税收相关规则，吸引外商投资需求。六是对居民存款利息所得恢复个人所得税，降低居民储蓄收益，扩大居民消费和私人投资。

（三）推进经济体制改革

第一，启动1998年的住房商品化改革，扩大房地产建设投资需求，并通过上下游产业链的联动效应拉动总需求增长，从而提升总体价格水平。在住房制度改革之前，我国职工的住房是由国家建造并实行分配的。然而，仅靠政府建设开发的房地产并不能满足城市家庭庞大的住房需求。因此，通过住房商品化的市场化方式来解决住房问题，不仅能快速地改善住房紧张问题，还能有效释放庞大的住房需求。此外，房地产从开发投资建造再到装修家电，涉及上下游数十个行业，产业间的联动效应拉动了上下游投资和消费需求。房地产及其关联行业的发展也为社会提供了更多的劳动岗位，缓解了就业压力和增加居民消费，对改善通货紧缩起到了重要作用。

第二，实施大学招生制度改革，通过扩招缓解短期内就业压力，并在长期内增加人力资本投资和资本积累，提升后续经济增长的潜力。首先，通货紧缩与国企改革导致我国大量工人失业下岗，国内就业压力空前巨大。大学扩招在短期内能够推迟就业时间，降低当前就业压力。其次，大学扩招是大力发展教育事业的重要手段，增加人民对教育行业的投资和消费，可以有效拉动内需。最后，更多人接受高等教育有利于提高国民整体素质，为我国科技创新积累更多人才，改善劳动力市场的供给质量，为经济持续健康增长奠定人力基础。

五 调控效果和经验总结

（一）宏观调控效果

积极财政政策的刺激，辅以宽松的货币环境，再加上经济体制的改革，我国有效需求不断扩大，供给质量也得以提升。从各类指标变动情况来看，到2000年我国已经逐渐走出通货紧缩的阴霾，迎来经济复苏的良好态势。

其一，主要的宏观价格指数PPI和CPI实现正增长，生产领域和消费领域均走出通缩。2000年5月，CPI恢复正增长，此后维持持续稳定正增长态势。到2000年11月，CPI增速达到1.3%，是此次通缩以来CPI首次增速超1%。而PPI则领先CPI五个月走出通缩。2000年1月PPI增速恢复到0.03%，次月PPI增速就已经超过1%达到1.2%。PPI增速相对CPI呈现更为强势的复苏势头，到2000年7月PPI同比增速到达阶段性高峰的4.5%。综合CPI与PPI的变化情况，表明中国已经走出此轮通货紧缩。

其二，经济增长实现了起底回升。1999年第四季度GDP增速为6.7%，但是2000年第一季度GDP增速明显回升，达到8.7%，第二季度继续上升到9.1%。2000年全年GDP实际增速达到了8.5%，有力地证明了我国经济已恢复景气。

其三，投资、出口、消费等方面的需求均有所提高。从全社会固定资产投资完成额名义增速来看，投资增速由1999年的5.1%上升至2000年的10.26%，表明我国投资需求得到充分激发。从消费需求的变化来看，1998年社会消费品零售总额同比增速为7.2%，1999年同比增速为6.5%，但2000年回升至9.7%，比上年提高超过3个百分点。可见，消费需求明显扩大。另外，从出口需求来看，1998年我国年均出口同比增速为1.6%，其中有近半年的负增长；1999年上半年出口增速依然处于持续负增长阶段，下半年情况有所缓解，但波动差异较大，存在增速为28.8%的较高水平，也存在2.1%的低水平。但是，2000年以来我国的出口情况大为改善，出口增速在29.5%，出口增速明显上了一个台阶。

其四，货币供应和信贷收缩情况得以缓解。货币供应量M1的增速有所提高。M1增速由1999年的14.5%提高至2000年的19.8%，提高了5.3个百分点，货币流通速度加快，从侧面反映出我国经济回暖的趋势。另外，信贷增速缓慢回升。2000年3月，贷款增速突破13%，达到13.4%，与1999年11月的阶段性低点12.3%相比，上涨了1.1个百分点。并且增速持续增长，到7月贷款增速上升至14.1%。虽然贷款增速上涨速度偏缓，但信贷放松的趋势不容置疑。

（二）调控的经验与教训

第一，采取财政政策为主、货币政策为辅的需求调控政策。从逻辑上来讲，政府采取逆经济风向的财政政策和货币政策都会对需求起到调节作用。但从实际情况来看，宽松的货币政策对本轮通缩调控的作用相对有限，财政政策的作用相对较大。因为受到我国国有企业制度和银行体制的影响，利率效应受限，我国货币政策的作用被削弱。同时，银行内部存在大量坏账的问题尚未得到彻底解决，这严重影响了银行贷款规模。加之，国家对银行新增信贷坏账的责任追究和行政处罚，即使央行降低利率以增发贷款，商业银行依然不敢放贷，也难以实现企业贷款的增加。一方面国有企业面临大量负债，很难取得银行的贷款。另一方面，受到中国银行体制的影响，我国中小民营企业贷款渠道不通畅，中小企业无法增加贷款导致私人投资不能充分扩大。所以，1998—2000年，中央政府致力于增加贷款，中央银行也出台了一定的鼓励性政策，但贷款规模仍然没有因此而明显地扩大（樊纲，2003），货币政策的效力难以发挥。

为此，政府采取主要依靠积极的财政政策作用的方法来拉动需求增长和缓解价格下行的压力。政府扩大财政支出主要体现在以下两个方面：一方面将银行的储蓄存款转化为政府的投资直接扩大社会总需求，从而弥补私人投资不振的问题；另一方面，积极的财政政策通过投资基础设施建设，不仅能拉动上下游的需求，还能增加社会就业机会和提高居民可支配收入，从而提升居民消费能力和增加居民消费需求。而且，由于银行资金的沉淀和私人贷款需求不足矛盾的存在，政府增发国债的资金并不会挤占私人资金需求而造成挤出效应。而且，国债资金主要投向的是基础设施，不会因此造成后续的重复建设和产能进一步过剩，并对后续企业生产效率的提升有正外部效应。因此，在1998—2000年通缩期间，积极的财政政策相对于稳健的货币政策而言，对通货紧缩的治理效果较好。

第二，同时采取市场化、行政化的手段以治理通缩。其一，在货币政策调控方面，利用市场化的利率政策与信贷控制政策同行的方式进行调控。由于当时的金融市场的市场化程度相对较低，尽管实施了"价格型"的利率政策，但是市场主体对利率的敏感程度不高，不能很好地起到调控作用。为了防止坏账、呆账所造成的金融体系风险累积，国家同时实施了贷款审批等行政化方式进行贷款额度、贷款方向的调控。其二，利用市场化和行政化手段相结合的方式淘汰重复、低效的过剩产能。一方面，综合运用行业准入审批、银行贷款审批、土地审批、城市规划审批、环境评价审批等行政手段淘汰落后企业以减少滞销产品。另一方面，运用市场化竞争机制使得落后企业因为缺乏竞争力而自然淘汰，从而减少低端供给和缓解价格水平的下降。

可见，在经济体制转轨和市场经济培育的初期，由于市场发育还不够完全，市场机制对供给和需求失衡的自发调节能力有限，市场机制的自发调节使得市场出清需要较长的时间。而且市场机制本身就不是万能的，即使在市场经济国家，也经常因市场失灵而造成经济危机。因此，总供给大于总需求的失衡而形成的通缩，也说明了市场机制方面存在失灵。此时，政府必须发挥其权威性，采取强制性的行政手段严格控制市场秩序，在短期内能够很快地淘汰落后产能，优化供给结构以实现供需平衡和走出通缩。

抓住契机不断地推动经济体制改革，在缓解通缩所造成的负面效应的同时，为未来经济发展奠定基础。在治理通货紧缩时不能仅仅关注表面特征，更应该解决深层次的体制机制问题。此次通缩期间，国家进行的住房制度改革、招生制度改革、产权改革、金融体制改革，在消除制约总需求增长障碍的同时，也改善了市场供给体系的环境，为提高供给质量和效率打下基础。例如，住房体制商品化的改革，通过房地产行业的开发和投资拉动相关行业的投资和消费，从而扩大了需求；大学招生制度的改革，缓解了经济通缩背景下的短期就业问题，还为未来经济持续发展积累了人力资本。

第三节 2001—2002 年中国通货紧缩

一 2001—2002 年中国通货紧缩的背景

（一）国内环境

2001—2002 年的通货紧缩发生于 1998—2000 年通货紧缩结束之后不久，似乎是前一轮通缩后的反复。但实际上，这两轮通缩的性质、表现和产生的原因不尽相同，其对经济的影响也完全不一样。前一轮通货紧缩治理取得了比较显著的成效，经济的市场化程度加深，以及四大资产管理公司的成立对银行呆账、坏账加以清算，为这次通缩的市场化方式的调控做了更好的准备。一方面，政府对国有企业进行了大刀阔斧的改革，国有企业民营化的进程不断加快，产权落实到了个人。例如，到2001年，县市以下的小型国有企业已经有80%实行民营化，或实行退出和倒闭（樊纲，2003）。另一方面，金融体制改革提上日程，国家加大举措防范金融风险、降低坏账积压水平。1999年，国内四大资产管理公司的建立大幅剥离了商业银行的不良资产，四大资产公司共购买1.06万亿元的专项金融债，大量坏账得到有效清理，到2001年金融体系环境得到改善（樊纲，2003）。

国内居民收入和消费增速上升缓慢，内需增长乏力。在前期治理通货紧缩时，国家采取了一系列强有力的措施来拉动消费等国内需求上升，并取得了一定的进展。但是，在经济发展过程中依然存在一些突出问题，这些问题限制了消费的可持续增长。首先，居民收入增长缓慢，城镇居民收入与农村居民收入存在较大差距，农村居民消费能力有限。其次，我国长期存在居民储蓄率过高的问题，居民收入无法转化为消费，社会总需求扩大受限。最后，虽然我国实行的住房制度改革在扩大需求方面取得一些成效，但由于居民收入增长缓慢，住房投资的增长对消费提升有一定的抑制作用。

（二）国际环境

2001—2002年的通缩发生于中国刚加入世贸组织之后不久，全球化和国际贸易进一步加深的背景对此次通缩有重要的影响。其一，在加入世贸组织之后，我国与世界各国之间的经济联系得到了进一步的加强，中国对外贸易依存度加大，使得国内外产品之间的价差得以缩小，全球价格波动周期的协同性加强。自2001年以来，尤其是在"9·11"事件之后，美国CPI就不断下滑，美国面临通货紧缩压力；1999年日本CPI在通缩边缘徘徊，1992年2月日本CPI下降至−0.1%，并持续长达67个月的负增长，日本已经陷入全面通货紧缩；欧元区经济增长缓慢，尤其是德国处在通货紧缩边缘。因此，全球价格水平的下跌和通缩对我国价格水平下跌和通缩有重要传导作用和影响。

其二，全球面临经济减速、通货紧缩压力，美国、日本、欧元区三大经济体的经济状况都不容乐观，影响我国的出口需求。三大经济体是我国对外贸易的重要合作伙伴，这三大经济体经济放缓严重影响我国出口需求，是致使我国物价下降的诱因之一。

其三，加入世贸组织以来，中国所吸引的大量外资的快速增长为国内带来了新的生产技术，对价格水平产生了重要的压制作用。例如，我国吸引了一大批外资来华投资。2001年1—11月，全国新批外商投资企业22915家，比2000年同期增长16.32%，合同外资金额604.06亿美元，比上年增长24.38%，我国成为世界上最吸引外资的国家。外商直接投资带来的新技术加速了我国生产效率的提升，降低了生产成本，对物价水平起到了抑制作用。

另外，此轮通缩正值科技革命席卷全球之际，对通缩也产生重要的影响。一方面，全球科技革命对整个生产方式都带来影响，使得各行业生产效率提升、生产成本降低和供给能力增强，带来了全球价格水平的下降和通缩，并对我国输入通货紧缩。另一方面，科技革命的技术溢出也促进了我国的技术进步和效率的提升、供给能力的增加和生产成本的降低，从而使得国内价格水平下降。

二 2001—2002 年中国通货紧缩的特征表现

在走出 1998—2000 年的通缩后，PPI 与 CPI 经历了较短时间的正增长后，很快又进入了通缩阶段。在经历上一轮通缩之后，从 2000 年 1 月开始中国的 PPI 同比增速开始转正；并且从 2000 年 5 月开始，CPI 指数同比增速也开始由负转正。因此，无论是从生产领域的价格指数 PPI 来看，还是从消费领域的价格指数 CPI 来加以判断，中国上一轮的通货紧缩都已经完全结束，经济似乎步入了稳步复苏的阶段。然而，从 2001 年 4 月开始，我国的 PPI 同比增速又开始出现负增长且到 2002 年 12 月才结束，PPI 通缩的持续时间长达 20 个月；CPI 也于 2001 年 9 月开始出现持续的负增长直到 2003 年 1 月才结束，持续时间长达 16 个月。因此，2001—2002 年，我国又紧接着出现了第二轮全面性通货紧缩，其特征仍然是 PPI 先于 CPI 开始通缩，且 PPI 先于 CPI 结束通缩。这进一步说明了 PPI 是 CPI 变化的先导指数，上游 PPI 的通缩对下游 CPI 的通缩有明显的传递作用。

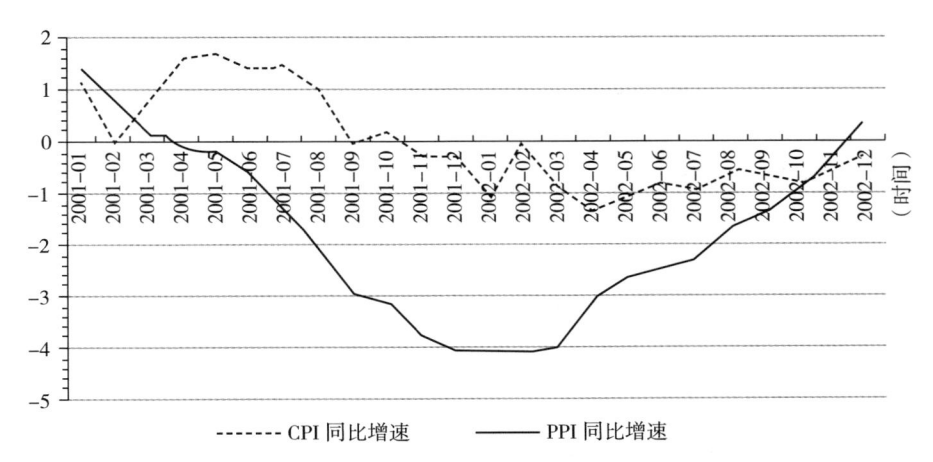

图 3.8　2001—2002 年中国 CPI 与 PPI 同比增速变化趋势

资料来源：中经网统计数据库。

但是，在 2001—2002 年通缩期间，我国经济仍处于复苏上行的阶段。如图 3.9 所示，与 1998—2000 年的通缩期间经济明显减速的特征不一样，在 2001—2002 年这轮通缩期间，我国的实际 GDP 增速呈现出上升的态势。2001 年和 2002 年，中国实际 GDP 增速分别为 8.3% 和 9.1%，经济复苏态势较为明显，且 2002 年经济形势明显好于预期并且好于 2001 年。

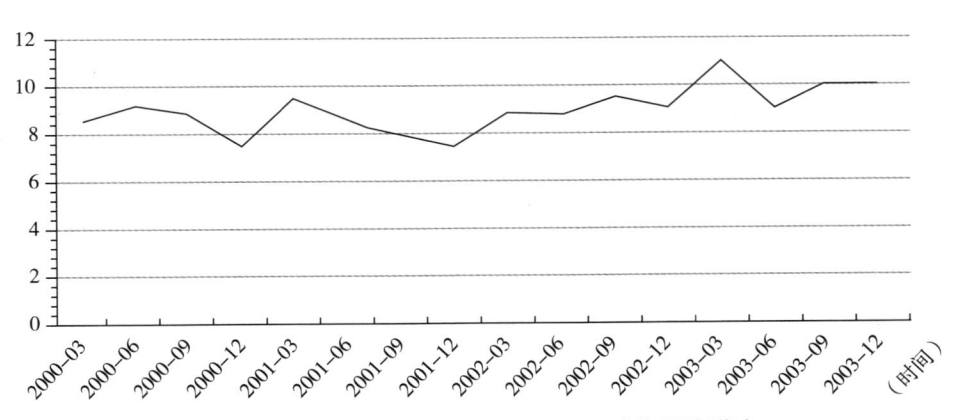

图 3.9　2000—2003 年中国实际 GDP 当期同比增速

资料来源：中经网统计数据库。

其中，工业、投资两大指标保持快速增长，有力地带动了经济的回升。如图 3.10 所示，2001—2002 年通缩期间，我国的固定资产投资完成额累计同比增速上升的趋势非常明显，从 2001 年 1 月 7.1% 的最低点上升到了

2002 年 2 月的最高点 38.2%，是最低点时的 5 倍多。此后虽有回落，但其增速均值为 25.2%，仍明显高于 2000 年 11% 和 2001 年 15.3% 的增速均值。

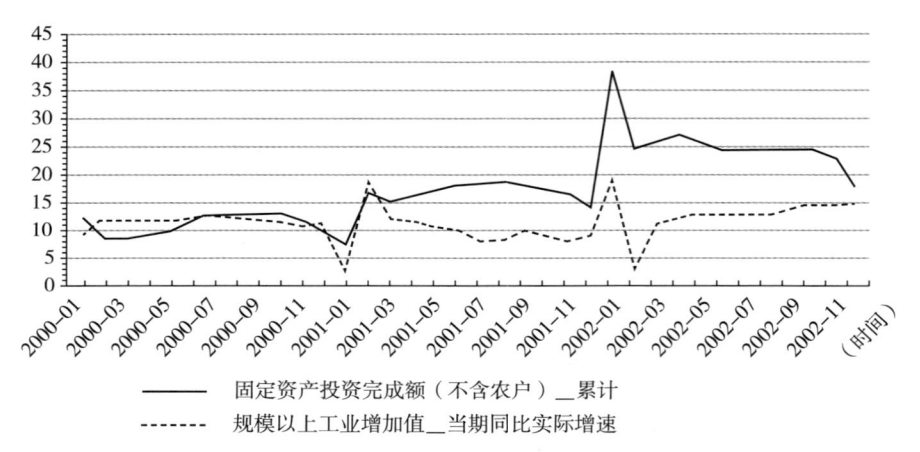

图 3.10　2000—2002 年工业增加值、固定资产投资完成额同比增速

资料来源：中经网统计数据库。

工业增加值增速也呈现出先放缓后回升的态势。如图 3.10 所示，从 2001 年 7 月起，工业增加值增速在波动中下降，2001 年下半年平均增速为 8.5%，比 2000 年的平均增速 10.4% 下降近 2 个百分点。但从 2002 年 1 月开始便呈现回升迹象，到 2002 年第二季度增速就达到 11.6%，超过本轮通缩前的水平。2002 年下半年工业增加值增速上升得更为明显，达到了 13.8%，与 2000 年相比提高了 3 个百分点，并且有持续上升的趋势。

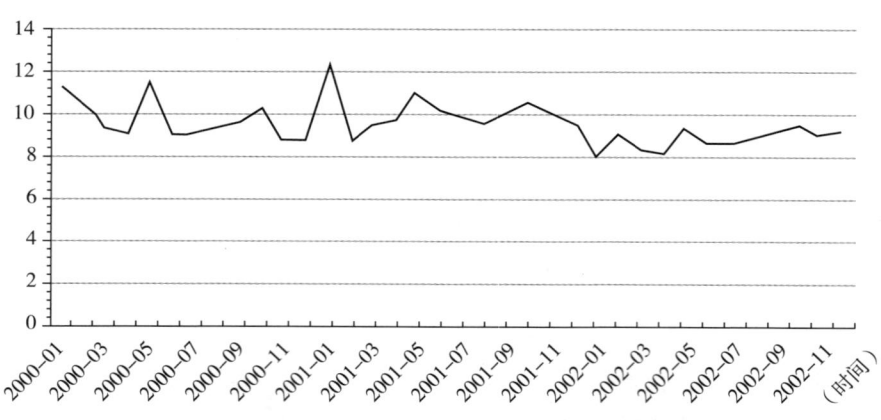

图 3.11　2000—2002 年社会消费品零售总额同比增速

资料来源：中经网统计数据库。

消费需求不足是拖累物价下行的重要因素。如图 3.11 所示，在此轮通缩期间，我国消费不足现象明显。2001 年社会消费品零售总额同比增速较 2000 年有小幅上升，但增速缓慢，2000 年平均增速为 9.7%，而 2001 年平均增速为 10.1%，仅上升 0.4%。到了 2002 年，消费更为低迷，2002 年平均增速为 8.8%，下降超过一个百分点。由此可见，我国居民消费需求动力不足，无法持续支撑物价上扬。

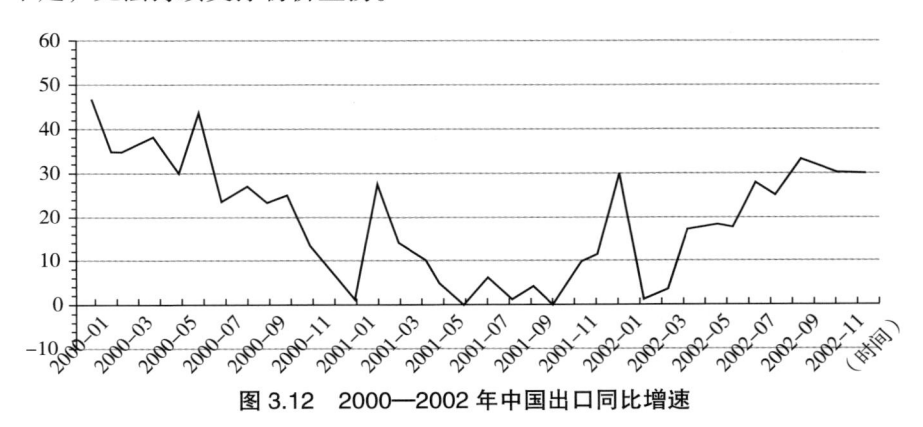

图 3.12　2000—2002 年中国出口同比增速

资料来源：中经网统计数据库。

在 2001—2002 年通缩期间，我国出口呈现先下降后上升的趋势。结合图 3.12 来看，2001 年我国出口增速处于较低的水平，直至加入世贸组织后的 2002 年 2 月开始，出口增速才开始呈现稳定上升的趋势，并在 2002 年年末恢复至 30% 左右的水平。

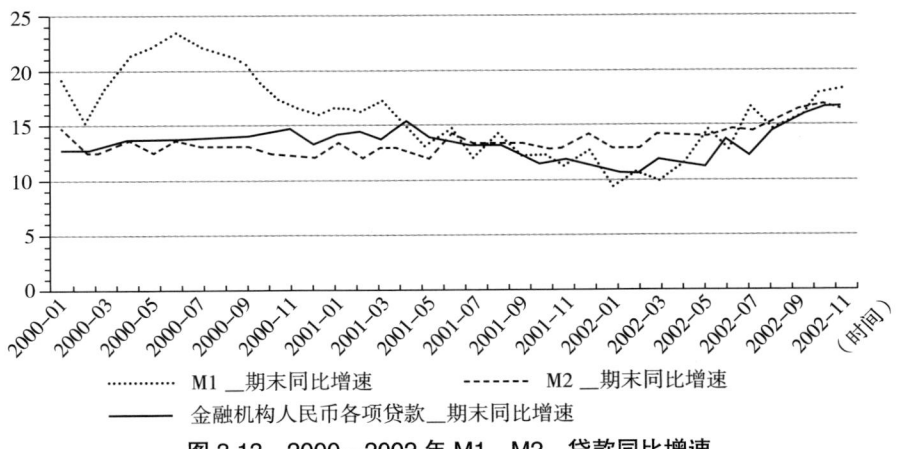

图 3.13　2000—2002 年 M1、M2、贷款同比增速

资料来源：中经网统计数据库。

就货币供给的情况来看，2001—2002 年通缩期间货币供给增速呈现出企稳回升的态势。2001 年 M1 增速呈现下滑态势，由 2000 年的平均增速 19.8% 下滑至 14%，降幅超过 5%。但是 2002 年 M1 增速开始回升，尤其是下半年增长趋势较为明显，但增长速度缓慢，无法快速恢复至通缩之前水平。2002 年下半年 M1 平均增速为 16.8%，与 2000 年的 19.8% 依然存在差距。与 M1 情况不同，2000 年 5 月以来我国 M2 同比增速不断攀升，到 2002 年 12 月并没有出现下滑状况。而在 2001 年 4 月 PPI 开始出现负增长的时候，M2 的同比增速为 12.8%；到 CPI 通缩结束时的 2002 年 12 月，M2 的同比增速达到 16.8%。由此可见，此次通货紧缩并没有伴随着 M2 的收缩，而是 M2 的扩张。

2001—2002 年通缩期间，我国信贷增速呈现出先小幅下滑再回升的态势。2001 年期间的信贷收缩现象依然存在，但从 2002 年年初开始信贷增速明显回升，信贷收缩问题缓解。如图 3.13 所示，自 2001 年 4 月以来信贷增速开始呈现下降趋势，此次增速下降维持近一年，平均增速为 12.4%，对比下降前的增速 13.2%，下降幅度并不大。从 2002 年 6 月开始，贷款增速恢复上升趋势，并且涨幅比较明显，短时间之内就超过了通缩之前的水平，2002 年下半年平均增速达 15.5%。

可见，虽然我国在短期内再一次地陷入通货紧缩的状况，但这次通货紧缩却是一种经济良性调整，形成了所谓的"缩长"现象，即经济适度快速增长与通货紧缩并存的情况。技术进步所带来的企业生产成本的下降，伴随着的是企业利润的稳步增长，这使得企业再生产意愿得到激发，物价水平的下降也不断刺激着需求的增加。技术进步的加快、生产率的提高和成本下降的速度要快于需求增加的速度，从而引发总体价格水平的持续降低和通货紧缩。

三 2001—2002 年中国通缩的形成原因

2001—2002 年期间，中国的物价总水平持续走低并形成通货紧缩。此轮通缩紧缩的根本原因是总供给的增长速度超过了总需求的增长速度。全球信息技术革命推动了生产领域的大变革，生产效率的提高促使企业生产成本下降，从而降低了商品的出厂价格。另外，我国加入世界贸易组织后，制定的一系列增加我国产品竞争力的政策也促使产品价格下降；同时我国积极利用此契机加快引入先进技术，进一步促进了国内生产方式和生产技术的变革，降低了生产成本。

总供给增长速度超过总需求增长速度所导致的供需不平衡是此轮通货紧缩的根本原因。内需增长缺乏动力导致总需求增长缓慢，而我国内需增长动力不足很大程度上取决于消费和投资乏力。首先，消费增速乏力，消费增速出现较大的下滑。2002年全国消费品零售总额增速为8.8%，与2000年的9.7%相比下降了近1%，消费增长缓慢拖累了内需增速的上升。限制消费扩大的原因主要有以下三点：一是我国居民收入增长相对缓慢，制约了消费需求的扩大。2001年和2002年我国城镇人均可支配收入名义增长分别为9.2%和12.3%，低于1996年的13%；2001年和2002年的农村人均纯收入名义增长分别为5.0%和4.6%，低于1996年和1997年的22.1%和8.5%。二是农村居民人均收入明显低于城镇居民人均收入，且农村收入增长速度明显低于城镇居民收入增长速度，城乡收入差距显著并不断扩大，这对消费需求起到抑制作用。而且，国企改革背景下，下岗和失业工人的增加和收入的下降，也抑制了消费的增长。三是我国居民储蓄率偏高，不利于形成有效消费需求。中国居民根深蒂固的思想观念加之尚未对市场恢复信心，居民倾向于将钱存入银行而减少当期消费。

全球信息技术革命的发展和技术溢出对我国总体价格水平形成向下的压力。全球信息技术革命显著地促进了产业技术进步并提高了劳动生产率，生产率的提升能够降低生产成本价格和产品的总体价格水平（Dickey & Fuller，1979）。20世纪90年代以来，世界各国重视发展以信息技术产业为先导的高新技术产业，不断调整和优化产业结构，增加高新技术在产业结构中的比重。因此，各国生产效率得以提高，导致世界市场产品价格下降，对我国产品竞争造成压力，迫使国内加快改善生产效率、降低价格以形成产品优势（毕吉耀，2003）。而且，信息技术的变革同样催生了其他领域的变革，资源配置效率的提高使得全社会的成本下降。例如，将信息技术与服务业相结合，就很好地提高了服务业的效率。通过利用计算机网络处理信息，整合海量资源，有效地挖掘消费者多样化的消费需求，对消费者进行有针对性的服务，大大提高了服务业的服务质量和效率。可见，信息技术的发展与进步能推动各大传统行业的技术进步，提升其效率和供给并使得同等的成本能生产出更多的商品而带来供给的上升。因此，生产率的提高不仅能够有效降低产品的生产成本，还可以进一步扩大产能。在这样的情况下，供给相对增加会造成产品价格的下降。

2001年中国加入世贸组织（WTO）所带来的对外开放加深，在短期内从多个渠道显著地影响国内价格水平的变动。一方面，加入WTO后关税的降低显著地降低了进口产品的价格，并通过竞争对国内产品价格形成压制。根据WTO协议的规则，我国承诺在加入世贸组织之后，明显地降低关税并且增加进口配额（许保利，2003）。降低关税直接影响了我国进口商品的价格，而增加进口配额则意味着国内产品总供给的进一步扩大，从而致使总体物价下跌。另一方面，加入WTO为我国带来了发达国家更加先进的技术，促进了我国生产效率的提高从而降低了成本和总体价格水平。发达国家将许多高新技术产品的不同生产制造环节和生产流水线转移给劳动力成本相对较低的中国，使得中国的生产能力和产销率大幅提高。短时间内技术进步的加快在降低企业生产成本的同时，也增强了企业的供给能力，带来了价格水平的普遍下跌和通货紧缩。

因此，从根本上来讲，2001—2002年的这轮通货紧缩主要是由总供给的增长速度快于总需求的增长速度而导致的总体物价水平较大幅度下降所引起的。对外开放幅度的扩大，技术引进和技术进步速度的明显加快，使得产品供给增长过快而造成产能过剩，但需求方面并没有出现明显的萎缩和下滑，只是需求的增长速度明显地慢于供给扩张的速度而已。如图3.14所示，根据总需求—总供给模型（AD-AS模型），当总需求增加的幅度（或

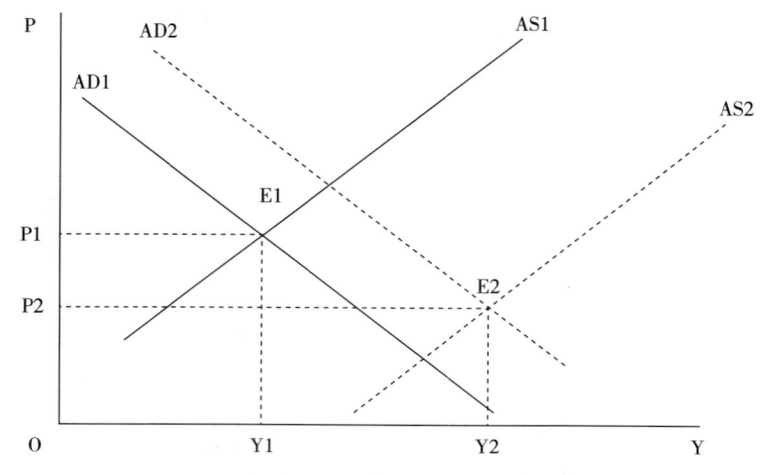

图3.14 供给增速快于需求增速下的良性通缩

速度）慢于供给扩张的幅度（或速度）时，将导致价格下跌和产出增加而形成良性通缩。综上，2001—2002年，正是总体供给持续大于总体需求，导致价格水平不断下跌，并最终形成了通货紧缩。

四 2001—2002年中国通货紧缩的调控措施以及效果

此轮通货紧缩是良性的通货紧缩，通货紧缩的调控重点在于提升需求增长的速度，以期与供给增长速度相匹配。针对我国内需增长缓慢的关键点，政府采取了积极的财政政策和稳健的货币政策，并保持必要的力度，同时采取其他配套的宏观经济政策加以应对。一方面，努力提高居民收入水平，缩小收入差距，提升居民消费需求；另一方面，优化居民消费和投资的环境，提高经济持续增长的活力。此外，面对全球信息技术革命的浪潮和加入WTO对我国价格造成的冲击，我国抓住并很好地利用了这个契机，制定了积极的政策鼓励外商进入国内市场，加快国内生产领域变革，创造新的需求促进国内消费和投资结构不断升级。

（一）继续实施积极的财政政策

在财政政策方面，主要通过增发国债、加快农村税费改革和关税调整的方法来拉动国内外需求，刺激经济增长。

由于当时银行资金充裕，利率水平较低，市场价格稳定，重要产品生产能力较大，发行长期建设国债的条件仍然具备。2002年国家发行1500亿元长期建设国债，国债主要用于两个方面：一方面，继续扩大基础设施建设，巩固并完善国内经济发展的物质基础，以拉动投资和消费需求。其中包括，有步骤地展开水利建设、京津水资源保护工程等利于民生的项目，努力改善居民消费环境；稳步推进西部大开发战略，着力解决西部经济增长缓慢问题，利用南水北调、西电东送、西气东输等项目，努力促进东西部互通有无，合理调配国内各项资源，减少居民生活成本，改善居民生活质量；完善农村基础设施建设，努力改善农村供给环境，进一步扩大提高农民收入水平，挖掘农民消费的潜在增长点；增加对科学技术、文化、教育方面的投入，努力推动我国技术创新发展，并为经济发展积累高质量人力资源。

另一方面，建立并完善社会保障体系，保障居民生活水平，努力为居民消费免去后顾之忧。中央预算大幅度增加低保资金,确保困难群众基本生活得到保障;继续推进城镇职工基本医疗保险制度、医疗卫生体制和药品生产流通体制改革,减轻居民预期支出的压力,促进当前消费需求的增加(许保利,2003)。通过发行国债搞建设既可以利用闲置生产能力,不会挤占民间投资资金,拉动经济增长,又可以减轻银行利息负担,还不会引发通货膨胀。[1] 此举有效地推动了经济发展,拉动了物价上行。

除了增加财政支出提高农村基础设施建设外,国家还通过农村税费改革支援农村建设,减轻农民负担,增加其可支配收入。大力推进农村税费改革,合理确定农业税计税要素,规范征税行为,努力杜绝乱收费现象。在落实税费改革的同时,推进乡镇机构改革、农村教育改革和政府公共支出等相关配套措施,让税费改革更有效率,让更多农民都因此受益。税费改革有效地扩大了农民的可支配收入,这对激发农民消费潜力具有重要的推动作用。[2]

此外,政府还通过下调关税扩大出口,刺激经济增长。自2002年1月1日起,我国关税总水平由15.3%降至12%,涉及5300多个税目。大规模下调关税对我国国际贸易起到了重要作用,提高了我国产品在国际上的竞争力。出口商品的价格竞争优势有效地带动了出口需求的增长,有利于化解国内需求不足的问题,从而促进国内供需达到平衡状态进而拉动了物价的上涨。

(二)实行稳健的货币政策

一方面,2002年2月开始,央行降低利率来刺激投资增长。民间投资不足是投资增长缓慢缺乏动力的重要原因,央行将短期和中长期贷款利率都下调超过0.5%,努力改善民间投资的融资渠道受限问题,有力地推动了民间投资的增长。另一方面,继续深入推进金融体制改革,既保持金融对经济发展的必要支持,又防止盲目放松银行信贷。银行优先为国债项目提供配套贷款,支持有市场、有效益、有信用企业的流动资金和技术改造贷

---

[1] 《2003年国务院政府工作报告》,中央政府门户网站,http://www.gov.cn/premier/2006-02/16/content_201173.htm。

[2] 国务院:《国务院办公厅关于做好2002年扩大农村税费改革试点工作的通知》,(国发〔2002〕25号),http://www.gov.cn/zhengce/content/2016-10/12/content_5117778.htm。

款需要。[①]进一步推动金融体制走向规范化和市场化，放松政府管制，鼓励民间资本和外商投资，升级国内投融资结构。

（三）优化市场环境，培育消费，扩大投资需求

第一，采取措施培育和扩大居民消费需求。一方面，努力增加城乡中低收入居民的收入，较大幅度地提高各类社会保障对象补助标准，重点改善农民收入状况，努力缩小城镇和农村的收入差距。另一方面，进行小城镇户籍管理制度改革，放宽对外来人口的限制，扩大农村人口就业，提高其收入水平。另外，通过拉动居民住房需求、发放助学贷款等消费信贷，培育新的消费热点，激发居民消费潜力。2002年年末消费贷款余额达1.07万亿元。这些措施对扩大居民消费起到了重要作用。

第二，出台鼓励投资的文件，优化投资环境，促进投资增速不断攀升。2001年，国家计委出台了《关于促进和引导民间投资的若干意见》，旨在放宽民间投资的领域并扩大其融资渠道，释放民间投资活力，并努力推动民间投资成为支撑投资持续增长的重要环节，进一步优化我国投资结构，助推投资需求不断扩大。

五 调控效果和经验总结

（一）调控效果

由于此轮通货紧缩属于良性通缩，并且受积极扩大需求的经济政策的影响，此次通货紧缩持续时间短暂，我国很快就走出通货紧缩的状态，也未对我国经济产生不良的影响。具体来看，此轮通缩调控效果如下：

1.在较短的时间内，PPI与CPI先后恢复正增长而结束通缩

2003年1月，CPI在经历了持续15个月的负增长之后首次回正，增速为0.4%。2003年1—8月，CPI呈现缓慢恢复的态势，增速未超过1%。但到2003年9月，CPI开始呈现出大幅增长的趋势，9月CPI同比增速达到1.1%。到12月，CPI同比增速达3.2%，超过通缩之前的水平。PPI比CPI

---

① 《2003年国务院政府工作报告》，中央政府门户网站，http://www.gov.cn/premier/2006-02/16/content_201173.htm。

更早表现出回升态势。2002年12月PPI就已经结束通缩,恢复正增长。2003年3月,PPI达到1996年以来的最高值4.6%。综合CPI和PPI的同比增速来看,我国已经走出通缩。

2.消费、投资和出口企稳并实现持续增长

其一,消费增速实现小幅回升,由2002年8.8%的平均同比增速,上升至2003年9.0%的平均同比增速,说明我国居民消费需求有扩大的趋势。其二,投资增速出现大幅度的上升。2001年和2002年的固定投资累计同比增速分别为16.2%和25.3%,但2003年同比增速飙升至32.3%,投资需求增加非常明显。其三,出口需求增速同样显著上升。2003年我国出口增速达到34.4%,比2002年的增速增加12.3%,比2001年的增速上升近27%,出口需求增长势头迅猛。可见,投资和出口需求的增速的大幅回升,极大地拉动了总需求增速,拉动总需求曲线右移,从而走出通缩。总需求的快速增长得益于政府所采取的积极扩大内需的政策。一方面,通过增发国债、补贴、减税等方式扩大基础设施建设、建立并完善社会保障体系,提高居民可支配收入,尤其注重改善农村居民的消费水平,通过农村税费制度改革减轻农民负担,缩小收入差距,增加居民消费潜力,刺激内需增长。另一方面,通过下调关税等方式鼓励出口,扩大外需。此外,政府还大力鼓励扩大民间投资和外商投资,升级国内投资结构,激发投资增长的活力,有力地带动投资增速的回升。

3.货币供给增速继续保持增长势头,信贷收缩情况明显改善,贷款增速大幅攀升

M1增速从2002年下半年起就有回升迹象,到2003年增长态势明显加快,很快恢复通缩之前水平。2003年M1平均增速为19.2%,几乎回到通缩前2000年的19.8%。M2增速持续三年保持持续稳定增长,2003年M2增速达到20.0%,比2002年提高5%,比2001年提高6.75%,增长态势良好。同时,银行贷款增速也大幅回升。2001年和2002年我国贷款增速在低位保持缓慢增长,平均增速维持在13%,而2003年贷款增速为21.8%,贷款规模明显扩大,我国信贷收缩状况得以改善。

4.住房制度改革后房地产市场带来的内需扩张对走出通缩起到一定的作用

自1998年住房制度改革之后,房地产行业发展明显加快,1999—2002

年间，房地产开发投资同比增速持续增长，2003年我国房地产投资水平更上一个台阶，达到34.6%。房地产行业的繁荣有效拉动内需的增长，对物价上涨产生积极影响。

（二）调控的经验和教训

第一，针对良性通缩的调控，主要政策着力点是大力提升需求能力。良性通缩是短时间内的供给方面的效率提升、成本下降，导致的供给增速快于需求增速所致，需要采取扩大需求的措施加快需求增长速度，减缓价格的降低。

第二，把控投资的结构和方向，防止重复建设和后续加剧产能过剩。为防止投资需求带来产能过剩，政府投资应该更多地集中在基础设施建设、农村水利设施等领域，这样既能增加总投资又能防止产能过剩。另外，重点鼓励民间投资，优化投资结构也是关键环节。金融体制改革造成大量国有企业重组或倒闭，国有企业投资能力下降，因此必须利用民间资本的力量，扩大民间投资融资渠道和准入领域，激发民间投资活力，增加投资增长的持续性。

第三，利用国外市场和外需的快速增长拉动总需求增长，缓解总供给大于总需求的失衡局面。借助我国进入世界贸易组织这个契机，利用出口退税、出口补贴等手段，提高国内出口产品的竞争力，积极扩展国际市场，增加世界各国对我国产品的需求，拉动出口增长，从而释放国内需求压力，努力回到供需平衡状态。

第四，重点实施科教兴国战略，为经济持续发展提供人才基础。国外先进科技的利用带来我国国内生产效率的提高和生产成本的下降，是此轮通缩与经济增长并存的重要原因。由此可见，科学技术越来越成为国家经济发展的重要支撑，为此我们必须实行科教兴国的战略，储备大量高素质人才，加强自主创新的能力，为未来的经济发展积累内在潜力。

第四节 2008—2009年中国通货紧缩

一 2008—2009年中国通货紧缩的背景

（一）国内经济环境

本轮通货紧缩之前的2003—2007年，中国经济高速发展，市场呈现一片繁荣景象，并在一段时间内出现了经济过热和通货膨胀。2007年我国经济快速增长，并伴随着物价的快速上升。2007年的四个季度内我国各类经济指标都在不断攀升，CPI在1—10月同比上涨4.4%，到10月当月上涨达到6.5%，并主要表现为食品大幅涨价所导致的CPI上涨。

到2008年上半年，GDP增速和通胀率等各类指标都继续维持在较高的位置。其中，2008年年初，CPI增速维持在8%左右，而PPI增速在2008年7月和8月突破10%。此外，中国股市股价飙升，2007年10月，沪指突破6000点，达到6124点，成为历史性最高。2007年，我国房地产行业也是空前狂热，根据国家发改委、国家统计局公布的调查结果显示，2007年11月，全国70个大中城市房屋销售价格同比上涨10.5%，创两年来新高。再加上此阶段人民币持续升值，大量资金涌入国内投资市场，居民和企业的投资热情空前高涨，市场情绪积极乐观。此时，经济过热和通货膨胀压力态势非常明显，但之后中国经济却出现了急剧的回落并出现明显的通缩压力。

（二）国际经济环境

2007年美国爆发次贷危机，并迅速波及全世界并造成全球经济低迷。2001—2004年，美联储连续13次降息，大量资金涌入次级债券市场，使得美国股市大涨、房地产市场一片繁荣，并形成资产泡沫。而从2005年下半年开始，美国的经济金融形势发生了明显的转变，美国GDP增长率开始下行，并出现房地产资产价格大幅下降，贷款机构也因此出现信贷收缩的现象。上述一系列连锁反应进一步加速了美国资产价格下跌和经济下行，并对全球其他国家经济造成冲击。

美国次贷危机带来了全球经济不景气，对我国进出口贸易造成了较大影响，成为我国此轮通缩形成的重要原因。受次贷危机影响，各国股价等各类资产价格下降、经济增速下滑。此外，各国贸易保护主义开始显现，我国出口需求明显大幅下降。外部需求下降对国内总体价格水平的下跌有重要的影响，此外，国际大宗商品价格暴跌进一步加剧了国内生产成本和PPI的下跌。

二 2008—2009年中国通货紧缩的特征表现

在2008年的前后半年中，中国的物价水平在短时间内出现了过山车式的逆转，通胀到通缩之间出现了快速转换。在2008年上半年，我国经济还处于过热的状况，从价格指数来判断也是明显地处于通货膨胀时期。如图3.15所示，2008年2月的CPI增长率达到8.7%，创下了12年以来的新高，但从3月开始迅速下降。到了2008年12月，我国的CPI增速虽然尚处于正的区间，但也仅为1.2%。而从2009年2月开始，CPI同比增速已经开始转负（-1.6%），并在后面持续了9个月的负增长，最低点为-1.8%。可见，如果从CPI的变化趋势来加以判断，自2009年2月开始，中国的经济状况出现了逆转，已经由通货紧缩取代之前持续的通货膨胀。

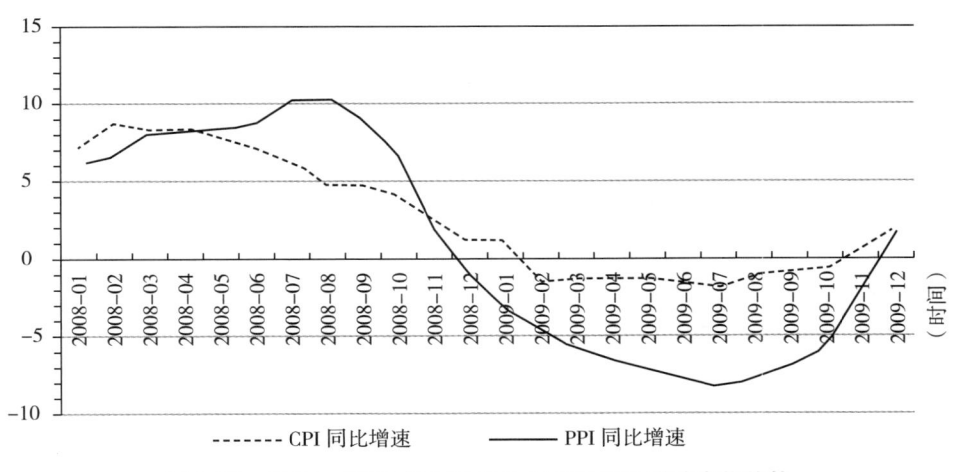

图3.15 2008—2009年中国CPI与PPI同比增速变化趋势

资料来源：中经网统计数据库。

而从PPI增速来看，2008年8月PPI增速还处于10.1%的最高点，这说明生产端尚处于此前一轮的剧烈的通货膨胀之中。但此后便一路下滑，并于

2008年12月开始转为负增长（-1.1%），并持续了12个月的通缩，直到2009年12月才转为正增长，从而标志此轮通缩的结束。此轮通缩中的一个显著特点就是，PPI增速在短时间内达到历史性的最低点-8.2%（2009年7月），且谷值要明显低于1998—2000年以及2001—2002年两轮通缩。在此轮价格波动周期中，通胀的最高点与通缩最低点间的振幅达到了18.3%。

造成PPI增速在短时间内迅速地从通胀最高点滑落到通缩最低点的原因主要来自两方面：一方面，突发的国际金融危机使得中国的外需急剧减少，将原本需求过热的经济一下子拉到需求不足的状况；另一方面，国际金融危机造成的世界经济低迷降低了对国际大宗商品和原材料的需求和价格，原料成本的降低使得中国的工业品出厂价格指数PPI增速大幅回落。

在2008—2009年通货紧缩期间，我国的实际经济增速在经历了明显的下滑走势后又恢复了继续上行的态势。如图3.16所示，我国的实际GDP同比增速从2007年第二季度的15%不断下滑，到了2009年第一季度，实际GDP增速仅有6.4%，不到最高点的一半。此后，在积极财政政策、宽松货币政策与十大产业振兴政策的刺激下，经济走向复苏，实际GDP同比增速于2009年第四季度达到11.9%，此时中国经济也走出了通货紧缩的状况，并走向复苏。可见，在2008—2009年我国通缩期间，实际GDP增速出现的是先下滑再上行的态势，在出现深度探底后不久便出现了"V"形反弹。

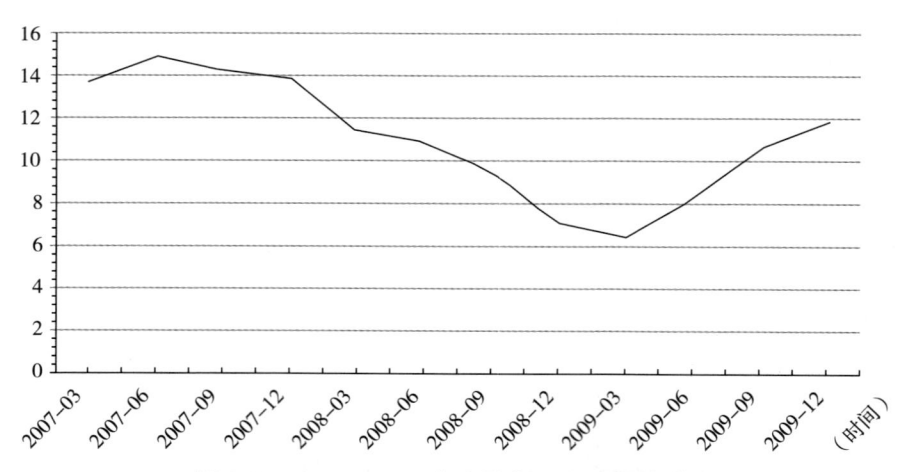

图3.16 2007—2009年中国实际GDP同比增速

资料来源：中经网统计数据库。

在 2008—2009 年的通缩期间，我国消费需求增速不断下降。如图 3.17 所示，由于前期经济过热，社会消费品零售总额同比增速持续上升。但在 2008 年 7 月，社会消费品零售总额同比增速达到 23.3% 的顶点之后便迅速回落，并在 2009 年 2 月达到阶段性低点 11.6%，增速下降了一半。在 2008—2009 年通缩的后期，尽管社会消费品零售总额同比增速小幅回升，但依然保持低位运行。从时间来看，消费需求增速的下降领先于 CPI 和 PPI 负增长，消费不足带来的需求下降增加了物价下行和通缩的风险。

我国进口和出口增速大幅下跌成为拖累 GDP 增速下滑和物价下跌的重要原因。如图 3.17 所示，2007 年以来我国进出口增速虽有波动，但总体保持比较平稳的增长态势。但自 2008 年 11 月以来，我国的进出口增速都呈现断崖式暴跌，出口增速从 2008 年 10 月的 19.2% 下降至 2008 年 11 月的 -2.2%，直接下降了 21%；而进口增速则由 2008 年 10 月的 15.6% 直接下降至 2008 年 11 月的 -17.9%，降幅更是超过 30%。此后，在超过一年的时间内，我国的进出口都持续负增长，出口增速的谷值达 -25.7%，而进口增速更是低至 -43.1%。可见，国际金融危机带来的进出口增速的大幅下滑，是此轮通货紧缩的重要原因之一。

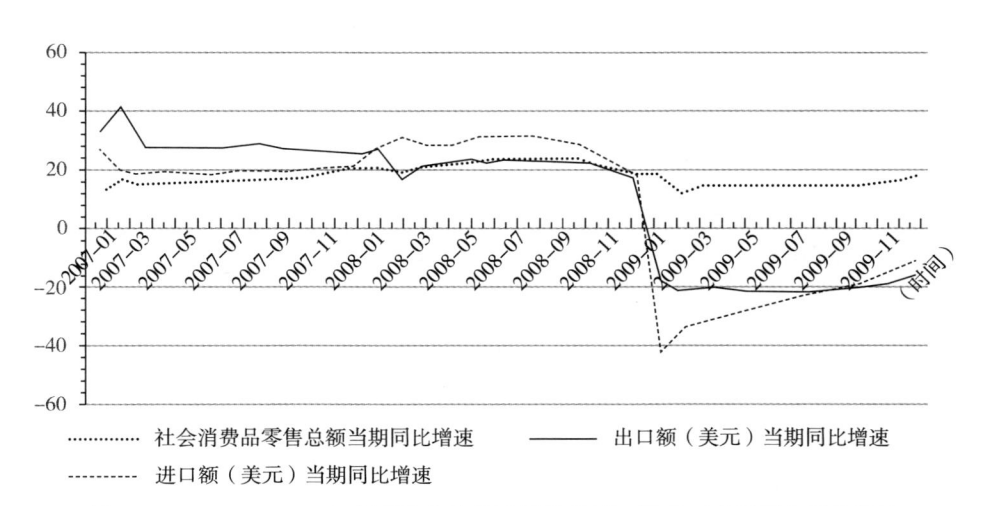

图 3.17　2007—2009 年中国社会消费品零售总额、进出口（美元）同比增速
资料来源：中经网统计数据库。

在 2008—2009 年的通缩期间，我国工业增加值增速也呈现出严重的下滑态势，如图 3.18 所示，从 2008 年 6 月起，规模以上工业增加值增速就持续大幅度下滑，仅 2008 年下半年工业增加值增速就下滑至 2007 年的一半，2007 年平均增速为 18.0%，而 2008 年下半年增速仅有 9.7%。2009 年 1 月工业增加值增速甚至出现 −2.4% 的负值，工业生产情况不容乐观。

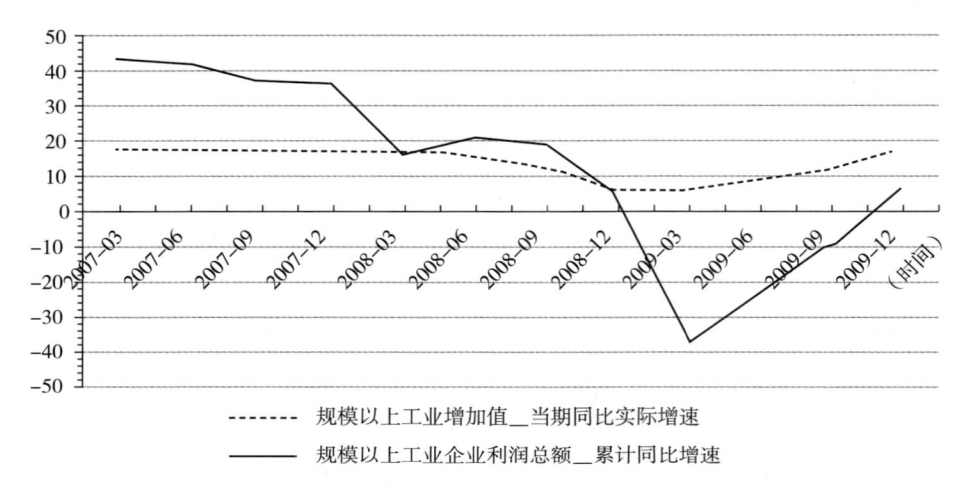

图 3.18　2007—2009 年中国规模以上工业增加值、工业企业利润总额同比增速

资料来源：中经网统计数据库。

工业生产情况低迷的同时伴随着企业利润严重受损。如图 3.18 所示，在 2008—2009 年通缩期间，企业利润下降程度更为明显。2007 年以来，企业利润增速不断下滑，而 2008 年第四季度的企业利润同比增速猛跌至 4.89%，是 2008 年第一季度（16.51%）的四分之一。在 2009 年，企业盈利受损的情况更为严重，前三季度利润增速都为负值，分别为 −37.3%、−22.9%、−10.6%。可见，前期的重复投资和产能过剩加上需求的大幅下降，导致企业利润受到严重的挤压。

在 2008—2009 年通缩期间，货币供给和贷款增速处于先下降后上升的态势。如图 3.19 所示，在央行适度宽松的货币政策下，货币供应量 M1、M2 的增速均趋于上升的态势。2007 年 8 月开始，货币供应量 M1 的增速开始下滑，由 22.8% 下降至 2008 年 11 月的 6.8%，而 M2 增速由 2008 年 5 月的 18.1% 下降至 2008 年 11 月的 14.8%，这既反映出在应对 2007 年经济过热时，政府所采取的紧缩性货币政策，也反映了经济形势转化下银行等金融系统的贷款意愿不足。但从 2008 年 12 月开始，M1 和 M2 增速均出现大幅上升，在 2009 年 11 月 M1 增速达到了 36%，而 M2 增速也达到了

29.7%，这主要是政府为了应对国际金融危机的冲击和经济的下行压力所采取的宽松的货币政策所致。

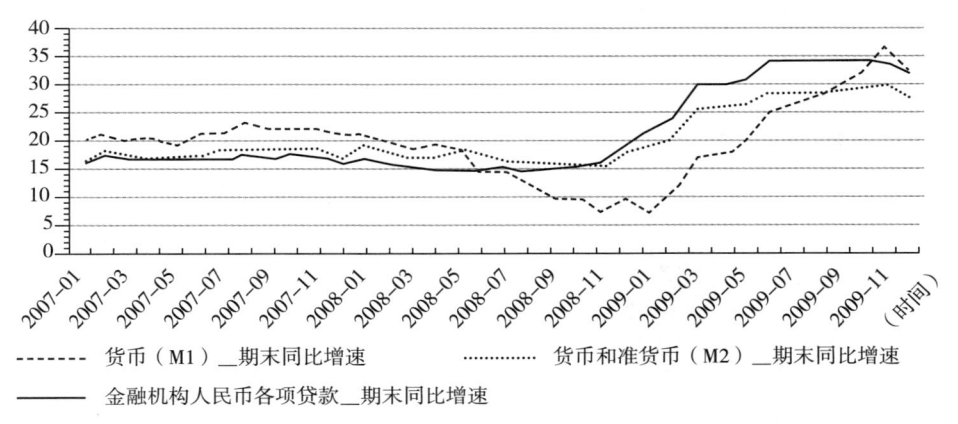

------- 货币（M1）_期末同比增速　　……… 货币和准货币（M2）_期末同比增速
———— 金融机构人民币各项贷款_期末同比增速

图 3.19　2007—2009 年 M1、M2、金融机构人民币各项贷款同比增速
资料来源：中经网统计数据库。

在 2008—2009 年通缩的前期，信贷增速呈现出稳中略降态势，而自 2008 年 8 月以来信贷增速则呈现出明显的上升趋势。如图 3.19 所示，自 2007 年以来，金融机构人民币各项贷款同比增速保持平稳运行态势，在 2008 年 1 月开始出现小幅下降趋势，由 16.7% 下降至 2008 年 8 月的 14.3%。随后贷款增速开始大幅度回升，并在 2009 年 6 月达到 34.4%，相比最低点上涨了 20 个百分点。这主要是因为政府及时地转变了宏观政策的方向，果断地采取适度宽松的货币政策应对经济下行和通缩，鼓励商业银行向十大振兴行业以及企业贷款，使得贷款增速大幅回升。

三　2008—2009 年中国通货紧缩形成的原因

本轮通货紧缩产生的根本原因是总需求大幅度下降导致的供需失衡。美国次贷危机引发的全球经济衰退严重削弱了我国的进出口需求，成为我国总需求萎缩、价格下跌的重要因素。国内信贷紧缩限制了投资需求增速，再加上国内消费需求增速下降，进一步恶化了国内总需求状况，物价下滑不可避免。

2007 年美国次贷危机对中国进出口的负面冲击影响是这次通缩的重要原因。国际金融危机导致出口下降而引发实体经济衰退，企业投资需求和居民消费需求同步下降,进而导致交易性货币需求下降,物价下跌(苏剑等,2009)。2007年美国次贷危机从最初的债券、信贷等金融领域蔓延并扩大到实体经济,并引发全球经济衰退和通货紧缩压力,对中国的进出口造成了极大的冲击。作为出口导向型国家,在次贷危机前,我国经济对外依存度高。2002年以来,对外出口在我国GDP中的比重不断上升,2006年其占比更是超过了1/3,2007年虽然有所回落,但是出口在GDP中的占比仍然达到了25.7%,由此可见出口需求对于中国经济的重要性。

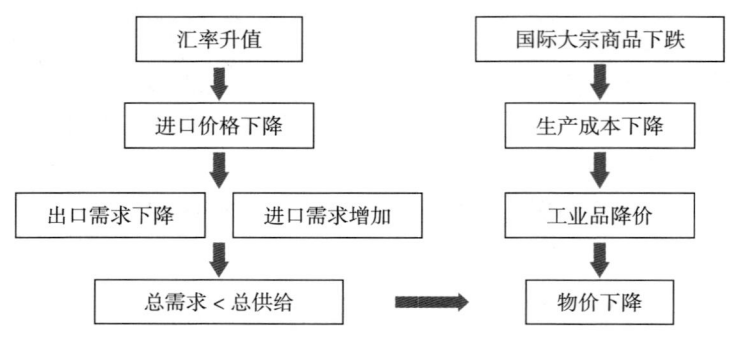

图3.20 次贷危机下国际贸易对国内通缩的影响渠道

资料来源:财信国际经济研究院。

然而,2007年的美国次贷危机却削弱了我国的出口需求,引发供给大于需求的矛盾,造成物价下跌和通货紧缩。其一,次贷危机导致全球经济增速放缓,各国经济的衰退减少了对国外商品的进口需求,直接抑制了我国出口需求的增长。如图3.17所示,2008年3月以来我国出口额增速出现了大幅度下降的趋势。2008年3月出口同比增速为30.6%,此后增速便出现一路下滑的状况,到11月开始出现负增长(-2.2%)并持续了一年,直到2009年年末增速才回到正值。而2008年12月至2009年11月的出口负增长时期正是处于此轮通缩的时期,可见外需负增长与通缩是保持同步的,次贷危机下的出口负增长是造成此轮通缩的重要原因。

其二,出口需求的下降还会通过被动增大国内供给、减少国内需求而加大通缩的压力。对外出口减少意味着有相当一部分商品需要由出口转为内销,国内市场的供给因此增大,这会导致供给与需求的缺口扩大,从而造成一般价格水平下降,增大了通货紧缩的压力。出口需求的萎缩还会通过消费需求的减少来影响供需关系和总体价格水平。出口需求的降低会导致相关外贸企业生产萎靡,更严重的是许多中小企业面临破产倒闭。而这些企业所吸纳的大量劳动密集型就业人员也会因此减薪甚至是失业。失业的增加以及收入减少造成消费需求下降,从而引发价格进一步下跌。

其三,次贷危机造成世界经济低迷,各国对国际大宗商品的需求减少使得大宗商品价格下跌。一方面,我国是大宗商品对外依存度很高的国家,大宗商品价格的变动将直接影响生产成本从而影响 PPI 和 CPI。大宗商品作为工业产业的原材料,其价格下跌会使得我国工业生产部门生产成本下降,在产能过剩的情况下,国内企业为了保证自身利益会降价出售商品。另一方面,国际大宗商品价格下降使得我国进口商品的成本下降,进而通过价格竞争而引发国内价格水平下跌。如图 3.21 所示,国际大宗商品价格指数 CRB 对于 PPI 与 CPI 的同比变动有着明显的领先和带动作用。CRB 要先于 PPI 与 CPI 达到波峰和波谷,从而带动 PPI 与 CPI 的同趋势变动。

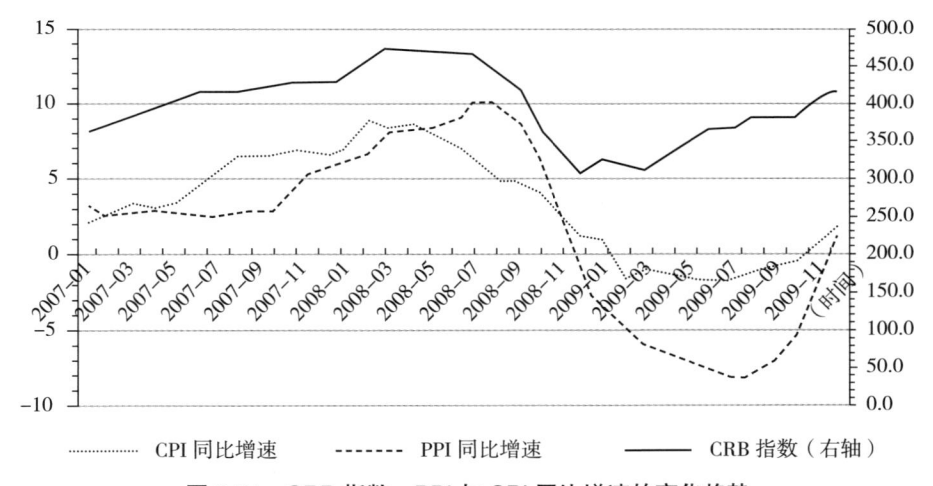

图 3.21 CRB 指数、PPI 与 CPI 同比增速的变化趋势

资料来源:中经网统计数据库。

其四,次贷危机下美国经济下滑导致美元币值持续走低,而人民币的升值压力相对比较明显。因此我国贸易商品价格相对上涨和失去价格竞争优势的问题,进一步导致了我国出口需求的下降和进口需求的增加,加剧了国内总供给大于总需求的矛盾,从而带动价格下跌。而人民币升值也使得大宗商品的进口价格降低。大宗商品价格下跌通过成本渠道带动国内工业品出厂价格水平的下降。

另外，美国次贷危机造成的信贷紧缩增加了我国通货紧缩的压力。次贷危机是由次级抵押贷款机构破产、投资基金被迫关闭、股市剧烈震荡引起的金融风暴，其出现的直接原因是美国的利率上升和房价不断下跌。利率上升增加企业和居民的还款利息，过重的还款负担使很多债务人出现违约问题，银行大量贷款无法收回，对银行资金流产生重大消极影响。由于金融的传染性，全世界很多国家包括中国也受到了影响。面对经济的下滑与未来的不确定性，国内银行体系面对贷款可能的坏账风险而紧缩信贷，使得企业融资更加困难。企业因为缺乏资金扩大生产就会造成投资需求下降。信贷紧缩抑制了投资需求，从而加重了通货紧缩的压力。为此，政府对基础设施等投资的实施对于稳定投资需求，防止投资增速下滑有重要的作用。如图 3.22 所示，在 2009 年第一季度，我国固定资产投资速度出现了断崖式的下降，直到政府 4 万亿元投资的实施，才使得随后的投资需求增速大幅回升。

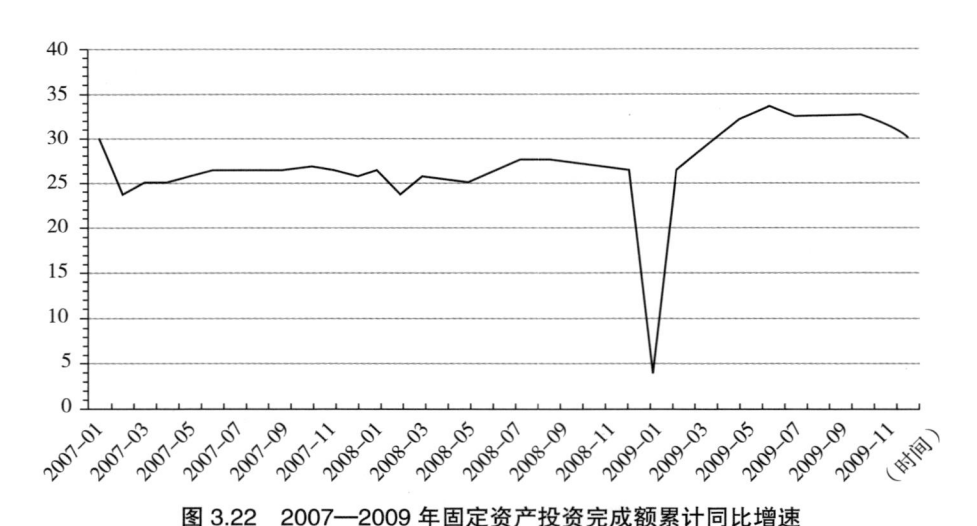

图 3.22　2007—2009 年固定资产投资完成额累计同比增速

资料来源：中经网统计数据库。

从固定资产投资价格指数来看，在 2008—2009 年通货紧缩期间，投资价格增速呈现出先下降后上升的趋势。如图 3.23 所示，2008 年上半年之前，经济处于过热阶段，投资需求旺盛使得固定投资价格指数呈现出不断上涨的态势。而 2008 年第二季度以来，固定投资价格指数出现大幅度的下滑，2009 年持续处于负增长区间，这也说明了投资需求的不足。

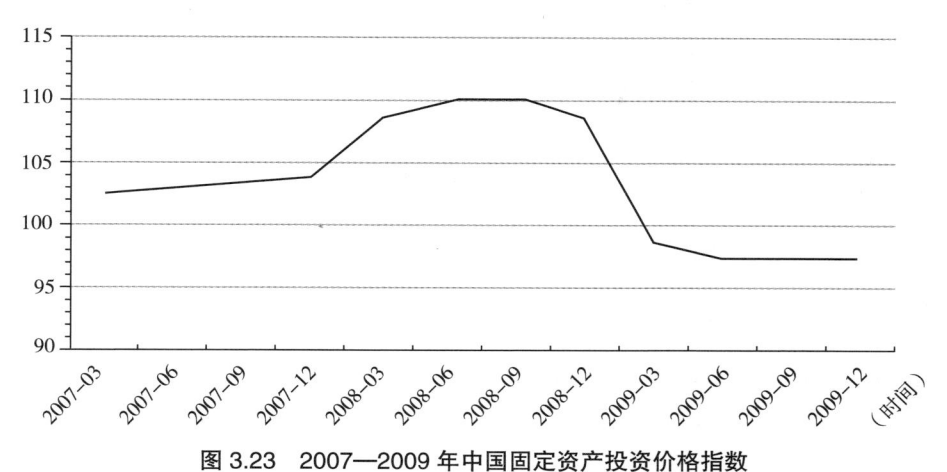

图 3.23　2007—2009 年中国固定资产投资价格指数

资料来源：中经网统计数据库。

在供给方面，我国重复投资和产能过剩的问题一直以来都没有得到及时的调整。由于产权不明晰和风险约束机制有限，许多企业简单地依靠投资来扩大规模，盲目增加产出而不顾及市场的供求状况，造成社会资源的严重浪费和产能过剩。如图 3.24 所示，2007 年以来，我国工业企业存货同比增速不断上升，其平均增速由 2006 年的 11.7% 上升至 2007 年的 18%，2008 年更是高达 26%。可见，工业企业积压过量库存，产能过剩严重。在外生需求不足的冲击影响下，短时间内加剧了供大于求的矛盾，引起一般价格水平下降，进而引发通货紧缩。

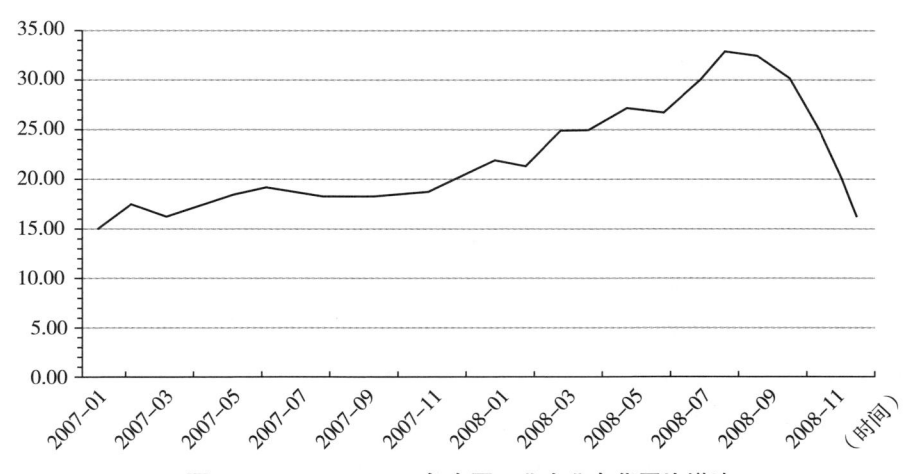

图 3.24　2007—2008 年中国工业企业存货同比增速

资料来源：中经网统计数据库。

可见，国内外多重因素的共同作用造成了此次通货紧缩。2003—2007年的经济过热和重复投资带来了国内产能的严重过剩，而美国次贷危机造成的出口急速减少极大地抑制了总需求而加大了国内供需失衡的矛盾，冲击了我国的物价水平并进一步形成了通货紧缩。

四 2008—2009 年中国通货紧缩的调控措施以及效果

为应对此轮通货紧缩的危机，政府一方面采取积极的财政政策来拉动国内消费需求、投资需求和外部需求，以缓解供需矛盾；另一方面，通过适度宽松的货币政策来改善货币环境和金融体系，扩大国内投资需求。

（一）实施积极的财政政策

财政政策主要通过两个方面来助力经济复苏、走出通货紧缩。一方面，增加财政支出，直接拉动国内消费需求和投资需求，缓解国内供过于求的矛盾，推动物价上涨；另一方面，实行结构性减税，增加居民收入水平，从不同环节减轻居民和企业的税费负担，增加居民消费水平和企业投资能力，不断扩大内需。

一方面，政府增加财政支出强力拉动需求增长，努力实现供给和需求动态平衡，推动物价上扬。在 2009 年及之后的两年时间内安排 4 万亿元资金强力启动内需，以促进经济稳定增长。第一，财政资金重点支持"三农"工作。国家提高粮食最低收购价，直接推动粮食价格的上涨，以此带动其他相关产品物价的恢复；增加对农村的基础设施建设，改善农村生产的供给环境，提高农产品质量，从而扩大对农产品的需求；增加对农业的补贴，提高农民收入水平，增加农民消费能力。第二，改善消费结构，扩大居民消费。国家通过增加对贫困人口的补贴和提高居民可支配收入水平、调整收入分配结构以缩小收入差距，从而提高居民消费能力。通过财政补贴家电下乡、汽车家电以旧换新和农机具购置的方式促进内需。不断升级消费结构，重点鼓励培育汽车、住房、文化娱乐、体育健身等新兴消费热点，满足居民多元化消费需求。第三，大力优化政府投资结构，将投资倾向于关系国计民生的基础设施领域。政府财政资金重点投资保障性住房、节能环保和生态建设、技术改造与科技创新、文化教育等基础设施，投资结构得到升级，这为经济持续增长注入内在动力。第四，继续完善社会保障体系。国家不断扩大社会保障的范围，将更多人纳入社保体系，尽可能免去居民消费的后顾之忧从而有利于扩大消费需求。

另一方面，政府实行结构性减税和税费改革，减轻居民消费和企业投资的负担，以调动市场活力和增加内需。第一，根据国际通行的财税政策支持出口，提高部分出口商品的出口退税率，增加我国产品的竞争力。提高出口退税率使国内企业税费负担减少，国内产品成本下降，提升我国对外出口商品的价格优势，产品出口需求进一步扩大。第二，完善房地产税制改革，降低住房交易税费，通过降低居民购房成本以激发居民购房热情。通过不断刺激房地产市场发展，推动房价回升，并利用房地产带动上下游几十个行业价格上升。第三，全面实施增值税转型改革，进一步完善征税规则以减少征税环节和减轻企业和居民税费负担，通过鼓励中小企业发展和提高居民收入水平以扩大投资和消费需求。

（二）实行适度宽松的货币政策

政府通过增加货币供应量、降低银行存款准备金率和贷款率、适时适度公开市场操作、优化信贷结构等措施来放松货币环境、改善金融体系、扩大国内投资需求。

第一，增加货币供应量，为市场注入流动性。2009年信贷预期目标为广义货币供给增长17%左右，新增贷款5万亿元以上。充足的货币供给增加了流通的资金，对促进投资和消费增长发挥了积极作用。

第二，降低银行存款准备金率增加市场流动性，同时降低贷款率减小企业融资成本，从而扩大投资需求。2008年9月以来，央行连续四次下调存款和贷款利率。其中，大型银行存款准备金率由下调前的17.5%降至15.5%；金融机构活期存款利率由0.72%降至0.36%，一年期贷款利率稳定在5.31%。央行下调存贷款利率，使市场上流动资金更加充裕；同时完善利率定价机制，帮助稳定利率市场，从而营造了良好的投资环境。

第三，适时适度公开市场操作，灵活处理货币供给，防止出现由货币供给过少导致的通货紧缩。中国人民银行遵循宽松的货币政策，密切关注金融环境变化，强化对银行体系流动性的预测分析，灵活开展公开市场操作。一方面，根据实际经济情况调整公开市场操作的力度和方向，对不同的情况实施针对性的工具组合；另一方面，适当提高利率的弹性。公开市场操作与下调利率相互配合，能够更好地发挥利率对供求关系的调节作用（《中国货币政策执行报告》，2009）。

第四，优化信贷结构，努力增加有效投资需求。一方面，加强货币政策与产业政策的配合，严格控制高耗能、高污染和产能过剩行业的贷款，加大对"三农"、中小企业、节能减排等国家重点项目的支持，不断优化投资结构和产业结构。另一方面，加强金融监管体系，时刻防范金融风险，减小因金融体系波动对我国供需平衡造成的伤害。

五 调控效果和经验总结

（一）调控效果

政府宏观调控取得显著成效，价格指数走出负增长并不断上扬。需求方面，消费、出口、投资增速明显回升，国内需求扩大；供给方面，工业生产也恢复至通货紧缩前水平，国内供给和需求逐渐向平衡过渡，经济增速不断回升。

其一，主要的宏观价格指数 PPI 和 CPI 在短时间内实现"V"形反弹，生产领域和消费领域均走出通缩。2009 年 11 月，CPI 回升至 0.6%，恢复了正增长，此后增速保持持续增长，并在短时间内恢复至较高水平。2009 年 12 月，PPI 走出负增长实现正增长，之后迅速回升，并在 2010 年 1 月 PPI 就达到 4.3%，恢复至 2007 年的平均水平。综合 CPI 和 PPI 持续增长的趋势判断，从 2009 年年末开始，我国明显走出通货紧缩。

其二，实际 GDP 增速呈现出了起底回升的态势，也实现了"V"形反弹。2009 年前三个季度实际 GDP 增速大幅下降，其中，第一季度作为阶段性的低点增速仅有 6.4%。而自 2009 年第四季度起，GDP 增速有明显回升的迹象，实际 GDP 增速达到 9.4%。2010 年以来，实际 GDP 增速上升更为明显，在第一季度就攀升至 12.2%。之后，实际 GDP 增速虽有小幅下滑，却依然保持在 10% 左右的水平。可见，2009 年年末以来，我国经济增速已经企稳回升并在后期维持在较高的水平。

其三，2009 年年末开始，我国的出口、投资、消费增速均有所上升，有力地支撑了总需求的增长。从进出口来看，2009 年 12 月，出口同比增速转正并达到 17.7%，结束了 13 个月的持续负增长。此后出口增速呈现出了不断上升的态势，2010年5月出口增速攀登至阶段性的高点48.5%。从投资来看，由于政府4万亿元投资的刺激和政策的发力，投资需求增速实现了较早回升，并实现稳定增长，有效地扩大了总需求。2009年4月固定资产投资完成额同比增速上升至30.5%，并且此后稳定保持在30%以上。从消费需求来看，2009年以来，消费需求增速也呈现出了小幅缓慢上升的态势，对稳定内需起到一定的作用。2009年上半年消费需求平均增速为15%，其中2月增速仅11.6%，下半年缓慢回升，上升了1个百分点达到16%；而2010年平均增速达到了18.4%，上升了将近3个百分点，消费需求呈现出缓慢复苏的态势。

其四，我国工业增加值增速不断上升，生产积极性得以不断扩大。2009年5月，我国规模以上工业增加值就有起底回升的迹象，在2008年第四季度和2009年第一季度其工业增加值平均增速分别为6.4%和5.6%；2009年5月和6月增速分别为8.9%和10.7%，并且此后保持在10%以上。而2009年第四季度的工业增加值平均增速达到了18%，与2007年经济过热时期相近。可见，我国工业生产已经恢复通货紧缩之前的繁荣。

（二）调控的经验和教训

在制定宏观调控政策治理通货紧缩时，必须综合考虑国内外经济形势。一方面，要立足国际市场，监测影响世界经济发展的不确定因素，即时做好防范工作，避免不确定因素对国内供需关系的破坏；另一方面，要始终把扩大国内需求放在宏观调控的重要位置，着力推动经济结构改革，不断升级投资和消费结构，努力实现供给和需求的长期平衡，增强我国经济持续增长的动力。此外，在实行阶段，需要根据现实经济形势灵活调整，把握好调控的方向和力度，避免过犹不及造成的负面效果。

第一，在全球化背景下，必须时刻防范国际风险对我国经济的冲击。本轮通货紧缩主要是由国际金融危机致使我国出口需求大幅度下降，造成国内总需求和总供给失衡而导致的，金融危机是引发通货紧缩的导火索。随着全球化的不断深入，全球经济波动对我国经济造成不确定影响的风险会逐渐增大，我们必须把握世界经济动态，防范全球危机，减小外部需求对我国总需求的影响，稳定国内经济。

第二，要注意通货膨胀和通货紧缩在短期内实现快速转化。与1998—

2000 年的通货紧缩相似,此轮通货紧缩也伴有前期的通货膨胀,但是此轮经济波动是在较短时间内就完成了通货膨胀到通货紧缩的转换。通胀与通缩的快速转换警示我们,必须严格监测国内经济形势,提前进行预判和预警,即时调整宏观经济政策,以灵活应对各种经济波动。

第三,始终坚持努力扩大内需来应对通货紧缩。外部需求具有很强的不确定性,外需依赖型的经济体很容易受到全球经济波动的影响。外部需求的波动是引起国内经济供需失衡的重要原因。但由于外部需求并不是主要由国内政策所左右的,应对政策应主要集中在内需上。在短期内,只有不断地扩大内需,才能对冲外需不足带来的压力,从而维持供给和需求的平衡以及促使价格回升。在扩大内需的过程中,还需要把握和调整投资和消费的方向,努力优化和升级投资和消费的结构,形成可持续的经济增长点且不造成未来新的产能过剩。

第四,需要注意反通缩调控政策的力度和时滞,防止由于力度过大和政策退出不及时加剧经济波动和造成后续的通胀。政府为应对本轮通缩,推行了 4 万亿元刺激计划。虽然这项强刺激计划在短时间内强力拉动内需增长,但扩张性政策没有及时退出,给经济带来了负面影响。一方面造成了投资和消费增长乏力,加剧产能过剩问题,另一方面导致了物价过度上涨,形成资产泡沫。因此,必须即时调整政策,将强刺激转化为微刺激,增强政策的持续性。

第五节 2012—2016 年中国通货紧缩

一 2012—2016 年中国通货紧缩的背景

(一)国内经济环境

我国经济进入"新常态"是此轮通货紧缩的重要背景。2012 年以来,我国经济已经由之前的高速增长转换为中高速的增长。改革开放以来,我国经济实现了跨越式发展,1978—2012 年的实际 GDP 平均增速维持在 10% 左右,堪称经济奇迹。但是,2012 年以来,我国实际 GDP 增速呈现出了阶梯性下滑的态势。2012 年实际 GDP 增速下滑至 7.9%,首次跌破了多年以来所坚持的 8% 的增长目标；2015 年和 2016 年又分别跌至 6.9% 和 6.8%，经济增速放缓态势非常明显。

从拉动 GDP 增长的需求方面的动力来看，中国经济的高速增长主要依赖于投资和出口的"双轮"驱动。但是，自 2012 年以来，我国的投资和出口增速均出现了趋势性的下滑。从出口来看，自 2008 年金融危机后全球经济形势分化，但总体比较疲软，贸易保护主义和逆全球化思潮抬头使得全球的贸易增速下滑；而随着我国人口红利消失、人口老龄化等问题的出现，我国的劳动力低成本优势逐渐丧失，这影响到了我国出口产品的竞争优势，造成我国出口需求低迷。

从投资来看，投资增速也出现了明显的不断下滑趋势。我国长期以来的重复投资和低水平重复建设使得国内一些行业已经出现严重的产能过剩、投资增长的潜力和空间缩窄。

从经济结构的变化来看，我国的经济结构正由之前的"增量扩能为主"向"调整存量、做优增量并存"的方向深度调整。从产业结构来看，我国产业结构正经历着不断优化升级的过程。自 2012 年开始，第三产业的产值已超越第二产业，第三产业成为 GDP 中占比最高的产业；经济对第二产业的依赖程度下降，第三产业的拉动能力不断加强。从需求结构来看，我国最终消费拉动 GDP 的比重不断上升，并且超过投资对经济的贡献。从企业构成结构来看，新兴企业和小微企业的作用不断凸显，生产小型化、智能化、专业化成为产业组织新特征。[①]

此外，从周期性因素来看，2010—2011 年的经济过热和通货膨胀是此次通缩发生的重要背景。

（二）国际经济环境

在经济低迷的背景下，贸易保护主义和逆全球化思潮抬头使得全球的贸易增速下滑。因此各国对外需求锐减，全球的净出口贸易减少。

全球经济增长形势低迷和美元升值带来的国际大宗商品价格下跌，对全球物价水平形成了较大的下跌压力。2011 年以来，美元升值使得以美元为计价单位的国际大宗商品价格持续下降。此外，国际金融危机和欧债危

---

① 王姝：《"经济发展新常态"首次明确九大特征》，新京报网，http://www.bjnews.com.cn/news/2014/12/12/345418.html。

机以来，全球主要发达经济体经济增长疲软，世界总需求萎缩降低了对国际大宗商品的需求，国际大宗商品价格也因此陷入了周期性下跌的区间。我国对国际大宗商品的依赖程度较高，国内生产与国际大宗商品联系密切，国际大宗商品价格的下降会直接导致 PPI 下降，从而引发整体价格水平的下降。

二　2012—2016 年中国通货紧缩的特征表现

2011 年年末以来，我国经济增速开始逐渐回落，CPI 与 PPI 的增速也开始持续走低。自 2012 年 3 月开始，PPI 持续 54 个月负增长，直到 2016 年 9 月才结束负增长而转为正增长。与此同时，CPI 增速也是一路下滑，在 2012 年 7 月下跌突破 2% 的水平后，增速进入 "1" 时代，此后在 2% 上下徘徊。在此区间，2015 年 1 月的 CPI 同比增速曾降至 0.76%，面临极大的通缩风险。而且，由于上游的价格 PPI 对下游的价格 CPI 有先导和带动作用，CPI 与 PPI 两者缺口的不断扩大也加大了 CPI 通货紧缩的风险。可见，与前三轮通货紧缩不同，此轮通货紧缩呈现出结构性的特征，即 PPI 出现了长达 54 个月的通货紧缩，而 CPI 却始终处于通胀减速的正增长状况。

概括起来，2012—2016 年通货紧缩包括以下三方面的典型性特征：

特征一：CPI 与 PPI 同比增速之间出现长时间的 "正负背离"，这是以往通缩时期所没有的现象。自 2012 年 3 月以来，中国的 PPI 增速持续为负，而 CPI 却维持在正增长区间，两者变化趋势的差异十分明显。如图 3.25 所示，CPI 与 PPI 同比增速被横轴分割而正负背离，CPI 与 PPI 两者走势出现了长时间不一致的状况。从生产者价格指数 PPI 的变化趋势来看，PPI 持续了 54 个月负增长，出现了长达将近 5 年的通货紧缩，这是前所未有的。而从 CPI 的变动趋势看来，虽然其出现逐步下降和波动的趋势，但是仍然保持正的增长。在此区间，CPI 增速很多时候在 1% 至 2% 之间徘徊，这说明消费领域的总体物价水平仍然处在温和上涨的区间，或者说处于通胀减速状态。

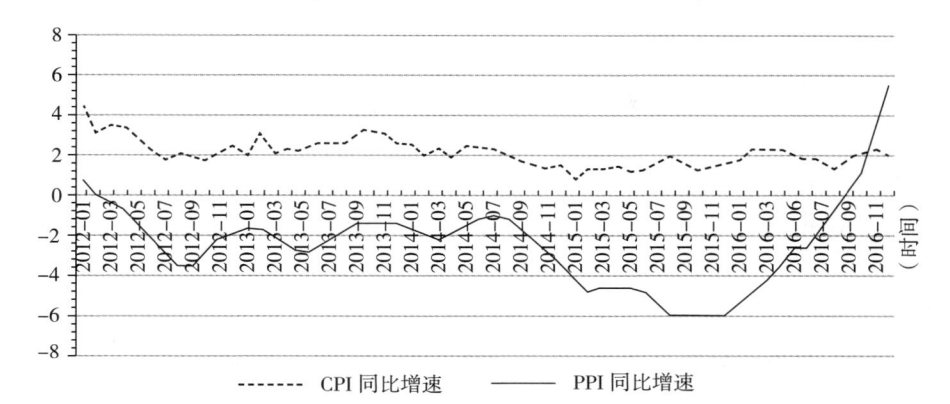

图 3.25 2012—2016 年中国 CPI 与 PPI 同比增速变动趋势

资料来源：中经网统计数据库。

特征二：CPI 与 PPI 之间的背离程度或者说缺口，创造了历史最大值纪录。在经济"新常态"下，CPI 与 PPI 之间的缺口呈现扩大的趋势，并创造了历史最高水平。如图 3.26 所示，自 2012 年年初以来，CPI 与 PPI 之间的缺口（用 CPI 与 PPI 之差来表示）呈现出持续扩大的趋势，在 2012 年 4 月超过 4%，并一直维持该水平到 2014 年 4 月。此后，在经历了短暂的缩小后继续扩大，并在 2015 年 8 月达到 7.9%，超过之前的历史最高水平的 6.7%（2009 年 8 月）。自 2012 年以来，中国 CPI 与 PPI 缺口持续为正的时间已经持续了 4 年多，且超过 6% 的时间相对以往都要长，说明 PPI 通缩带动 CPI 通缩风险的增高，这对于中国当时所承受的通缩压力有重要的提示作用。

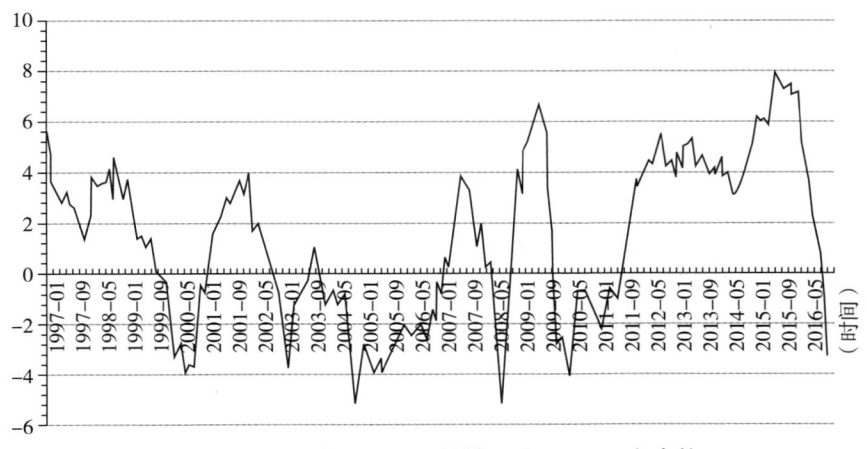

图 3.26 CPI 与 PPI 之间的缺口（CPI-PPI）走势

资料来源：中经网统计数据库。

特征三：CPI 与 PPI 同比增速的波峰与波谷位置仍然大致相对应，说明 PPI 对 CPI 的传递作用仍然有效。2012 年以来，尽管我国的 CPI 与 PPI 同比增长率出现了持续的正负分离，并且背离缺口创历史新高，但 CPI 与 PPI 的波峰与波谷的时间点仍然大致相对应（如图 3.25 所示）。从统计上来看，2012 年 2 月至 2016 年 8 月的 CPI 与 PPI 的相关系数为 0.636，虽然相对于 1997 年 1 月至 2012 年 2 月的相关系数 0.737 有所减小，但仍然显著为正。这说明，2012—2016 年通缩期间，PPI 与 CPI 之间的传导机制仍然没有完全阻断，只是两者之间的传导强度有所减弱。

从货币供给增速来看，在 2012—2016 年通货紧缩期间，货币供给和信贷增速呈现出了收缩的态势。如图 3.27 所示，自 2013 年 4 月以来，M2 增速呈现出震荡下滑的态势，在 2016 年 8 月达到了 11.35% 的阶段性低点。在 2012 年 2 月至 2015 年 6 月期间，M1 同比增速在低位震荡，相比于在 2010—2012 年时期的增速有大幅的下滑。

图 3.27　2009—2016 年中国 M1、M2、金融机构人民币各项贷款同比增速

资料来源：中经网统计数据库。

2012—2016 年通缩期间，信贷增速同样呈现缓慢下降和低位徘徊的趋势。自 2009 年年末开始，贷款增速出现明显的持续下降态势，一直延续至通货紧缩期间。2011 年的信贷增速平均值为 16.8%，而 2012 年的平均增速已经下降至 15.7%。在此后的三年时间内，信贷增速平均每年下降 1% 左右。可见，在 2012—2016 年的通缩期间，信贷增速总体保持下降趋势，信贷收缩状况较为明显。这种货币供给和信贷的收缩，不仅与银行惜贷的行为有关，也与政府的去杠杆等主动的宏观调控行为有关。

在 2012—2016 年通缩期间，我国经济增速也呈现出不断下滑的趋势，经济增长的平台转换特征非常明显。如图 3.28 所示，2011 年实际 GDP 的平均增速为 9.6%，而 2012 年第一季度实际 GDP 增速直接下滑至 8.1%，并呈现持续下滑趋势，2012 年实际 GDP 平均增速仅为 7.8%，下降了 1.8%，到 2016 年实际 GDP 平均增速为 6.7%，相较于 2011 年下降了将近 3 个百分点。可见，我国经济增速不断放缓和形成的负的产出缺口，给我国物价带来了下行的压力。

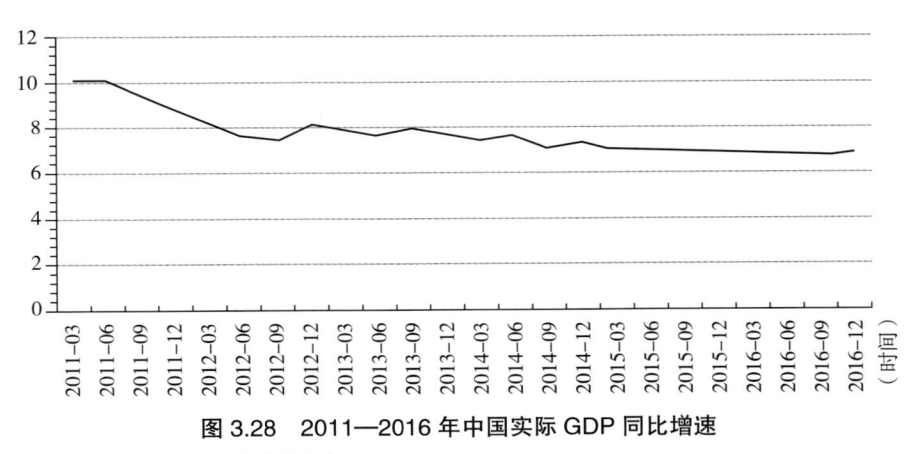

图 3.28　2011—2016 年中国实际 GDP 同比增速

资料来源：中经网统计数据库。

三　2012—2016 年中国通货紧缩的原因

2012—2016 年的通货紧缩具有特殊的经济背景，其发生在我国经济"新常态"时期。而经济"新常态"具有不同以往的三个明显特征：其一，中国经济增速呈现趋势下滑，从高速增长转为中高速增长；其二，在中国供求矛盾凸显的同时，经济结构需要不断优化调整；其三，中国经济增长动力由过去所依赖的要素驱动、投资驱动逐渐转向创新驱动。[①] 经济新常态下，以下各方因素是我国 PPI 持续负增长、CPI 增速放缓的结构性通缩形成的重要原因。

首先，供需失衡仍然是此次通货紧缩的根本原因。从需求方面来看，我国消费、投资、出口"三驾马车"的拉动能力都呈现下滑态势，总需求

---

① 《2014 年中央经济工作会议报告》，中国网财经频道，http://finance.china.com.cn/news/special/zhyjj/index.shtml。

不足增加了通货紧缩的风险。

其一，近年来我国消费增速持续下滑，成为拉低经济增速和物价水平的重要原因。如图 3.29 所示，我国社会消费品零售总额同比增速呈现不断下降的趋势。2011 年社会消费品零售总额平均同比增速为 17.1%，而 2012 年平均增速下降至 14.3%，下降了将近 3 个百分点。此后，社会消费品零售总额同比增速呈现出继续下降的态势，2016 年的平均增速仅为 10.4%。消费增速的大幅度下降减少了我国下游的总需求，加剧国内供给和需求不平衡的状况，抑制 CPI 增速上升的同时，通过反向倒逼机制对上游的 PPI 生活资料价格的上升起到抑制的作用。

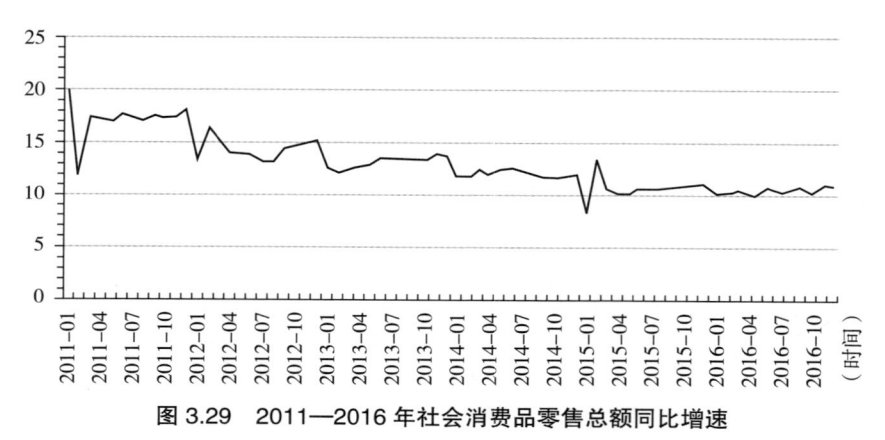

图 3.29　2011—2016 年社会消费品零售总额同比增速

资料来源：中经网统计数据库。

其二，国内投资需求下降，尤其是房地产投资增速的明显下降加重了国内投资低迷的状况，从而加剧了 PPI 的不断下跌。如图 3.30 所示，从 2012 年 3 月以来，我国的固定资产投资完成额同比增速呈现出不断下降的趋势，仅 2013 年 1 月投资增速出现了 52.8% 的异常值，这主要是受到前期基数低的影响（2012 年 1 月投资增速负增长）。固定资产投资完成额增速从 2012 年 3 月的 20.9% 一路下降到了 2016 年 8 月的 8.1%。房地产开发投资额同比增速与固定资产投资完成额增速变化趋于一致，但下降幅度更为明显。2016 年 1 月房地产投资增速下降至阶段性低点 −1.9%，直接拉动固定资产投资增速下滑至阶段性低点 5.0%。在经济新常态下，前期大规模投资尚未消化完毕，过剩的产能使得投资能力不足，企业投资增速降低，从而形成了通货紧缩的压力。

图 3.30　2011—2016 年固定资产投资完成额、房地产开发投资同比增速

资料来源：中经网统计数据库。

其三，全球经济总体不乐观不利于我国对外出口，这是国内通货紧缩形成的又一因素。2012—2016 年通货紧缩期间，我国的出口增速也呈现出不断下滑的态势。如图 3.31 所示，自 2010 年 5 月以来，我国的出口同比增速就一直处于下降的趋势，在 2012 年 2 月增速为 18.4%，此后处于低位震荡的趋势。而在 2015 年 3 月至 2016 年 11 月期间的大多数月份中，我国的出口增速甚至处于负增长状况。自 2008 年金融危机以来，发达国家中除美国以外，西欧诸国的复苏速度都比较缓慢，国外需求不足导致我国出口增速缓慢，并对国内物价造成负面影响。

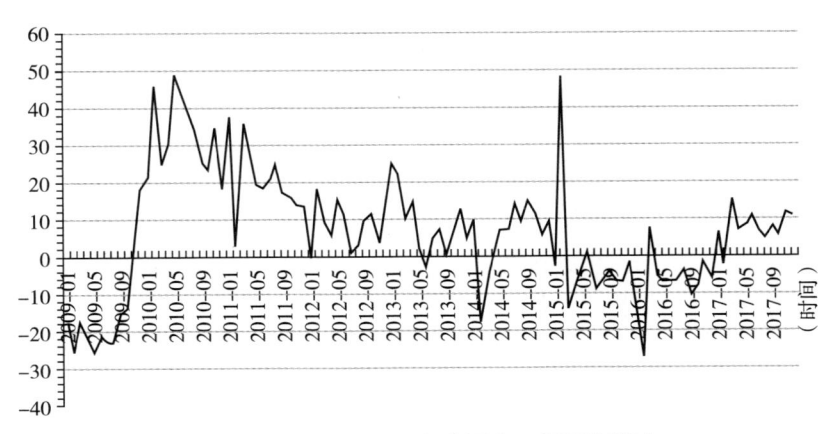

图 3.31　2009—2017 年中国出口额同比增速

资料来源：中经网统计数据库。

而从供给方面来看，国内长期以来的结构性过剩矛盾集中凸显，这加剧了供需总量失衡的情况，并形成了明显的结构性失衡。前期经济过热时的盲目投资和重复建设，特别是上游传统产业的过分扩张，造成了上游生产资料行业低端产能严重过剩和产品积压，并使得产销率始终在低位徘徊。如图3.32所示，2012年以来，我国产品产销率同比增长率总体处于低位区间，而且经常在负值区间，这说明在此期间存在产能过剩和产能积压的情况。另外，根据企业家调查系统的数据，此段时期中国的设备利用率在70%以下，和正常水平相比有一定差距（余永定，2016），这也进一步地说明了产能过剩情况的存在。因此，上游工业品尤其是生产资料的供给严重过剩导致了上游物价PPI的不断下跌。

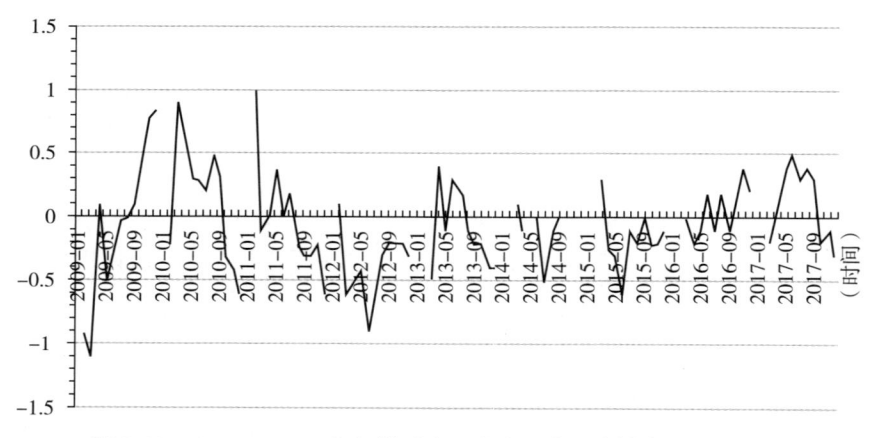

图3.32 2009—2017年规模以上工业企业产品产销率同比增减量

资料来源：中经网统计数据库。

其次，国内企业高杠杆的问题使相关企业负债累累，并陷入"债务—通缩"的困境。2008年国际金融危机以来，在刺激政策的支持下，2009—2011年期间经济增速企稳回升，企业产品的销售和利润增速都较好。企业对经济前景乐观，并积极举债增加投资以扩大生产，从而使得企业的负债率不断攀升，并形成过度负债的趋势。而自2012年以来我国经济增速出现趋势性下滑，在需求增速不断下降和PPI持续通缩的情况下，企业为了偿还债务不得不降价出售商品。此时商品价格会继续下跌，货币供应量增速和货币流通速度都会下降。同时，银行不看好企业的还款能力会造成"惜贷"现象，从而引发实际利率的上升，并使得整体物价水平进一步降低。

随着企业的负债压力增大，产成品和资产价格进一步降低，企业投资需求也进一步下降，从而陷入"债务—通缩"的僵局。

在西方国家，一般以 50% 的负债率作为是否过度负债的标准，而到 2015 年我国规模以上工业企业资产负债率高达 56.2%，这说明我国确实存在着企业过度负债的情况。这种过度负债对工业品出厂价格指数 PPI 有进一步下降的影响，并形成费雪的"债务—通缩"螺旋。

再次，国际大宗商品价格下跌，在一定程度上降低了工业企业的生产成本，这是 PPI 通货紧缩的另一大原因。经济全球化的背景下，我国对国际大宗商品，特别是原油、铁矿石、粗铜等原材料的对外依存度高。作为工业生产的原材料，大宗商品价格的变动将直接影响企业的生产成本和工业产品的总体出厂价格 PPI。2012 年以来，国际大宗商品价格处于周期性下降的阶段，使得企业的生产成本下降，PPI 通货紧缩压力加大。其中，国际油价从 2014 年 6 月开始出现大幅度下跌，2015 年 1 月的布伦特原油收盘价跌至 48.6 美元/桶，下跌幅度达到 60%，这和我国的 PPI 从 2014 年 7 月逐月加速回落的走势是相吻合的，也证明了国际大宗商品价格的下降是此阶段我国 PPI 通货紧缩的重要原因之一。

最后，劳动力成本的上升对 CPI 形成明显的支撑，虽然 CPI 增速有所下降但仍为正，从而形成结构性通缩。随着人口红利的逐渐消失和刘易斯拐点的到来，我国劳动力成本的不断上升使得农产品生产和服务业供给成本不断上涨，并通过成本加成的方式最终反映到 CPI 上，从而对 CPI 形成了较强的支撑作用。虽然上游价格 PPI 的持续负增长会对下游的 CPI 增速有抑制作用，并使得 CPI 有下降的趋势，但是劳动力成本上升的作用更为明显，因此 CPI 的增速虽有下降但仍然维持正增长的态势。以上因素的综合作用，使得我国在 2012—2016 年出现了"PPI 持续 54 个月负增长，而 CPI 通胀减速"的结构性通缩的状况。

四 2012—2016 年中国通货紧缩的调控措施以及效果

此轮通货紧缩显现出明显的结构性特征，其根本原因是我国长期积累的低端产能过剩问题所形成的产品供需结构性失衡。尽管需求下降是通缩的重要原因之一，但治理的重点应着眼于供给体系的结构性改革。因此，与以往对通缩的调控不一样，为了应对此次结构性通缩，国家除了采取稳健的货币政策和积极的财政政策以增加总需求外，更加注重供给侧结构性改革。希望通过供给侧的结构性改革来调整供给端的低端供给过剩、高端供给不足等各种矛盾。通过这些供给侧结构性改革和需求侧的调控措施，我国走出了此轮结构性通货紧缩。

在此次调控过程中，政府坚持供给侧结构性改革是解决结构性失衡矛盾的根本途径，并将其作为在长期中保证社会总需求不断扩大、供给体系质量和效率提高、经济可持续增长的根本保证，但明确其为一个长期的过程。因此，在短期内，政府也通过财政和货币政策等需求侧的管理适当地提高总需求，以加快市场出清的过程并保证一定的经济增长速度，从而达到兼顾当前底线和长期改革的目的。

（一）实施稳健的货币政策，注重盘活资金的存量

与之前三轮通货紧缩情况不同，在此轮结构性通缩时期，CPI并未出现负增长，只是保持较低通胀水平，因此国家实行稳健的货币政策来增加总需求和治理通缩。其一，保持稳健的货币政策的总基调不变，在保持适当的资金充裕量的同时不依靠大幅增加货币供给来刺激需求。为了在抑制资产泡沫产生的同时维持一定的经济增速，央行数次下调准备金率和基准利率以保持货币总量稳定，但将M2的增速维持在持续降低的态势。其二，创新货币政策调控工具，优化货币供给增量和盘活存量，优化信贷结构，提高资金的配置效率。央行陆续创新和实施中期借贷便利（MLF）、常备借贷便利（SLF）、短期流动性借贷便利（SLO）和抵押补充贷款（PSL）等新型结构性政策工具，有针对性地盘活信贷资金的存量和优化信贷资金的增量，着力支持小微型企业、"三农"以及其他薄弱民生领域的发展。其三，推动金融投融资体制改革，切实防范金融风险。央行积极地调整地方融资平台贷款政策，严格贷款标准和条件，强化贷款管理体系；灵活运用各种工具组合来营造适宜的货币金融环境，加强风险预测和防范工作，保持金融体系的健康发展。

（二）实施积极的财税政策，优化财政收支结构

在财政支出方面，国家实施积极的财政政策，连续安排较大规模的预算赤字，并优化财政支出结构，加强对短板领域的支持和倾斜。第一，保

持合理的基础设施建设的资金支持,并将财政资金重点投放在农村基础设施建设、节能减排和生态环境建设领域。第二,财政支出着力改善民生,资金向教育、文化和卫生等公共服务领域倾斜,建立更公平、更持续的社会保障体系。第三,特别注重对解决"三农"问题的财政支持。通过财政补贴和奖励支持农村产业融合发展,支持创建一批国家现代农业产业园,支持农业资源生态保护和面源污染防治。第四,财政政策重视新兴产业的发展,以培育新的消费增长点。2014年以来,加快设立国家新兴产业创业投资引导基金,成倍扩大中央财政新兴产业创投引导资金规模。新兴产业发展能为市场提供多元化的消费热点,有利于培育新的消费增长点。

在税收方面,大力推进减税降费,进一步完善结构性减税政策。一方面,通过降低部分进口商品的关税增加能源资源产品、先进设备和关键零部件产品的进口,推动我国企业优化升级和增加高质量产品的供给,从而刺激和派生新需求。另一方面,深入落实营改增税收制度改革,合理规范社会各行业税费规则以减轻企业和社会的负担。其中,国家尤为重视减轻小微企业税费负担,增强小微企业的活力,为小微企业的创新和创业提供良好的税收条件。

(三)大力推进供给侧结构性改革,从根本上解决结构性失衡问题

2014年以来,国家大力推进供给侧结构性改革,从根本上解决我国供需结构性失衡的问题。在我国经济进入"新常态"的背景下,我国的经济运行面临着突出的供需结构性失衡问题。为此,从供给侧结构想办法,通过实施供给侧结构性改革来实现供求关系的结构性均衡。第一,淘汰落后产能、严格控制低端产能的重复投资。通过进行企业重组、规范市场秩序,着力化解过剩产能,减少无效供给过高的问题。第二,努力改善产品和服务供给的质量。一方面,国家制定了严格的质量安全标准和惩罚赔偿制度,监控供给市场的产品和服务质量,为产品和服务质量的提升提供了制度保障。另一方面,不断推进产业结构的优化升级和转型,加快现代服务业发展,为市场提供新的产品供给和培育消费热点,以满足多元化消费需求。第三,进一步推进和实施自主创新战略,重点激发全社会的创新和创业潜能,加大高科技产品的供给力度。加大对高新技术产业的鼓励和优惠政策,深化科技管理体制改革,不断激发全民族的创造活力,为经济可持续发展

注入新动能。第四，推行简政放权、放管结合改革，充分发挥市场主体地位，不断激发市场活力。让市场发挥对资源配置的更大作用，使得资源要素更加自由地流向体现其价值的领域，为高质量产品的生产供给提供条件。

五 调控效果和经验总结

在需求管理和供给侧结构性改革政策的共同作用下，中国走出了自2012年以来的持续了54个月的结构性通货紧缩，产能过剩问题得到很大程度的缓解，反通缩的宏观调控政策取得了较为良好的效果。

（一）宏观调控效果

第一，PPI走出通缩，CPI保持低速增长。2016年9月，PPI结束了连续54个月的负增长，转而恢复正增长，其同比增速回升至0.1%。后期PPI的增速也一直保持稳定的正增长态势，这标志着我国已经完全走出此轮结构性通缩。而CPI同比增速也在2016年9月开始出现了短暂回升的迹象，且恢复至2%以上，这说明消费端的价格水平已经平稳，并走出了之前通胀放缓的态势。

第二，工业企业利润增速回升，企业的盈利能力增强。通缩期间，规模以上工业企业利润总额同比增速存在较大波动。其中，2012年与2015年出现长时间持续负增长，而走出通缩后的2017年，工业企业利润增速得到明显的改善，平均增速达到23.7%，比通缩期间最高水平（2014年的12.8%）高出将近一倍。供给侧结构性改革减少了低端无效产能的供给，提高供给端质量，增加了企业利润和盈利能力。

第三，房地产行业投资增速有所回升，但总体投资需求依然不足。2015年和2016年房地产投资开发增速分别为4.8%和5.3%，2017年房地产投资增速有了进一步提升，达到7.9%，2018年房地产行业回暖态势更为明显，平均增速达到11.1%。虽然房地产行业投资需求逐渐回升，但总体投资需求乏力的状况依然存在。固定资产投资增速在通缩期间持续下滑，一直延续至PPI走出通缩后。2017年的固定资产投资平均增速为7.7%，比2016年下降了1%；2018年的固定资产投资增速进一步下滑，仅为7.0%。可见，投资需求不足依然是我国经济增速下滑的重要原因。

第四，出口增速恢复正增长。自2015年1月以来，我国出口额同比增速长时间处于负增长的态势。而到 2017 年 2 月，我国的出口增速已经完全走出负增长，达到了 7.7%，虽然与通缩前相比还存在较大差距，但依然有力地带动了社会总需求的增加。

（二）调控的经验与教训

虽然此轮宏观调控使我国的 PPI 走出了通缩，但依然存在一些不足。从指标的表现上来看，我国 GDP 增速始终处于趋势性下滑的态势。而自 2015 年第四季度以来，我国 GDP 增速已经跌至 7% 以下，当然这与我国经济发展的阶段密切相关。在总量稳定的基调下，货币供应量和信贷增速依然保持下滑态势，这对国内总投资需求会有一定的影响。另外，国内的消费情况也不容乐观，社会消费品零售总额增速呈现出持续走低的态势。总结起来，以下几方面的调控经验和教训值得后续总结：

第一，对于结构性通货紧缩的界定存在时滞，不利于通缩的前瞻性调控。与此前三轮通货紧缩都伴随着 CPI 和 PPI 负增长的情况不同，此轮通货紧缩主要表现在生产领域。PPI 出现连续 54 个月负增长，CPI 虽然并未出现负增长，但在长时间之内持续走低。然而，生产领域的持续通缩已经严重影响到企业的利润和投资积极性，这对宏观经济产生了严重的不利影响。但是，部分学者对于此轮通缩的判断存在不同意见，这不利于结构性通缩的预防与治理。因此，未来我们需要更为明晰地界定和精准地判定不同类型的通缩，为通货紧缩的调控做好充分的准备，并进行前瞻性调控，从而减少因为时机延误而导致的社会福利损失。

第二，实行供给侧结构性改革，着力完善供给体系。我国供需之间的矛盾并不完全在于总量上的差异，更重要的是来自结构方面的矛盾。而供给侧结构性改革通过调整经济结构，实现要素最优配置，可以在长期内为经济持续增长提供动力。供给侧结构性改革既可以提高供给端产品和服务的质量，扩大有效供给，更重要的是可以调整产业结构、消费结构和投资结构，以更好地满足多元化的高质量需求，从而解决结构性通缩问题。由于供给侧结构性改革是一个长期的过程，因此需要一定的定力保持改革不动摇；与此同时，还要根据国内经济形势的变化，在一定程度上调整改革的力度和方向，以保障改革沿着正确的路径持续推进。

第三，大力推进"一带一路"倡议，扩大国外需求，减小内需压力。"一带一路"有利于我国扩展国际市场,为国内经济转型提供机遇,同时可以缓解国内产能过剩的压力,拉动我国出口需求,从而缓解供大于求导致的通缩压力。而且,在对外交流的过程中,大量国外资本涌入国内,既能刺激国内投资市场的发展和技术进步,也倒逼国内企业改革和提高生产效率,提升国内的供给质量。因此,在国内供给结构性矛盾突出的情况下,要善于充分利用国外市场,通过扩大外需推进国内供给和需求的平衡,并倒逼国内供给质量的提高。

第四,要始终防范国际不确定因素对我国经济的冲击,尤其需要注意国际大宗商品的价格走势对国内价格水平波动的影响。作为原材料进口大国,我国物价走势极易受到国际商品价格波动的影响。国际大宗商品价格下跌可以通过降低国内生产成本,进而带动出厂价格水平 PPI 的变动。因此,要注意防范国际风险,即时调整国内生产方式和经济结构,提升产品的附加值和减少对资源的依赖程度,防止国际大宗商品价格波动对国内一般价格水平造成的大幅波动。

第六节 小结

本章从通缩的产生背景、特征表现、形成原因、调控措施、调控效果及经验教训等方面,对我国 1992 年建立社会主义市场经济制度以来所经历的四次通货紧缩进行了总结与分析。

从产生背景来看,四轮通缩所处的国内外经济环境各不相同。1998—2000 年的全面性通缩诞生于我国国内信贷管控从严与亚洲金融危机双重交织的经济环境之中;2001—2002 年的良性通缩发生于国内经济体制改革深化、全球化进程不断推进以及科技革命席卷全球期间;2008—2009 年的全面性通缩发生于国际金融危机期间;2012—2016 年的结构性通缩发生于我国经济由高速增长转为中高速增长的"新常态"时期。

从特征表现来看,1998—2000 年的全面性通缩、2001—2001 年的良性通缩以及 2008—2009 年的全面性通缩都呈现出 PPI 与 CPI 持续负增长的态势,并大都伴随着货币供应量增速下降,固定投资增速下滑,出口增速和 GDP 增速显著放缓的现象(除 2001—2002 年的良性通缩外)。与前三次通缩不同,2012—2016 年的通缩并非全面性通缩,而属于结构性通缩,并呈现出 PPI 与 CPI 走势正负"二元分离"且不断扩大的特征。

从形成原因来看，供需失衡是造成四轮通缩的根本原因。1998—2000年的全面性通缩主要是由国内生产供给过剩与内外需疲软引起的供需失衡以及前期从紧政策的滞后影响造成的；2001—2002 年的良性通缩主要是由技术进步带来的总供给增长快于总需求增长导致的；2008—2009 年的全面性通缩主要由国际金融危机引发的总需求的大幅下跌造成的；2012—2016年的结构性通缩的根源也是供需结构性失衡，此外其还受到大宗商品价格机制、劳动力成本机制以及"债务—通缩"机制非对称作用的影响。

从调控措施与调控效果来看，前三轮通缩的调控主要是从需求侧发力，通过积极的财政政策、稳健的货币政策以及其他配套宏观经济政策来走出通缩的。与前三轮通缩调控不同，在 2012—2016 年的结构性通缩应对中，政府从需求端与供给端同时发力，在采取稳健的货币政策和积极的财政政策的同时注重供给侧结构性改革，最终将经济增速和价格水平稳定在合理区间内。

本章对我国历次通货紧缩的一般规律和不同点的比较分析以及对调控经验的总结，为下文结构性通缩理论的构建以及结构性通缩调控体系的建立打下了基础。

第四章
2012—2016年中国结构性通缩形成的理论研究

第一节　CPI 与 PPI 的构成以及四重机制非对称作用

由第二章可知，已有文献主要从供需失衡论、债务紧缩论和货币紧缩论等理论出发来探讨 2012—2016 年中国通缩的形成原因。但是，这对于解释此轮结构性通缩的特征仍然存在一定的不足：一是之前的理论主要针对的是全面通缩的情况，而没有对通缩的结构性特征做出贴切的解释；二是即使有文献涉及通货紧缩的结构性特征，但是没有明确或统一对结构性通缩的定义，这就导致了不同学者的研究对象缺乏可比性；三是在研究方法上偏重理论研究，而缺乏实证分析与论证。少有的实证研究也仅局限于个别经济指标，无法反映出各种潜在因素可能对结构性通缩造成的影响。

为此，我们根据 CPI 与 PPI 各自的构成结构以及权重特点，结合当前中国的宏观经济背景，总结归纳出四重机制的非对称作用对 2012—2016 年中国结构性通缩形成的影响。这四重机制主要包括供需失衡机制、"债务—通缩"机制、大宗商品价格机制和劳动力成本机制。四大机制的非对称作用对 2012—2016 年的中国物价水平下行造成了重要的影响，最终形成了 PPI 的持续负增长和 CPI 增速放缓的正增长共存的结构性通缩的态势。

在分析四重机制对 CPI 和 PPI 的非对称作用之前，我们首先需要理解和分析 CPI 与 PPI 的构成和权重。这是因为两者在构成上有着很大的区别，且这种区别对结构性通缩的形成有着重要的影响。如表 4.1 所示，CPI 主要是由食品与非食品价格两部分构成，非食品部分又分为服务品和工业品。其中，食品价格的权重达到了 1/3 左右，服务品价格的权重超过了 25%，而工业品价格的权重则占 40% 以上。由于食品和服务品价格的权重占到 CPI 的近 60%，食品和服务品价格的变动会在相当大的程度上左右 CPI 变动的趋势；虽然生活工业品价格的变动也会对 CPI 有一定程度的影响，但其效果相对较小。

表 4.1　2001—2015 年各时期食品、服务、工业品部门占 CPI 的权重　　单位：%

各部分权重时期	CPI 食品部门	CPI 服务部门	CPI 工业品部门（=1- 食品权重 - 服务权重）
2001 年 1 月—2005 年 12 月	33.44	23.21	43.35
2006 年 1 月—2010 年 12 月	33.06	26.31	40.63
2011 年 1 月—2015 年 12 月	29.84	28.83	41.33

资料来源：笔者根据统计局数据计算得到。

就 PPI 而言，其构成分为 PPI 生产资料和 PPI 生活资料两大类。PPI 生产资料一般是指用于工业生产活动的中间消耗产品（如煤炭、原油、钢材、有色金属、橡胶等），总共包括采掘、原材料、加工工业三大类产品。PPI 生产资料中的产品一般不直接出售到消费者消费领域，主要用于工业的生产或者作为消费品的中间投入品，因此对 CPI 的影响幅度相对较小。PPI 生活资料一般是指用于人民生活的消费品（如食品、衣着、电视机、电冰箱等），包括食品、衣着、一般生活用品和耐用品四类[①]。如表 4.2 所示，在构成权重上，PPI 生产资料占 PPI 的总比例大约为 71.6%，PPI 生活资料占 PPI 的总比例大约在 28.3%。从以往的经验来看，影响 PPI 变化的主要是煤炭、石油、黑色金属、有色金属、化工这五大行业的价格变动。PPI 与 CPI 的成分构成结构表明，PPI 生活资料价格与 CPI 之间存在着部分重合的关系，因此有比较紧密的联系。而 PPI 生产资料价格与 CPI 没有直接的对应关系，PPI 对 CPI 的传导主要是来自 PPI 生活资料价格对 CPI 的传导。

---

① 　统计分类按照国家统计局的标准，详情请见国家统计局《中国主要统计指标诠释》（第二版），中国统计出版社 2013 年版。

表 4.2　　　　　　　　　　CPI 和 PPI 的构成　　　　　　　　　　单位：%

	构成	权重		构成	权重
CPI	食品	32.7	PPI	生产资料：	71.6
	烟酒及用品	8.5		采掘	6.0
	衣着	6.7		原料	26.3
	家庭设备用品及维修服务	3.2		加工	39.3
	医疗保健和个人用品	9.3		生活资料：	28.3
	交通和通信	10.3		食品	10.0
	娱乐教育文化用品及服务	13.8		衣着	9.3
	居住	15.4		一般日用品	4.3
				耐用消费品	4.7

资料来源：贺力平、樊纲、胡嘉妮：《消费者价格指数与生产者价格指数：谁带动谁？》，《经济研究》2008 年第 11 期。

第二节　供需失衡机制非对称作用对结构性通缩影响

供求机制是解释通货紧缩形成的最重要因素，在经济史上几乎所有的通缩的本质都是产能过剩和需求不足（冯明，2015）。2012—2016 年，中国的市场供需关系存在着结构性失衡的现象，工业领域的产品存在供大于求的状况，而农产品与服务等领域处于供求紧平衡，甚至是供小于求的状况。一方面，中国工业部门产能过剩以及经济减速带来的需求不足，导致工业产品存在供大于求的问题，产能严重过剩致使 PPI 同比增速持续下行，并出现通货紧缩。另一方面，农产品供需紧平衡和服务业供小于求的状况，总体上推升了 CPI 的上涨。

一　工业产品供大于求促使 PPI 持续下跌

PPI 是衡量工业企业的产品出厂价格变动趋势和变动程度的指数，主要反映了工业生产供给与需求之间的关系。PPI 指数包括 PPI 生产资料（占比 71.6%）和 PPI 生活资料（占比 28.4%）两大类（贺力平等，2008），第二产业所涵盖的大部分行业产品的供需情况与 PPI 的变动紧密相关。2009年金融危机以来，大规模经济刺激计划的实施导致许多工业行业出现了产能过剩的局面。而"新常态"以来,三期叠加下的经济增速下滑导致了对工业产品(尤其是上游生产资料工业品)的需求减少。工业领域的产能供给过剩与投资需求减少形成矛盾,从而使得生产者出厂价格指数PPI持续下降。

PPI的持续下降侵蚀了企业的盈利能力,抑制了企业的固定资产投资,并进一步影响了整体经济增长。一般来说,企业的利润增长率以及产能利用率都与PPI同比增速呈现出正相关关系。随着经济增速放缓,许多国有企业利润增速开始下降甚至出现负增长,其中产能过剩行业所受到的冲击最大(Hongyi et al., 2016)。因此,中国工业领域出现的产能过剩和产能利用率不足导致了部分行业出现供过于求的现象,从而向下拉动了相关PPI生产资料价格,降低了相关企业的收益和投资能力,进而对PPI生产资料价格产生了负向冲击。

工业领域产能过剩、供大于求使得PPI下跌的关系得到验证。本书用产销率表示产能利用的状况,一般而言,产销率越高说明产能利用的水平越高。如图4.1所示,中国规模以上工业企业的产销率与PPI同比增速之间存在正相关关系。实际上,2008年金融危机之后,中国经济增速出现显著下降的态势,但是国家4万亿元刺激计划和十万亿元信贷供给在短时间内刺激了投资需求,并造成2010—2011年的经济过热。然而,自2012年以来,当中国经济进入新常态而出现增长减速时,前期过度投资就带来了工业部门巨大的产能过剩与经济结构的严重失衡。一方面,我国对工业品

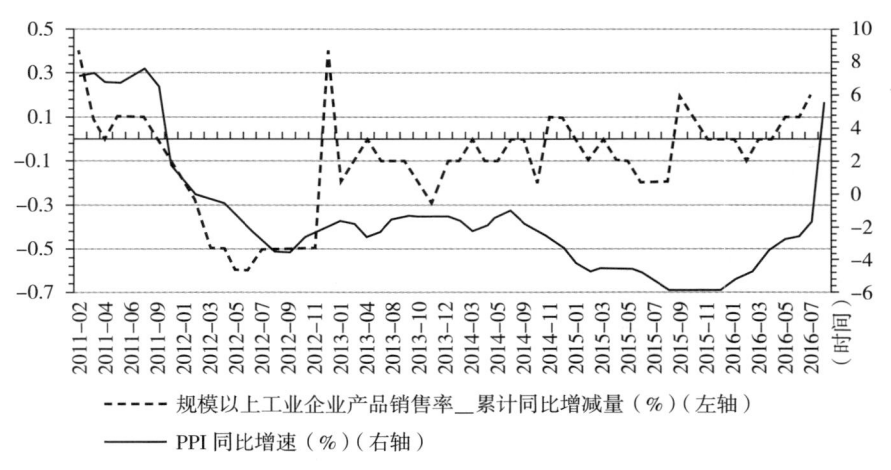

图 4.1 中国规模以上工业企业的产销率与PPI同比增速的变化趋势

资料来源:中经网统计数据库。

尤其是上游投资性工业品的需求显著降低。全国主要工业品处于产能过剩的状态，工业领域供需失衡的状况在经济增速放缓的形势下进一步加重，使得 PPI 出现负增长。产能过剩直接引起工业品整体物价水平的下降，并带来 PPI 通缩。另一方面，产品价格不断下跌引起的企业间的竞争性降价，进一步加重了通货紧缩的程度。此外，持续产能过剩的局面还会导致银行坏账增多，加大金融行业的风险，银行谨慎性收缩信贷使得企业融资困难而减少投资。同时，通缩又使得企业在长期内保持消极情绪而不愿意进一步投资，也会使得 PPI 通缩的状况更为严重。

从固定投资中的房地产投资来看，房地产投资需求增速的下降对 PPI 的通缩有着重要的影响作用。2012 年以来，中央政府加大对房地产市场的调控力度，房地产投资增速一路下跌，房地产投资完成额累计同比增速从 2011 年 1 月的 41.97% 一度急速降到 2012 年 12 月的 16.2%。尽管从 2013 年 1 月开始出现了暂时的回升，达到 54.84%，但随后一直处于下跌的状态，在 2016 年 1 月达到最低点 –1.88%。虽然 2016 年以来房地产投资增速有所回调，但是并未改变其低增长的态势。房地产投资增速的下降使得对钢铁、水泥、电解铝、平板玻璃等一系列相关原材料、中间产品等的需求大幅减少[1]。而 PPI 构成中，生产资料的比重达到了 70% 以上，因此，它对 PPI 的下降有着重要的影响作用。

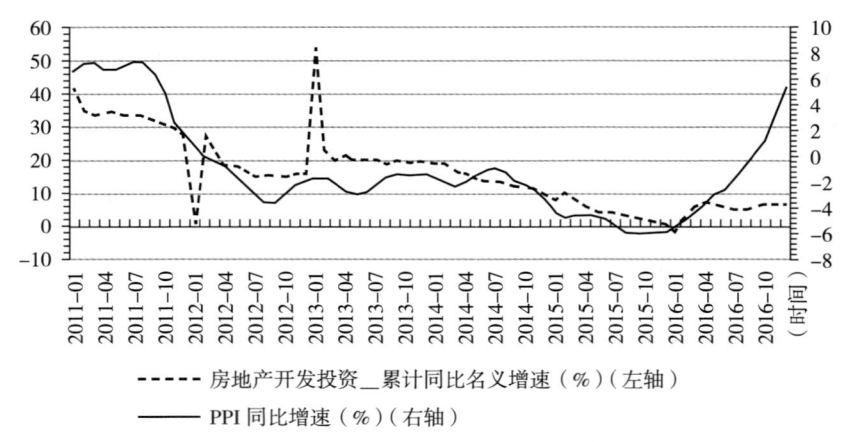

图 4.2 中国房地产开发投资累计同比增速与 PPI 同比增速变化趋势

资料来源：中经网统计数据库。

---

[1] 中投顾问：《中国已陷入通货紧缩？供给侧改革无法应对通货紧缩？》，中国投资咨询网，http://www.ocn.com.cn/hongguan/201602/xqobo17115313.shtml。

二 农产品供需紧平衡和服务业供小于求支撑 CPI 正增长

中国的农产品供需紧平衡以及服务的需求大于供给使得 CPI 呈现出总体上涨的趋势。并且，由于这种趋势的影响大于工业品消费价格的影响，从而使得 CPI 保持温和上涨的态势。CPI 反映的是居民家庭所购买的消费品和服务项目价格水平变动情况，食品类和服务类的占比较大。其中，食品占比 30% 左右，服务类占比 28% 左右。由于食品及住宅等必需品的供给和需求缺乏弹性，供需缺口难以调整（陈建奇，2008），以农产品为主的食品类产品在受到恶劣天气或劳动力不足等外部因素影响时，易发生减产问题，进而从供给方面推动食品类价格上涨。

同时，伴随着城镇化的不断推进和中国经济迈向高质量发展，消费习惯的改变和消费结构升级使消费者对服务的需求进一步提高。但是，由于教育、医疗、养老等服务的供给增长相对于需求增长比较迟缓，从而助推了 CPI 中服务项目价格的上行。农产品生产的特点使得农产品供给增长速度较慢而且经常受到来自自然灾害的供给冲击。在粮食深加工以及工业化用途增加的情况下，农产品供需处于紧平衡状况，使得成本的传导更容易实现。2012 年年初至 2016 年，CPI 食品价格和服务价格均保持较高的增长速度（龙少波等，2016），食品类和服务类价格的上升使得 CPI 同比变动始终为正。由于 CPI 中的服务和农产品类占比相对较高，其价格上涨会推升 CPI 价格较为明显地上涨，这在一定程度上抵消了 CPI 中包含的工业品价格下跌所引起的下降情况，因此，CPI 出现通胀放缓，但增速一直为正的状况。

三 供需机制对 PPI 与 CPI 的非对称作用

由以上分析可知，供求机制对 PPI 与 CPI 的影响在方向和力度上都是非对称的。2012 年以来，中国工业领域的产能严重过剩与经济增速阶梯性下滑所带来的需求减速[①]，使得 PPI 同比增速处于负增长状况，形成生产领域的通货紧缩。而农产品供需紧平衡以及服务供小于求的状况使得 CPI 总

---

① 如图 4.1 所示，2012—2016 年，我国规模以上工业企业的产品产销率累计同比增减量持续为负，处于阶段性的低水平阶段。

体上保持上行的态势。从供求机制的影响力度上来看，由于工业领域产能过剩非常严重，且经济增速下滑幅度相对较大（GDP 实际增速从 2007 年最高的 14.2%，一路下降到 2012—2016 年的 7.9%、7.8%、7.3%、6.9% 和 6.7%），供大于求的矛盾相当突出，从而使得 PPI 出现持续大幅度的通货紧缩。而对于农产品供需来说，自然灾害等供给因素对其的影响幅度相对性较小，且消费升级对服务需求的增加有一定的时间过程。加之，PPI 下跌对 CPI 的工业品部分有一定的传递作用，对 CPI 有一定的下压作用。因此，供需机制对 CPI 上行的影响作用幅度较小。综合起来看，供需机制对宏观价格的影响具体表现为 CPI 的小幅上涨以及 PPI 的大幅下跌，如图 4.3 所示。

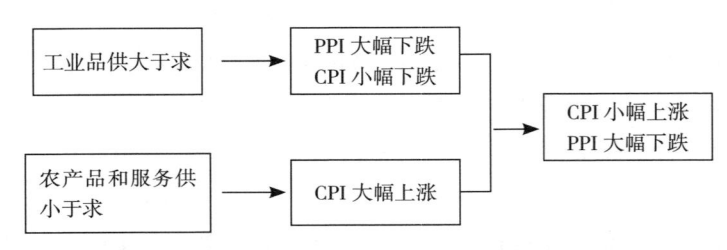

图 4.3 供需失衡机制非对称作用对结构性通缩形成的影响

第三节　国际大宗商品价格机制非对称作用对结构性通缩影响

一　国际大宗商品价格下挫带动 PPI 大幅下跌

中国 PPI 涵盖的生产资料类包括采掘工业、原料工业、加工工业三大子类，它们在 PPI 中的权重超过了 70%（侯成琪等，2018），因而上游原材料价格波动会对 PPI 产生很大的影响。在中国粗放型的、投资驱动为主的经济发展方式下，我国对国际大宗商品需求旺盛，并存在着严重的进口依赖，特别是在原油、铁矿、铜、铝等大宗商品方面的对外依存度很高。这些生产资料产品作为工业生产的原材料，其价格的变动直接影响着企业的生产成本，并影响到出厂产品价格。

自 2012 年以来，国际大宗商品价格陷入周期性的低迷，中国工业生产者购进价格指数受其影响有下降趋势。在生产成本降低的情况下，为在竞争激烈的工业品生产资料市场上保持优势和维持一定的市场份额，工业生产企业必然会降低产品价格。加之，部分行业面临产能过剩的局面，供需失衡问题尚未解决，也加重了国际大宗商品价格下降对PPI下跌的影响程度。

如图4.4所示，自2012年以来，国际大宗商品价格指数（CRB）与生产者购进价格指数同比增速同步下降，两者在2015年年初达到最小值后小幅度回升并在随后继续下跌。而PPI波动趋势也与CRB指数以及生产者购进价格指数的走势基本一致，波峰与波谷位置也基本吻合。从2015年年初开始，PPI增速的降幅较生产者购进指数同比增速的降幅有所减少，两者间的缺口扩大。在产能过剩的情况下，企业为了占据市场份额和保证自身利润，会选择降低销售产品的价格，这引起了我国工业品出厂价格PPI的下跌。

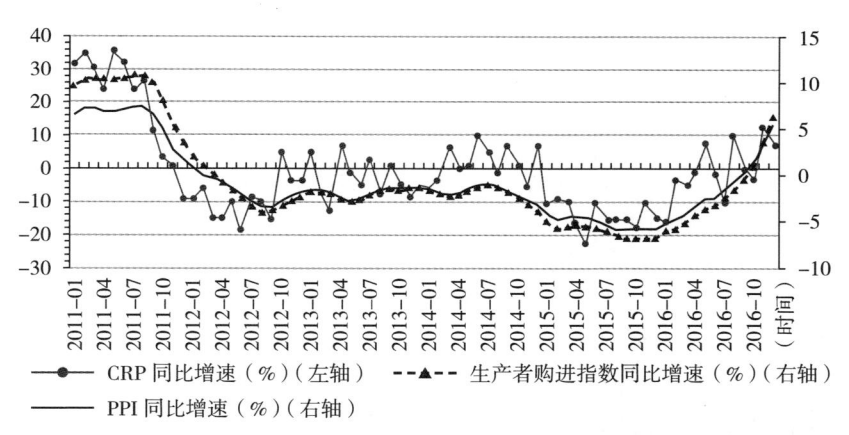

图4.4　CRB指数、生产者购进价格指数和PPI同比增速的变化趋势

资料来源：中经网统计数据库。

二　国际大宗商品价格下跌对CPI的影响甚微

从CPI的构成部分来看，总共包括食品、烟酒及用品和衣着等八大类，但可以总体划分为食品、工业品及服务类三大类。首先，服务在生产要素的投入方面以劳动力成本为主，很少直接涉及国际大宗工业原材料，因而大宗商品价格对CPI中服务价格的影响幅度较小。其次，虽然CPI中的食品价格可能与国际大宗商品价格有一定的联系，但是国际大宗农产品下降的幅度相对其他工业原料较小，这使得国际大宗商品价格的下跌通过食品价格途径对我国的 CPI 作用较小。最后，尽管 CPI 中也包括了消费性的生活用工业品，但直接影响 CPI 工业品价格的是生活性的工业品价格，而大宗商品中的铁矿石、有色金属等的价格对 CPI 的影响有限。事实上，国际大宗商品价格对 PPI 中的生活资料价格下降的影响也并不明显（如图 4.5 所示）。所以，即使国际大宗商品价格的下跌在一定程度上间接地引起 CPI 下跌，但由于 CPI 中的工业品占比不如农产品和服务类产品占比那么高，CPI 的下跌也并不会特别明显。

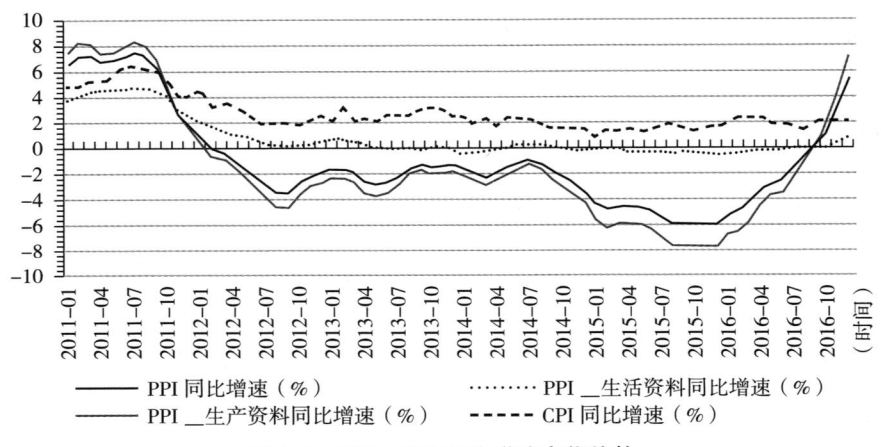

图 4.5 CPI、PPI 同比增速变化趋势

资料来源：中经网统计数据库。

三 国际大宗商品价格对结构性通缩形成的非对称作用机制

尽管国际大宗商品价格波动对我国物价水平和经济发展的影响越来越明显（卢延纯、赵公正，2017），但是国际大宗商品价格对 CPI 与 PPI 的影响是非对称的，这种非对称作用主要体现在作用力度上。如图 4.6 所示，国际大宗商品价格下跌对 PPI 同比增速的影响要超过对 CPI 同比增速的影响。

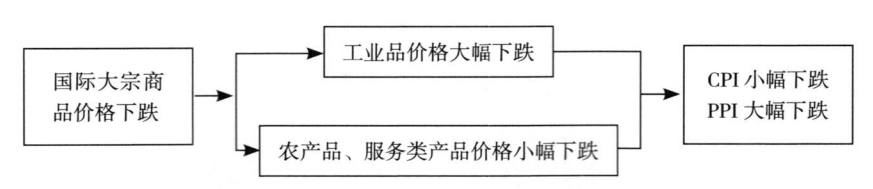

图 4.6 国际大宗商品价格机制非对称作用对结构性通缩形成的影响

第四节 "债务—通缩"机制非对称作用对结构性通缩影响

一 资金密集的 PPI 行业更容易受"债务—通缩"机制的影响

从"债务—通缩"非对称作用机制来看，PPI 统计口径下的行业更易遭受"债务—通缩"螺旋风险的影响。"债务—通缩"理论最早由费雪提出，他认为美国大萧条是过度负债所引发的债务清偿以及资产价格的下降所造成的，并且过度负债会引发债务通缩循环（张启迪，2017）。伯南克基于信息不对称视角对"债务—通缩"理论进行了拓展，认为"债务—通缩"循环加剧了金融市场的信息不对称问题，从而形成了信用收缩并对美国大萧条时期经济的衰退产生了重要影响（刘哲希等，2016）。

基于"债务—通缩"理论，债务约束成为企业经营的潜在风险。长期以来，持续的货币宽松环境使得我国工业企业过度负债。过度负债的企业在受到产品和资产价格下跌的外部影响时会收紧债务约束，并缩小投资需求规模，进而导致价格水平的下降，而这一过程更易对资本密集型行业产生影响。企业为了偿债不得不选择降价销售产品，甚至是以低价出售资产，这将直接引起工业部门物价水平的进一步下跌。企业在生产中获得的现金流也并非用于新一轮的投资，而是用于偿还债务。在通缩环境下，由于银行不看好企业未来的经营状况和偿债能力，银行会产生惜贷行为：停止对企业贷款或者提高风险贴水和贷款利率。这样一来，用于投资的资金相当稀缺，会导致实际利率上升。实际利率上升，引起整体物价水平的下跌，使得企业的债务负担更重，产成品和资产的价格会进一步下跌，企业的投资需求和居民的消费需求也会进一步降低，整个经济将陷入"债务—通缩"螺旋的僵局。

PPI 表示的主要是工业行业产品的出厂价格，而工业行业多数属于资本密集型行业，属于单位产品所需资金投资较多的工业部门，如钢铁工业、有色冶金工业、石油化学工业、重型机械工业、航天和航空工业等。[①] 当

[①] 冯明（2015）认为，企业部门的负债问题也是结构性的，2015 年杠杆率较高的行业为煤炭、钢铁、化工等，这也恰恰是上文中提到的那些产能过剩更严重、通缩压力更大的行业。

出现"债务—通缩"循环时，该类产品受到债务的影响而发生价格下跌的变化，这将对 PPI 形成下行压力。如图 4.7 所示，自 2012 年以来，规模以上工业企业资产负债率高起，走向虽有一定波动但总体呈下降趋势，且下降速度有越来越快的趋势，在 2016 年年末达到最小值 0.558。规模以上工业企业资产负债率的变动说明，工业部门普遍出现债务约束收紧现象。工业品价格的下跌使企业实际负债加重，为偿还债务，企业只能廉价变卖资产的同时减少负债规模，这又进一步冲击了工业品价格，形成"债务—通缩"螺旋。这一过程对 PPI 同比增速下跌造成了较大的影响。

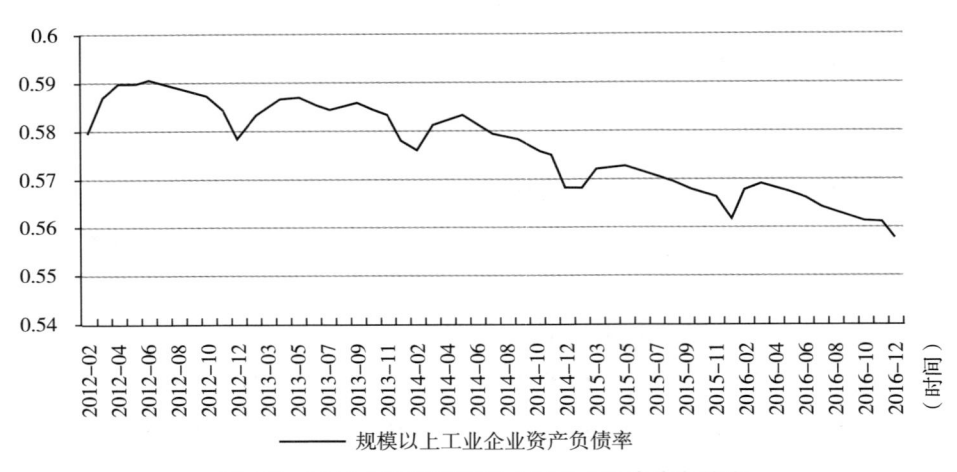

图 4.7　2012 年以来规模以上工业企业资产负债率

资料来源：中经网统计数据库。

二　劳动密集的 CPI 行业受"债务—通缩"影响较小

从 CPI 的构成来看，其主要包括以农产品为代表的食品行业以及服务业的价格等，即便是工业品行业也是所谓的轻工业行业，大都属于劳动密集型行业，如轻纺工业、手工业和服务业等。农业和服务业在单位产品所投入的生产要素中，劳动投入的比例较高，而资本所占比例相对较小。可见，由于 CPI 统计的主要是劳动密集型行业，资本投入相比之下占比偏低，故其受到债务约束影响相对较小，受到"债务—通缩"机制的作用和影响程度也更小。

三 "债务—通缩"对结构性通缩形成的非对称作用机制

"债务—通缩"对 PPI 与 CPI 的非对称影响主要体现在作用力度上。虽然不论是生产工业品，还是生产农产品或是提供服务的企业，都会受到过度负债带来的压力，但由于工业部门尤其是上游的重工业部门对资金有着更大的需求，与农业和服务业部门相比，债务负担对其的影响更大。因此，在"债务—通缩"机制下，衡量工业品出厂价格的 PPI 的下跌幅度较大，而主要衡量农产品和服务类产品、工业品占比小的 CPI 的影响幅度较小，如图 4.8 所示。

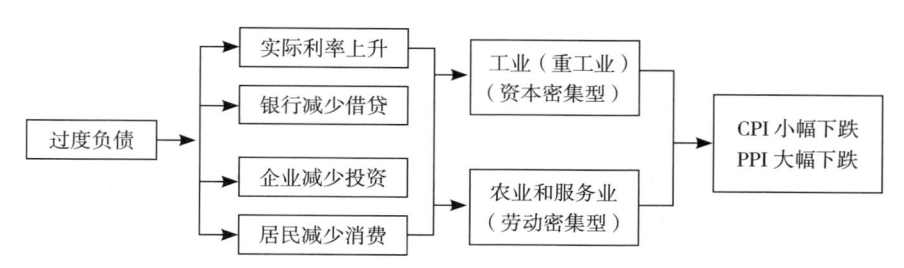

图 4.8 "债务—通缩"机制非对称作用对结构性通缩形成的影响

第五节 劳动力成本机制非对称作用对结构性通缩影响

一 劳动力成本对 CPI 的影响较大

从劳动力成本的非对称作用机制来看，上游劳动力成本上升推高了农产品和服务类产品的价格，进而引起 CPI 同比增速的上升。此轮通缩期间，中国 CPI 上涨的主要原因是食品和劳动密集型服务业价格上涨，这种上涨又主要是由结构性因素以及工资上涨造成的（余永定，2016）。[①] 中国经济进入"新常态"以来，人口红利逐渐衰减，人口老龄化问题日益突出，适龄劳动力人口呈现逐年下降趋势。我国 15—59 岁劳动年龄人口在 2011 年达到峰值 9.25 亿后便逐年减少。从 2012 年到 2016 年，累计减少的数量大

---

① 中投顾问：《中国已陷入通货紧缩？供给侧改革无法应对通货紧缩？》，中国投资咨询网，http://www.ocn.com.cn/hongguan/201602/xqobo17115313.shtml。

约有 2000 万。这在供给端方面增加了劳动力成本上涨的压力。

CPI 所包含的大多是属于劳动密集型产品，其中食品类和服务类产品权重较大。就食品类而言，农产品在其中的比重较大。由于中国的农产品生产以家庭联产承包和手工劳作方式为主（龙少波等，2016），劳动力作为主要的生产要素投入，其成本变化在很大程度上决定着农业生产成本的变动。另外，在城镇化进程中，第二、第三产业发展越来越快的背景下，经济发展提高了对劳动力的需求，并创造了更多的工作岗位以吸引农村剩余劳动力转移，从而拉动了农村劳动成本的不断上升。

同时，农产品的供给容易受到自然生产条件的影响而存在产量的刚性约束，而农产品的需求却缺乏弹性，这使得供给端的成本上升很容易地向产品需求端传递，并引起食品类价格水平的不断攀升。就服务的提供而言，城镇化进度加快使得消费者消费习惯发生变化和消费结构升级，消费者对旅游、医疗、餐饮、教育、养老等行业的需求在不断地扩大，且对服务业的质量也提出了更高的要求。一般而言，服务业多属于劳动密集型的行业，在需求拉动和劳动力成本推动的双重影响下，服务价格也在不断攀升。在 CPI 的构成中，以农产品为代表的食品价格以及服务类产品价格总占比为 60% 左右。因此，劳动力成本上升导致的食品价格和服务类产品价格的上升走势对 CPI 的上涨有很强的推动作用。

二 劳动力成本对 PPI 的影响较小

劳动力成本的上升对工业企业的生产成本也起着推动作用。但是，PPI 构成中的 PPI 生产资料占比达到 70% 以上，PPI 增速主要由以下 9 个上游重工业行业的价格变化所决定，包括石油开采、石油加工、化工、化纤、煤炭采选、黑色采选、黑色冶炼、有色采选、有色冶炼[①]。而这些行业又属于资金密集型的部门，劳动力投入比例相对较少，劳动力成本的上涨会对 PPI 的上升有一定的作用，但是影响幅度相对有限。

---

① 李晴：《PPI 怎么计算？明年的 PPI 如何预测？一文剖析 PPI 来龙去脉》，搜狐网，http://www.sohu.com/a/271991249_117959。

三 劳动力成本对 PPI 与 CPI 的非对称作用机制

劳动力成本对 CPI 与 PPI 的非对称影响也主要表现在作用力度上。就农业和服务业而言，劳动力作为这些行业最主要的生产要素，其成本上涨会大幅拉高农产品和服务类产品的价格水平，使得农产品和服务类产品占比大的 CPI 出现较大幅度上升。而 PPI 中劳动力投入相对较少，劳动力成本上涨对其影响力度相对较小。因此，总体来看，在劳动力成本机制的作用下，CPI 和 PPI 均有所提升，但 CPI 上升的幅度较大，而 PPI 上升的幅度较小，如图 4.9 所示。

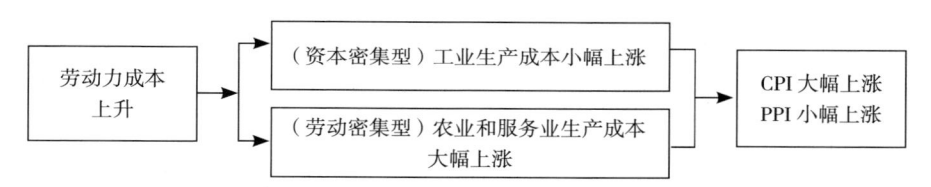

图 4.9 劳动力成本机制非对称对结构性通缩形成的影响

第六节 小结

本章分析了四重机制对 PPI 与 CPI 的非对称作用。CPI 与 PPI 构成的结构性差异是四重机制非对称作用的重要原因，如表 4.3 所示。

表 4.3　　　　　　　　四重机制对 CPI、PPI 的非对称影响

	变化情况	CPI	PPI
供需失衡机制	工业领域供大于求	−	− −
	农产品和服务领域供需紧平衡	++	/
大宗商品价格机制	价格下跌	−	− −
"债务—通缩"机制	债务增加	−	− −
劳动力成本机制	成本上升	++	+
多重机制的总效应	PPI 大幅下跌，CPI 温和上涨	+	− −

注：符号表示方向，"+"表示正向影响，"−"表示负向影响；符号数量越多表示变动幅度越大。

首先，供需失衡机制在方向和力度上对 PPI 和 CPI 都有非对称的影响。一方面，工业领域，尤其是工业生产领域的产能过剩导致工业产品供大于求，使得 PPI 尤其是 PPI 生产资料价格大幅下降，并出现了持续负增长的状况。而工业品出厂价格 PPI 通过上下游生产链的传导，使得 CPI 中的工业品价格出现一定程度的下调，但影响幅度并不大。

另一方面，以农产品为代表的食品领域处于供需紧平衡的状况，来自天气、病虫等各种自然灾害的供给冲击会使 CPI 中食品类价格较大幅度上涨。在经济从高速增长向高质量发展转变的背景下，中国正处于消费结构优化升级的进程中，消费者对服务的需求呈现出上升的趋势。由于信息不对称、知识技能转化存在一定的滞后效应以及准入机制障碍的存在，服务业的相关供给与优化升级跟不上需求的步伐（如医疗卫生、教育等），这使得服务业处于供小于求的状况，从而导致 CPI 中服务业的价格出现上涨的趋势。因此，供需失衡机制使得 PPI 大幅下跌，而 CPI 小幅上涨。

其次，国际大宗商品价格机制对 CPI 与 PPI 的非对称影响主要体现在作用力度上。一方面，由于国际大宗商品的成本在工业品（尤其是重工业）的成本中占据很大的比重，工业品出厂价格指数 PPI，尤其是 PPI 生产资料价格与大宗商品价格的变动具有高度一致性。2012 年以来，国际大宗商品价格大幅下跌使得 PPI 出现持续低迷与通缩。另一方面，CPI 中虽含有生活类的工业品，但国际大宗商品价格对其影响甚微。因此，国际大宗商品价格的下跌使得 PPI 大幅下跌，而对 CPI 下跌的影响幅度有限。

再次，"债务—通缩"机制对 PPI 与 CPI 的非对称影响主要体现在作用力度上。一方面，工业领域尤其是工业生产资料领域属于资金密集型行业，企业负债率高。一旦 PPI 下降，就会引起企业的利润下降、实际利率上升以及偿债能力下降，为此，工业企业被迫低价出售资产和产品还债，从而使得其资产负债率下降和 PPI 价格水平进一步下降，并引发恶性循环。另一方面，由于 CPI 构成中的产品大多属于劳动密集型产品，资金占比相对较低，"债务—通缩"机制对其影响较小。因此，"债务—通缩"机制使得 PPI 大幅下降，而仅对 CPI 产生很小的影响。

最后，劳动力成本机制对 PPI 与 CPI 的非对称影响主要体现在力度上。一方面，CPI 中的食品（农产品等）与服务类产品占比很高，劳动力成本对其影响很大。随着中国刘易斯拐点的到来和人口红利的消失，劳动力成本呈现出不断上涨的态势，这对 CPI 的上涨起到了支撑作用。另一方面，PPI 中的行业属于资金密集型，劳动力成本占比相对较低，加之，技术进步等因素会对成本上升有消化吸收作用。因此，劳动力成本上涨对 PPI 上涨的影响甚微。因此，劳动力成本机制对 CPI 的上涨起到推动作用，而对 PPI 的影响很小。

综合来看，多重机制的非对称作用使得 PPI 出现持续下跌和通货紧缩，而 CPI 却出现温和上涨，形成了结构性通货紧缩的态势。

第五章
多重机制非对称作用下的中国结构性通缩：因子分析

本章将采用向量自回归（VAR）模型和因子分析相结合的方法，对我国 2012—2016 年结构性通缩的形成机制进行研究。基本的思路如下：首先，采用因子分析法将影响 CPI 与 PPI 变动的主要宏观经济变量共 150 个指标进行因子分析，抽取主成分因子获得非对称影响 CPI 与 PPI 的多重机制。其次，将 CPI 与 PPI 以及多重机制构建 VAR 模型获得各机制对 CPI 与 PPI 的不同影响系数以及脉冲响应函数，以研究各重机制对 CPI 与 PPI 的非对称作用。

第一节 宏观经济因素对结构性通缩影响的因子分析

本章将进行多重机制对 CPI 与 PPI 的非对称影响的实证分析，从而分析不同的宏观经济因素对 CPI 与 PPI 的非对称影响。虽然影响 CPI 与 PPI 的因素包罗万千，但引起 CPI 与 PPI 非对称变动而形成结构性通货紧缩的机制可以分为四大方面。因此，我们需要找寻这四大机制方面的宏观经济指标，通过因子分析的方法提取主成分因子，分析代表不同机制的主成分因子对中国结构性通缩所形成的影响。

一 因子分析（Factor Analysis）的方法与原理

20 世纪初，Karl Pearson 和 Charles Spearman 等在做关于智力测验的统计分析时提出了因子分析这一概念。因子分析法能够把具有复杂关系的大量变量归纳为少数的变量，而且这些归纳得到的变量之间几乎没有相关性。

可以说，因子分析法在削减变量个数的同时，又保留了原有变量的绝大多数信息。

其基本原理是，设有 m 个原有变量 $a_1, a_2, a_3, \cdots, a_m$，现在把原有变量用 $n(n<m)$ $n(n<m)$ 个因子 $b_1, b_2, b_3, \cdots, b_n$ 的线性组合来表示，则如式（5.1）所示：

$$\begin{cases} a_1 = \lambda_{11}b_1 + \lambda_{12}b_2 + \lambda_{13}b_3 + \cdots + \lambda_{1n}b_n + \varepsilon \\ a_2 = \lambda_{21}b_1 + \lambda_{22}b_2 + \lambda_{23}b_3 + \cdots + \lambda_{2n}b_n + \varepsilon \\ \vdots \\ a_m = \lambda_{m1}b_1 + \lambda_{m2}b_2 + \lambda_{m3}b_3 + \cdots + \lambda_{mn}b_n + \varepsilon \end{cases}$$

上述因子分析的数学模型也可以表示为矩阵形式：

$$A = \lambda B + \varepsilon A = \lambda B + \varepsilon \tag{5.1}$$

式（5.1）中的 B 是因子，由于出现在每个原始变量的线性表达式中，又称作公共因子。因子可以认为是高维空间中互相垂直的 n 个坐标轴。λ 是因子载荷矩阵，$\lambda_{ij}(i=1,2,\cdots,m; j=1,2,\cdots,n)$ 是因子载荷，即第 i 个原始变量在第 j 个因子上的负荷，也是变量 a_i 和因子 a_{ij} 的相关系数，用来反映二者之间的相关程度。因子载荷的绝对值小于等于1，越接近1，表明相关性越强。同时，它也反映了因子 b_j 对解释变量 a_i 的重要作用和程度。

$$S_J^2 = \sum_{i=1}^n \lambda_{ij}^2 \quad S_J^2 = \sum_{i=1}^n \lambda_{ij}^2 \tag{5.2}$$

式（5.2）是因子 b_j 的方差贡献，即因子载荷矩阵 λ 中第 j 列元素的平方和。方差贡献反映了因子 b_j 对原始变量方差的解释能力。方差贡献越大，说明相应因子的重要程度越大（薛薇，2009）。

二 变量选取及资料来源

考虑到影响 CPI 与 PPI 的宏观经济变量和指标繁多，为了防止有限的几个变量指标可能带来的信息遗漏，本书选取了150个与之相关的宏观经济变量以提取相关的信息来进行回归分析。选取的150个变量和指标分类主要涉及供需失衡机制、大宗商品价格机制、"债务—通缩"机制、劳动力成本机制四大方面，所选取的样本区间为2012年1月至2016年8月的月度数据，共60个样本区间。数据主要来源于 Wind 数据库，部分国际大宗商品价格指数来源于 IMF 数据库。在用于计量分析的共计 150 个指标中，其中：

第一方面的指标是用于衡量影响结构性通缩的供需失衡作用机制。选取了工业增加值、各类主要工业产品的产量、GDP、贸易差额、工业产销率、固定资产投资额、人均可支配收入等共计 38 个指标。

第二方面的指标是用于衡量影响结构性通缩的大宗商品价格作用机制。选取了 CRB 现货指数、RJ/CRB 商品价格指数、原油现货价、布伦特原油现货价、迪拜原油现货价、CRB 现货指数的工业原料指数、CRB 现货指数的纺织品指数、IMF 大宗价格指数等共计 26 个指标。

第三方面的指标是用于衡量影响结构性通缩的"债务—通缩"机制。选取了国民经济各行业的资产负债率等共计 33 个指标。

第四方面的指标是用于衡量影响结构性通缩的劳动力成本作用机制。选取了各省会城市的在岗职工平均工资和北京、上海的月最低工资标准的工资等共计 35 个指标。

除以上四个方面的数据，我们还选取了 CPI 和 PPI 的同比数据以及反映货币政策的 M2 同比增长率、短中长期贷款利率、银行间债券质押式回购利率等指标。具体的指标如表 5.2 所示。

首先，针对少数的季度数据做了转频处理，对部分变量的空值采用临近值替代补充；其次，使用 Eviews 软件通过 X-11 方法对所有的数据进行季节性调整；再次，按照后文给出的单位根检验步骤对所有变量依次进行从零阶到二阶的平稳性检验，直到所有变量都能通过检验；最后，以上一步的检验结果为基础，对那些未通过平稳性检验的变量取一阶或二阶差分的形式，并消除量纲的影响。

三 因子分析的实证结果分析

下文将利用因子分析法提取影响 CPI 与 PPI 的各种因子。考虑到本书涉及的变量数目众多，因此本书在确定因子个数时，没有选择普遍采用的最小特征值法，而是选择了自行设定因子数目的方法。考虑到主因子的解释力度，本书将因子个数设定为 7。根据表 5.1 的结果，前 5 个主因子的累计方差贡献率达到 87%，即前 5 个主因子综合了原始指标 87% 的信息，因此，选取前 5 个主因子来代表原始的 150 个指标，能对中国结构性通缩的成因做出较合理的解释。

表 5.1　　　　　　　　　　　主因子和方差贡献率

主因子	方差	累计方差	偏差	方差贡献率（%）	累计方差贡献率（%）
F1	39.011	39.011	24.226	0.408	0.408
F2	14.785	53.797	2.739	0.155	0.563
F3	12.046	65.843	1.858	0.126	0.689
F4	10.188	76.031	3.132	0.107	0.796
F5	7.056	83.087	0.592	0.074	0.870
F6	6.464	89.551	0.511	0.068	0.938
F7	5.953	95.504	—	0.062	1.000
总计	95.504	95.504		1.000	

资料来源：根据 Wind 数据库的数据，经 Eviews 9 处理得到。

在提取了主成分因子后，我们可以得出 150 个宏观经济指标分别与 7 个主成分因子的相关系数。如表 5.2 所示，我们给出了 150 个宏观经济指标分别与主成分因子 F1、F2、F3、F4、F5、F6、F7 的相关系数。通过相关系数的高低，我们可以寻找上述提取的主成分因子所代表的经济含义。如若某个宏观经济指标与某个因子的相关系数越高，则说明该因子更多地含有该指标的经济信息。相反，如若相关系数较小，则说明该主成分因子含有的该宏观经济指标的信息较少。但是，从表 5.2 来看，由于宏观经济的指标繁多（本书选有 150 个），四大机制中可能分别有具体的宏观经济指标与某主成分因素 F_j 相关，因此，还不是很容易得出各个主成分因子最主要代表哪些机制。为此，我们需要按照一定的原则进行相应的科学化简化处理。

表 5.2　　　　　　　　　　　　主因子含义

指标名称	F1	F2	F3	F4	F5	F6	F7
CRB 现货指数：食品：月	0.822	0.101	−0.028	0.213	−0.089	−0.169	0.006
PNRG	0.877	0.002	−0.113	0.108	0.100	0.124	−0.009
PNGASEU	0.912	−0.194	−0.047	0.121	−0.037	0.114	0.041
PNGASJP	0.913	−0.198	−0.064	0.145	−0.021	0.162	0.033
PNGASUS	0.007	0.147	−0.199	−0.080	−0.012	0.128	−0.129
POILAPSP	−0.023	0.583	−0.036	−0.008	0.507	0.144	−0.071
CRB 现货指数：综合：月	−0.001	0.451	−0.211	0.498	−0.182	−0.405	0.232

续表

指标名称	F1	F2	F3	F4	F5	F6	F7
RJ/CRB 商品价格指数：月	0.004	0.638	−0.106	0.505	−0.125	−0.244	0.164
原油现货价：WTI：月均	−0.019	0.622	−0.115	−0.073	0.449	0.245	−0.098
原油现货价：布伦特 DTD：月均	0.000	0.607	−0.068	0.003	0.564	0.096	−0.046
原油现货价：迪拜：月均	−0.020	0.559	−0.064	−0.010	0.543	0.136	−0.069
CRB 现货指数：油脂：月	−0.045	0.509	−0.114	0.454	−0.214	−0.404	0.195
CRB 现货指数：家畜：月	0.059	0.527	−0.149	0.412	−0.237	−0.426	0.297
CRB 现货指数：金属：月	−0.011	0.555	−0.206	0.433	−0.012	−0.426	0.259
CRB 现货指数：工业原料：月	−0.009	0.485	−0.205	0.485	−0.162	−0.420	0.258
CRB 现货指数：纺织品：月	−0.042	0.360	−0.200	0.528	−0.274	−0.392	0.246
PALLFNF	−0.017	0.642	−0.034	−0.052	0.593	0.128	−0.124
PNFUEL	0.006	0.495	0.077	−0.272	0.445	0.024	−0.226
PFOOD	0.059	0.303	−0.033	−0.229	0.126	−0.010	−0.263
PBEVE	−0.059	−0.011	−0.070	0.270	0.193	0.141	−0.209
PINDU	−0.043	0.447	0.137	−0.191	0.488	0.045	−0.055
PRAWM	0.103	0.279	0.121	−0.182	0.452	0.024	−0.021
PMETA	−0.094	0.455	0.118	−0.144	0.439	0.046	−0.069
POILAPSP	−0.023	0.584	−0.037	−0.008	0.514	0.144	−0.072
PCOALAU	−0.270	0.141	0.028	−0.042	0.243	−0.069	0.055
PIORECR	−0.056	0.364	0.353	−0.064	0.198	0.002	−0.007
工业增加值：当月同比	0.740	0.293	0.216	0.131	0.023	−0.268	0.008
第三产业增加值当期同比实际增速	0.196	0.002	0.168	0.119	−0.149	0.417	0.237
第二产业增加值当期同比实际增速	0.919	0.060	−0.072	0.035	0.223	−0.028	−0.023
固定资产投资完成额：当月同比	0.089	0.143	0.048	0.189	−0.350	−0.013	0.014
房地产开发投资完成额：当月同比	0.085	0.315	−0.015	0.250	−0.264	−0.023	0.048
贸易差额：当月同比	0.140	−0.049	0.049	−0.184	0.236	0.000	−0.348
规模以上工业企业产品产销率当期	0.601	0.056	0.008	−0.087	0.334	−0.289	0.185
5000 户工业企业：工业产品销售率	−0.813	0.006	0.056	0.028	−0.122	−0.062	0.296
规模以上工业企业产品产销率当期同比增减量	−0.412	0.056	−0.089	0.202	0.298	−0.187	0.367
社会消费品零售总额当期同比增速	0.881	0.156	−0.129	−0.079	0.185	−0.022	−0.042
产量：原煤：当月同比	0.697	0.223	0.290	0.030	−0.189	−0.183	−0.107

续表

指标名称	F1	F2	F3	F4	F5	F6	F7
产量：焦炭：当月同比	0.516	0.137	0.073	0.092	0.352	0.138	−0.024
产量：发电量：当月同比	0.318	0.344	0.078	0.251	0.186	−0.211	0.066
产量：天然原油：当月同比	0.647	−0.247	0.077	0.112	−0.228	0.194	0.259
产量：天然气：当月同比	0.644	−0.014	0.150	0.142	0.021	0.057	0.280
产量：磷矿石：当月同比	0.453	0.184	−0.059	−0.012	−0.025	−0.247	−0.110
产量：农用氮磷钾化肥（折纯）：当月同比	0.579	−0.063	0.161	−0.178	−0.256	−0.123	−0.009
产量：化学农药原药：当月同比	0.449	0.199	0.120	−0.061	−0.101	−0.461	−0.209
产量：铁矿石原矿量：当月同比	0.812	0.289	−0.111	−0.027	0.141	−0.111	−0.220
产量：粗钢：当月同比	0.488	0.369	0.067	0.018	0.290	0.225	0.188
产量：钢材：当月同比	0.705	0.290	0.168	0.087	0.139	0.173	0.137
产量：十种有色金属：当月同比	0.498	0.098	0.139	0.208	−0.157	0.162	0.347
产量：氧化铝：当月同比	0.378	−0.103	0.091	0.302	0.131	0.233	0.139
产量：水泥：当月同比	0.388	0.673	0.017	−0.200	−0.058	−0.116	0.044
产量：平板玻璃：当月同比	0.123	0.426	0.051	0.035	0.478	0.254	0.298
产量：发电设备：当月同比	−0.048	0.003	−0.081	0.369	0.191	0.072	−0.021
产量：包装专用设备：当月同比	0.401	0.114	0.112	−0.293	0.184	−0.022	−0.190
产量：饲料加工机械：当月同比	0.145	0.138	−0.051	−0.340	0.093	−0.466	−0.205
产量：大中型拖拉机：当月同比	0.213	−0.037	0.137	0.143	0.096	0.347	0.381
产量：小型拖拉机：当月同比	0.106	0.630	0.290	0.163	−0.033	0.355	0.045
产量：新闻纸：当月同比	0.586	−0.252	0.277	0.060	−0.240	−0.224	−0.078
产量：布：当月同比	0.587	0.430	0.182	−0.077	0.048	−0.398	−0.234
产量：纱：当月同比	0.625	0.443	0.117	−0.114	−0.045	−0.335	−0.257
产量：成品糖：当月同比	0.078	−0.059	0.054	−0.158	−0.156	0.066	−0.205
产量：软饮料：当月同比	0.563	0.213	0.027	−0.210	0.032	−0.091	−0.043
城镇人均可支配收入当月值	−0.958	0.071	0.033	−0.028	−0.003	−0.047	0.011
GDP：不变价：当季同比：月	−0.066	0.129	0.047	−0.058	0.226	0.016	0.187
第一产业增加值当期同比实际增速	0.027	−0.179	−0.022	0.011	0.324	−0.051	0.098
石油和天然气开采业：资产负债率	−0.409	−0.148	0.130	−0.027	−0.162	0.348	−0.349
黑色金属矿采选业：资产负债率	−0.887	0.127	−0.006	0.011	0.169	−0.019	0.088
农副食品加工业：资产负债率	0.934	−0.062	−0.031	0.032	−0.028	0.086	0.031
食品制造业：资产负债率	0.979	−0.090	−0.011	0.034	−0.012	0.025	−0.001

续表

指标名称	F1	F2	F3	F4	F5	F6	F7
酒、饮料和精制茶制造业：资产负债率	0.909	−0.023	−0.006	−0.017	−0.038	−0.014	−0.088
烟草制品业：资产负债率	−0.454	0.228	0.002	−0.039	0.155	−0.087	0.190
纺织业：资产负债率	0.961	0.020	−0.038	−0.014	0.051	0.079	0.018
纺织服装、服饰业：资产负债率	0.890	0.002	0.017	−0.033	−0.007	0.027	−0.031
皮革、毛皮、羽毛及其制品和制鞋业：资产负债率	0.919	0.026	−0.066	−0.102	0.128	0.028	−0.081
木材加工及木、竹、藤、棕、草制品业：资产负债率	0.928	−0.093	−0.026	−0.039	0.057	−0.079	0.000
家具制造业：资产负债率	0.889	0.088	0.045	−0.125	−0.049	−0.101	−0.150
造纸及纸制品业：资产负债率	0.908	−0.157	0.052	−0.065	−0.088	0.034	0.066
文教、工美、体育和娱乐用品制造业：资产负债率	0.926	−0.118	−0.031	0.059	0.074	0.079	0.118
石油加工、炼焦及核燃料加工业：资产负债率	−0.134	−0.124	0.183	0.016	−0.041	0.307	0.609
化学原料及化学制品制造业：资产负债率	0.021	−0.340	0.000	0.170	−0.221	0.375	0.543
医药制造业：资产负债率	0.830	−0.188	−0.051	0.169	−0.038	0.257	0.198
化学纤维制造业：资产负债率	0.768	−0.200	−0.056	0.105	−0.196	0.309	0.266
非金属矿物制品业：资产负债率	0.900	−0.116	−0.015	−0.004	−0.073	0.123	0.065
有色金属冶炼及压延加工业：资产负债率	−0.540	0.113	−0.175	−0.025	−0.025	0.265	0.397
金属制品业：资产负债率	0.932	−0.072	−0.047	0.004	−0.011	0.074	0.051
通用设备制造业：资产负债率	0.905	−0.057	−0.017	0.018	0.010	0.024	−0.040
专用设备制造业：资产负债率	0.977	−0.077	−0.041	−0.012	0.040	0.075	0.007
铁路、船舶、航空航天和其他运输设备制造业：资产负债率	0.931	−0.032	0.056	−0.050	−0.020	−0.031	−0.063
电气机械及器材制造业：资产负债率	0.945	−0.128	0.029	−0.033	−0.096	0.086	0.088
仪器仪表制造业：资产负债率	0.931	−0.106	−0.001	0.053	0.000	0.078	−0.003
电力、热力的生产和供应业：资产负债率	0.934	0.001	−0.100	0.037	0.027	0.087	−0.013
水的生产和供应业：资产负债率	−0.480	0.044	−0.021	0.129	0.111	0.239	0.508
规模以上工业企业资产负债率	0.081	0.065	0.132	−0.227	−0.059	0.071	−0.047
有色金属矿采选业：资产负债率	0.029	0.230	0.244	−0.187	−0.254	0.029	0.092
黑色金属冶炼及压延加工业：资产负债率	0.016	0.393	0.060	−0.298	−0.229	0.056	0.006

续表

指标名称	F1	F2	F3	F4	F5	F6	F7
汽车制造：资产负债率	−0.142	0.418	0.207	−0.038	−0.061	0.163	0.007
计算机、通信和其他电子设备制造业：资产负债率	0.000	0.146	0.362	−0.133	0.224	−0.052	−0.091
燃气生产和供应业：资产负债率	0.118	0.198	−0.554	−0.250	−0.013	0.151	−0.055
M2：同比	0.635	0.212	−0.038	−0.095	−0.184	0.268	0.192
中长期贷款利率：5年以上（月）	0.883	−0.165	−0.054	0.131	0.025	0.078	0.027
个人住房公积金贷款利率：5年以上（月）	0.898	−0.172	−0.057	0.143	0.048	0.084	0.028
中国人民银行对金融机构贷款利率：3个月以内（月）	−0.267	0.073	0.094	0.049	0.332	0.044	0.504
中国人民银行对金融机构贷款利率：1年（月）	−0.258	0.064	0.085	0.034	0.314	0.101	0.436
中国人民银行对金融机构贷款利率：再贴现利率（月）	−0.081	0.042	0.155	−0.116	0.285	−0.142	0.427
活期存款利率（月）	0.474	−0.030	0.009	−0.176	0.042	−0.525	−0.402
定期存款利率：1年（整存整取）（月）	0.863	−0.176	−0.044	0.130	0.020	0.072	0.027
定期存款利率：3年（整存整取）（月）	0.874	−0.177	−0.042	0.114	0.018	0.038	−0.003
银行间债券质押式回购：加权平均利率：7天：当月值	0.567	−0.204	−0.170	0.206	0.266	0.226	0.255
银行间债券质押式回购：加权平均利率：1个月：当月值	0.496	−0.173	−0.244	0.226	0.302	0.260	0.291
银行间债券质押式回购：加权平均利率：3个月：当月值	−0.075	0.009	−0.042	−0.031	0.146	0.261	0.144
中债国债到期收益率：1年：月	0.171	0.321	−0.076	0.221	0.043	−0.519	0.385
中债国债到期收益率：5年：月	0.205	0.364	−0.102	0.269	0.012	−0.515	0.367
中债国债到期收益率：10年：月	0.192	0.393	−0.101	0.297	0.029	−0.533	0.343
金融机构：各项贷款余额：同比	0.042	−0.004	0.017	−0.139	−0.213	−0.093	−0.007
M1：同比	−0.013	0.103	0.715	−0.130	−0.198	−0.081	−0.035
短期贷款利率：6个月（含）（月）	0.056	0.176	−0.047	0.085	0.294	−0.039	0.135
长春：在岗职工平均工资：月	−0.262	0.474	0.728	0.062	−0.272	0.167	0.061
长沙：在岗职工平均工资：月	−0.246	0.206	−0.144	−0.731	−0.212	−0.022	0.280
成都：在岗职工平均工资：月	0.091	0.287	0.497	−0.007	−0.108	0.082	−0.003
大连：在岗职工平均工资：月	−0.231	−0.420	0.228	0.751	0.211	0.019	−0.276
福州：在岗职工平均工资：月	0.027	0.670	−0.524	0.020	−0.359	0.305	−0.152
广州：在岗职工平均工资：月	−0.104	0.050	0.781	−0.349	−0.009	−0.016	0.189

续表

指标名称	F1	F2	F3	F4	F5	F6	F7
贵阳：在岗职工平均工资：月	0.019	0.577	−0.412	0.290	−0.209	0.310	−0.241
哈尔滨：在岗职工平均工资：月	−0.071	−0.094	0.463	0.512	0.071	0.019	−0.142
海口：在岗职工平均工资：月	−0.178	−0.324	0.135	0.782	0.243	−0.054	−0.291
杭州：在岗职工平均工资：月	−0.149	0.684	0.474	−0.137	−0.307	0.228	−0.018
合肥：在岗职工平均工资：月	−0.316	−0.707	−0.284	0.330	0.345	−0.185	−0.079
呼和浩特：在岗职工平均工资：月	−0.171	−0.640	−0.365	−0.270	0.392	−0.249	0.159
济南：在岗职工平均工资：月	−0.296	0.692	0.173	0.075	−0.332	0.250	−0.115
昆明：在岗职工平均工资：月	−0.040	0.583	−0.588	0.071	−0.280	0.309	−0.175
拉萨：在岗职工平均工资：月	−0.051	−0.538	0.501	0.433	0.193	−0.198	−0.042
兰州：在岗职工平均工资：月	−0.155	−0.393	0.569	0.565	0.221	−0.096	−0.122
南昌：在岗职工平均工资：月	−0.368	−0.344	−0.188	−0.616	0.102	−0.246	0.287
南京：在岗职工平均工资：月	−0.118	0.008	−0.909	−0.196	0.014	−0.015	0.024
南宁：在岗职工平均工资：月	−0.041	−0.306	0.421	0.527	0.176	−0.059	−0.129
宁波：在岗职工平均工资：月	−0.101	0.551	−0.245	−0.192	−0.186	0.172	−0.014
青岛：在岗职工平均工资：月	−0.424	0.103	0.088	0.589	0.061	0.099	−0.227
深圳：在岗职工平均工资：月	0.057	0.327	0.540	−0.014	−0.129	0.095	−0.003
沈阳：在岗职工平均工资：月	−0.332	−0.581	−0.147	−0.334	0.247	−0.298	0.208
石家庄：在岗职工平均工资：月	−0.439	0.191	0.753	−0.155	−0.019	0.028	0.054
太原：在岗职工平均工资：月	−0.071	−0.089	−0.913	0.001	0.041	−0.006	−0.058
乌鲁木齐：在岗职工平均工资：月	−0.237	0.215	0.613	0.549	−0.065	0.167	−0.235
武汉：在岗职工平均工资：月	−0.180	0.070	−0.855	0.071	−0.056	0.054	−0.113
西宁：在岗职工平均工资：月	−0.002	0.028	−0.691	0.383	−0.023	0.069	−0.188
厦门：在岗职工平均工资：月	0.165	0.440	0.640	0.250	−0.211	0.200	−0.121
郑州：在岗职工平均工资：月	−0.141	0.323	−0.207	−0.513	−0.162	0.041	0.138
月最低工资标准：北京：月	−0.585	0.227	−0.429	0.427	−0.142	0.229	−0.107
平均工资：合计：月	−0.572	−0.280	0.457	0.449	0.150	0.027	−0.149
月最低工资标准：北京：月	−0.585	0.227	−0.429	0.427	−0.142	0.229	−0.107
月最低工资标准：上海：月	−0.177	−0.106	−0.190	0.834	0.181	0.153	−0.307
小时最低工资标准：上海：月	0.041	0.189	−0.769	0.402	−0.041	0.201	−0.248

资料来源：根据 Wind 数据库的数据，经 Eviews 9 处理得到。

由于因子的含义既要考虑宏观经济指标数目在指标总数中的占比，又要兼顾该宏观经济指标数目在对应数据集中的占比。因此，本书以两种比值同时大于 0.3 的宏观经济指标数来解释因子。

从表 5.3 的因子载荷矩阵概况来看,因子 F1 主要由供需和"债务—通缩"这两个机制的指标提取而得到。其中,反映供需的指标主要是产量,部分为企业产销率。而反映"债务—通缩"机制的指标主要由企业的资产负债率来表示。F2 主要反映大宗商品价格机制。原因是虽然劳动力成本机制在 F2 上的两个比值都大于 0.3,但大宗商品价格的指标显然要高于劳动力成本的指标。此外,相较于因子 F3,因子 F2 包括的劳动力成本机制的信息不够广泛。因子 F3、F4 都主要反映劳动力成本机制,但 F4 还包含了一些大宗商品价格(主要是 CRB 现货指数)的影响,而且囊括的指标没有因子 F3 广泛,因此因子 F3 更能代表劳动力成本机制。因子 F5 反映大宗商品价格机制,具体表现为原油价格,但比值都达不到要求,解释力度不够。

表 5.3   因子载荷矩阵概况

	F1	F2	F3	F4	F5
指标总数	65	34	25	23	11
供需失衡	23	5			1
占比	0.354	0.147			0.091
	(0.605)	(0.132)			(0.026)
大宗商品价格	4	15		7	10
占比	0.062	0.441		0.304	0.909
	0.105	(0.577)		(0.269)	(0.294)
"债务—通缩"	25	1	1		
占比	0.385	0.029	0.04		
	(0.758)	(0.030)	(0.030)		
劳动力成本	5	13	23	16	
占比	0.077	0.382	0.92	0.696	
	(0.143)	(0.371)	(0.657)	(0.457)	
货币政策	8		1		
占比	(0.123)		(0.04)		

注:指标总数指的是因子载荷系数绝对值大于 0.4 的指标数目,列出的是这些指标在 5 个数据集里的个数及占比(含括号的值)以及这些指标对指标总数的占比(不含括号的值)。如 F1 中因子载荷系数绝对值大于 0.4 的有 65 个指标,其中反映供需失衡机制的指标有 23 个,占 0.354(23/65),占整个供需失衡子集的 0.605(23/38)。

资料来源:根据 Wind 数据库的数据,经 Eviews 9 处理后汇总得到,更详细的结果参见附录。

第二节 多重机制对结构性通缩影响的实证分析

在第一节的因子分析中,我们获得了影响 CPI 与 PPI 的不同主成分因子,下文将利用这些因子以及 CPI 与 PPI 指标构建 VAR 模型,以分析代表不同机制的因子对 CPI 与 PPI 的影响,并重点研究这些机制对结构性通缩的非对称作用。同时,借助格兰杰因果关系(Granger Test of Causality)、脉冲响应函数(Impulse Response Function)和方差分解(Variance Decomposition)等工具分析不同的机制对 CPI 与 PPI 的非对称影响。格兰杰因果关系检验可以检验各因子是否是 PPI 与 CPI 变动的原因。脉冲响应函数可以全面地反映各个机制对 CPI 与 PPI 的动态影响轨迹。方差分解可以获得每个扰动项因素影响 VAR 各个变量的相对程度。结合研究内容,本书将以脉冲响应函数为主要分析工具,格兰杰因果关系和方差分解为次要分析工具来进行后续的研究。

一 多重机制、CPI 与 PPI 的向量自回归模型(VAR)的构建

向量自回归模型(VAR 模型)可以解决联立方程中的偏倚问题,该模型是包含多个方程的非结构化模型,它被广泛应用于货币政策分析等宏观经济金融中。VAR 模型以数据的统计性质为基础来建立模型,建模思想是把每一个外生变量作为所有内生变量的滞后值的函数来构造模型(Sims,1980),实质上是考察多个变量之间的动态互动关系。

根据本书的分析目的,我们将构建以下 VAR 模型:

$$Y_t = A_1 Y_{t-1} + A_2 Y_{t-2} + \cdots + A_p Y_{t-p} + \varepsilon_t \tag{5.3}$$

其中,$Y = (F1, F2, F3, F4, F5, CPI, PPI, R)^T$ 代表的是 8 维的内生变量向量,A 表示相应的系数矩阵,p 表示内生变量滞后的阶数。整个 VAR 模型平稳与否需要根据整个系统的平稳性条件来判断,通过把计算得到的特征根的倒数的模和 1 进行比较,如果都小于 1,则表示 VAR 模型平稳;反之则相反。为了形象直观,我们也可以通过 AR 根图的单位圆进行判断。

滞后期的确定对 VAR 模型的估计至关重要,因为模型估计的显著性会受到滞后期的影响。确定的依据有两种:一是根据经济理论的要求设定,二是根据 AIC 或 SC 值最小准则设定。由于本书使用的是月度频率的数据,

如果根据经济理论的要求设定，滞后期应该为12。但考虑到本书涉及的变量数目众多，所以本书采用第二种判断方法作为滞后期选取的依据。

二　主成分因素、CPI、PPI与利率的单位根检验（Unit Root Test）

由于本书分析的是时间序列数据，为了保证结论的可信度和严谨性，防止伪回归的出现，在VAR模型构建前要事先检验F1、F2、F3、F4、F5、CPI、PPI、R是否平稳。我们通过检验这些序列中是否存在单位根，以此来判断时间序列是否平稳。如果存在单位根就是非平稳时间序列，则可能会出现伪回归的情况，进而影响对结论的分析。根据Dickey和Fuller（1979）的研究，对于F1、F2、F3、F4、F5、CPI、PPI、R中的某一列序列y_t，可以用如下自回归模型来检验单位根是否存在。

$$y_t = \beta y_{t-1} + \mu_t \qquad (5.4)$$

零假设和备选假设分别是$H_0: \beta = 1$（yt为非平稳序列）；$H_1: \beta < 1$（yt为平稳序列）。

在零假设成立条件下，用DF统计量进行单位根检验：

$$DF = \frac{\tilde{\beta}-1}{s(\tilde{\beta})} = \frac{\tilde{\beta}-1}{s(\tilde{\beta})/\sqrt{\sum_{t=2}^{T} y_{t-1}^2}} \qquad (5.5)$$

其中：

$$s(\hat{\mu}) = \frac{1}{T-1}\sqrt{\sum_{t=2}^{T} y\hat{\mu}_t^2} \qquad (5.6)$$

$s(\hat{\mu})$是残差$\hat{\mu}_t$的标准差。若DF≥临界值，则接受原假设，y_t是非平稳序列；DF<临界值，则拒绝原假设，接受备选假设，y_t是平稳序列（张晓峒，2014）。尽管DF检验方法比较常用，但它存在一个缺点，只适用于AR(1)序列，为了扩大适用范围，Dickey和Fuller对其进行了扩展，形成了ADF检验，亦称为增广的DF检验。其原理如下：

$$Dy_t = \hat{\rho}y_{t-1} + \sum_{i=1}^{k}\hat{Y}_t Dy_{t-1} + \hat{v}_t \qquad (5.7)$$

在实际的操作中，进行ADF检验需要考虑自回归模型的形式，按照表5.4给出的顺序进行检验。从第一步到第三步的检验过程中，只要某一步出现了拒绝"存在单位根"的原假设，就可以停止检验，说明原序列是平稳的。但是，如果三步检验完后都不能拒绝"存在单位根"的原假设，则说明所检验的原序列是不平稳的。

表 5.4　　　　　　　　　　ADF 检验步骤

检验先后顺序	模型形式
第一步	$y_t = \mu + at + \beta y_{t-1} + \mu_t, y_0 = 0$
第二步	$y_t = \mu + \beta y_{t-1} + \mu_t, y_0 = 0$
第三步	$y_t = \beta y_{t-1} + \mu_t, y_0 = 0$

注：μ 是位移项（也称漂移项）；at 是趋势项；μ_t 满足弱条件，允许其暂时存在自相关和异方差。

资料来源：张晓峒：《计量经济学基础》，南开大学出版社 2014 年版。

如表 5.5 所示，单位根检验的结果表明，各变量是平稳的，排除了伪回归的可能，可以进行进一步的分析。

表 5.5　　　F1、F2、F3、F4、F5、CPI、PPI 与 r 的平稳性检验结果

变量	检验类型 （C，T，K）	ADF 检验值	各显著性水平下的临界值 1%	各显著性水平下的临界值 5%	检验结果
F1	（C，T，0）	−6.542	−4.124	−3.489	平稳
F2	（0，0，0）	−5.946	−2.605	−1.947	平稳
F3	（0，0，0）	−7.957	−2.605	−1.947	平稳
F4	（0，0，0）	−8.404	−2.605	−1.947	平稳
F5	（0，0，0）	−5.279	−2.605	−1.947	平稳
CPI	（0，0，0）	−11.785	−2.605	−1.947	平稳
PPI	（0，0，1）	−6.428	−2.606	−1.947	平稳
R	（0，0，1）	−11.183	−2.606	−1.947	平稳

注：检验形式（C，T，K）中的 C、T 和 K 分别表示单位根检验方程包括常数项、时间趋势项和滞后阶数；（0，0，K）是指检验方程不包括常数项或时间趋势项。

三　多重机制、CPI 与 PPI 的 VAR 实证结果分析

为了使模型尽可能地反映较为全面的经济状况，本书仍使用 5 个主因子与 CPI、PPI、R 共八个变量建立 VAR 模型。CPI 代表消费者价格指数 CPI 的同比增速，PPI 代表生产者价格指数 PPI 的同比增速，R 代表实际利率[①]。但考虑到因子的经济学含义，在后文的脉冲响应函数分析中，本书仅

---

① 这里的实际利率是用一个月期银行间债券质押式回购加权平均利率减去 CPI 同比增速得到。由于质押式回购是以国债为抵押，其抵押品缩水的风险几乎为零，同时约定了定期回购，持有资产未来变现的流动性能够得以保证，所以该利率几乎接近于社会平均利率，能够很好地反映整个社会经济体对资金的需求和时间配置状况。

选择对前 3 个因子做分析。根据 VAR 模型的不同滞后阶数选择标准和模型的稳定性，本书发现选择滞后 1 期的 VAR 模型的效果最好。如表 5.6 所示，无论是 LR 准则、EPE 准则、SC 准则，还是 HQ 准则，在滞后 1 期时对应的值最小，因此 1 期为该 VAR 模型的最优滞后期。

表 5.6　　　　　　　　　　VAR 模型滞后阶数选择

滞后阶数	LogL	LR	FPE	AIC	SC	HQ
0	−485.248	NA	0.011861	18.26845	18.56312	18.38209
1	−318.963	277.1419*	0.000275*	14.48012	17.13209*	15.50288*
2	−267.223	70.90298	0.000505	14.93419	19.94348	16.86608
3	−200.784	71.36102	0.000711	14.84383	22.21044	17.68485
4	−122.614	60.79871	0.001124	14.31903	24.04295	18.06916
5	23.39439	70.30022	0.000472	11.28169*	23.36293	15.94095

注：* 表示根据准则选择的滞后阶数。

如表 5.7 所示，总体来说，F2 对 CPI 和 PPI 的影响系数更为显著，说明大宗商品价格机制和劳动力成本机制分别对 PPI 与 CPI 有重要的影响。F1、F5 对 PPI 的影响系数显著，但对 CPI 的影响系数并不显著，说明供需机制、"债务—通缩"机制以及大宗商品价格机制对 PPI 的影响较大，而对 CPI 的影响较小。F3 对 CPI 的影响系数显著，但对 PPI 的影响系数不显著，说明劳动力成本机制对 CPI 的影响程度较大，而对 PPI 的影响程度较小。上述实证分析结果基本验证了我们之前的理论分析，不同的机制对 CPI 与 PPI 的影响程度是不一致的，从而形成了结构性通货紧缩。

表 5.7　　　滞后 1 期时的 CPI、PPI 与主因子、利率的 VAR 模型结果

	F1	F2	F3	F4	F5	R
CPI	−0.042 (−0.610)	0.101* (−0.061)	0.136*** (−0.049)	0.012 (−0.050)	0.016 (−0.060)	0.031 (−0.066)
PPI	−0.128** (−0.061)	0.116** (−0.054)	0.0194 (−0.044)	0.018 (−0.044)	0.199*** (−0.054)	−0.073 (−0.059)

注：括号内表示标准差项；*、**、*** 分别表示在 10%、5%、1% 的显著性水平下通过检验，下同。

四 多重机制对CPI与PPI影响的格兰杰因果关系检验

我们利用格兰杰因果关系的办法，分析各重机制分别对CPI与PPI是否存在时间先后的因果关系，以验证各重机制的非对称作用。格兰杰因果关系用来检验一个变量的所选滞后项是否影响另一个或几个变量的当期值。该检验方法为2003年诺贝尔经济学奖得主Granger所开创，用于分析经济变量之间的格兰杰因果关系。他给格兰杰因果关系的定义为：依赖于使用过去某些时点上所有信息的最佳最小二乘预测的方差。

根据Granger因果关系检验方法，如果无法依靠变量$F_j(j=1,2,3,4,5)$的滞后项变动来预测另一个变量CPI（或PPI）变动的原因，则$F_j(j=1,2,3,4,5)$不是CPI（或PPI）的格兰杰原因；相反，如若$F_j(j=1,2,3,4,5)$是CPI（或PPI）变动的原因，则必须满足两个条件：第一，$F_j(j=1,2,3,4,5)$有助于预测CPI（或PPI）；第二，CPI（或PPI）不能有助于预测$F_j(j=1,2,3,4,5)$。变量$F_j(j=1,2,3,4,5)$是否为变量CPI（或PPI）的Granger原因的检验过程如下：

第一步，检验原假设"$H_0: F_j(j=1,2,3,4,5)$不是引起CPI（或PPI）变化的Granger原因"。首先，估计下列两个回归模型：

无约束回归模型（u）：

$$CPI_t = a_0 + \sum_{i=1}^{p} a_i CPI_{t-i} + \sum_{i=1}^{q} \beta_i F_{t-i} + \varepsilon_t \qquad (5.8)$$

有约束回归模型（r）：

$$CPI_t = a_0 + \sum_{i=1}^{p} a_i CPI_{t-i} + \varepsilon_t \qquad (5.9)$$

式（5.9）中，a_0表示常数项；p和q分别为变量CPI（或PPI）和$F_j(j=1,2,3,4,5)$的最大滞后期数，通常可以取得稍大一些；ε_t为白噪声。

然后，用这两个回归模型的残差平方和RSS_u和RSS_r构造F统计量：

$$F = \frac{(RSS_r - RSS_u)/q}{RSS_u/(n-p-q-1)} \sim F(q, n-p-q-1) \qquad (5.10)$$

检验原假设"$H_0: F_j(j=1,2,3,4,5)$不是引起CPI（或PPI）变化的Granger原因"[等价于检验$H_0: 1=2=\cdots=q=0$是否成立。如果$F \geq F(q, n-p-q-1)$，则1, 2, …, q显著不为0，应拒绝原假设"$H_0: F_j(j=1,2,3,4,5)$

不是引起 CPI（或 PPI）变化的 Granger 原因"；反之，则不能拒绝原假设 "H_0：$F_j(j=1,2,3,4,5)$ 不是引起 CPI（或 PPI）变化的 Granger 原因"]。

第二步，将 CPI（或 PPI）与 $F_j(j=1,2,3,4,5)$ 的位置交换，按同样的方法检验原假设 "H_0：CPI（或 PPI）不是引起 $F_j(j=1,2,3,4,5)$ 变化的 Granger 原因"。

第三步，要得到"$F_j(j=1,2,3,4,5)$ 是 CPI（或 PPI）的 Granger 原因"的结论，必须同时拒绝原假设 "H_0：$F_j(j=1,2,3,4,5)$ 不是引起 CPI（或 PPI）变化的 Granger 原因"和接受原假设 "H_0：H_0：CPI（或 PPI）不是引起 $F_j(j=1,2,3,4,5)$ 变化的 Granger 原因"。

同样，进行格兰杰因果关系检验的一个前提条件是时间序列必须具有平稳性，否则可能会出现虚假回归的问题。因此，在进行格兰杰因果关系检验之前，首先应对各指标时间序列的平稳性进行单位根检验(unit root test)。由上文可知，本书运用 ADF 方法检验了所有序列，并对非平稳的序列统一采取了一阶差分或是二阶差分后再次检验，最后所有指标都通过了单位根检验。因此，处理后的指标可以进行格兰杰因果检验。

从表 5.8 可以看出，代表劳动力成本机制的 F3 与 CPI 之间存在格兰杰因果关系；代表供需失衡机制和"债务—通缩"机制的 F1、代表大宗商品价格机制的 F2、F5 与 PPI 之间存在格兰杰因果关系。而两个方程的联合显著性分别在 5% 和 1% 的情况下通过检验，说明两个模型在整体上与四重机制之间存在着格兰杰因果关系。因此，多重机制对 CPI 和 PPI 的影响在总体上是显著存在的。

表 5.8　　　　　　　各因子对 CPI、PPI 的格兰杰因果关系检验

因变量：CPI				因变量：PPI			
Excluded	Chi-sq	df	Prob.	Excluded	Chi-sq	df	Prob.
PPI	0.475	1	0.491	CPI	0.806	1	0.369
F1	0.194	1	0.660	F1	9.456	1	0.002 ***
F2	2.619	1	0.106	F2	5.554	1	0.018 **
F3	7.572	1	0.006 ***	F3	0.627	1	0.428
F4	0.159	1	0.690	F4	0.002	1	0.966
F5	0.014	1	0.906	F5	11.920	1	0.001 ***
All	15.505	6	0.017**	All	18.715	6	0.005 ***

注：*、**、*** 分别表示在 10%、5%、1% 的显著性水平下通过检验。

五 多重机制对 CPI 与 PPI 的脉冲响应函数分析

以下将分析多重机制对 CPI 与 PPI 的非对称动态影响。为此，我们利用脉冲响应函数（IRF）衡量关于多重机制 F1、F2 与 F3 的随机扰动项的一个标准差冲击对于 CPI 与 PPI 的当前和未来动态的影响。通过脉冲响应可以看出各机制的冲击对 CPI 与 PPI 在不同时期的影响效果，如若长期趋于稳定表明冲击效应基本不变化。根据前文的因子分析得知，F1 主要反映"债务—通缩"机制和供需失衡机制，F2 主要反映大宗商品价格机制，F3 主要反映劳动力成本机制。

首先，我们观察 F1 冲击对 CPI、PPI 的影响变化轨迹。由图 5.1 可知，代表供需失衡机制和"债务—通缩"机制的 F1 的一个标准差扰动对 CPI 和 PPI 的影响轨迹存在明显的差异。其中，CPI 在受到 F1 的冲击后迅速骤降，在滞后 2 期达到最小值 -0.015，随即便反向攀升，在滞后 3 期达到最大值 0.005，之后持续震荡，直到 11 期才逐渐开始收敛。可见，供需失衡和"债务—通缩"这两重机制对 CPI 的影响具有双重性。

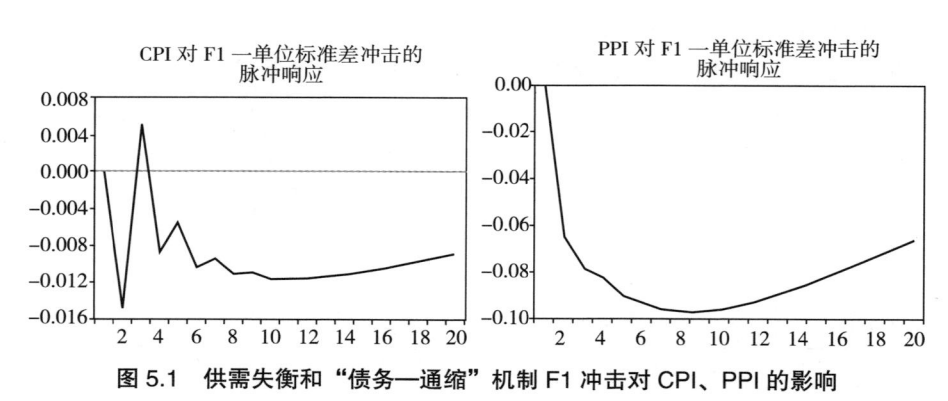

图 5.1 供需失衡和"债务—通缩"机制 F1 冲击对 CPI、PPI 的影响

一方面，供需机制在很大程度推升 CPI 的上涨。由于我国目前 CPI 中的食品与服务所占比例较高，而农产品的生产特点使得农产品等食品处于供需紧平衡的状况，一旦发生气候或者虫害等自然灾害，都会使得农产品与食品的供给小于需求而推升 CPI 的上涨。而在随后的变动过程中，在蛛网模型机制的作用下，农产品价格波动又会使得 CPI 价格产生反向的冲击。另一方面，"债务—通缩"机制也可能会在一定程度上使得 CPI 下跌，尽管可能不是特别明显。因为在农产品与食品的生产中，资本在成本中的占

比相对较低，"债务—通缩"机制带来的实际利率上升对 CPI 的影响相对较小。因此，F1 冲击对 CPI 的影响可能更多地体现在供给失衡的机制方面。

而 PPI 对于来自 F1 的单位标准误冲击后的响应呈"U"形特征，且持续为负。在受到单位标准误的 F1 正向冲击后，PPI 在初期出现了大幅度下降，而此后的下降幅度呈现出缓慢扩大的趋势，并在滞后 8 期达到最小值 −0.097，之后的影响逐渐小幅回升。F1 对 PPI 负向影响变化趋势主要来自两方面的原因。一方面，工业生产领域的供需失衡机制造成了 PPI 的通缩。2009 年以来，由于次贷危机的影响，中国出口导向型的经济出现了下滑的趋势。为此，国家出台了 4 万亿元投资计划、10 万亿元规模的天量信贷以及 10 大产业振兴计划加以应对。政府主导的财政、货币与产业政策的强刺激取得了巨大的成功，使得中国率先走出了经济危机，但同时也产生了产能过剩等一系列问题。2012 年以来，前期强力政策与滞后弊端开始显现，中国的工业产能过剩问题日益突出，尤其是大量的低端产能的存在使得工业领域的供需严重失衡。当中国经济出现三期叠加而进入新常态后，经济减速使得工业领域的产能过剩问题更为凸显，衡量工业领域供给需求状况的价格指数 PPI 出现了持续性的负增长。

另一方面，"债务—通缩"机制也使得 PPI 不断下滑。在此期间，低端产能和无效产能的存在使得相应的"僵尸企业"的债务压力增大，而出厂产品价格的下跌使得企业利润下降的同时，也使得其实际债务上升，这更进一步加大了其债务压力。而债务压力的增大又会反过来减少投资需求，竞争性低价出售产品以还债，从而加大企业的 PPI 下降的压力，使得"债务—通缩"螺旋得以实现。

从数值上看，在受到同样 1 单位的 F1 冲击之后，PPI 的跌幅要比 CPI 大得多，可见供求机制中工业产能过剩的程度非常之大；由于所谓的"僵尸企业"大多数是集中在资金成本占比较高的工业生产领域，因而"债务—通缩"机制对工业领域价格 PPI 的影响更大。

其次，我们考察代表大宗商品价格机制的 F2 冲击对 CPI、PPI 影响。由图 5.2 可知，受到代表大宗商品价格机制的 F2 的一个标准差正向扰动后，CPI 和 PPI 均反映表现为正向的变动趋势。CPI 在受到单位 F2 的冲击后，初期呈现正响应后在第 2 期迅速达到峰值 0.087，在滞后 3 期达到最小值 −0.055，之后持续上下震荡。从滞后 8 期开始，响应一直保持为正并逐渐趋于平稳，冲击效果具有延续性。虽然代表国际大宗商品价格机制的 F2 对 CPI 的影响呈现出正负交替震荡的态势，但最终收于正向的影响。从正负影响幅度来看，也是正向影响要大于负向的影响。因此，总体来说，国际大宗商品价格的变动对 CPI 的影响是正向的。事实上，在 2012—2016 年期间，国际大宗商品价格整体上是处于下降的趋势，由于 CPI 包括的衣着、食品与大宗商品价格有一定的关联，因此其下降会带来 CPI 一定幅度的下滑压力，这也与该期间 CPI 同比增速较低的总特征相吻合。

而 PPI 在受到代表国际大宗商品价格因素的 F2 冲击后迅速攀升，并一直保持正向影响的态势。具体来看，PPI 在受到国际大宗商品价格 F2 影响后迅速攀升并在 2 期达到 0.043，在滞后 3 期达到峰值 0.058，在 4 期跌落至 0.041 后缓慢下降，直到滞后 20 期还为 0.024。这说明，虽然 PPI 的峰值不如 CPI 那么大，但其受到 F2 影响的时间比 CPI 更长，而且都是正向影响，累计的效应明显要大。也就是说，CPI 在短期内会受到大宗商品价格的剧烈影响，但是很快又恢复平稳，总体累计影响较小；而 PPI 在中长期内还会受到持续性的影响，总体累计影响要大。由于工业产品生产对大宗产品的依赖程度很高，产成品价格中原材料产品成本所占的比例较大，大宗商品价格的变动会较大幅度地传递到工业品价格上来，从而导致 PPI 与大宗商品价格同方向变动的趋势特别明显。2012 年以来，国际大宗商品不断下降使得我国工业品的价格也呈现出了下降变动的趋势。

总体来看，国际大宗商品价格下跌会导致 CPI 和 PPI 的下跌，且 PPI 跌幅会更大。因此，国际大宗商品价格下降也是导致 2012—2016 年我国出现结构性通缩的一个重要原因。

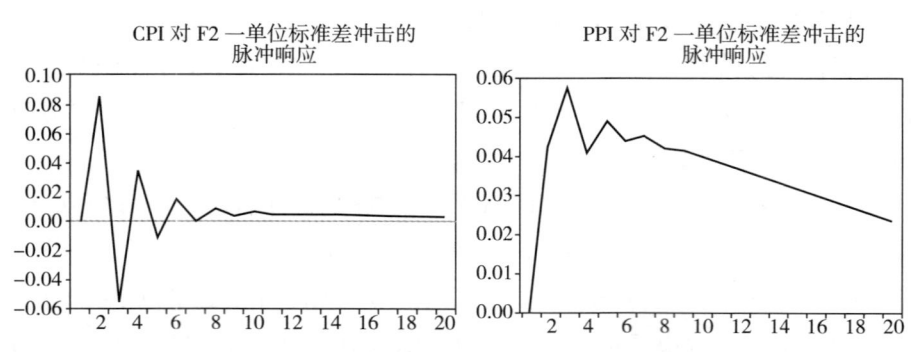

图 5.2　大宗商品价格机制 F2 对 CPI、PPI 的影响

最后，观察代表劳动力成本机制 F3 的冲击对 CPI、PPI 的影响。图 5.3 表示 CPI、PPI 在受到单位标准误的 F3 的正向冲击后的响应轨迹。CPI 在受到 F3 冲击后呈现出同向变动的特征，CPI 在第 2 期达到峰值 0.133 后迅速回落并在滞后 3 期达到最小值 −0.05，之后上下震荡趋近于平稳，最终收敛于正向的影响。总体来看，劳动力成本机制对 CPI 的提升有同向的促进作用。随着我国人口老龄化程度的加剧以及刘易斯拐点的到来，劳动力剩余与供给出现了相应的拐点，劳动力成本呈现出了不断上涨的态势。由于农业生产行业和服务业都是劳动密集型的行业，劳动力价格的上涨必将推升农产品、食品以及服务业价格的上涨。这样一来，食品和服务业价格占比幅度很大的价格指数 CPI 势必也会因为劳动力成本冲击而出现上涨，这也符合 2012—2016 年期间中国 CPI 同比正增长的特点。

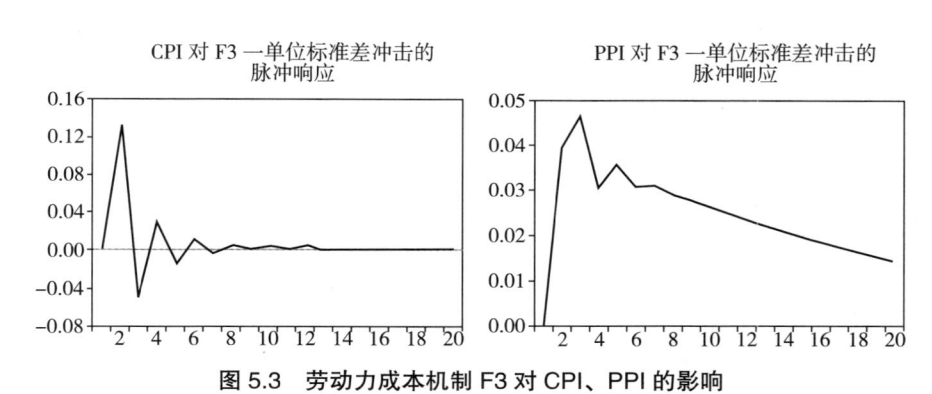

图 5.3 劳动力成本机制 F3 对 CPI、PPI 的影响

而 PPI 在受到劳动力成本 F3 的冲击后在初期迅速上升，在滞后 2 期达到 0.039；然后在经历一段小幅的缓慢上升过程之后，在第 3 期达到峰值 0.046，明显低于 CPI 受到 F3 冲击后的峰值 0.133。受到冲击后，PPI 在经过 3 期的上下震荡之后，在 7 期开始平稳下降，直到滞后 20 期还保持在 0.014。这说明，在一定时间内，劳动力成本上涨会引起 CPI 和 PPI 的同时上涨。但由于 CPI 成分中农产品与服务项的占比达到 60% 左右，而 PPI 的成本构成中资金占比要大于劳动占比，劳动力成本上涨对 CPI 的影响要大于对 PPI 的影响，即 CPI 的涨幅更大。

以上分析结果表明，四重机制对 CPI、PPI 的影响是非对称的。其中，供需失衡机制、"债务—通缩"机制和大宗商品价格机制都把中国的工业品出厂价格水平 PPI 向下拉动。虽然劳动力成本机制对中国 PPI 有向上拉动的作用，但由于PPI中劳动的占比不高，这导致拉升的作用幅度不够大。供需失衡机制、"债务—通缩"机制、大宗商品价格机制对PPI下压的作用远大于劳动力成本上拉的作用，最终使得PPI指数出现同比负增长。

对于CPI来说，以农产品为代表的食品以及服务占比比较高，劳动力成本机制对其影响比大宗商品价格机制带来的影响要大。因此，劳动力成本机制、供小于求的机制成为拉动其不断上涨的主要动力，而大宗商品价格机制和"债务—通缩"机制对其作用相对较小。所以，2012—2016年，虽然国际大宗商品价格下滑与"债务—通缩"机制使得我国的CPI有向下的压力，但劳动力成本的上升、农产品与服务的供需紧平衡使得CPI上涨的压力依然存在，最终的结果是CPI处于通胀减速的状态。

因此，在四重机制的非对称作用下，2012—2016年我国的PPI持续低迷和负增长而CPI同比增长速度减缓，从而形成了我国的结构性通缩现象。

六 多重机制对CPI与PPI影响的方差分解

方差分解能够将不同时点的CPI与PPI的预测方差分解为不同冲击解释的部分，可以近似地理解为多重机制冲击对CPI与PPI波动的贡献。在表5.9中，能够看出模型系统性的冲击对CPI和PPI变动的贡献程度。对于CPI而言，F3所代表的劳动力成本机制对CPI变动的方差贡献率最高，F2所代表的大宗商品价格机制的贡献次之，而F1所代表的"债务—通缩"机制和供需失衡机制对其影响相对最小。截至20期，代表劳动力成本机制的F3对CPI的方差贡献率仍稳定在10%以上，而F1、F2的方差贡献率均有所上升。这表明劳动力成本机制对CPI变动具有决定性作用，并且在中长期都有重要的影响；而"债务—通缩"机制、供需失衡机制和大宗商品价格机制对CPI变动有明显的滞后性。

对于PPI而言，代表供需失衡机制和"债务—通缩"机制的F1的方差贡献率最高，代表国际大宗商品价格机制的F2贡献次之，代表劳动力成本机制的F3贡献最小。截至20期以后，F1的方差贡献率大幅度上升，从2.013%上升至20.997%，F2与F3的方差贡献率虽然都有所上升，但是上升的幅度相对较小。这意味着供需失衡机制和债务过重的"债务—通缩"机制对PPI通货紧缩具有最为显著的影响，并且在中长期都会有影响。

表 5.9　　　　　　　　CPI 和 PPI 的预期方差分解

	F1	F2	F3	F4	F5
2 期后					
CPI	0.131	4.278	10.130	0.066	0.090
PPI	2.013	0.863	0.727	0.211	11.071
20 期后					
CPI	1.027	6.280	10.843	0.114	0.695
PPI	20.997	4.212	2.107	0.348	10.526

第三节　2012—2016 年中国结构性通缩调控措施的效果模拟

2012—2016 年，中国的结构性通货紧缩现象非常突出，这主要来自多重机制对 CPI 与 PPI 的非对称影响。那么，我们有必要模拟不同的政策措施对中国结构性通缩的调控作用，以便为治理通货紧缩提供相应的思路与政策建议。宏观经济政策主要分为需求端调控和供给侧改革的政策，因此，反通缩的政策也可以从这两方面出发。为此，本节将利用脉冲响应函数，分析需求端和供给侧两方面的政策对 CPI 和 PPI 的不同影响特征，以便针对中国结构性通缩这一问题提出合理的调控思路和政策建议。

一　需求侧扩张政策对结构性通缩调控的效果模拟[①]

（一）"价格型"货币政策对结构性通缩的调控

首先，我们分析"价格型"货币政策工具利率冲击对结构性通缩的影响与调控效果。由图 5.4 可知，CPI 对于来自利率的正向冲击的响应为负，并呈现出"V"形趋势。CPI 在受到单位标准误的利率变动的正向冲击后呈现出急剧下降的趋势，然后在 3 期达到最小值 –0.0213 后逐渐恢复。这说明央行通过提高名义利率的紧缩性货币政策会使得 CPI 呈现出反方向的变动趋势，也就是说，价格型的货币政策工具对 CPI 的反向调控作用是明显的。因

[①] 由于没有财政政策相关的月度数据，因此在需求管理方面，主要探讨的是"价格型"和"数量型"货币政策工具对通货紧缩的影响。

此，在2012—2016年中国结构型通货紧缩期间，如果采取宽松的"价格型"货币政策，在一定程度上能够提高CPI增速，并防止CPI增速继续放缓的趋势。

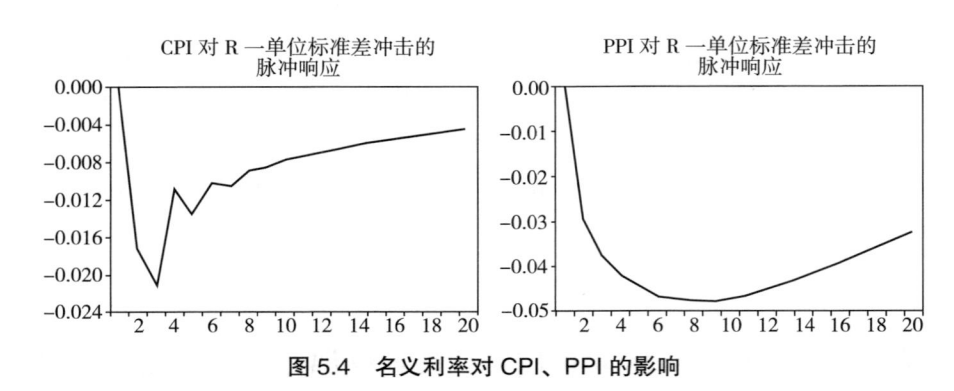

图 5.4　名义利率对 CPI、PPI 的影响

工业出厂品价格指数 PPI 对于利率冲击后的响应也为负，并呈现出"U"形变化趋势。PPI 在受到利率的正向冲击后急剧下降，并在第 4 期达到最小值 –0.048，然后影响逐渐减小，冲击影响效果持续时间较长。从所达到的极值的影响效果来看，PPI 受到单位标准误的利率正向冲击后的最小值（–0.048），为 CPI 受到单位标准误利率正向冲击后最小值（–0.0213）的 2.3 倍。利率 R 的变动对 PPI 的作用效果和作用速度都要高于 CPI，相对于 CPI，PPI 对于来自利率的变动反应更加敏感。可见，"价格型"货币政策工具对 PPI 与 CPI 的影响是非对称的。通过降低利率的方法可以较大幅度地提升 PPI 的增速，并使得 CPI 增速的提升幅度相对有限，从而能够提供非对称调控的政策效果，缓解结构性通缩的矛盾。也就是说，既能让 PPI 走出通缩并稳定在合适的正的增速水平，又能够使得 CPI 增速不至于过高而出现通货膨胀。

因此，在中国此轮结构性通缩期间，扩张的价格型货币政策对 PPI 的最大提升力度，大约相当于对 CPI 最大提升力度的 2.3 倍。平均来看，扩张的价格型货币政策对 PPI 的提升影响大约是对 CPI 力度的 4.7 倍。这说明，在此轮结构性通缩期间，央行降低利率能够有效地推动 CPI 和 PPI 同时上涨，但推升 PPI 的涨幅明显更大。这主要是因为：一方面，工业部门所受到的融资约束更强，央行降低利率解决了资金密集型的工业部门的燃眉之急，降低了实际利率，减轻了债务负担，而且稳定了投资者对未来的信心，能够推进企业进行进一步的生产和投资，从而使得 PPI 出现较大幅度回升。

另一方面，利率下降也使得消费者的预期有所好转，更好地平滑消费并增加当期的消费，通过增加消费需求而使得 CPI 在一定幅度上涨，但上涨幅度相对有限。

所以，在 2012—2016 年中国的通货紧缩期间，采取一定程度的扩张性的价格型货币政策是必要的。通过降低利率大幅推升 PPI 上涨的同时，会较小幅度拉动 CPI 的上涨，从而既可以使得严重通缩的 PPI 指数转正，又能够在一定程度上遏制 CPI 的继续通缩减速，防止出现 CPI 与 PPI 同时负增长的全面通缩现象。因此，通过政策模拟可以看出，扩张的"价格型"货币政策能够在一定程度上降低 2012—2016 年我国结构性通缩的程度，并防止出现全面性通货紧缩。利率作为价格型调控工具，其发挥的非对称调控作用能够兼顾在让经济走出结构性通缩、避免全面性通缩的同时，而又不造成 CPI 出现通胀的双重目标。

（二）"数量型"货币政策对结构性通缩的调控

长期以来，中国的货币政策主要以"数量型"为主，央行在控制货币供给方面的货币政策对于价格调控可以起到至关重要的作用。为此，我们需要考察央行增加货币供给对 2012—2016 年我国 CPI 与 PPI 的影响，如图 5.5 所示。

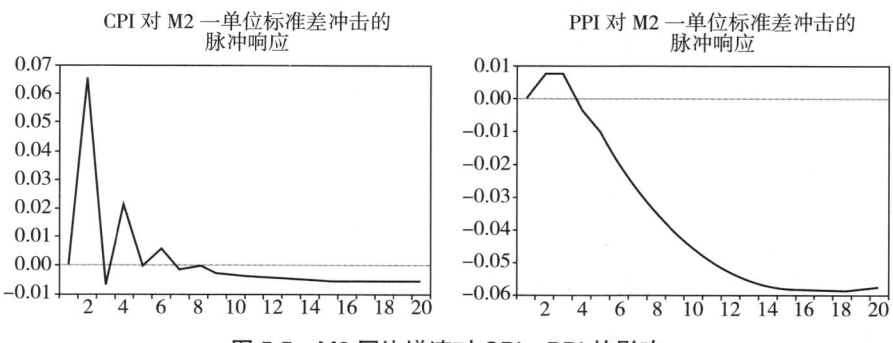

图 5.5　M2 同比增速对 CPI、PPI 的影响

从图 5.5 可以看出，对于来自单位标准误的 M2 同比增速的正向冲击，CPI 的响应总体是正向的。在受到 M2 增速上升的冲击后，其正向响应在滞后 2 期达到最大值 0.066，且在滞后 5 期以前的波动较大，以后便逐渐小幅下降并恢复平稳。这说明，增加广义货币量在短期内有较为显著的提

升作用，但长期来看没有很明显的作用。

而 PPI 对于来自单位标准误的 M2 增速的正向冲击的响应仅在滞后 4 期以前保持为正，并且最大值只有 0.008，随后大幅下降，在滞后 17 期（一年半）后达到最小值 -0.059。这说明，改变货币供给量同比增速只能在极短的时期拉动 PPI 上升，而在中长期并不能拉动 PPI 上升，反而可能加剧 PPI 的下跌，使结构性通缩更为严重。在 2012—2016 年的通缩期间，以下几方面的因素可能使得 M2 增速提升对 PPI 的提升作用非常有限。

一方面，大量资金脱实向虚流向了房地产和金融行业，资金在金融业内部空转或者流向房地产行业用以追逐更高的预期收益。另一方面，产能过剩和"僵尸企业"的大量存在也占用了众多资金，"僵尸企业"和过剩产能行业因为"输血"救活会进一步地增加无效供给和过剩产能而加大 PPI 通缩的程度。另外，在通缩期间，企业投资者对未来前景悲观以及不确定性可能会形成流动性偏好陷阱，影响货币供给发挥作用。因此，新增的货币供给并未完全流向最为需要的地方形成有效的供给而拉升 PPI 的上升，"数量型"货币政策的边际产出效应和价格效应明显下降。

因此，在 2012—2016 年结构性通缩期间，如果仅仅依靠传统的总量的数量型货币政策，在短期内确实能够在一定幅度上拉升 CPI 与 PPI，但长期效果并不显著。量化宽松的货币政策不能够很好地解决中国的结构性通缩问题。若仅仅提高 M2 的总供给增速，可能不仅不能解决中国的通缩问题，还会继续推升房地产资产价格、使得"僵尸企业"和产能过剩企业被"输血"而增加无效工业品供给，加重 PPI 在长期内的通缩。所以，一方面，我们要坚持盘活资金存量、实行结构性的货币政策，从而提升货币政策的有效性。通过制定相关的政策使得资金脱虚向实，流向最需资金的高科技、高技术等高质量供给行业，以打破供需的结构性失衡，逐步走向均衡。另一方面，需要进一步推进货币政策从"数量型"向"价格型"转型，发挥利率的市场配置作用，央行通过利率的变动来调控通货紧缩的效果将更为明显。

二 供给侧结构性改革政策对结构性通缩的调控效果

（一）去产能对结构性通缩的调控效果

2012—2016 年，中国出现结构性通货紧缩的一个很重要原因就是工业领域出现了严重的产能过剩所导致的供给大于需求的问题，而且该问题在 2012 年以来变得更为严重。为了减轻 2008 年次贷危机以来外部需求萎缩对我国经济造成的负面影响，政府在前期采取了规模巨大的刺激政策，某些行业产能持续扩张和重复建设并带来了产能过剩。当经济步入"新常态"而出现经济增速下滑时，低端无效产能的累积导致的工业生产供大于求，使得 PPI 出现连续下滑。因此，在供给侧采取相关的措施化解过剩产能对于防止 PPI 持续下跌和应对通货紧缩有着至关重要的作用。

为此，我们假设政府在推进供给侧结构性改革的过程当中，采取了有效的措施并有序地化解产能过剩，利用产销率来模拟产能利用率的提升对于 PPI 和 CPI 的影响。如图 5.6 所示，产销率的提升（用 CXL 表示）对 CPI 和 PPI 均有持续正向影响。这说明通过化解过剩产能，提升产销率对于提高 CPI 和 PPI 增速，治理 PPI 通缩和防止 CPI 通缩的作用是明显的。[①] 其中，CPI 在受到单位标准误的产能利用率正向冲击时立刻出现正向的反应，并在滞后 2 期达到峰值 0.059，此后逐步回落。而 PPI 在受到单位标准误产销率的正向冲击后迅速上升并在第 3 期达到峰值 0.224，之后逐渐回落。

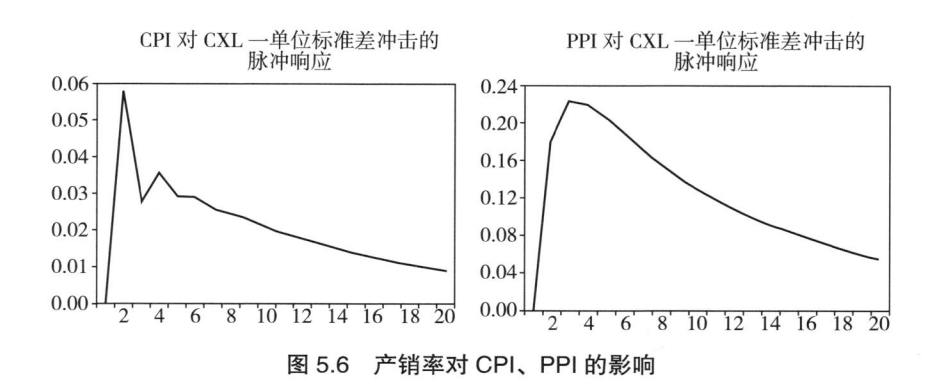

图 5.6 产销率对 CPI、PPI 的影响

值得注意的是，产销率的上升对于 PPI 的提升幅度明显要大于对 CPI 提升的幅度。这是因为产能过剩主要聚集在工业生产领域的低端行业，产销率的提升会大幅缓解由产能过剩导致的 PPI 通缩。而工业领域产销率的提升导致的产品价格和 PPI 的上涨逐步传导至下游的消费品才使得 CPI 上涨。产能过剩行业中很多都是粗钢、水泥、电解铝、玻璃等工业制品行业，

---

① 由于缺乏确切的产能利用率数据，本研究采取产销率进行间接的表示。一般而言，产能利用率越高，说明产品市场销售状况越好，产销率也越高。

而 CPI 构成中只包含 40% 左右的生活工业品，这也使得产销率上升对 CPI 的影响作用相对较小。

综上，通过政策模拟发现，通过供给侧结构性改革化解工业产能过剩，提高产销率对于提升 PPI，治理 PPI 通缩有重要的作用，同时在一定程度上也能推动 CPI 上涨。也就是说，2014 年以来，政府所实施的去产能政策对治理 2012—2016 年的结构性通缩是卓有成效的。

（二）产业结构升级对结构性通缩的影响

随着中国向中高等收入国家迈进，居民的消费结构也处于不断升级当中。产业结构的变动需要与需求结构的变化相适应，从而使供需结构达到平衡。而中国供给结构中的低端供给过剩以及高端供给不足与人民的低端需求下降和高端需求上升的状况不一致，从而产生了供需的结构性矛盾。因此，产业结构的优化升级对于解决结构性通缩问题有着重要的作用，这也是供给侧结构性改革的重要方面。为此，我们以第三产业占比作为产业结构升级的指标来模拟产业结构升级对结构性通缩的影响。

由图 5.7 可知，来自第三产业占比的单位标准误的正向冲击在短期内对 CPI 有显著提升的作用。CPI 在受到单位标准误的产业结构升级变量正向冲击后迅速攀升并在 2 期后达到最大值 0.054，然后有所下跌并最终收敛于 0 附近。产业结构升级使得 CPI 上涨的原因主要包括两方面：一方面，产业结构升级使得产品供给的质量提升，从而使得相应的产品和服务价格上涨而促使 CPI 上涨。与此同时，产业结构升级和高质量的供给也能够创造更多的消费需求，从而促使 CPI 上涨。另一方面，产业结构升级会增加相应的高质量消费品的供给而对 CPI 上升有抑制作用。也就是说，产业结

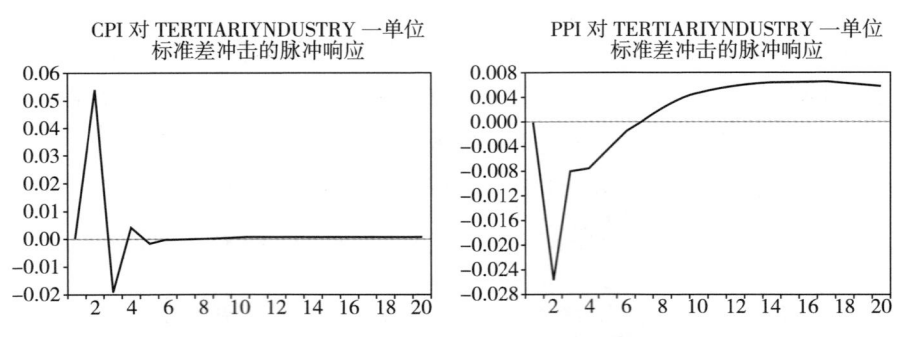

图 5.7 第三产业占比对 CPI、PPI 的影响

构升级对 CPI 的影响决定于这两方面因素的强弱。从图 5.7 的反映来看，产业结构升级的高质量效应要大于高供给效应，从而使得其对 CPI 总体影响是上涨的。

而 PPI 在受到单位标准误的第三产业占比的正向冲击后的响应在短期内保持为负并在第 2 期达到最小值 −0.026。但是，受到单位标准误的产业结构升级变量正向冲击后，PPI 在第 7 期回到零值以后响应持续为正并在第 13 期（一年）达到最大值 0.006。这说明产业结构升级能够提升 PPI 的同比增速，但是需要较长的时间发挥作用，而在短期内甚至可能会加大 PPI 通缩的程度。因此，通过供给侧的产业结构升级来治理 PPI 通货紧缩需要一定的耐心和时间。这主要是因为，在产业结构升级过程中，总体工业产值在 GDP 中的占比减少，下游工业企业对上游原材料、半成品的需求和消耗减少，从而在短期内形成更大的向下压力，导致 PPI 短期小幅下跌。但是，一旦度过这段阵痛期，当上游产能出清后则会使得 PPI 出现回升的趋势。因此，长期看来，产业结构升级对解决结构性通缩是有效的。

总体来说，来自需求和供给侧两方面的政策都对 2012—2016 年的结构性通缩有着明显的调控效果。其中，供给侧方面的政策作用力度更大，包括供给侧的去产能政策和产业结构优化的政策，但是发挥作用需要的时间较长；而需求侧政策在短期效果明显，但可能会加重长期内的产能过剩和通缩的风险。因此，必须把握好需求侧措施的实施力度，否则会适得其反。

可见，对于 2012—2016 年我国的结构性通缩，我们需要兼顾长期与短期因素的影响，需要结合需求侧和供给侧两方面的政策，政策措施从两端同时发力进行反通缩的调控。其中，需求侧的扩大需求的措施能够在短期内稳住价格，并防止价格水平进一步下滑，为供给侧结构性改革的政策赢得时间；而供给侧的措施则能够在长期内对产能过剩、产业结构升级等问题提供更为根本的治理方案，从而能够为防止 PPI 出现长期通缩发挥根本性的作用。

第四节 小结

本章以 2012—2016 年的月度数据为基础，把反映供需失衡机制、"债务—通缩"机制、大宗商品价格机制、劳动力成本机制这四重机制和货币政策等代表宏观经济环境的共 150 个指标纳入一个统一的宏观经济框架，首先采用因子分析法提取主因子，并对各主因子所代表的经济学含义进行解释；其次把得到的主因子与 CPI、PPI 以及实际利率 R 建立向量自回归模型，运用脉冲响应函数来分析四重机制与 CPI、PPI 之间的动态互动关系，并运用方差分解观测各机制对 CPI、PPI 变动的贡献程度；同时还进行了需求侧和供给侧相关政策模拟，最终得到以下结论：

四重机制对 CPI 与 PPI 具有非对称的影响，不仅影响方向有所不同，且同一机制对 CPI 和 PPI 的影响程度也不同。其一，供需失衡机制和"债务—通缩"机制作用对 CPI 的影响较小，而对 PPI 的影响较大。这是因为：一方面，PPI 指数主要衡量的是工业品出厂价格，而资金成本在工业品成本中占比较高；另一方面，供给大于需求在工业领域相当突出，存在严重的产能过剩。其二，国际大宗商品价格机制方面，国际大宗商品价格的持续大幅下跌，引起原材料依赖进口的工业部门的行业价格水平走低，从而带动 PPI 大幅下降；而 CPI 成分中生产性工业原料占比很小，因此受到国际大宗商品价格的影响较小。其三，劳动力成本机制与前面三种机制对两大物价指数的影响方向相反，使得 CPI 和 PPI 均上涨。但是，由于 CPI 的食品和服务的价格中劳动力成本所占比例较高，劳动力价格上涨对 CPI 的上涨有更大的作用。

在四重机制的共同作用下，2012—2016 年我国出现了 PPI 增速持续为负、CPI 同比增速放缓的现象，并形成了结构性的通缩。基于以上的研究结论，本书提出如下对策建议：

第一，从供给侧和需求侧两方面同时发力。措施包括减少过剩的低端、无效产能供给和加速产业结构转型，以及在短期增加适度的有效需求。其中，在供给侧方面，在减少无效供给的同时，可以通过鼓励、支持企业创新，大力发展高新技术产业来调整产业结构，促进产业升级。在刺激需求方面，一是采取降低实际利率的扩张性货币政策，稳定投资者的信心、刺激投资需求；二是采取扩张性的财政政策，减税并增加财政支出，扩大总需求；三是进一步建立和完善各类社会保障制度，提高居民的收入水平，以刺激消费需求；四是大力提高我国产品在国际市场的竞争力，以达增加出口需求的目的。

第二，防范债务风险形成"债务—通缩"螺旋。一是通过"债转股"改变企业的产权制度，改进企业的经营机制来降低杠杆率。二是把握好货币政策的实施力度，不能过于放松流动性，适当地控制货币需求。三是对已有的放贷政策进行改进，更为精准地控制相关行业、企业和个人的债务，防止金融风险。

第三，降低我国对国际大宗商品的依赖程度。国际大宗商品价格下跌带来的PPI下跌对于下游的生产企业以及消费者并不是坏事，因为带来了成本的减少。但是，降低对国际大宗商品的依赖程度对于防止价格水平的大起大落、实现内涵式增长是大有裨益的。因此，一是要增加国内大宗商品的供给或是通过产业转型发展服务业，减小对国外大宗商品的依赖程度。二是大力发展和开发节能技术，提高原材料的利用率。三是提高我国在国际市场的竞争力，提高对国际大宗商品的定价权，在国际大宗商品价格下跌时期，尽量以较低的成本购买和存储大宗商品，以达到节省成本和平抑未来大宗商品价格上涨时对国内物价的推升作用。

第四，鼓励生育和提高人力资本，增强劳动力的有效供给。劳动力成本上升是结构性通缩期间CPI正增长的重要原因。但是，劳动力成本上升却反映了我国劳动力供给不足的现实，而且这也会对未来CPI通胀可能造成影响。尽管目前我国已经全面放开了二孩政策，但国内生育成本居高不下，鼓励生育的政策并没有得到有效的实施。因此，在鼓励生育增加劳动力的同时，还需要健全学前教育、义务教育等公共服务项目，从而提高劳动力的产出效率，缓解未来通缩转通胀带来的压力。

第六章
多重机制非对称作用下的中国结构性通缩：CPI 与 PPI 背离

受多重机制非对称作用的共同影响，消费者价格指数 CPI 和生产者价格指数 PPI 的走势出现背离，并且在 2012—2016 年结构性通缩期间，这种背离表现得更为明显。本章将从 CPI 与 PPI 背离的角度分析通货紧缩形成的原因，并比较分析在多重机制非对称作用对 CPI 与 PPI 背离产生影响的情况下，何时会形成结构性通缩，何时形成全面性通缩。2003 年以来，我国 CPI 与 PPI 出现过两次较为明显的背离情况。一次是国际金融危机背景下 2008—2009 年的背离，产生的是 CPI 与 PPI 的全面性通货紧缩；另一次是"新常态"背景下 2012—2016 年的背离，出现的是 PPI 通缩、CPI 通胀减速的结构性通缩。

在 CPI 与 PPI 背离以及通货紧缩形成的过程中，支撑 CPI 上涨的主要是劳动力成本机制以及农产品与服务紧平衡下的供求失衡机制。如果这两大机制能在一定程度上支撑 CPI 同比上涨，并抵消国际大宗商品价格机制以及"债务—通缩"机制对 CPI 下降的影响，则会使得 CPI 同比增速维持正增长而形成结构性通缩；反之，如果劳动力成本机制以及农产品与服务紧平衡下的供求失衡机制不能抵消国际大宗商品价格机制以及"债务—通缩"机制对 CPI 的影响，则会形成全面性通缩。也就是说，影响和形成结构性通缩的四重机制对全面性通缩也能进行很好的解释，只是劳动力成本机制以及农产品与服务紧平衡下的供求失衡机制对 CPI 的支撑力度不够而已。

一般来说，与结构性通缩相比，全面性通缩会对经济产生更为严重的负面影响，而结构性通缩也有可能恶化而转换成全面性通缩。为此，本章通过构建 CPI 与 PPI 价格背离指数,并利用其与代表四重机制的相关指标,借助马尔科夫区制转换向量自回归(Markov Switching Vector Auto Regression,MS-VAR)模型进行非线性实证回归,以分析 CPI 与 PPI 背离现象的产生以及我国结构性通缩和全面性通缩形成的原因。

因此,第五章主要是从多重机制分别对 CPI 和 PPI 各自影响的角度,重点分析多重机制在 2012—2016 年对 PPI 与 CPI 的非对称影响,证实了多重机制对 2012—2016 年结构性通缩形成的影响。而本章主要是从 CPI 与 PPI 背离的角度,通过构建价格背离指数进一步分析和论证多重机制对 PPI 与 CPI 的非对称作用,以及对结构性和全面性通货紧缩形成的影响。

第一节 中国 CPI 与 PPI 背离特征分析

一 CPI 与 PPI 背离的定义

CPI 和 PPI 是衡量经冷热程度的重要价格指标,两者的变动直接反映并影响宏观经济的运行状况。CPI 反映的是下游消费品领域一般价格的变化状况,而 PPI 则反映上游生产环节的出厂工业品一般价格的变化情况。从各国经济运行的历史与经验来看,在长期两大价格指数 CPI 与 PPI 变动的总体趋势基本保持一致,涨跌方向也基本相同,这是由上下游成本推动和需求拉动机制所共同决定的。

但是,自 2003 年以来,我国的两大物价指数出现过两次"背离"现象,并形成了明显的"剪刀差"(如图 6.1 所示,用 CPI 同比减 PPI 同比表示),这引起实务界和学术界的广泛关注。本章将对价格背离进行深入研究,并将价格"背离"定义为 CPI 与 PPI 非同步变化,两指数"一涨一跌",或者"一个上涨(下跌)明显快、一个上涨(下跌)明显慢"所形成的增长速度出现显著差异的现象。本书将这两种情况均看作两大宏观价格指数之间出现了价格"背离"。

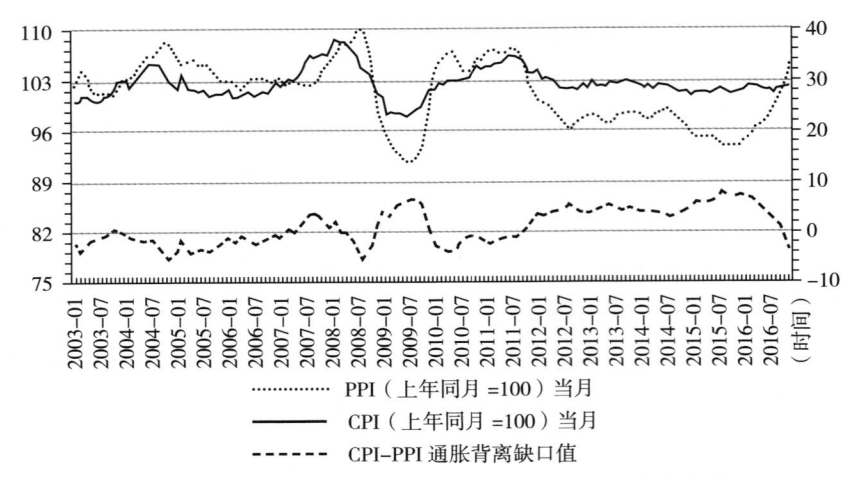

图 6.1　CPI 与 PPI 月度同比以及 CPI–PPI 通胀背离走势

资料来源：中经网统计数据库。

二　2003 年以来中国 CPI 与 PPI 的两次背离与异同

第一轮价格背离出现在受国际金融危机影响的 2008—2009 年全面性通缩期间。自 2008 年 10 月开始，我国 PPI 同比增速出现急剧下降，并在 2009 年 7 月降至历史最低位 –8.2%。尽管 CPI 同比增长率也有所下降，但整体下降趋势较为平缓，由此形成了明显的 CPI 与 PPI 背离"剪刀差"，并在 2009 年 8 月达到了"剪刀差"的最大值 6.7%。从 2009 年年底开始，PPI 同比增长率开始回升使得两大价格指数背离程度明显降低，至 2009 年 12 月，CPI 与 PPI 增长率之间的"剪刀差"减小到 0.2%，2008—2009 年通缩期间的 CPI 与 PPI 背离结束。

第二轮价格背离出现在 2012—2016 年结构性通缩期间。从 2012 年年初开始，PPI 同比增长率持续急剧下行，2015 年 8 月更是跌至 –5.9%。与此同时，CPI 同比增速虽然有些许下降，但之后一直稳定于 1% 左右。其中，在 2015 年 8 月，CPI 与 PPI 背离达到了历史最大值 7.9%。而且，在 2012—2016 年通缩期间，CPI 与 PPI 同比增长率出现持续、严重的背离，并长达 54 个月之久，这是历史上未曾有过的状况。在背离期内，PPI 基本处于通缩状态，而 CPI 同比增速在 1% 上下微波化波动。一直到 2016 年年底，当 PPI 同比增长率出现较大回升时才结束第二轮背离。

比较我国 CPI 与 PPI 的两轮背离可以发现，CPI 与 PPI 两大价格指数发生背离的背景与表现有所不同。2008—2009 年的第一轮 CPI 与 PPI 背离的宏观经济背景是国际金融危机导致国际大宗商品价格急剧下挫，经济低迷导致我国外需与内需均大幅下滑，国内出现了严重的通货紧缩。此次价格背离表现为 CPI 与 PPI 同时负增长，但 PPI 负增长的幅度要明显大于 CPI，形成了较大的通胀缺口，出现全面性通货紧缩状况。

而 2012—2016 年的第二轮 CPI 与 PPI 背离，是我国经济进入了"新常态"以来所出现的新现象。此时我国经济增速平台从高速向中高速转换，国内投资需求较大幅度下降，国际大宗商品价格也处于周期性回落趋势当中，出口需求也因为全球经济低迷而有所放缓。虽然 CPI 同比增长率并未跌至零以下，仍处于通胀减速的"1"时代。但是，在此期间，由于 PPI 增速大幅下降，CPI 保持了低速正增长态势，由此形成了所谓的结构性通缩现象。可见，这次价格背离主要来自 PPI 下跌方面的作用。由于在我国经济构成中，制造业等工业品占比较高，因此 PPI 数据更能反映我国经济的基本面情况（邹静娴，2016）。而且，此阶段我国的 GDP 平减指数也是处于连续负增长态势，因此，可以认为我国所处的状况为结构性通货紧缩。

另外，CPI 与 PPI 的两次大幅背离也有许多共同点：首先，两次背离均造成了较大的价格背离缺口。CPI 与 PPI 增速之差较大，长时间超过 6% 以上。其次，两次背离均处于我国经济出现通货紧缩的时期。再次，经济增长的需求方面因素均有所放缓。例如，2009 年 GDP 实际增速周期性放缓至 9.4%，国际金融危机导致的出口需求急剧下降是其重要原因。而 2012 年以来，GDP 实际增速趋势性地放缓，直至 2016 年的 6.7%，前期强大的投资需求退出是重要原因。最后，外部方面的国际大宗商品价格均处于回落周期当中，并传导至国内 PPI，对 PPI 形成加大的下行压力。

那么，这两次价格大幅背离的主要原因是什么？其影响机制是否与非通缩时期有所不同，从而存在分区间的非线性影响机制？这都是值得我们区别和关注的。因为这有利于我们应对未来可能出现的 CPI 与 PPI 价格背离，进一步为治理通货紧缩提供相关经验参考。

考虑到影响 CPI 与 PPI 背离的因素可能是变化的、非线性的，并可能具有明显的区制特征，那么就有必要选用一种研究方法，该方法既能够刻画价格指数背离的非线性特征，又能够对不同阶段的价格指数背离的影响机制进行内在的、自我的区分。因此，本章构建了一个衡量 CPI 与 PPI 背离的指数，并利用马尔科夫区制转换向量自回归（MS-VAR）模型对价格指数背离成因进行非线性关系的实证分析。MS-VAR 模型的优势是可以充分考虑经济变量所发生的结构性改变，内生地将时间段划分为不同的区间，从而获得不同价格指数背离的影响机制。

第二节　中国 CPI 与 PPI 背离的文献评述

一　已有研究对 CPI 与 PPI 背离原因的解释

近年来，相关文献从不同角度对我国经济中 CPI 与 PPI 走势背离的原因进行了讨论和研究，主要分为以下几个方面：基于价格指数构成差异角度；基于价格传导机制角度；基于宏观经济政策、产能过剩与结构性调整等因素冲击的角度。

其一，部分文献将 CPI 与 PPI 背离归因于两指数的构成差异。如宋金奇、舒晓惠（2015）从指数构成以及传递渠道角度进行分析，认为正是由于 PPI 和 CPI 构成差异、传递障碍、CPI 自身变化及价格管制等原因存在，使得一定时期内 CPI 与 PPI 出现分化。姜欣欣（2017）分析认为，PPI 主要受生产资料价格影响，而 CPI 受食品价格影响的程度更大，导致两者变化的内在诱因不同，由此导致二者的背离。林浩田（2015）认为，CPI 与 PPI 指数计算构成的不同、国内外的经济形势是造成二者分化的重要原因。钟宏、黄涛（2014）认为，CPI 和 PPI 的统计口径不同，因此影响两者走势的因素也不同，由此导致二者持续背离。

其二，国内外也有较多文献对 CPI 和 PPI 的作用关系与传导机制进行了研究。部分学者认为 PPI 代表生产链上游初级产品成本，CPI 代表生产链下游消费品价格，PPI 的变动将带动 CPI 变动，PPI 是 CPI 的先行指标（Sidaoui et al.，2009；Caporale et al.，2002）。也有学者认为在价格传递中 CPI 的变动同样可以引领 PPI 的变动，即价格传导存在反向倒逼机制（Jones，1986；Silver & Wallace，1980；Colclough & Lange，1982；Akcay，2011；Ghazali et al.，2008）。也有研究表明，各国的物价指数之间呈现非线性动态变化特征，CPI 与 PPI 之间可能存在显著的非线性作用关系（Beechey &

Österholm，2008；Nobay et al.，2010；Karagianni & Kyrtsou，2011）。国内也有学者对此开展研究并得出不同的结论（贺力平等，2008；徐伟康，2010；贺力平等，2010；张成思，2010；杨子晖等，2013）。

有学者认为 CPI 与 PPI 之间的传导效应是非对称的，而这也是造成两者背离的重要原因：若 PPI 引导 CPI 变动，则意味着上游价格对下游价格具有正向传导效应；若 CPI 引导 PPI 变动，则意味着下游价格对上游价格具有反向倒逼机制（刘金全、张都，2017）。陈建奇（2008）认为非对称供求结构很大程度上造成我国 CPI 与 PPI 背离。侯成琪等（2018）认为，国际大宗价格持续下跌带动 PPI 中生产资料价格不断下滑，使其与 CPI 发生背离。王雪松（2007）对 PPI 及 CPI 分别作为上游、中游和最终产品的价格指数进行实证分析。结论表明，CPI 与 PPI 之间的传导具有单向性和滞后性，若两者出现短期内走势偏离将引发长期结构性背离。

其三，部分文献从部门间价格传导机制差异视角解释 CPI 与 PPI 背离现象。龙少波、袁东学（2016）基于部门间价格传导机制差异视角，指出劳动力成本与国际大宗商品价格的"一涨一跌"是造成 CPI 与 PPI 变动出现"正负背离"的重要原因。廖保平（2014）认为，国际市场上原材料和初级产品价格下降很大程度上造成此轮 CPI 与 PPI 双降。梅新育（2013）认为，我国 CPI 与 PPI 背离可以从房地产价格、农产品价格和人力成本这几方面得到解释。

其四，也有观点认为，我国所实行的宏观经济政策以及我国现阶段的产能过剩与结构性调整，可能是 CPI 与 PPI 之间出现正负背离的重要原因。刘雪晨、张晓晶（2017）构建 VAR 模型，综合考虑我国宏观财政、货币政策与国际价格变化因素探究 CPI 与 PPI 背离原因。实证结果表明国际商品价格下跌是造成 CPI 与 PPI 背离的主要原因；央行近年来宽松货币政策一定程度上加大了价格指数的背离；而财政政策的影响较小，短期内缓和了 CPI 与 PPI 的背离，从长期看其影响并不稳定。吕捷、王高望（2015）通过构建三部门动态随机一般均衡模型发现，在我国实施较为宽松的货币政策背景下，CPI 持续上涨，PPI 短暂上升后持续下降，导致两者出现阶段性背离。

刘金全、张都（2017）对"新常态"下 CPI 与 PPI 产生背离的货币政策原因进行动态分析。研究发现，不同时期下 CPI 与 PPI 对于来自货币冲击反应的差异引起了 CPI 与 PPI 之间背离现象。张晓林等（2018）估计了现实经济受到的货币政策冲击与供给、需求冲击，以此考察 CPI 与 PPI 背离原因。研究发现货币政策冲击对 CPI 和 PPI 的影响均存在非对称性，这是引致二者背离的原因之一；财政因素在一定程度上会导致 CPI 与 PPI 异质性演变。刘斌（2002）的研究也表明 CPI 与 PPI 对于来自货币政策的冲击，其反应具有非对称性。杨继生、冯焱（2013）研究发现，货币供给冲击对各工业行业 PPI 波动的影响差异很大，这是诱发 CPI 与 PPI 走势相悖的一个原因。

邹静娴（2016）分析认为，造成 CPI 与 PPI 背离的原因主要是人口结构、收入变化导致的偏好改变、全球增速放缓等基本面因素，以及产能过剩的大背景。黄钫、刘凤元（2014）对本轮 PPI 持续下行的特点、原因、影响、后期走势进行了研究，认为当前我国经济增速阶段性下移，本轮 PPI 持续下行是对"调结构、去产能"的正常反应，对经济运行影响有限。段鹏（2013）分析指出，食品和居住类商品供给缺乏弹性、需求存在刚性的市场结构和企业在需求放缓、产能过剩背景下，"去库存、去杠杆"的经营策略是 CPI 与 PPI 两指数走势分化的主要原因。

还有学者认为，中国逐步逼近刘易斯转折点和劳动力成本上升也是造成 CPI 与 PPI 持续性背离的另一个主要原因。尤宏业等（2010）认为，中国跨过刘易斯拐点伴随着劳动力成本上升，特别是低端劳动力工资的提升推高农产品价格，拉动 CPI 上升。但由于技术进步，工业品价格上升压力不大。由此，CPI 与 PPI 发生背离。刘志成（2014）分析认为，CPI 与 PPI 背离以及服务劳动密集型产品价格上涨都是我国步入刘易斯转折期的阶段性特征表现。

当然，也有部分学者从多个角度综合起来研究解释 CPI 与 PPI 背离的原因。例如，吕光明、于学霆（2018）从趋势与波动成分特征、驱动因素分解两方面重点解析了 CPI 与 PPI 价格的背离特征，揭示了二者持续分化背离的原因。他们的分析表明，CPI 与 PPI 持续分化背离的原因主要有三个方面：指数构成成分的差异、价格传导的阻滞、主要驱动力的不同。王晓彦等（2017）分析了 CPI 与 PPI 两者构成的异同，并借助协整分析和 VAR 模型进一步检验了 CPI 与 PPI 之间的传递效应和时滞效应，并提出劳动力成本上升和国际大宗商品价格下跌分别导致 CPI 上升和 PPI 下跌，由此造成了二者的背离。

二 对已有文献的评述

综上所述，尽管诸多文献对 CPI 与 PPI 之间的背离原因做了比较充足的分析，但仍存在一些需要改进的地方，尤其是缺乏对 2012—2016 年中国结构性通缩时 PPI 与 CPI 背离原因的细致分析。

其一，需要解释为何有的时间段内 CPI 与 PPI 基本同步变化、价格背离程度小，而有的时段却发生明显背离。若完全从二者存在的成分构成差异角度去解释好像不具有说服力，毕竟二者的构成成分和权重差异一直存在。

其二，只从 CPI 与 PPI 两者之间的传导关系角度解释背离的原因，往往忽视了其他宏观变量对 CPI 与 PPI 的影响。因此，有必要将宏观经济变量引入，并分析其对两者差异化的影响。

其三，已有文献很少考虑不同时期的非线性背离关系，而忽略非线性关系可能会使得实证结果存在偏误。CPI 与 PPI 发生较大程度背离时正是我国处于通货紧缩阶段，这意味着价格背离的成因可能是非线性的，受到了国内外宏观形势的影响。也就是说，价格背离的成因可能会发生结构性转变。而目前文献多集中于研究单轮 CPI 与 PPI 背离的成因，并未将两轮价格指数背离成因综合起来分析，以总结和得出一般规律，由此得到的结果可能不够全面。基于此，本章运用非线性的方法研究不同宏观经济背景下价格指数背离的成因，并对结果进行比较分析。

三 本章的主要创新点

与以往文献相比，本章的创新主要包括以下两方面：

一方面，本章基于多重机制非对称作用角度对我国 CPI 与 PPI 背离的成因进行解释，综合考虑了包含"债务—通缩"、劳动力成本、国际大宗商品价格、供需机制在内的多重机制非对称作用，能够更加全面地解释价格指数背离的成因。

另一方面，本章利用内生分区制的非线性模型对不同宏观经济背景下价格指数背离的成因进行研究，更加贴近现实和更具有合理性，为解释我国 CPI 与 PPI 发生背离的成因提供了新的角度。采用非线性模型对比分析不同宏观经济背景下的价格指数背离情况，对于理解我国不同阶段价格水平的变化趋势，提出具有针对性的宏观调控政策，从而促进经济平稳运行具有重要的意义。

第三节　中国 CPI 与 PPI 背离的 MS-VAR 研究方法

一　马尔科夫区制转换向量自回归模型 MS-VAR 的介绍

对于非线性关系的研究，马尔科夫区制转换向量自回归（MS-VAR）模型是一个非常有效的工具。MS-VAR 模型能够自动有效地捕捉到结构转变的时间点，区分经济运行的不同状态，在非线性问题的处理上具有显著的优势。由于我们需要寻求通缩和非通缩时期各因素对 CPI 与 PPI 背离缺口的不同影响，因此，本章选用 MS-VAR 模型对我国 CPI、PPI 背离的成因进行分析是合适和贴切的。

MS-VAR 的最初形式是 Golfeld 和 Quandt（1973）的转换回归，此后，Hamilton（1989）、Krolzig（1997）和 Boyarchenko 等（2008）等进一步发展与完善了 MS-VAR 模型。根据 Krolzig（1997）的研究，MS-VAR 模型的回归参数依赖于一个不可观测的区制变量而时变，考虑 M 个区制 P 阶滞后的 MS（M）-VAR（P）模型，MS-VAR 模型假定决定区制转化的过程服从马尔科夫链，因此，MS-VAR 模型是非线性的向量自回归模型，基本形式为：

$$y_t = \mu(s_t) + A_1(s_t)(y_{t-1}) + A_2(s_t)(y_{t-2}) + \cdots + A_p(s_t)(y_{t-p}) + \varepsilon_t \quad t=1,2,\cdots,N \quad (6.1)$$

其中，y_t 是 K 维时间序列内生向量，$\varepsilon_t \sim NID(0, \sum(s_t))$，$\mu(s_t)$，$A_1(s_t)$，$\cdots$，$A_p(s_t)$，$\sum(s_t)$ 具有区制转移特征，跟随状态变量 s_t 改变而变化，s_t 是跟随时间 t 的不可观测状态随机变量，状态 S 的 i,j 值域为 1,2,3,$\cdots$,M，区制的产生是分散同质的马尔科夫链过程，s_t 服从 q 状态的遍历不可约的马尔科夫过程，其转移概率为：

$$P_{ij} = P_r(S_t=j/s_{t-1}=i) ; 其中， \sum_{j=1}^{N} P_{ij} = 1 ; \forall i, j \in \{1,2,3,\cdots,M\} \quad (6.2)$$

区制转变的概率能够表示为遍历不可约的 M 状态的马尔科夫区制转换转移矩阵的形式：

$$\begin{bmatrix} p_{11} & p_{12} & \cdots & p_{1M} \\ p_{21} & p_{22} & \cdots & p_{2M} \\ \vdots & \vdots & \ddots & \vdots \\ p_{M1} & p_{M2} & \cdots & p_{MM} \end{bmatrix} \qquad (6.3)$$

式中，$p_{iM}=1-p_{i1}-\cdots-p_{i,M-1}$，对于所有 $i=1,2,\cdots,M$。MS-VAR（p）模型估计运用 EM 算法实现。并且，根据 Krolzig（1997），MS-VAR 可以假定均值、截距、系数和方差是否随时变参数 s_t 变化而有不同的形式：MSA-VAR（仅系数可变）、MSH-VAR（仅方差可变）、MSI-VAR（仅截距可变）、MSIA（截距和系数可变）、MSIH（截距和方差可变）、MSIAH-VAR（截距项、回归系数和方差均可改变）等估计形式，最终模型的选择采用 AIC 信息准则、HQ 值、SC 值确定。

二 多重机制的指标选择与数据来源说明

根据多重机制对结构性通货紧缩影响理论分析可知，影响 CPI 与 PPI 背离程度的主要包括四重机制，即供需失衡机制、国际大宗商品价格机制、"债务—通缩"机制以及劳动力成本机制。其中，①供需失衡机制以指标产能利用率（代表供需）、工业增加值增速（代表供给）、固定资产投资增速（代表需求）来代替；②国际大宗商品价格机制以国际大宗商品价格 CRB 指数代替；③劳动力成本机制用劳动力成本指标来代替；④"债务—通缩"机制用企业负债率以及实际利率指标来代替。

本章的实证研究以 2003 年 1 月至 2016 年 12 月的月度数据为基础，共 168 组样本数据，数据的选取兼顾了所有序列数据的可得性，并包含了两次通缩的区间。所采用的数据来源及处理说明如表 6.1 所示。

表 6.1　　　　　　　　　　数据来源及说明

变量	处理说明	数据来源
价格背离指数（PD）	采用 CPI 月度同比与 PPI 月度同比之差，用来反映 CPI 与 PPI 背离程度。pd=CPI-PPI	国家统计局网站
企业负债率（DEBT）	选用工业企业资产负债率作为代理变量	中经网统计数据库
劳动力成本（WAGE）	选用月度平均工资同比增速衡量劳动力成本	Wind 数据库
国际大宗商品价格（CRB）	选用工业投入价格指数月度同比指标，它能反映全球主要商品价格变化的信息	Wind 数据库

续表

变量	处理说明	数据来源
实际利率（I）	选用银行同业拆借利率_7天减去通货膨胀率计算所得的实际利率衡量债务成本	中经网统计数据库
固定资产投资增速（INVEST）	选用固定资产投资完成额同比数据反映固定资产投资水平的变化	中经网统计数据库
产能利用率（SALE）	选用规模以上工业企业产品产销率_累计同比增减量作为产能过剩的衡量指标	中经网统计数据库
工业增加值增速（INDUSTRY）	选用规模以上工业增加值_当期同比实际增速衡量工业增加值	中经网统计数据库

以上分别代表多重机制的各因素对 CPI 与 PPI 的非对称作用导致 CPI 与 PPI 背离状况。具体来讲，各个变量的影响机制如下：

劳动力成本（WAGE）：劳动力非对称作用的指标。就劳动力市场而言，随着我国刘易斯拐点的跨越，我国的老龄化问题不断加剧，且农村剩余的劳动力逐渐转移殆尽，劳动力成本整体变化趋势是上升的。而我国农业和服务业劳动密集程度相对较高，劳动力要素的成本占总成本的比例较高，这将导致上游劳动力成本的上升直接推升农产品等食品价格和服务价格持续上涨。此外，农产品等食品存在刚性需求，使得我国食品的供需一直处于紧平衡状况，这更是加大了上游劳动力成本对农产品价格的传导。并且，在城镇化过程中，居民的收入呈现出不断上升的态势，并伴随着消费习惯改变和消费结构转型升级，居民对服务的消费需求呈现不断增加的态势，这使得服务供给成本的增加很容易传导到服务价格上来。加之，CPI 食品价格和 CPI 服务价格在整体 CPI 中的权重达到近 60%，因而劳动力成本的上升对 CPI 有很大程度的正向传导影响。但是，劳动力成本上升对劳动力成本占比小、资金占比较高的 PPI 生产资料价格的冲击小，不会造成 PPI 价格的大幅上升。因此，2013 年以来，劳动力成本的上升通过劳动力成本机制的非对称作用会扩大 CPI 与 PPI 背离的程度。而在 2013 年之前，劳动力成本对 CPI 与 PPI 的背离作用的影响相对较小。

国际大宗商品价格（CRB）：国际大宗商品价格作用机制的指标。国际大宗商品价格对两大价格指数的影响也是非对称的。随着我国经济对外联系不断加强，许多原材料和初级产品在很大程度上都依靠于进口，以满足国内的庞大需求。而且，我国工业品的价格构成中的原材料成本占的比重很大，因此，国际大宗商品价格下挫向国内工业品生产资料价格传导将会直接导致 PPI 的下降。但是，在 CPI 构成当中，原油和铁矿石等工业基础原材料的比例很小，国际大宗商品价格 CRB 对 CPI 农产品和服务价格作用效果较小，由此容易导致 CPI 与 PPI 发生显著背离。

固定资产投资增速（INVEST）：供需失衡机制中需求方面的代理指标。固定资产投资需求在我国三大需求当中占据非常大的比重，固定资产投资会对上游的工业品，尤其是生产资料工业品产生巨大的需求。因此，固定资产投资需求可以作为衡量对工业品需求的重要指标。由于固定资产投资需求基本上不直接消耗生活工业品、食品和服务，即使能间接地带动 CPI 上涨，其效果也十分有限。因此，固定资产投资的变动并不会对 CPI 产生明显影响。可见，固定资产投资需求下降将会显著地降低生产者价格指数 PPI，但对消费者价格指数 CPI 的影响很小，由此会造成 CPI 与 PPI 二者的背离。

工业增加值增速（INDUSTRY）：供需失衡机制中供给方面的代理指标。工业增加值是衡量工业品供给方面的重要指标。工业增加值增长表示工业品产出的增长，其快速增长可能使得工业品的供大于求而导致产能过剩问题加重，从而进一步拉低 PPI。但是，其对 CPI 的直接影响则相对较小，由此形成两大价格指数的背离。

产能利用率（SALE）：供需失衡机制的总体代理指标。产能利用率是衡量供需关系的重要指标。PPI 构成中的工业品产能过剩，工业品生产的供大于求会引起 PPI 下行，而 CPI 中农产品和服务不足，求大于供则提升 CPI。因此，供求机制将导致 CPI 与 PPI 的背离。

企业负债率（DEBT）："债务—通缩"有关债务方面的代理指标。企业负债率过高，一方面使企业减少投资用来偿还债务本息，从而导致对工业品需求下降和总需求萎缩，使得 PPI 下降。而且，由于金融顺周期因素，在经济下行阶段，银行的惜贷情绪加重也使得企业进一步减少当期投资。另一方面，PPI 的下降使得实际利率上升，进一步增加了企业的债务负担，形成"债务—通缩"循环。"债务—通缩"对资本密集的 PPI 生产资料价格向下冲击的作用较大，而对资本占比小的 CPI 农产品和服务价格向下冲击的作用较小，因而使得两大指数缺口扩大，形成 CPI 与 PPI 价格指数的背离。

实际利率（I）："债务—通缩"有关利率方面的指标。一般而言，实际利率冲击对于 CPI 与 PPI 的影响也具有非对称性。在通缩期间，通胀率的下降会使得企业所承受的实际利率较高。当实际利率较高时，由于工业企业尤其是上游重工业部门的负债率相对于农业部门较高，将会导致 PPI 较快下降而 CPI 下降相对较慢，二者对利率冲击反应力度的差异造成了 CPI 与 PPI 背离现象的产生。较高的实际利率将使企业承担较高的实际债务，企业选择减少投资进而导致 PPI 继续下降，由此形成"债务—通缩"螺旋，使得 CPI 和 PPI 背离程度加大。实际利率与上述的企业负债率两个指标可用来代表"债务—通缩"机制对价格背离的影响。另外，利率是代表货币政策的指标，央行改变官方短期名义利率通过利率走廊的传导机制，以改变短期、长期的名义利率和实际利率，从而改变一般价格水平和实现对通货膨胀或者通货紧缩等价格波动的调控。因此，在通缩阶段，如果央行降低实际利率将缩小 CPI 与 PPI 之间的缺口，减轻背离的现象。

第四节　中国 CPI 与 PPI 背离的实证结果分析

一　数据的描述性统计

在进行计量分析之前，我们对数据进行描述性的统计，以便分析各变量数据的特征变化。如表 6.2 所示，模型所包含的指标有价格背离指数（PD）、产能利用率（SALE）、企业负债率（DEBT）、劳动力成本（WAGE）、国际大宗商品价格（CRB）、实际利率（I）、固定资产投资增速（INVEST）以及工业增加值增速（INDUSTRY），各指标均包含 168 组观测值。

表 6.2　数据的描述性统计　　　　　　　　单位：%

	PD	SALE	DEBT	WAGE	CRB	I	INVEST	INDUSTRY
平均值	1.237	0.011	58.355	12.920	5.896	0.095	26.834	12.639
中位数	0.600	0.000	58.550	13.035	2.566	0.380	24.054	13.400
极大值	7.880	1.040	59.617	18.630	80.325	4.310	129.099	28.430
极小值	−5.300	−0.700	55.790	8.900	−42.509	−5.770	−0.705	−2.400
标准差	3.500	0.274	0.850	2.706	22.338	1.830	17.879	4.999
偏态系数	0.074	0.080	−0.976	0.345	0.4919	−0.746	1.813	−0.068
峰态系数	1.758	4.120	3.359	2.385	3.271	3.610	9.392	2.757

续表

	PD	SALE	DEBT	WAGE	CRB	I	INVEST	INDUSTRY
J–B 统计量	10.960	8.956	27.600	5.957	7.287	18.170	378.110	0.542
概率	0.004	0.011	0.000	0.051	0.027	0.000	0.000	0.762
样本和	207.780	1.821	9803.672	2170.710	990.585	15.910	4508.063	2123.330
样本方差	2046.420	12.526	120.806	1222.587	83330.090	559.020	53379.370	4172.737
观察值	168	168	168	168	168	168	168	168

资料来源：根据中经网统计数据库、Wind 数据库的数据，经 Eviews 9 处理得到。

其中，表示 CPI 与 PPI 背离程度的价格背离指数 PD（CPI–PPI）平均值为 1.237%，最大值为 7.880%，出现在 2015 年 8 月，正处于 2012—2016 年结构性通缩最为严重的时期；而最小值为 –5.300%，出现在 2004 年 11 月，处于 2003—2004 年通胀最严重时段的后期。产能利用率 SALE 平均值为 0.011%，最大值出现在 2005 年 1 月为 1.040%，最小值出现在 2009 年 3 月为 –0.7%。企业负债率 DEBT 平均值为 58.355%，最大值为 59.617%，最小值为 55.790%。衡量劳动力成本 WAGE 的月平均工资增速指标，在样本期内平均值为 12.920%，最大值为 18.630%，最小值为 8.9%，波动较大。国际大宗商品价格 CRB 用工业投入价格指数月度同比指标衡量，其平均值为 5.896%，最大值为 80.325%，最小值为 –42.509%。可见，受宏观经济环境影响，国际大宗商品价格表现出较强的不稳定性。实际利率 I 平均值为 0.095%，最大值为 4.310%，最小值为 –5.770%。固定资产投资增速 INVEST 平均值为 26.834%，最大值为 129.099%，最小值为 –0.705%，在样本期出现较大幅度的变化。工业增加值增速 INDUSTRY 平均值为 12.639%，最大值为 28.430%，最小值为 –2.400%。

二 数据的平稳性检验

在进行 MS–VAR 估计之前，为了防止"伪回归"，保证分析结果的有效性，首先对各个变量进行平稳性检验。如表 6.3 所示，ADF 检验中价格背离指数（PD）、企业负债率（DEBT）、劳动力成本（WAGE）都是不平稳的，PP 检验中企业负债率（DEBT）和劳动力成本（WAGE）是不平稳的。但在一阶差分之后所有变量都是平稳的，各变量均服从一阶单整，因此，可以进行下面的回归分析。

表 6.3　　　　　　　　　　　平稳性检验结果

检验方法	ADF 检验			PP 检验		
原变量	检验类型（c, t, k）	检验值	结论	检验类型（c, t, k）	调整的 t 值	结论
PD	(0,0,12)	-1.209	不平稳	(0,0,6)	-2.286**	平稳
SALE	(0,0,0)	-4.883***	平稳	(0,0,6)	-4.909***	平稳
DEBT	(0,0,12)	-1.396	不平稳	(0,1,9)	-1.550	不平稳
WAGE	(1,1,0)	-2.299	不平稳	(1,1,3)	-2.306	不平稳
CRB	(0,0,1)	-2.633***	平稳	(0,0,7)	-2.576**	平稳
I	(0,0,0)	-3.178***	平稳	(0,0,0)	-3.178***	平稳
INVEST	(1,1,0)	-7.685***	平稳	(1,1,2)	-7.614***	平稳
INDUSTRY	(1,1,2)	-3.720**	平稳	(1,1,8)	-10.880***	平稳
△PD	(0,0,13)	-3.255***	平稳	(0,0,3)	-8.447***	平稳
△SALE	(0,0,1)	-12.227***	平稳	(0,0,4)	-17.750***	平稳
△DEBT	(0,0,11)	-2.828***	平稳	(0,0,19)	-9.022***	平稳
△WAGE	(0,0,0)	-13.200***	平稳	(0,0,2)	-13.200***	平稳
△CRB	(0,0,0)	-8.529***	平稳	(0,0,4)	-8.549***	平稳
△I	(0,0,0)	-14.764***	平稳	(0,0,6)	-14.863***	平稳
△INVEST	(0,0,4)	-9.795***	平稳	(0,0,42)	-30.914***	平稳
△INDUSTRY	(0,0,1)	-16.208***	平稳	(0,0,4)	-32.080***	平稳

注：检验类型（c, t, k）中，c 表示单位根检验中是否存在常数项，若 c=1 表示存在常数项，若 c=0 表示不存在常数项；t 表示是否存在趋势项，若 t=1 表示存在趋势项，若 t=0 表示不存在趋势项；k 表示回归的滞后阶数，根据 SCI 准则自动确定。ADF 检验值与 PP 检验值都为麦金农（MacKinnon）单侧检验值；*** 表示 1% 的显著性水平，** 表示 5% 的显著性水平，* 表示 10% 的显著性水平，下同。

资料来源：根据中经网统计数据库、Wind 数据库的数据，经 Eviews 9 处理得到。

三　VAR 模型滞后阶数的确定

在 VAR 模型中，正确选择模型的滞后阶数对于模型的估计和协整检验都会产生一定的影响。由表 6.4 可以看出，根据似然比检验（LR）、FPE 检验结果和 AIC 三个准则，滞后期应该为 2，而根据 SC 和 HQ 两个准则的检验结果则应该选择滞后一阶。根据不同判定规则的数量进行综合考虑，本章选用的滞后阶数为二阶。

表 6.4　　　　　　　　　　滞后阶数的检验结果

Lag	LogL	LR	FPE	AIC	SC	HQ
0	−2900.109	NA	846062.900	36.351	36.505	36.414
1	−1871.506	1941.489	4.912	24.294	25.678*	24.856*
2	−1783.104	158.019*	3.641*	23.989*	26.602	25.050
3	−1735.561	80.228	4.536	24.194	28.038	25.755
4	−1695.632	63.388	6.299	24.495	29.569	26.556
5	−1650.027	67.837	8.296	24.725	31.029	27.285
6	−1609.495	56.239	11.919	25.019	32.553	28.078
7	−1555.565	69.435	14.922	25.144	33.909	28.703
8	−1498.166	68.161	18.576	25.227	35.221	29.285

注："*"显示根据准则选择的滞后阶数。

资料来源：根据中经网统计数据库、Wind 数据库的数据，经 Eviews 9 处理得到。

四　VAR 模型的协整检验

在 VAR 系统中，如果所有变量一阶单整且变量间存在协整关系，则应以水平方式进入模型，此时最小二乘估计有效。如果变量间不存在协整关系则应以一阶差分方式引入 VAR 模型，以保证模型估计有效。为此，下面进行 Johansen 协整检验。由表 6.5 和图 6.2 可知，该 VAR 模型的所有特征根的倒模均小于 1，位置均在单位圆之内，即该模型是稳定的。

表 6.5　　　　　　　　　VAR 模型全部特征根

特征根	倒模
0.985110	0.985110
0.912361 − 0.106757i	0.918585
0.912361 + 0.106757i	0.918585
0.812391 + 0.174263i	0.830871
0.804603	0.804603
0.764009	0.764009
0.494064	0.494064
0.335617	0.335617
0.089978 − 0.294686i	0.308117

续表

特征根	倒模
0.089978 + 0.294686i	0.308117
−0.299500 − 0.054349i	0.304392
−0.299500 + 0.054349i	0.304392
0.166018	0.166018
−0.148169	0.148169
−0.075997	0.075997

资料来源：根据中经网统计数据库、Wind 数据库的数据，经 Eviews 9 处理得到。

AR 特征根的倒数

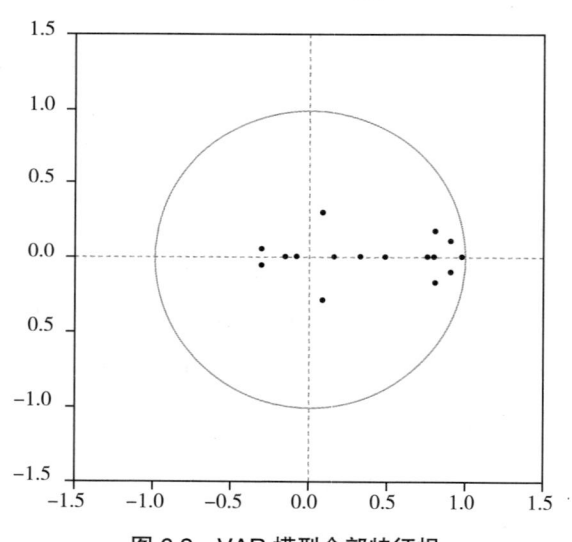

图 6.2　VAR 模型全部特征根

资料来源：根据中经网统计数据库、Wind 数据库的数据，经 Eviews 9 处理得到。

通过协整检验可以证明，VAR 模型中各个变量之间存在着协整关系。该协整检验在 0.05 的置信水平下得到迹统计量的检验结果如表 6.6 所示。迹统计量拒绝了协整方程数量为 0，1，2 的假设，表明在 0.05 的显著水平下至少存在 3 个协整方程。通过以上分析可证明该模型是稳定的，且存在协整关系。

表 6.6 协整检验迹统计量检验结果

原假设	特征根	迹统计量	5% 临界值	P 值
没有协整关系	0.337	237.840	159.530	0.000
至多有一个协整关系	0.280	170.106	125.615	0.000
至多有两个协整关系	0.253	115.836	95.754	0.001
至多有三个协整关系	0.159	67.600	69.819	0.074
至多有四个协整关系	0.115	38.952	47.856	0.262
至多有五个协整关系	0.068	18.875	29.797	0.502
至多有六个协整关系	0.043	7.287	15.495	0.544
至多有七个协整关系	0.000	0.077	3.841	0.782

注：检验形式为序列没有确定趋势，协整方程有截距项。
资料来源：根据中经网统计数据库、Wind 数据库的数据，经 Eviews 9 处理得到。

五 实证检验结果分析

首先，根据研究问题的需要，并结合信息准则，同时为了不失一般性，尽可能地减少附加先验性的严格限制，本章选择截距、系数、方差都随状态自由变化的 MSIAH–VAR 形式；其次，根据我国宏观经济运行背景，把时间区间分为两个状态，即通货紧缩时期和非通货紧缩时期；最后，根据信息准则确定模型滞后期，选定滞后期为 2 期（见表 6.4）。综上所述，最终设定模型形式为 MSIAH(2)–VAR(2)。

在上述设定下，我们利用极大似然估计法进行估计，得到模型在两区制中各系数的估计结果如表 6.8 所示。在对模型的非线性检验中，LR 线性检验值 =606.101，对应的概率分别为 Chi(172) =[0.0000] ** 和 Chi(174)=[0.0000] **。可见，在 5% 的显著性水平下，可以拒绝模型为线性的原假设，因此，模型的非线性假设是合理的。传统的线性模型所得到的结果会丢失许多重要信息，本章的假设得到了初步证实。

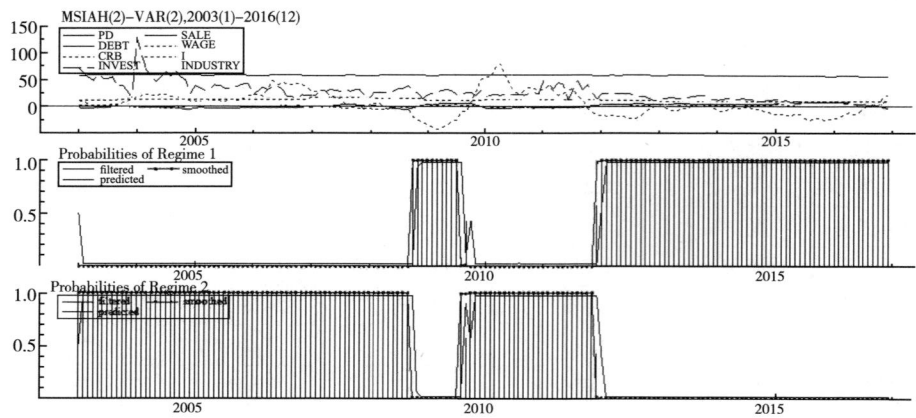

图 6.3　区制概率

注：其中，filtered 为滤波概率；smoothed 为平滑概率；predicted 为预测概率。
资料来源：根据中经网统计数据库、Wind 数据库的数据，经 OX 软件处理得到。

表 6.7　　　　　　　　　　两区制的样本分布

	样本区间
区制 1	2008:10 – 2009:7 [0.9998] 2011:12 – 2016:12 [0.9998]
区制 2	2003:1 – 2008:9 [1.0000] 2009:8 – 2011:11 [0.9992]

资料来源：根据中经网统计数据库、Wind 数据库的数据，经 OX 软件处理得到。

表 6.8　　　　　　　　MS-VAR 模型的参数估计结果

区制 1			区制 2		
\multicolumn{6}{c}{PD}					
变量	系数估计值	T 统计量	变量	系数估计值	T 统计量
Const(Reg.1)	−21.093	−2.908***	Const(Reg.2)	−1.243	−0.100
PD_1	0.821	6.651***	PD_1	1.410	14.712***
PD_2	0.186	1.523	PD_2	−0.543	−5.690***
DEBT_1	0.430	1.862*	DEBT_1	0.063	0.180
DEBT_2	−0.125	−0.525	DEBT_2	−0.065	−0.178
WAGE_1	0.584	4.257***	WAGE_1	0.037	0.263
WAGE_2	−0.276	−2.229**	WAGE_2	0.003	0.025
CRB_1	−0.118	−6.879***	CRB_1	−0.042	−3.779***
CRB_2	0.098	5.931***	CRB_2	0.040	3.679***

续表

	区制 1			区制 2	
PD					
变量	系数估计值	T 统计量	变量	系数估计值	T 统计量
I_1	0.272	3.221***	I_1	0.255	2.792***
I_2	−0.123	−1.505	I_2	−0.178	−1.950**
INVEST_1	0.006	0.337	INVEST_1	−0.001	−0.238
INVEST_2	−0.045	−2.284**	INVEST_2	−0.002	−0.367
SALE_1	0.389	0.884	SALE_1	0.385	0.863
SALE_2	0.230	0.588	SALE_2	−0.867	−1.888*
INDUSTRY_1	0.067	2.865***	INDUSTRY_1	0.100	3.012***
INDUSTRY_2	−0.000	−0.012	INDUSTRY_2	−0.042	−1.694*
SE (Reg.1)	0.415		SE (Reg.2)	0.627	

对数似然函数值 log-likelihood=−1581.567，线性系统 linear system：−1884.616，AIC 准则值 =22.947，HQ 准则值 =25.558，SC 准则值 =29.381，LR 线性检验值 =606.101，Chi(172) = [0.0000] **、Chi(174)=[0.0000] **

注：*、**、*** 分别表示变量通过 10%，5%，1% 显著水平下的检验，Const 为常数项，_1 和 _2 表示滞后 1 期和滞后 2 期。

资料来源：根据中经网统计数据库、Wind 数据库的数据，经 OX 软件处理得到。

图 6.3 显示的为通缩与非通缩两种区制下的滤波概率（Filtered）、平滑概率（Smoothed）和预测概率（Predicted），表 6.7 则为相应的区制分布表。从实证结果看，本章可以从时间上将 2003—2016 年间的 CPI 与 PPI 的背离情况整体上划分为两个区制期间。其中，2008 年 10 月至 2009 年 7 月，以及 2011 年 12 月至 2016 年 12 月两个时间段属于区制 1。而 2003 年 1 月至 2008 年 9 月和 2009 年 8 月至 2011 年 11 月两个时间段属于区制 2。

结合图 6.1 可以发现，区制 1 恰好是我国 CPI 与 PPI 发生较大背离形成明显"剪刀差"的时期。并且在区制 1 时间段内，我国出现了明显的通货紧缩（2008—2009 年的全面性通货紧缩时期，以及 2012—2016 年的结构性通货紧缩时期）。而在区制 2 内，我国的 CPI 与 PPI 并没有出现明显背离。并且，在区制 2 内，我国经济增长速度也相对较快，处于非通缩时期。基于 MS-VAR 模型的两区制划分结果表明，在通货紧缩时期与非通缩时期，影响 CPI 与 PPI 背离的机制可能发生了较大的转变，若使用线性的估计方法对 2003—2016 年整个样本区间进行估计，可能会导致结果不准确。

表 6.9 为估计模型的区制转移概率矩阵与区制特征。从区制转移概率来看，估计的模型系统在两个区制中都很稳定，其转移概率 p11=0.986，p22=0.980。从区制 1 转移到区制 2 的概率仅为 0.014，从区制 2 转移到区制 1 的概率仅为 0.020。从区制特征来看，估计的模型有 58.5% 的概率处在区制 1 中，平均持续期为 68.860 个月。41.5% 的概率处于区制 2 中，平均的持续时间为 48.930 个月。这说明我国宏观经济处于通缩与非通缩的时间长度大致相等，在长期产能过剩背景下，我们需要注意负向的需求冲击造成的通货紧缩对经济的不利影响。

表 6.9　　　　　　　　　区制转移概率矩阵与区制特征

| ____区制转移概率____ ||| ____区制特征____ ||||
项目	区制 1	区制 2	项目	样本数量	样本频率	持续期
区制 1	0.986	0.014	区制 1	71.000	0.585	68.860
区制 2	0.020	0.980	区制 2	97.000	0.415	48.930

资料来源：根据中经网统计数据库、Wind 数据库的数据，经 OX 软件处理得到。

通过比较两个区制内的回归结果，发现一些变量的系数估计值在不同区制有明显差别，说明各因素对我国 CPI 与 PPI 显著背离时（通缩区间）与非显著背离时（非通缩区间）的影响在两个区制内是明显不同的。

第一，比较企业负债率（DEBT）在两个区制中对于消费者价格指数 CPI 和生产者价格指数 PPI 背离的不同影响效果。在区制 1 中（2008—2009 年全面性通缩时期，以及 2012—2016 年的结构性通缩时期），滞后 1 期企业负债率 DEBT_1 对价格指数背离具有显著影响，系数为正（0.430）。但在区制 2 中（其他非通缩时期），企业负债率并不显著。这说明在通货紧缩时期，企业过度负债将会显著拉大 CPI 与 PPI 的背离程度；而在经济发展状况良好时，企业负债率提高并不会对价格指数背离造成显著影响。

一般而言，工业企业的资金密集程度较高，受到债务影响要更大。在通缩的大背景下，国内产能过剩加上内外需疲软，供需两方面因素共同导致生产者价格指数增速持续为负，这无疑会加重工业企业实际负债率，并使得企业的实际利润降低。PPI 下跌导致的实际利率上涨会进一步削弱企业实际偿债能力，从而形成所谓的"债务—通缩"螺旋。在此情况下，企业惜借、投资意愿下降的同时，银行惜贷情绪上升而强化融资约束，进一步恶化了产能过剩情况。通过"债务—通缩"循环的机制造成通缩效应自我加强,并使得 CPI 与 PPI 之间的缺口将不断拉大。但是,由于以农产品为代表的食品以及服务业均以劳动密集型为主,对资金的依赖程度相对较低,因此"债务—通缩"机制对 CPI 下压的影响并不大。因此,在通缩时期,"债务—通缩"机制使得 PPI 大幅下跌,而 CPI 下跌的幅度并不明显,从而产生 CPI 与 PPI 出现严重背离的现象。

而在区制 2 的其他非通缩时期,通胀缺口(CPI-PPI)接近于 0 甚至为负,此时 PPI 一般是处于正增长的时期。在 PPI 正增长时期,经济处于平稳增长或者是过热的时期,企业的产品出厂价格上涨使得企业的盈利能力上升,企业和银行部门对经济前景看好,企业有继续投资的愿望和需求,从而消耗大量工业生产资料,对 PPI 有向上的、来自需求拉动的作用。此时,金融顺周期的银行体系则进行信贷的扩张,使得银行贷款条件较为宽松,企业的偿债能力并不会有太大压力,不会形成所谓的"债务—通缩"螺旋。此时,债务水平上升并不会对 CPI 与 PPI 的背离造成显著影响,这也从区制 2 中的负债率 DEBT_1 和 DEBT_2 系数统计上的不显著得到验证。

第二,实际利率(I)对两大价格指数背离产生了显著的正向影响。在区制 1 和区制 2 中,滞后 1 期的实际利率显著且系数均为正值,且区制 1 中实际利率前的系数比区制 2 中的系数大,符合预期。这说明,实际利率的上升会造成 CPI 与 PPI 之间缺口的背离,实际利率冲击对 CPI 和 PPI 的影响是非对称的。由于农业和服务业为劳动力密集型行业,工业为资本密集型行业,工业企业对资金需求相对较大,资金也大多流向工业生产领域,实际利率对 PPI 的影响要大于 CPI。在通缩期间,尽管我国实施扩张性的货币政策,名义利率有所下降,但由于 PPI 处于低位负增长而导致实际利率仍处于高位,工业企业支付的实际债务很高。而银行惜贷情绪浓烈使企业面临"融资难、融资贵"问题,在双重压力下工业企业不愿意投资,导致 PPI 进一步降低,由此形成债务通缩螺旋,加大 CPI 和 PPI 的背离。

由于实际利率和价格背离指数呈正向关系,所以,在通缩期间(2008—2009 年的全面性通缩时期以及 2012—2016 年的结构性通缩时期)我国应该采取扩张性的货币政策,降低实际利率,从而降低企业成本,打破债务通缩螺旋的链条,达到提升 PPI、缩小价格指数背离程度和减轻通货紧缩程度的目的。然而,值得注意的是,此时利率下降的幅度一定要充分,才能起到相应的作用。根据货币政策规则的泰勒原理，此时利率降低的幅度一定要大于价格下降的幅度，才能够起到降低实际利率、增加投资需求的作用。而在非通缩时期的实际利率前系数显著为正，此时 PPI 的增速为正，甚至是 PPI 通胀，央行则需要较大幅度地提升名义利率水平，使得实际利率得以充分的提升，防止利率过低导致 PPI 的大幅上升，出现全面性通货膨胀。

第三，劳动力成本机制对（WAGE）CPI 与 PPI 背离的影响在区制 1 和区制 2 也不相同。在区制 1 内（2008—2009 年的全面通缩时期以及 2012—2016 年的结构性通缩时期），滞后 1 期的劳动力成本上升会显著地造成 CPI 与 PPI 背离程度加大，而滞后 2 期的劳动力成本对价格指数背离有显著负向影响。但总体上而言，在区制 1 中劳动力成本对价格指数背离的影响是正向的（0.584>0.276）。这主要是由于劳动力成本对 CPI 和 PPI 的影响是非对称的。对 CPI 来说，一方面，以农产品原料为主的食品生产以及劳动服务中劳动力要素的成本占总成本的比例较高。另一方面，农产品等食品存在刚性需求以及民众对服务消费需求呈增加态势，这两方面因素共同导致上游劳动力成本上升能够较大幅度地推升 CPI 食品价格和 CPI 服务价格；对 PPI 来说，其主要由 PPI 生产资料和 PPI 生活资料两部分组成，其中，生产资料占比 71.6%，生活资料占比只有 28.4%（贺力平等，2008），因此劳动力成本上升对劳动占比小的 PPI 生产资料的冲击较小。由于劳动力成本机制的非对称作用，劳动力成本的上涨将会导致 CPI 与 PPI 发生较大程度背离。

当然，值得注意的是，在 2008—2009 年的 CPI 与 PPI 背离的过程中，劳动力成本上升对 CPI 上涨的支撑作用相对有限，其他向下的影响因素使得 CPI 也处于通货紧缩的状况，但是 CPI 与 PPI 的背离是非常明显的。一方面，中国刘易斯拐点大约于 2013 年之后到来，2008—2009 年我国尚未迈过刘易斯拐点，劳动力供给相对宽裕；另一方面，2008—2009 年的外部需求冲击非常严重，使得沿海大量外贸型工厂企业倒闭和工人失业，甚至产生了短期的农民工返乡潮，并使得劳动供大于求。因此，2008—2009 年的劳动力成本上升对 CPI 的支撑作用有限。

而在 2008—2009 年，农产品与服务紧平衡对 CPI 的支撑作用也有限。在 2008—2009 年我国的服务需求消费升级并不是那么明显，表现为人们的收入水平相对较低，第二产业仍然为占据 GDP 最高比重的产业。因此，服务业的供需并不紧张。但是，PPI 大幅深度探底却对 CPI 的带动作用则较大，使得 CPI 下降的趋势比较明显。2009 年 7 月 PPI 的同比增速为 -8.2%，成为 PPI 有数据统计以来的最低点，明显超过 2012—2016 年通缩的最低点 -5.92%。因此，2009 年的 PPI 深度下调对 CPI 的传导更为明显，从而形成全面的通货紧缩。

但是，在 2012—2016 年，劳动力成本对 CPI 上涨的支撑作用相对较大，从而使得 CPI 尽管增速下降但是仍处于 0 以上，并未影响严格意义上的通缩。这是因为：一方面，2013 年以来中国已经跨越了刘易斯拐点，农村人口剩余劳动力更低，使得劳动力成本上升的态势更为明显[1]；另一方面，随着人民收入的提高和人民对高质量的产品和服务需求的增加，也推升了 CPI 的上升。因此，在 2012—2016 年通缩期间，劳动力成本上升对 CPI 上涨的支撑力度更大。

而在区制 2 中，劳动力成本对价格指数背离的影响并不显著，这可能是由于在第二轮价格指数背离发生之前，我国并没有完全迈过刘易斯拐点。[2] 劳动力资源紧缺、劳动力成本大幅上涨的情况在近年才表现较为明显，故而在区制 2 中劳动力成本并不显著。

第四，国际大宗商品价格（CRB）对 CPI 与 PPI 背离的影响在两个区制当中都是显著的。在区制 1 中，滞后 1 期国际大宗商品价格前的系数为负，滞后 2 期系数为正，但总体系数为负，这与前文理论分析相一致。在区制 2 中，国际大宗商品价格滞后 1 期系数为负，滞后 2 期系数为正，总体系数为负，与区制 1 基本相似。但有所不同的是，在区制 1 中，国际大宗商品价格对价格指数背离的影响程度远大于区制 2（0.118>0.042），区制 1 是区制 2 影响效果的近三倍，说明在通货紧缩时期，国际大宗商品对 CPI 与 PPI 之间背离的影响力度明显加大。这可能是与 2003 年以来我国总体工业品产能过剩的宏观经济背景有关。

相较于经济发展状况良好时期，通缩时市场竞争极为激烈。一方面，

---

[1] 蔡昉认为，2015 年中国农民工首次出现零增长、负增长，农村劳动力纷纷返乡，劳动力供给不足。蔡昉：《中国经济增长进入"刘易斯拐点"》，中证网，http://www.cs.com.cn/xwzx/hg/201505/t20150520_4715983.html。

[2] 蔡昉认为，中国的刘易斯拐点可能在 2013 年左右到来。蔡昉：《刘易斯拐点很可能会在 2013 年到来》，新浪财经，http://finance.sina.com.cn/review/hgds/20110408/15169658822.shtml。本书的研究结果也支持该结论。

在经济繁荣和复苏时期（对应 CPI 与 PPI 的缺口较小，背离程度较小），尽管此时上游国际大宗商品等原材料的价格上涨使得其工业产品生产成本上升，但是由于我国产能过剩经济背景下各厂商竞争激烈，为了稳住市场份额，只能将成本较小幅度地传递给下游，从而使得 PPI 上涨幅度较低。另一方面，当经济低迷和通缩时，国际大宗商品价格下跌使得企业工业产品的成本下降，此时产能过剩更为严重。为了不损失市场份额，企业选择将工业品出厂价格较大幅度地下降，从而使得 PPI 的下降幅度较大。因此，在面临同等程度的国际大宗商品价格上升和下跌时，国内厂商为了保证自己不被清理出竞争激烈的市场，在经济低迷通缩时的工业品降价幅度要大于经济繁荣复苏涨价幅度。由此导致在区制 1 中，国际大宗商品对 CPI 与 PPI 的背离影响的系数的绝对值更大。

第五，固定资产投资增速（INVEST）对价格指数背离的影响在两个区制也不相同。在区制 1 内，滞后 2 期的固定资产投资 INVEST_2 对 CPI 和 PPI 背离具有显著负向影响，而滞后 1 期影响不显著。但在区制 2 内，固定资产投资增速滞后 1 期与滞后 2 期的系数均不显著。在经济低迷通缩期间，固定资产投资增速下降将会带动工业品需求的下降，使得生产者价格指数 PPI 也下降，从而使得 CPI 与 PPI 之间的缺口扩大。而从结果来看，在经济繁荣复苏阶段，固定资产投资增速的上升虽然会拉升 PPI 上涨，从而使得 CPI 与 PPI 的缺口收缩，但影响并不显著。

第六，产能利用率（SALE）对 CPI 与 PPI 的背离在两个区制的影响也不一样。其中，在区制 1 内，产能利用率在对我国价格指数背离的影响似乎并不明显，但在区制 2 内，滞后 2 期的产能利用率对 CPI 与 PPI 的背离有显著负向影响。产能利用率上升意味着我国产能过剩情况有所缓解，工业生产者价格指数会上升，因而消费者价格 CPI 与生产者价格 PPI 之间背离程度会减小。但在区制 1 内，我国产能过剩情况较为严重，相较于区制 2，即使小幅度的产能利用率提高可能也不会对生产者价格指数上升造成显著影响。

第七，从工业增加值增速（INDUSTRY）对 CPI 与 PPI 的背离影响来看，其滞后 1 期 INDUSTRY_1 在两个区制内均显著为正，但在区制 2 中的系数更大。主要产品的工业增加值增长意味着工业品生产增加和工业品供给增加，加重产能过剩问题，并导致我国生产者价格指数下降，但其对 CPI 没有直接影响，从而使得 CPI 与 PPI 背离程度加大。从影响系数大小来看，区制1内工业增加值前系数要小于区制2（0.067<0.100）。在区制1中，我国经济处于通货紧缩状态，产能过剩问题较为严重，工业品供给较多和过剩，此时如果企业减少1%工业品供给的增速，生产者价格指数上升的幅度不会特别大，从而使得产出缺口缩小的幅度较小。而在区制2内，我国经济处于繁荣通胀时期，企业对未来看好而生产积极性较高，下游的需求相对旺盛，一旦工业增加值同比增速下降1单位，使得生产者价格指数上升的程度更多，从而使得CPI减PPI的通胀缺口下降幅度相对更大。

具体来看，多重机制的非对称作用造成我国CPI与PPI背离，形成结构性通货紧缩。①"债务—通缩"机制的非对称作用：债务通缩对资本密集的PPI生产资料冲击大，而对资本占比小的CPI农产品和服务冲击较小；②劳动力成本机制的非对称作用：劳动力成本上升对劳动占比小的PPI生产资料冲击小，而对劳动密集的农产品和服务冲击大；③国际大宗商品机制的非对称作用：国际原油和矿石等原材料价格下跌带动PPI生产资料大幅下降，而对CPI农产品和服务价格作用较小；④实际利率非对称作用（"债务—通缩"指标）：货币政策对资金需求大的PPI生产资料冲击大，而对CPI冲击较小；⑤固定资产投资机制（供需机制指标）的非对称作用：固定资产投资下降对PPI冲击大而对CPI冲击小；⑥工业增加值机制（供需机制指标）的非对称作用：工业增加值增速提升同样会对PPI生产资料冲击大于对CPI农产品和服务冲击。

在不同区制内，多重机制对CPI、PPI背离造成的影响有所差异。首先，企业负债率、劳动力成本和固定资产投资在区制1内（通缩区间）均对价格指数背离造成显著影响，但在区制2内的影响并不显著。我国处于通货紧缩时期，更容易形成"债务—通缩"循环，从而加重产能过剩问题，生产者价格指数会大幅下跌且单位固定资产投资下降，从而会引发很大程度的PPI下跌。其次，国际大宗商品价格、货币政策和工业增加值在两区制内对价格指数背离的影响均显著。但是，国际大宗商品价格和货币政策在区制1内的影响程度大于区制2，工业增加值在区制1内的影响程度小于区制2，这与宏观经济背景有很大的关系。

由多重机制非对称作用对CPI与PPI背离的影响所引致的通缩，可能是结构性的，也可能是全面性的。究竟是全面性通缩还是结构性的通缩，取决于劳动力成本机制对CPI上行的推动力度以及农产品与服务的供求失衡程度对 CPI 上涨的影响幅度的大小。如果这两大机制的正向作用力度小于国际大宗商品价格下跌和"债务—通缩"对 CPI 的负向作用力度，则会出现 CPI 负增长与全面性通缩，如 2008—2009 年的情景；反之，若劳动力成本机制和农产品与服务的供求失衡机制对 CPI 的正向作用大于大宗商品下跌和"债务—通缩"机制对 CPI 的负向作用力度，则会使得 CPI 出现同比增速仍为正的通胀减速态势，从而形成结构性通缩，如 2012—2016 年的结构性通货紧缩。

第五节　中国 CPI 与 PPI 背离实证结果的稳健性检验

为了探讨我们计量模型和结果的稳健性，本章将国际大宗商品价格指数 CRB 月度同比指标替换为 RJ/CRB 商品价格指数月度同比指标，以衡量国际大宗商品价格机制对 CPI 与 PPI 背离的影响。结果发现，利用 MS-VAR 模型所得到的参数估计结果与原有结果基本相同（如表 6.10 所示）。特别是在区制 2 中，滞后 1 期的 RJ/CRB 商品价格指数系数显著为负，滞后 1 期的实际利率系数显著为正，滞后 2 期的实际利率系数显著为负，滞后 1 期的工业增加值系数显著为正等，均与前文所得计量结果大致相同，符合前文总结所得的结论。新得到的区制概率如图 6.4 所示，可以发现，该图与原区制概率图基本重合。检验证明马尔科夫区制转移模型可以较好地刻画我国 CPI 与 PPI 背离的非线性特征，并且具有很好的稳健性和可靠性。

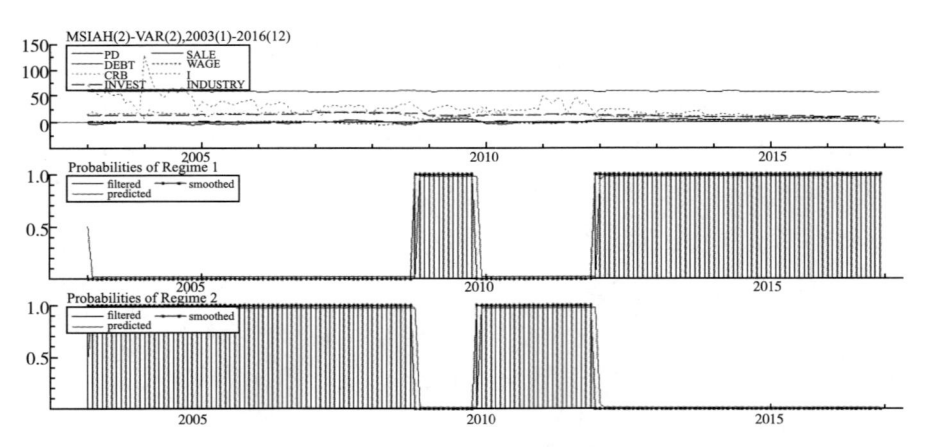

图 6.4　稳健性检验的区制概率

注：filtered 为滤波概率；smoothed 为平滑概率；predicted 为预测概率。
资料来源：根据中经网统计数据库、Wind 数据库的数据，经 OX 软件处理得到。

表 6.10　　　　　　　　　　稳健性检验估计结果

区制 1			区制 2		
PD					
变量	系数估计值	T 统计量	变量	系数估计值	T 统计量
Const(Reg.1)	−1.639	−0.191	Const(Reg.2)	−8.618	−0.675
PD_1	1.350	10.750***	PD_1	1.449	14.044***
PD_2	−0.320	−2.391**	PD_2	−0.649	−6.536***
DEBT_1	0.393	1.292	DEBT_1	−0.121	−0.324
DEBT_2	−0.416	−1.413	DEBT_2	0.213	0.550
WAGE_1	0.391	2.206**	WAGE_1	0.043	0.287
WAGE_2	−0.121	−0.765	WAGE_2	0.051	0.371
RJ/CRB_1	−0.006	−0.694	RJ/CRB_1	−0.014	−1.745*
RJ/CRB_2	0.013	1.520	RJ/CRB_2	0.006	0.813
I_1	0.308	2.776***	I_1	0.230	2.405**
I_2	−0.209	−1.999**	I_2	−0.218	−2.346**
INVEST_1	−0.001	−0.028	INVEST_1	0.002	0.434
INVEST_2	−0.002	−0.068	INVEST_2	−0.001	−0.138
SALE_1	−0.377	−0.695	SALE_1	0.233	0.491
SALE_2	0.903	1.824*	SALE_2	−0.329	−0.712
INDUSTRY_1	0.064	2.110**	INDUSTRY_1	0.130	3.590***
INDUSTRY_2	−0.057	−1.945*	INDUSTRY_2	−0.020	−0.764
SE (Reg.1)	0.545		SE (Reg.2)	0.642	

对数似然函数值 log-likelihood=−1704.066，线性系统 linear system：−1990.060，AIC 准则值 =24.406，HQ 准则值 =27.017，SC 准则值 =30.840，LR 线性检验值 =571.989，Chi(172) = [0.0000] ** Chi(174)=[0.0000] **

注：*、**、*** 分别表示变量通过 10%、5%、1% 显著水平下的检验，Const 为常数项，_1 和 _2 表示滞后 1 期和 2 滞后期。

资料来源：根据中经网统计数据库、Wind 数据库的数据，经 OX 软件处理得到。

第六节 小结

在受国际金融危机影响的 2008—2009 年通缩期间以及 2012—2016 年经济增速从高速转换至中高速过程的通缩期间，我国 CPI 与 PPI 同比增速出现了明显的分化，形成 CPI 与 PPI 明显背离的趋势，分别对应着全面性的通缩和结构性的通缩。

为了从 CPI 与 PPI 背离的角度分析我国结构性通缩以及全面性通缩的形成原因，本章运用我国 2003 年 1 月至 2016 年 12 月间 CPI 和 PPI 的月度数据，通过构建一个衡量 CPI 与 PPI 背离的指数，并利用马尔科夫区制转换向量自回归（MS-VAR）模型对价格指数背离成因的非线性关系进行实证分析。研究发现：

其一，我国 CPI 与 PPI 背离具有明显的两区制特征，各种因素与价格指数背离之间存在显著的非线性关系，在通货紧缩时期，CPI 与 PPI 二者背离程度高，而非通缩时期二者背离程度低。其中，区制 1 包含 2008 年 10 月至 2009 年 7 月和 2011 年 12 月至 2016 年 12 月两个时间段。此时我国 CPI 与 PPI 处于高背离阶段，二者走势相差较大，并且在此时间范围内，我国宏观经济处于通货紧缩状态；区制 2 包含 2003 年 1 月至 2008 年 9 月和 2009 年 8 月至 2011 年 11 月两个时间段。在此区制内，我国消费者和生产者价格指数背离程度小，而且经济景气程度较高。这意味着我国消费者和生产者价格指数背离在样本期间经历了结构性变化，表现出区制状态的非线性的特征。

其二，多重机制非对称作用是造成 CPI 与 PPI 背离以及通缩的主要原因。在通货紧缩时期，国际大宗商品价格、劳动力成本、固定资产投资、工业增加值、企业负债率对 CPI 与 PPI 背离有显著影响，四重机制对 PPI 与 CPI 的作用力度和作用方向不同，从而造成 CPI 与 PPI 形成明显"剪刀差"，并形成明显的通货紧缩。并且多重机制非对称作用对 CPI 与 PPI 背离的影响所引致的通缩，可能是结构性的，也可能是全面性的，究竟是全面性通缩还是结构性的通缩取决于劳动力成本机制和农产品与服务的供求失衡机制对 CPI 的正向作用力度，以及国际大宗商品价格下跌和"债务—通缩"对 CPI 的负向作用力度。

第七章

多重机制非对称作用下的中国结构性通缩：PPI 与 CPI 的传导

第一节 上游 PPI 与下游 CPI 的相互传导机制

一 PPI 与 CPI 之间的正向传导与反向倒逼机制

生产者价格指数 PPI 与消费者价格指数 CPI 是衡量生产领域与消费领域价格的两大主要指标。对于 PPI 与 CPI 之间的变动关系，主要存在两种解释，即 PPI 与 CPI 之间的正向传导与反向倒逼机制。具体而言，基于传统的生产链传递理论提出的成本推动型通胀假说，认为市场上存在着"初级产品—中间产品—最终产品"这一完整的生产链，上游生产成本的变化借助于生产链可向下游产品价格逐步传递，最终体现为 PPI 的变化引起 CPI 的滞后联动反应，PPI 是 CPI 的先行指标。该理论认为存在 PPI 向 CPI 的传导机制，即上游 PPI 的变动会引起下游 CPI 的变动。

然而，需求拉动型通胀假说指出，最终消费品的价格在很大程度上取决于消费者的需求，而最终消费品价格的变动又会反向传导至上游初级产品的需求及价格。因此，最终商品的需求通过反向倒逼机制影响着投入要素价格的变动，从而形成了从 CPI 到 PPI 的传导关系，即下游 CPI 的变动会反向引起上游 PPI 的变动（杨子晖等，2013）。（见图 7.1）

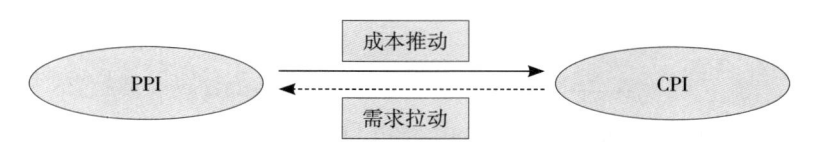

图 7.1 CPI 与 PPI 之间的传导机制

二 PPI 与 CPI 之间的传导阻滞和背离

从理论上来讲，不管是上游向下游传导的成本推动，还是下游向上游的反向需求拉动，PPI 与 CPI 的变化趋势应该是同向的、协同的。尽管从总体上来说，我国的 PPI 与 CPI 的变化趋势大致是一致的，但在通缩时期，PPI 与 CPI 之间的走势出现了较大程度的不一致，甚至是背离的现象。如图 7.2 所示，例如，在 2001—2002 年的通缩时期，我国 PPI 表现为持续的、较大幅度的通缩，但是 CPI 的通缩时间较短、通缩幅度也较轻。又如，2008 年美国爆发金融危机后，我国 PPI 经历了持续较长时间的大幅度通缩，但 CPI 的通缩时间却相对较短、通缩幅度也小得多。而在 2012 年我国经济进入新常态后，经济从高速增长转为中高速增长，PPI 与 CPI 背离的趋势也表现得更为明显。在 2012 年 3 月至 2016 年 8 月期间，我国 PPI 经历了历史上持续时间最长的一次通缩，而与此同时 CPI 却处于正增长的区间。在 PPI 持续 54 个月的通缩时期，CPI 尽管从高通胀转变为持续低迷，同比增速放缓却一直保持为正，即二者之间出现了不同于前两次通缩时期的"正负背离"现象。这种现象是否表明二者之间的传导关系失效引起了学者们的广泛关注。总之，我国 PPI 与 CPI 在通缩时期的走势不一致，说明通缩阶段的 PPI 与 CPI 之间的传导关系趋于减弱或者不顺畅，从而导致了上下游价格传导阻滞和背离的现象。

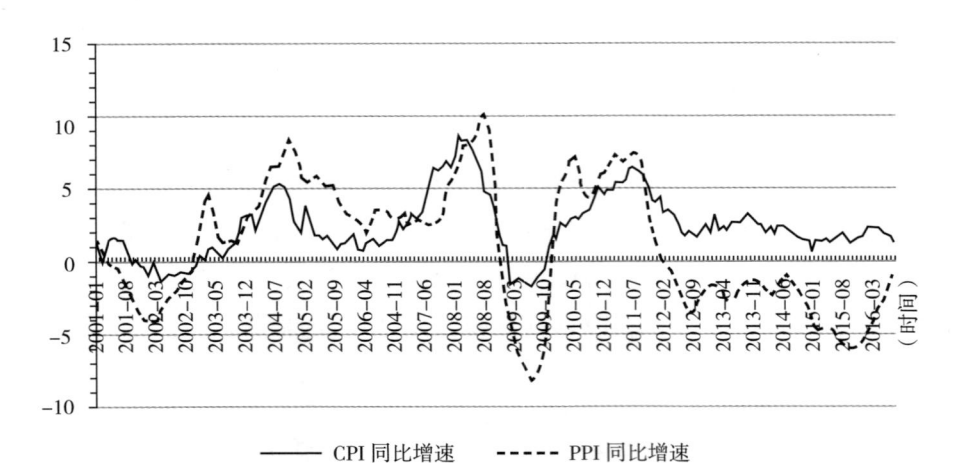

图 7.2　2001—2016 年中国 PPI、CPI 同比增速变化趋势

资料来源：中经网统计数据库。

三 研究 PPI 与 CPI 的传导关系的意义

深入研究与科学甄别 PPI 与 CPI 之间的正向传导与反向倒逼机制，对于理解我国价格形成机制理论，以及判断采取需求还是供给方面的调控政策手段，均具有重要的意义。

从理论方面来看，消费者价格指数（CPI）和生产者价格指数（PPI）作为衡量社会物价水平、通货膨胀（或通货紧缩）的经济指标，二者的传导机制一直是宏观经济研究的核心问题。因此，研究和比较二者之间的相互影响，对理解二者之间的传导机制以及二者的影响因素有着重要意义和学术价值。

而现实方面的意义主要反映在政策制定上。一方面，如果确定存在的是从上游 PPI 到下游 CPI 的成本推动型价格传导机制，那么 PPI 就可以作为影响 CPI 的先行指标，研究 PPI 在不同时期对 CPI 的影响与冲击，可以帮助相关部门制定针对性政策来合理预测、调控 CPI 增速，阻断 PPI 大幅变动对 CPI 的不利影响，从而保持经济良好健康运行。另一方面，如果确定存在的是从下游 CPI 向上游 PPI 的需求拉动型的价格传导机制，那么就可以从需求端进行需求管理，从而使得上下游价格保持在合理的水平。可见，研究和确定上下游价格的传导方向对于是制定需求管理还是供给管理的宏观经济政策有重要的意义。

第二节 PPI 与 CPI 相互传导关系的文献综述

一 PPI 与 CPI 传导关系的主要观点

由以上分析可知，作为衡量社会物价水平变动的最主要经济指标，PPI 和 CPI 之间的传导机制一直是宏观经济研究的热点问题。近年来，有关我国 PPI 与 CPI 的正向传导与反向倒逼机制引起了学者们的广泛关注与研究，其中三种主要观点如下：

第一种观点认为，PPI 作为 CPI 的先行指标，带动 CPI 同向变动。传统的生产链传递理论提出的成本推动型通胀假说，认为上游生产成本的变化会通过生产链条逐步传递给下游产品的价格，最终实现上游 PPI 的变动引起下游 CPI 的同向变动，如若 PPI 增速持续上升（下降），CPI 的增速也会随之上升（下降）。

这一观点得到了诸多文献实证结果的支持。例如，杨子晖等（2013）通过非线性格兰杰因果检验等方法，发现从总体上来看我国存在着从 PPI 到 CPI 的非线性传导机制，通过生产链的传递，我国上游生产要素价格的上升将导致下游消费商品价格的上升。樊孝菊等（2013）利用格兰杰因果检验方法，对自 2008 年以来 PPI 和 CPI 之间所产生的"倒挂"现象进行研究，发现 PPI 与 CPI 之间具有均衡的变化趋势，且二者存在非线性的动态变化关系。在较长样本期内 PPI 是 CPI 的格兰杰原因，而反之则不成立。

第二种观点认为，CPI 作为 PPI 的先行指标，带动 PPI 同向变动。CPI 的持续高位（低位）导致 PPI 的持续通胀（通缩），即需求拉动的价格传导机制。需求拉动型的通胀（通缩）假说指出，商品的需求在很大程度上决定着商品的价格，最终消费品需求及价格的变动借助于反向传导的倒逼机制会对上游初级产品的需求乃至价格产生影响。因此，最终消费品的需求决定着生产要素价格水平的变动，消费终端价格 CPI 的变动决定着上游价格 PPI 的变动。

该观点也得到了相关文献的支持。贺力平等（2008）基于我国数据的格兰杰因果检验结果显示，PPI 对 CPI 的变化所作出的反应有 1—3 个月的时滞，CPI 是 PPI 的格兰杰原因。在对国内通胀的影响上，来自 CPI 所代表的需求方面的因素要强于来自 PPI 所代表的供给方面的因素。刘凤良、鲁旭（2011）通过格兰杰因果检验，推断得出相对稳健且全面的结论，即 CPI 是 PPI 的格兰杰原因，反之不成立。此外，王晓芳、王瑞君（2013）认为，在 1% 的水平上，CPI 单向传导至 PPI。

第三种观点认为，CPI 与 PPI 之间存在双向因果关系。孙坚强等（2016）通过构建非线性 MG 系统模型实证检验发现，我国的 PPI 与 CPI 之间存在双向传导关系，供给需求因素在我国物价形成机制中均起显著作用，但需求因素更快地形成通胀（或通缩）的压力。PPI 对 CPI 向下推动传导的时滞为 1—4 个月，而 CPI 对 PPI 反向反馈传导的时滞为 1—2 个月。王晓芳、王瑞君（2013）通过总体经验模式的分解和计量分析的方法，得出在 5% 的显著水平下，CPI 与 PPI 互为双向因果关系。持相同观点的还有徐伟康（2010），通过格兰杰因果关系检验，他得出了不论是在短期还是长期内，

CPI 和 PPI 都互为格兰杰原因的结论。

然而,在经济"新常态"下,我国的 CPI 和 PPI 出现"正负背离"的现象,CPI 减去 PPI 的缺口接近历史最大值,PPI 与 CPI 两者之间的传导关系似乎已经不复存在了。对于这一现象,不同学者有不同发现。刘凤良等(2017)指出,2008 年以来政府采取投资主导的方式调控国内经济,而 CPI 与 PPI 走势分化的诱因正是总需求结构的调整,而供给侧部门间所存在的资源转移困难的问题则进一步加重了这种分化。龙少波、袁东学(2016)认为,尽管 CPI 与 PPI 的增速值分别处于零的上下,但 CPI 与 PPI 之间的传导机制仍然存在,因为 PPI 与 CPI 变动时的波峰和波谷依然大致对应。但是,由于 CPI 随劳动力成本上涨而上涨,而 PPI 却因国际大宗商品价格下降而下降,因此,在"一涨一跌"影响下,二者之间缺口变大。此外,吕捷、王高望(2015)指出,行业结构性变化使得 PPI 与 CPI 先同步上涨再背离,劳动力由农业部门转向加工部门,从而使得 PPI 经过一个短暂上升后开始持续下降,而加工部门的不断扩张使得 CPI 不断上升。同时,CPI 代表的需求与 PPI 代表的供给还存在非对称的关系。

二 PPI 与 CPI 传导关系的文献评述

以上文献大多采用格兰杰因果检验的方式对 PPI 和 CPI 的传导机制进行研究,但许多研究存在模型不够精确的问题。一方面,Caporale 等(1997,2002)指出,过度简化的二元系统(VAR 或 VECM)可能存在"遗漏变量偏误"(Omitted Variable Bias),即丢失了第三方影响因素而导致计量模型的"不完整"性,进而得出"虚假"的格兰杰因果性结论。另一方面,上述许多研究没有考虑到上下游价格传导的非线性特征。在不同的经济背景下,PPI 与 CPI 之间的传导强度可能是不一致的。如果采取传统的线性模型则无法精确地刻画这种传导的差异性。为此,本章将在这两方面进行改进,更加精准地刻画 PPI 与 CPI 之间的传导关系,重点分析通缩时期 PPI 与 CPI 之间的传导关系,并与其他时期进行比较以考察其传导强度的变化特征。

对于遗漏变量所带来的偏误问题,主要通过加入货币政策变量来加以纠正。例如,Caporale 等(2002)在研究价格 PPI 与 CPI 的关系时加入了货币因素。张成思(2010)在考虑上中下游价格的动态传导特征时,加入货币因素对不同价格的驱动机制进行分析。刘凤良、鲁旭(2011)通过引入广义货币供应量 M2 到实证模型中，利用货币政策分析框架来研究 CPI 和 PPI 的价格传导因果关系。因此，我们也选择将货币政策因素加入到价格传导关系的研究中来。由于当前我国的货币政策处于"数量型"调控工具向"价格型"调控工具的转型过程中，央行同时采取两种工具进行宏观调控，故本书将广义货币供应量同比增速与短期实际利率同时纳入模型当中，以防止遗漏货币政策变量所带来的偏误。其中，广义货币供应量同比增速代表"数量型"货币政策工具，短期实际利率代表"价格型"货币政策工具。

对于 PPI 与 CPI 时变传导强度的精确刻画问题，主要使用非线性的变系数模型加以解决。由上述分析可知，在不同阶段 PPI 与 CPI 之间的传导关系是不一致的，考虑到价格传导的时变非线性特征，本书将工业生产者出厂价格指数 PPI 增长率、消费者价格指数 CPI 增长率、广义货币供应量 M2 增长率和实际利率 R 放入同一个模型中进行动态的对比分析。为此，选取带有随机波动项的时变参数向量自回归（TVP-VAR-SV）模型，研究不同提前期 PPI 与 CPI 的非线性正向传导与反向倒逼机制以及货币政策因素对这种传导关系的影响作用；同时，选择我国最近三次通缩中的三个通缩点作为观察点，重点分析比较在这三次通缩时期 PPI 与 CPI 之间的正向传导与反向倒逼机制的差异，从而为反通缩的宏观调控提供相关的政策建议。

第三节　PPI 与 CPI 相互传导关系的研究方法

一　时变参数的 VAR 模型

自 Sims（1980）提出向量自回归模型（VAR）以来，作为一种基本的计量分析工具，该模型已经在宏观经济的实证分析中得以广泛使用。然而，宏观经济变量常常表现出结构不稳定性和参数改变的特征，传统的 VAR 模型则无法刻画这种参数的结构性变化问题。因此，后续研究对 VAR 模型进行了拓展和衍生，基于系数与误差项的协方差矩阵都能随时间变化而变化的思路，发展出了许多 VAR 模型的变种以克服参数时变的问题。

其中，时变参数向量自回归（Time-varying Parameter VAR，TVP—

VAR)模型，就是一种利用状态空间模型方法处理参数改变形式的 VAR 模型。该模型最初是由 Primiceri（2005）提出，并主要应用于宏观经济问题的计量分析。该方法凭借其灵活和稳健的特点，可以识别经济中潜在的时变结构。TVP-VAR-SV 模型中的参数均假定服从一阶随机游走过程。随机波动率（SV）在该模型中起到了非常重要的作用。

根据 Primiceri（2005）的相关研究，为了介绍带有随机波动项的时变参数向量自回归（TVP-VAR-SV）模型，首先需要引入一个基本的结构性向量自回归（SVAR）模型：

$$Ay_t = F_1 y_{t-1} + F_2 y_{t-2} + \cdots + F_s y_{t-s} + i_t, \ t = s+1, \cdots, n \tag{7.1}$$

其中，s 为模型的滞后期，y_t 是一个 $k \times 1$ 阶向量，$A, F_1, F_2, \cdots, F_s$ 均为 $k \times k$ 阶的系数矩阵，μ_t 表示的是 $k \times 1$ 阶的结构性冲击。假设 $\mu_t \sim N(0, \Sigma\Sigma)$，其中，$\Sigma$ 满足：

$$\Sigma = \begin{bmatrix} \sigma_1 & 0 & \cdots & 0 \\ 0 & \ddots & \ddots & \vdots \\ \vdots & \ddots & \ddots & 0 \\ 0 & \cdots & 0 & \sigma_k \end{bmatrix}$$

同时，指定同期关系系数矩阵 A 为下三角矩阵，也就是：

$$A = \begin{bmatrix} 1 & 0 & \cdots & 0 \\ a_{21} & \ddots & \ddots & \vdots \\ \vdots & \ddots & \ddots & 0 \\ a_{k1} & \cdots & a_{k-1} & 1 \end{bmatrix}$$

而式（7.1）的 SVAR 模型则可以改写为精简的形式：

$$y_t = B_1 y_{t-1} + \cdots + B_s y_{t-s} + A^{-1}\Sigma\varepsilon_t, \ \varepsilon_t \sim N(0, I_k) \tag{7.2}$$

其中，$B_i = A^{-1} F_i, i = 1, 2, \cdots, s$。进一步地，式（7.2）可以改写为缩减形式：

$$y_t = X_t \beta + A^{-1}\Sigma\varepsilon_t, \ t = s+1, \cdots, n \tag{7.3}$$

其中，β（$k^2 s \times 1$ 阶向量）是由 B_i 变化而来，$X_t = I_k \otimes (y_{t-1}, \cdots, y_{t-s})$（其中，$\otimes$ 表示克罗内克积）。式（7.3）即为普通 SVAR 的一般缩减形式，其参数

是不可变的。

现在，我们如果令参数 β, A, $\sum$ 不是固定不变的，而是随着时间 t 的变动而变动的，那么可得到带有随机波动的 TVP-VAR 模型：

$$y_t = X_t\beta_t + A_t^{-1}\sum_t \varepsilon_t, t = s+1, \cdots, n \qquad (7.4)$$

其中，A_t 为下三角矩阵，再令相关参数服从一阶随机游走过程，这个假设允许参数临时或永久性地转变，从而可以捕捉到渐变的或者结构性突变的非线性（Primiceri，2005）：

$$\beta_{t+1} + \beta_t + u_{\beta t}, \alpha_{t+1} = \alpha_t + u_{\alpha t}, h_{t+1} = h_t + u_{ht} \qquad (7.5)$$

其中，$h_t = (h_{1t}, \cdots, h_{kt}), h_{kt} = \log \sigma_{jt}^2 (j=1,k, t=s+1,\cdots,n)$，$\beta_{t+1} \sim N(u_{\beta 0}, \sum_{\beta 0})$，$\alpha_{t+1} \sim N(u_{\alpha 0}, \sum_{\alpha 0})$，$h_{t+1} \sim N(u_{h0}, \sum_{h0})$，以及

$$\begin{bmatrix} \varepsilon_t \\ u_{\beta t} \\ u_{\alpha t} \\ u_{ht} \end{bmatrix} \sim N \left(0, \begin{bmatrix} 1 & 0 & 0 & 0 \\ 1 & \sum_\beta & 0 & 0 \\ 0 & 0 & \sum_\alpha & 0 \\ 1 & 0 & 0 & \sum_h \end{bmatrix} \right) \qquad (7.6)$$

二　TVP-VAR 模型的估计

由于 TVP-VAR 模型有太多的参数需要估计，需要估计的参数增加了 T 倍，如果使用传统的回归方法，则存在样本不足和估计困难的问题。而且，脉冲响应函数也常常会出现发散的后验分布和过大的置信区间，从而导致实证中过度拟合的风险增加。在 TVP-VAR 模型中，那些能够实现多种缩减技术的先验分布，往往可以缓解因为待估参数过多、宏观经济数据较短、很难获得系数的精准估计的问题（Koop & Korobilis，2010）。

在 TVP-VAR 模型中，允许多元随机波动率的存在显得非常必要。由于随机波动（SV）被引入模型中，这使得模型估计变得更加困难，为了克服过度参数化的问题，贝叶斯估计方法成为一个比较好的选择。在具体的方法选择上，采用 Nakajima（2011）的建议，利用马尔科夫链蒙特卡洛（MCMC）的方法对 TVP-VAR-SV 模型进行估计。

第四节 PPI 与 CPI 相互传导关系的实证结果分析

一 变量说明与数据来源

工业生产者出厂价格指数增速：用工业生产者出厂价格指数同比增长率表示工业生产者价格指数的变动，符号为 PPI。

消费者价格指数增速：用消费者价格同比增长率以表示消费者价格指数的变动，符号为 CPI。

广义货币供应量增速：用广义货币供应量的同比增长率表示广义货币供应量增速，代表"数量型"货币政策力度的大小，符号为 M2。

实际利率：用短期实际利率来表示"价格型"货币政策力度的大小，符号为 R。其中，短期实际利率为短期名义利率减去当期的通胀率。短期名义利率用银行间七天同业拆借加权平均利率 i7 表示；同期的通胀率用 CPI 同比增长率来表示。

以上所有指标的原始数据均来自中经网统计数据库，所有数据的时间区间均为 2001 年 1 月—2019 年 2 月，数据频率为月度数据。

上述各变量的符号表示、经济含义以及数据来源如表 7.1 所示。

表 7.1　　　　　　　　变量说明与数据来源

变量	含义	数据来源
PPI	工业生产者出厂价格指数增速	中经网统计数据库
CPI	消费者价格指数增速	
M2	广义货币供应量增速	
R	短期实际利率	

二 数据描述性统计与平稳性检验

图 7.3 为各序列随时间变动的趋势，表 7.2 为各变量的描述性统计分析。综合图 7.3 和表 7.2 可以发现，各个变量随时间的波动情况均比较剧烈，但是都围绕着各自的均值上下波动。同时可以发现各序列的协同变化特征较明显。

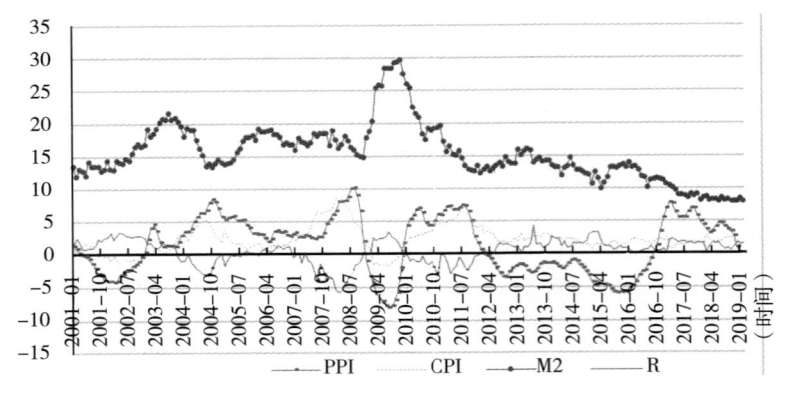

图 7.3　各序列随时间变化的情况

资料来源：中经网统计数据库。

具体来说，工业生产者出厂价格指数增速（用 PPI 表示）的波动较为剧烈，在我国经济过热的 2008 年 8 月，PPI 同比增幅达到最高峰为 10.1%，是近二十年来的最高水平；而 PPI 同比跌幅最大的点出现在 2009 年 7 月，其值为 −8.2%，当时我国经济受到国际金融危机的影响，处于产能过剩时期。可见，我国 PPI 的最高涨幅与最大跌幅之间相差 18.3%，巨幅波动特征非常明显。PPI 增速的均值为 1.478%，标准误为 4.306，平均而言，PPI 的增速是正的，波动幅度较大。

而消费者价格指数增速（用 CPI 表示）波动相对平稳，最大值为 8.7%，最小值为 −1.8%，分别出现在我国经济过热的 2008 年 2 月和受国际金融危机影响的 2009 年 7 月，两者相差 10.5%，均值为 2.294%，标准误为 2.019。从整体上来看，PPI 和 CPI 增速的协同性很强，走势基本一致，只是 CPI 的变化幅度更小，从我们的经验认识和图表的直观反映来看，PPI 对 CPI 的变动存在一定的传导效应。但是，在通缩时期，PPI 增速的下降幅度非常明显，且持续时间较长；而同时期的 CPI 同比增速降幅相对较小且有限，说明 PPI 对 CPI 的传导强度明显减弱。特别是在 2012—2016 年我国结构性通缩期间，PPI 持续了 54 个月的负增长，而 CPI 却保持了 1% 左右的正增长，从直觉上可以认为，PPI 对 CPI 的传导强度进一步减弱，甚至是受到较大的阻滞而背离。

广义货币供应量增速（用 M2 表示）在 2001 年 1 月至 2019 年 2 月期间一直为正，其波动幅度相较于 CPI 与 PPI 最为剧烈，同比增幅最大为 2009 年 11 月的 29.74%，同样，这个时期我国受到了国际金融危机以及

4万亿元计划的实施带来的影响；而 M2 同比增幅最小为 7.97%，发生在 2018 年 6 月，这是由于我国国内实行紧缩的货币政策。实际利率 R 在几个指标中的整体波动幅度虽不算大，但是小范围的波动却很剧烈，且其波动正负交替，走势基本与 CPI 增速相反。

表 7.2　　　　　　　　　　各变量的描述性统计

	CPI	PPI	M2	R
均值	2.294	1.478	15.386	0.502
最大值	8.700	10.100	29.740	4.310
最小值	-1.800	-8.200	7.970	-5.770
标准误	2.019	4.306	4.456	1.812
观察值	218	218	218	218

资料来源：笔者根据计量结果得到。

时间序列数据是否具有平稳性对后续的实证分析有着重要的影响，所以在进行计量模型分析之前，为了保证样本数据的平稳性和防止"伪回归"问题的出现，必须对各变量数据进行平稳性检验。由表 7.3 的 ADF 检验结果可知，M2 是不平稳的，但一阶差分之后所有变量都是平稳的，各变量均服从一阶单整。因此，我们利用差分后数据进行下面的 TVP-VAR-SV 模型的回归分析。

表 7.3　　　　　　　　　　ADF 检验结果

变量	检验类型（c, t, k）	检验值	对应的 p 值	结论
M2	(1, 1, 3)	-3.117	0.105	不平稳
CPI	(1, 0, 12)	-3.239**	0.019	平稳
PPI	(0, 0, 2)	-2.905***	0.004	平稳
R	(0, 0, 0)	-3.210***	0.001	平稳
ΔM2	(0, 0, 2)	-5.789***	0.000	平稳
ΔCPI	(0, 0, 11)	-6.577***	0.000	平稳
ΔPPI	(0, 0, 1)	-6.838***	0.000	平稳
ΔR	(0, 0, 0)	-17.119***	0.000	平稳

注：ADF 检验类型（c,t,k）中，c 表示单位根检验时是否带常数项，若 c=1 则表示带常数项，若 c=0 则表示不含常数项；t 表示是否带趋势项，若 t=1 则表示带趋势项，若 t=0 则表示不含趋势项；k 表示自回归的滞后阶数，根据 AIC 和 SC 准则自动确定。*** 表示 1% 的显著水平，** 表示 5% 的显著水平，* 表示 10% 的显著水平。

资料来源：笔者根据计量结果得到。

三 参数估计结果分析

利用 OxMetrics6.0 对 TVP-VAR-SV 模型进行处理，根据边际似然函数，选取 2 为最优滞后阶数。设定马尔科夫蒙特卡洛模拟（MCMC）的抽样次数为 20000，前 2000 次抽样作为预烧值剔除，后 18000 次作为本次抽样样本。

表 7.4 给出了参数估计后验分布的均值、标准差、95% 置信区间的上下限、收敛诊断以及无效因子的情况。根据表中模型估计的收敛诊断概率可知，在 5% 的显著性水平下不能拒绝"模拟所得数据收敛于后验分布"的原假设，因此，可以判断预烧区间能够让马尔科夫链趋于收敛。非有效因子最大值为 190，有效样本数量为 105（20000/190）个，表明在此次样本中，模型后验推断所需要的不相关样本的数目是足够的，能够进行后验推断。

表 7.4 TVP-VAR-SV 模型的估计

参数	均值	标准差	95% 置信区间下限	95% 置信区间上限	收敛诊断	无效因子
$(\sum\beta)1$	0.022	0.002	0.018	0.027	0.435	10.110
$(\sum\beta)2$	0.023	0.003	0.018	0.029	0.116	11.430
$(\sum\alpha)1$	0.063	0.018	0.038	0.108	0.838	56.160
$(\sum\alpha)2$	0.060	0.016	0.037	0.099	0.140	45.680
$(\sum h)1$	0.310	0.092	0.169	0.536	0.247	190.000
$(\sum h)2$	0.461	0.128	0.253	0.760	0.480	102.730

注：$(\sum\beta)i$ 和 $(\sum\alpha)i$ 的估计量都乘以 100。
资料来源：笔者根据 OX 软件计量结果得到。

四 时变参数特征分析

图 7.4 包含了所使用的样本的自相关函数、样本的取值路径以及后验后分布的密度函数。剔除预烧期的样本，其自相关平稳下降且样本取值路径平稳，这说明样本取值方法能有效产生不相关的样本。

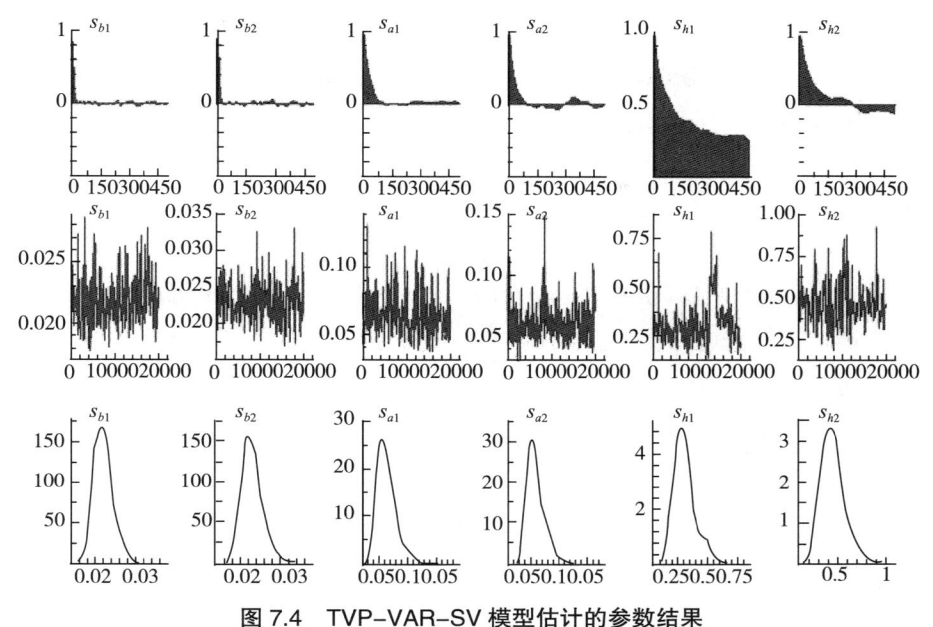

图 7.4　TVP-VAR-SV 模型估计的参数结果

资料来源：笔者根据 OX 软件计量结果得到。

图 7.5 分别为工业生产者出厂价格指数 PPI 同比增长率，消费者价格指数 CPI 同比增长率，广义货币供应量 M2 同比增长率和实际利率 R 的水平变化趋势图（图 7.5 的前四个图）以及后验波动分布图（图 7.5 的后四个图）。我们重点分析各变量的波动变化特征情况。

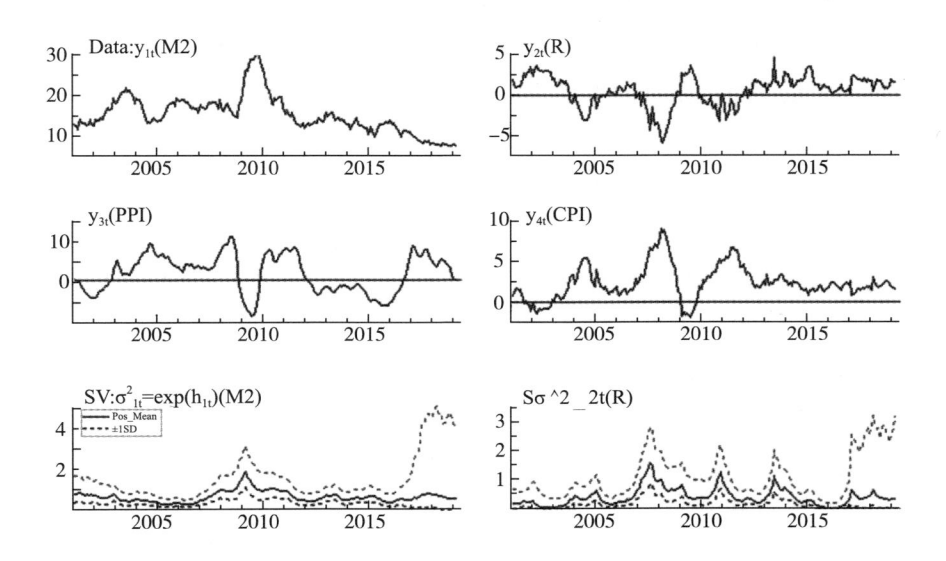

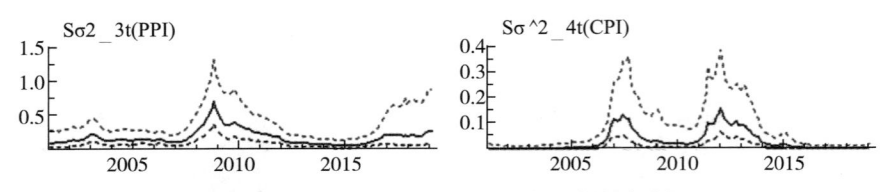

图 7.5　PPI、CPI、M2 和 R 的后验波动特征

资料来源：笔者根据 OX 软件计量结果得到。

工业生产者出厂价格指数同比增速（PPI 表示）的波动率在 2001—2007 年处于较低水平，在随后的 2008—2011 年波动率处于较高水平，并在 2009 年左右达到最高点。这主要是因为金融危机爆发前后，工业生产者出厂价格指数同比增长率经历了几次大的过山车行情。在 2009 年前，我国经济处于过热时期，2007 年的实际 GDP 增速达到了 14.2%，价格水平大幅上涨，PPI 迎来短暂的小高峰；而 2009 年后由于金融危机的影响，PPI 又出现大幅下跌，到谷底；之后在 4 万亿元投资的刺激下，随着需求复苏，工业生产者出厂价格指数同比增长率又急剧上升，在 2010 年达到新的峰值；接着又由于我国经济"新常态"的到来，在之后的 2012—2016 年，PPI 增速缓慢下降，其波动率也处于较低水平；供给侧结构性改革对过剩产能的祛除，使得上游产品价格出现上涨态势，2016 年后期供给侧结构性改革和消化过剩产能取得了明显的效果，因此 2016 年后期 PPI 增速开始上升，又引起了波动率的走高。可见，PPI 增速的波动特征与我国经济形势变化所带来的价格变化情况是基本相符的。

消费者价格指数同比增长率（CPI 表示）的波动率在 2007 年之前和 2014 年之后都处于很低的水平，而在 2007—2014 年却出现明显的较大波动，与 PPI 的波动率保持较为一致的变化特征。2001—2008 年，随着我国经济的快速发展，CPI 增速总体上呈现出上升的趋势。CPI 增速从 2001 年 1 月的 1.2% 上升到 2008 年 2 月的 8.7%，但在这期间也出现了两次小幅的下降，分别是 2001 年 5 月到 2002 年 4 月和 2004 年 8 月到 2006 年 3 月。2007—2014 年，CPI 也经历了几次过山车式的波动。在 2008 年 2 月，CPI 同比增长率出现峰值，其最高值达到 8.7%；而在 2009 年 7 月达到最低值 −1.8%；在 2011 年 7 月 CPI 又达到最高 6.5% 的峰值；2014 年之后的消费者价格指数同比增长率一直稳定在一个区间内，没有出现大幅的波动。故 CPI 增速的变化趋势与 PPI 增速的变化趋势总体上相似，但从纵轴的数值来看，PPI

增速要明显高于 CPI 增速。这也在一定程度上表明，通缩时期的 PPI 与 CPI 的走势虽然出现分离，但两者之间仍然存在着相应的传导关系。

广义货币供应量同比增长率（M2 表示）的波动率在 2001—2007 年较为平缓，在一定范围内保持波动，但仍出现小高峰。在 2008—2012 年出现明显的波动，且比第一次波动更为剧烈，在 2009 年出现峰值。事实上，在 2008—2012 年，M2 同比增长率曾出现长达 16 个月超过 20%，这与金融危机后我国投放的十万亿元天量信贷有关。2012 年后，波动率下降，波幅趋于平缓。广义货币供应量增速的波动特征与后验波动特征图所展现的相符。

实际利率（R 表示）在考察期间一直处于不平稳状态，相比其他指标，R 在短时间内的波动也更为剧烈。从图 7.5 的后验波动图可以看出 R 的波动率多次出现峰值，其中最明显的分别为 2008 年、2011 年和 2013 年。从实际利率 R 的时间序列变化图中可以看出，R 的变化与 CPI 增速的变化存在一定的相关性，R 的峰值对应 CPI 增速的谷值，R 的谷值对应 CPI 增速的峰值，说明实际利率的提升能够降低通胀水平，实际利率的下降也能够明显地导致通胀水平的上升。

为了更加具体地考察工业生产者出厂价格指数与消费者价格指数之间的时变传导影响关系，并同时考察货币供给增速与实际利率对其的影响，本文将工业生产者出厂价格指数增速（用 PPI 表示）、消费者价格指数增速（用 CPI 表示）、广义货币供应量增速（用 M2 表示）以及实际利率（用 R 表示）同时放入 TVP-VAR-SV 模型，并分别分析各个时点不同提前期的脉冲响应时变特征，以及通缩阶段特殊时点上四个变量间的相互影响的脉冲响应时变特征。

（一）各个时点不同提前期的 PPI 与 CPI 相互影响时变特征

在不同时期的 PPI 与 CPI 之间的传导强度的差异与趋势是我们关注的重点问题，我们通过脉冲函数的方法考察在每个时点上，不同提前期的 PPI 增速与 CPI 增速的单位标准误冲击对彼此的影响情况。与此同时，我们还考察了货币政策变量对 PPI 增速与 CPI 增速的影响。图 7.6 分别是领先 1 个月（1 期）、1 个季度（3 期）和半年（6 期）的来自 PPI 的单位标准误冲击对 CPI 的时变影响、来自 CPI 的单位标准误冲击对 PPI 的时变影响、来自 M2 的单位标准误冲击对 PPI 的时变影响、来自 R 的单位标准误冲击对 PPI 的时变影响，以及来自 R 的单位标准误冲击对 CPI 的时变影响。

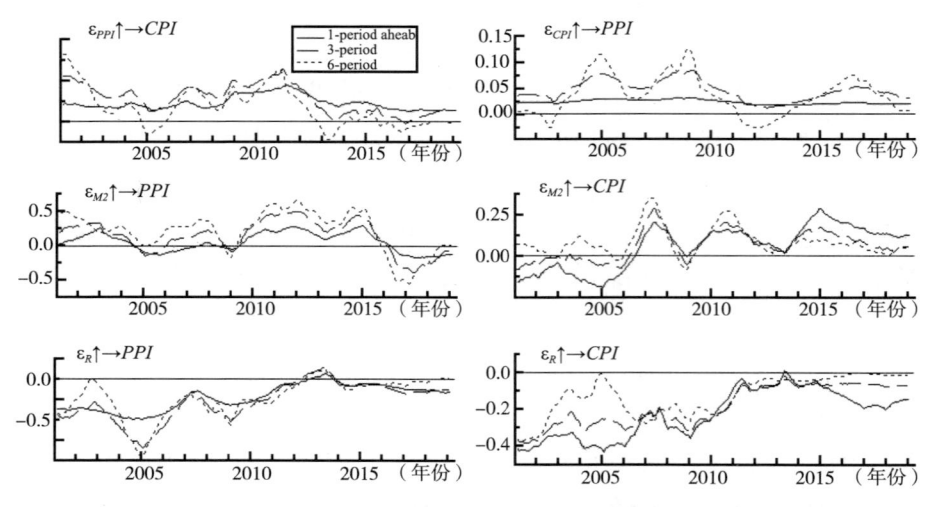

图 7.6　领先 1 个月、3 个月和半年的 PPI、CPI、M2 和 R 单位冲击对彼此的影响
资料来源：笔者根据 OX 软件计量结果得到。

第一，我们观察来自 PPI 增速的单位冲击对 CPI 增速的影响，也就是 PPI 对 CPI 的正向传导影响情况。如图 7.6 所示，当受到领先 1 个月和 3 个月的工业生产者出厂价格指数 PPI 同比增长率的一单位标准误正向冲击后，消费者价格指数 CPI 同比增长率在整个时间区间里表现为同向影响。也就是说，工业生产者出厂价格的上涨会带来消费者价格的同向上涨；反之，工业生产者出厂价格的下降则会带来消费者价格的下降。这比较符合我们的预期，说明上游出厂产品的价格通过生产链、物流链和零售环节最终传导至消费品上。换言之，PPI 通过影响消费品的成本从而带动 CPI 的同向变化，因此 PPI 在一定程度上能对 CPI 进行价格传导。值得注意的是，上游 PPI 对下游 CPI 的正向传导强度表现出明显的时变特征。从 2009—2011 年可以看出，我国的 PPI 对 CPI 的影响力度明显增强；而 2012 年我国经济"新常态"以来，PPI 对 CPI 的影响力度却逐渐降低，此段时间正处于我国经济结构性通缩期间。在 2012—2016 年的我国结构性通缩期间，PPI 持续了 54 个月的长期负增长；而 CPI 增速虽然也随之下降，但仍处于正增速当中。可见，在此区间内，PPI 对 CPI 的正向传导影响仍然存在，但这种传导影响减弱趋势非常明显，故 PPI 增速的长期持续下降和通缩最终未能带来 CPI 的通缩。

正如前面的分析，多重机制对 PPI 与 CPI 的非对称影响造成了 PPI 与 CPI 之间的正负背离，PPI 对 CPI 的传导效果减弱。以供求机制为例，2012 年以来，上游重工业领域的产能严重过剩，加之需求的下降，使得 PPI 持续低迷与通缩；而对于 CPI 而言，上游钢铁、煤炭、氧化铝和水泥等并不直接进入生活消费品的成本当中。因此，PPI 的大幅下滑对 CPI 下降幅度的影响有限。另外，农产品供需紧平衡也从总体上支撑了 CPI 的正向增长，这使得 PPI 下降与通缩对 CPI 的负向影响表现得更加羸弱。

此外，领先半年的 PPI 增速单位冲击在一定区间内对 CPI 存在负向影响作用。特别是在 2005 年前后，以及 2013—2014 年，PPI 增速对 CPI 增速的影响呈现相应的负相关关系，这说明来自半年前的 PPI 增速的单位冲击可能会使得 CPI 增速出现负向变化。这可能是因为，当 PPI 对 CPI 的传导受到的阻滞严重到一定程度时，PPI 与 CPI 之间会呈现出完全背离的态势。

第二，考察来自 CPI 增速的单位冲击对 PPI 增速的影响，也就是 CPI 对 PPI 的反向倒逼机制的影响结果。如图 7.6 所示，领先 1 个月、3 个月、半年的 CPI 增速的单位冲击在不同区间对 PPI 的影响程度差异较大，但除了领先半年的 CPI 增速在个别小区间对 PPI 增速的影响为负向效应外，CPI 对 PPI 整体呈现出显著的同向影响。这就意味着，消费者价格的上涨会带来工业生产者出厂价格的上涨；消费者价格的下降则会带来工业生产者出厂价格的下降。因此，CPI 对 PPI 的传导关系为反向倒逼机制，换言之，即需求拉动型价格传导机制。CPI 上涨会增加消费品供应商对上游消费型工业品的需求，从而带动 PPI 上涨。在整个考察区间内，领先 1 个月的 CPI 增速对 PPI 增速的影响最为平稳，维持在 0.025 左右；领先 3 个月的 CPI 增速对 PPI 增速的影响波动较大，最高达到 0.075 左右，最低则低于 0.025；领先半年的 CPI 增速对 PPI 增速的影响波动最大，最高时超过 0.1，最低时则为负数。

值得注意的是，CPI 对 PPI 反向倒逼影响较大的区间集中在 2004—2006 年与 2007—2010 年。相对于之前的区间而言，在 2012—2016 年我国结构性通缩区间，CPI 对 PPI 的反向倒逼的影响力度较小。这可能是因为：在 2012—2016 年我国结构性通缩时期，尽管消费结构的转型使得消费者对工业品的消费需求相对减少，从而对上游PPI产生了一定程度的向下压力，但是其影响力度相对较小。一方面，此时PPI下降幅度最大的是占比70%多的PPI生产资料，占比20%多的PPI生活资料下降幅度较小，而CPI生活工业品下降只是影响PPI生活资料。另一方面，CPI生活工业品价格下降幅度本身就较小，且CPI生活工业品在整个CPI中占比只有40%左右。另外，消费者需求增加主要集中在服务需求方面，比如教育、旅游和医疗服务等，对其他方面的需求增加并不显著，而服务并不计入PPI中，这也使得CPI对PPI的传导影响不大。

从整个区间的正向传导与反向倒逼的影响力度比较来看，来自PPI增速的单位标准误冲击对CPI增速的影响力度在0.1—0.25；而来自CPI增速的单位标准误冲击对PPI增速的影响力度在0.025—0.1。这说明，我国上下游价格相互传导机制当中，以正向的成本推动型为主，以反向的需求拉动型为辅。这也间接地表明，在2012—2016年我国结构性通缩期间，来自上游成本的非对称影响是PPI与CPI价格分化的主要原因。

第三，考察货币供应量M2增速对PPI增速与CPI增速的影响。如图7.6所示，领先1个月、3个月、半年的货币供应量M2同比增长率的单位标准误冲击在不同区间对PPI增速都是正向的影响，但影响程度各不相同。对于同一个时间点来说，大致情况是，冲击的提前期越长影响程度越大，即领先半年的M2增速对PPI增速影响强度最大，领先3个月的M2增速影响次之，领先1个月的M2增速影响最弱。其原因可能是新增货币供给进入流通市场需要时间，对PPI增速的影响具有较大的时滞。且在2016年之前，各个提前期的M2增速在整体上对PPI增速呈现出同向影响，即M2增速下降会使得PPI增速下降，这是因为货币供给增长率对我国上游的工业生产者出厂价格具有直接的驱动作用。而在2016年之后，各个提前期的M2增速在整体上对PPI增速呈现出反向影响，这也符合实际情况。2016年以来，我国M2增速出现持续下降的态势，但是PPI增速自2016年9月以来却出现了不断上扬的态势。此阶段PPI的上涨主要与供给侧结构性改革下的去产能有很大的关系，而与"数量型"货币政策的驱动关系很小。随着低端的、无效的过剩产能的去除，上游生产资料部门的重工业产品的供给减少，带来了PPI价格的回升。

领先1个月、3个月、半年的广义货币供应量M2同比增长率的单位冲击对 CPI 增速的影响在不同区间有所差别。在 2006 年之前，不同提前期的 M2 增速对 CPI 增速的影响有正有负，其中领先 1 个月和 3 个月的影响为负相关关系，领先半年的影响为正相关关系，这说明这段时间内的广义货币供给增速对 CPI 产生影响的时滞可能在半年以上；在 2006—2014 年，不同提前期的 M2 增速对 CPI 增速的影响走势基本相同、影响程度也相差不大；在 2014 年之后，不同提前期的 M2 增速对 CPI 增速的影响均为正相关关系，但影响程度各不相同，主要表现为提前期越短，影响程度越大。另外，M2 增速对 CPI 增速的影响走势起伏不定且正负均涉及，这说明 M2 对 CPI 的影响并不稳定。从纵坐标的数值来看，M2 增速对 PPI 增速的影响程度也明显大于对 CPI 增速的影响程度，这是因为 PPI 主要衡量的是上游资金密集型产业的价格（PPI 生产资料占比 71.6%），货币供应带来资金充裕性的变化对 PPI 有更大的影响。

第四，考察实际利率 R 对 PPI 增速与 CPI 增速的影响。领先 1 个月、3 个月、半年的实际利率 R 的单位标准误冲击对 PPI 增速和 CPI 增速的影响基本上均为负向影响关系。这说明实际利率 R 下降会带来工业生产者出厂价格 PPI 和消费者价格 CPI 的上升，实际利率 R 上升则会带来 PPI 和 CPI 的下降。然而，在不同区间其影响有所不同。在 2007 年之前和 2015 年之后，不同提前期的 R 的单位冲击对 PPI 增速和 CPI 增速的影响程度均有所差异，其中，不同提前期的 R 对 CPI 增速的影响差别更明显。在 2007—2015 年，不同提前期的 R 的单位标准误冲击对 PPI 增速和 CPI 增速的影响程度大致相同。另外，值得注意的是，实际利率 R 对 PPI 增速和 CPI 增速的影响走势相似，峰值和谷值出现的时间节点基本相同，整体上升和下降的区间也基本一致，但影响程度不同。从纵轴的数值来看，实际利率 R 对 PPI 增速的影响程度明显大于对 CPI 增速的影响程度。

（二）通缩时期不同时点的 PPI 与 CPI 相互影响的时变特征分析

为进一步对比分析在不同区间的 PPI 增速与 CPI 增速受到彼此单位冲击影响的后续时期的持续变化情况，我们从图 7.2 中选取 PPI 通缩区间内的三个比较典型的通缩点进行分析。这三个点分别是 2002 年 5 月、2009 年 7 月以及 2015 年 1 月，刚好分别处于 2001—2002 年通缩期间、2008—2009 年通缩期间，以及 2012—2016 年通缩期间。图 7.7 绘制了在这三个时点上，某一变量受到其他变量的单位标准误冲击的后续 16 期的影响变化轨迹。

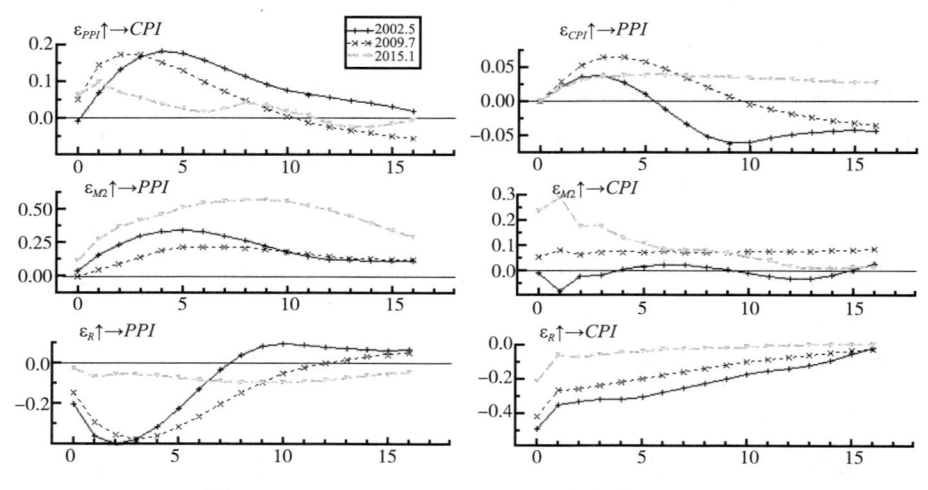

图 7.7　PPI、CPI、M2 和 R 之间的脉冲响应函数

资料来源：笔者根据 OX 软件计量结果得到。

如图 7.7 所示，在三个时点上，CPI 增速受到 PPI 增速单位标准误正向冲击后皆表现为先上升后下降的变化趋势。其中，在第一个时点（2002 年 5 月，处于 2001—2002 年通缩期间），CPI 增速受到 PPI 增速单位冲击后在第 4 期达到峰值，峰值为 0.18 左右；第二个时点（2009 年 7 月，处于 2008—2009 年通缩期间）和第三个时点（2015 年 1 月，处于 2012—2016 年通缩期间），CPI 增速在受到 PPI 增速单位冲击后分别在第 1 期和第 2 期达到峰值，峰值分别为 0.17 和 0.1 左右。在第一个时点上（2002 年 5 月），PPI 增速的冲击对 CPI 增速的影响持续为正，但随时间增加其影响程度减弱；在第二个时点上（2009 年 7 月），PPI 增速的冲击对 CPI 增速的影响在第 10 期后转为负向效应，且曲线持续下降，但整个 16 期的综合影响效应为正；在第三个时点上（2015 年 1 月），CPI 增速受到 PPI 增速单位冲击后的响应表现为震荡式缩小，并于第 11 期转为负值，在第 16 期接近 0。

从三次通缩期间的脉冲响应来看，PPI 对 CPI 的影响在第三个时点上的影响力度最弱。第三个时点位于 2012 年 3 月至 2016 年 8 月的通缩期间，在此期间 PPI 连续 54 个月负增长，而 CPI 虽然增速放缓，但是却始终保持着正增长，这不同于前两个 PPI 通缩区间。从图 7.7 可以看出，在第三个时点上的影响幅度明显低于另两个时点，这也从侧面验证了在第三个通缩区间 PPI 对 CPI 虽仍具有传导效应，能够在一定程度上影响 CPI，但传导作用明显减弱。

如图 7.7 所示，PPI 增速在三个时点上受到 CPI 增速单位冲击后响应的走势各不相同，在滞后影响方向上也有所不同。在第一个时点上，PPI 增速受到 CPI 增速冲击的响应刚开始上升，在第 3 期达到正向的峰值后逐渐下降，在第 5 期后进入负值领域，负向响应程度持续增加到第 9 期并达到负向的峰值，后又缓慢回归；在第二个时点上，其表现为先上升到第 4 期达到峰值，随后逐渐下降到第 10 期转为负值，并有继续下降的趋势；在第三个时点上，脉冲响应函数上升到第 3 期后基本稳定下来，下降趋势极其缓慢，且一直为正值。这表明 CPI 对 PPI 的短期影响是正向的，但其滞后影响时间比较长，并且影响方向不确定。另外，从数值来看，PPI 对 CPI 的影响程度明显大于 CPI 对 PPI 的影响程度。

如图 7.7 所示，在三个时点上 PPI 增速对于 M2 增速冲击的响应表现为正向变动，影响程度也呈现出先增大后减小的趋势。在第一个时点上，脉冲响应函数先是上升到第 5 期达到最大值，后逐渐下降并趋于平稳；第二个时点在三个时点中的反应变化最为缓慢且平稳，在第 7 期达到峰值但不足 0.25，而后缓慢下降；第三个时点在三个时点中的反应强度最大，在第 9 期才达到峰值且超过 0.5，后呈下降趋势。可见广义货币供应量 M2 增速在不同的通缩点，对 PPI 皆有较明显的调节效应，且持续时间长，冲击反应需要较长的时间达到峰值，总体上呈现出正向的影响效应。

CPI 增速在三个时点上受到 M2 增速的单位冲击后的影响趋势有所不同。在第一个时点上，脉冲响应函数呈现先短暂下降为负值，并在第 1 期影响程度达到最大，后表现为围绕 0 值缓慢上下波动；第二个时点上，脉冲响应在第 1 期左右达到峰值，峰值为 0.1，而后直到第 16 期整体上呈平稳趋势，稳定地表现为滞后的正向影响；在第三个时点上则表现为先升后降的趋势，但整体表现为正向影响，在第 1 期达到峰值，后逐渐下降回归到 0 值。故 M2 在这三个通缩点对 CPI 的调节效应并不十分明显，在短期内达到峰谷值，但在不同时期的影响趋势差异较大。

PPI 增速对于来自实际利率 R 的单位冲击的响应在三个时点上也有所不同。在第一个时点上，脉冲响应函数呈现先下降再上升的趋势，刚开始为负向影响,并在第二期影响程度达到最大为 –0.4,上升到第 8 期转为正向影响后缓慢向 0 值回归;在第二个时点上,PPI 增速走势与第一个时点相似但有所滞后,在第 4 期达到最大值 –0.37,然后上升到第 12 期转为正值,后在考察期内仍有继续缓慢上升的趋势;在第三个时点上,其区别于前两个时点,PPI 增速的走势并没有太大的波动且持续为负向影响,峰值的影响效应也不及前两个时点,约为 –0.1。总体看来,实际利率 R 对 PPI 增速的影响主要还是为负向影响,说明"价格型"货币政策工具对于生产领域的价格具有反向调控作用。

CPI 对于来自实际利率 R 的单位标准误冲击后的响应,在三个时点走势基本一致但程度有所不同。三个时点上的脉冲响应函数均表现为第 1 期急剧上升,后续 15 期缓慢上升,并均在第 16 期时基本回归到 0 值。另外,与以上其他响应不同的是,CPI 增速对 R 冲击的响应在当期就有所反应并为整个响应区间的最大值,其中第一个时点响应的最大值为 –0.5,第二个时点响应的最大值为 –0.42,第三个时点响应的最大值为 –0.21。在整个区间内 R 对 CPI 的影响均为负向影响。

综合上述实证分析可知,在 2012—2016 年中国结构性通缩期间,PPI 与 CPI 之间仍然存在着相互传导的机制,但传导的力度相对之前已经明显减弱。这对于 PPI 与 CPI 之间的分化与背离有重要影响,并形成结构性通缩。其中,从 PPI 向 CPI 的成本推动型价格传导力度,要大于从 CPI 对 PPI 反向需求拉动型倒逼的力度,说明上游成本对 PPI 与 CPI 的非对称影响对于 PPI 与 CPI 的分化有重要的影响和作用,多重机制的非对称作用是 2012—2016 年结构性通缩形成的重要原因。

第五节 小结

PPI 与 CPI 之间的传导关系与传导方向的确定,对于决策者判断通胀(通缩)的原因,进而制定正确的宏观经济政策至关重要。我国经历多个 PPI 持续通缩的区间,其中以 2012 年 3 月至 2016 年 8 月持续 54 个月的 PPI 负增长的结构性通缩特征最为显著。在此轮通缩期间,PPI 持续通缩为负,CPI 增速放缓但始终为正,从而引发学者对 PPI 与 CPI 之间的正向传导与反向倒逼机制,以及价格传导阻滞与背离的思考。

本书利用带有随机波动项的时变参数向量自回归（TVP-VAR-SV）模型，在考虑货币驱动机制的情况下（加入 M2 增速和实际利率 R），考察 PPI 与 CPI 之间的相互传导关系，并得到如下主要结论：

首先，我国存在 PPI 对 CPI 的正向传导关系，即工业生产者出厂价格变动能带动消费者价格变动。但是，在 2012—2016 年的结构性通缩期间，上游 PPI 对 CPI 的传导关系尽管仍然存在，但其影响强度明显降低。

其次，我国存在从 CPI 到 PPI 的反向倒逼关系，即消费者价格下降是工业生产者出厂价格下降的重要原因。但是，在 2012—2016 年的结构性通缩期间，下游 CPI 对上游 PPI 的反向倒逼机制有所减弱。这说明 CPI 同比增速的放缓会对上游的 PPI 增速下降造成一定的影响，但是影响程度有限。我国的消费结构转型会减少对生活型工业品的消费需求，从而使得上游工业品相对过剩与 PPI 下降。

再次，在 2012—2016 年我国结构性通缩期间，PPI 与 CPI 之间的正向传导与反向倒逼机制仍然存在且发挥作用。因此，2012—2016 年结构性通缩期间，我国的 PPI 与 CPI 之间的传导机制并非失效和断裂。但是，不管是 PPI 对 CPI 的正向传导，还是 CPI 对 PPI 的反向倒逼，其影响力度在 2012—2016 年结构性通缩期间都已经减弱了。

最后，货币政策驱动机制对 PPI 和 CPI 也存在重要影响，在我们考察的因素中，广义货币供应量 M2 增长率代表"数量型"货币政策，实际利率 R 代表"价格型"货币政策。M2 增速和 R 均会对 PPI 和 CPI 产生很大的影响，M2 增速对两者的影响基本为正向的，而 R 对两者的影响基本为负向的。且不同提前期的 M2 增速和 R 对二者的影响走势分别都呈现出较高的一致性，但强度不同。另外，无论"数量型"货币政策还是"价格型"货币政策对 PPI 和 CPI 的影响效应都存在非对称作用，这也是 PPI 和 CPI 出现背离的原因之一。这主要是因为 PPI 和 CPI 的组成成分不同，PPI 多包含资金密集型产品且多为生产资料，而 CPI 多包含劳动密集型产品且多为生活资料。这就导致 PPI 对利率和货币供给的变化比 CPI 更加敏感，从而货币政策对 PPI 的影响程度更大，这就产生了非对称作用。

近年来我国的 PPI 增速有所上升并摆脱了通缩，这主要得益于供给侧结构性改革和去产能政策的推进落实。但自 2017 年 10 月以来 PPI 增速又有所回落，基于以上分析，本书提出如下建议供参考：

一方面，合理判断与利用 PPI 与 CPI 的正向传导与反向倒逼机制，提高 PPI 与 CPI 之间的传导能力，实现经济更好地运行。通过加速消耗过剩产能，应对未来可能发生的 PPI 通缩，并帮助 CPI 增速摆脱 "1" 时代，防止消费领域通缩。自 2017 年 10 月以来，工业生产者出厂价格同比增速由 6.9% 降为 2019 年 2 月的 0.1%，且在 7 月和 9 月已经表现为负增长。由于持续的严重产能过剩可能带来 PPI 的不断下降并最终给 CPI 带来向下的压力，因此应采取相关有效措施提升上游 PPI 的增速。例如，通过 "一带一路" 在实现多国共赢的同时转移过剩产能、化解过剩产能；通过供给侧结构性改革，优化我国工业生产和供给结构；同时，通过需求管理政策适当地增加国内的投资和消费需求，以拉动 PPI 增长，尽量发挥和增强 CPI 对 PPI 的反向倒逼和传导作用。

另一方面，央行应有针对性地采取货币政策以应对价格水平的低迷。其一，央行对于价格水平的盯住，不仅应该主要关注消费领域的指数 CPI，同时也要兼顾生产领域的指数 PPI。通过对 PPI 的变化及其对 CPI 的影响做出预判，从而可以提高货币政策的前瞻性和有效性。其二，央行可以综合应用 "数量型" 货币政策和 "价格型" 货币政策，对 PPI 与 CPI 进行调控。例如，基于货币供给增速对 PPI 的同向作用和实际利率对 PPI 的反向作用，考虑适当提高货币供给增速和降低实际利率来提高 PPI 增速并带动 CPI 增速回升。

第八章
美国和日本通缩历程与调控经验借鉴

第一节 20世纪以来美国和日本经历的几次通缩

前文分析了20世纪90年代以来中国所经历的四轮通货紧缩,纵向比较了中国历次通缩的异同以及调控经验和教训。本章将放眼国际的通缩历史,分析20世纪以来美国和日本所经历的、具有代表性的通货紧缩历史阶段,并深入剖析历次通货紧缩的背景、原因,总结通缩调控的手段及效果,以期寻求防范和解决通货紧缩的基本思路和经验。

在界定美国与日本的通货紧缩时,本章将继续采用IMF的"单一要素"标准,即一般价格水平指标持续一段时间的负增长就是通货紧缩,作为通缩判定标准。根据上述判定标准,并对照20世纪以来美国CPI与PPI的数据,可以将美国的通货紧缩的历史主要划分为四个时期,即1929—1933年大萧条时期的严重通缩、1997—1999年的良性通货紧缩、2009年次贷危机下的通货紧缩以及2015年短暂的通货紧缩。

同样,利用"单一"判定标准,对20世纪60年代以来日本的CPI和PPI数据进行判断得出,20世纪60年代以来日本的通货紧缩包含三个阶段,分别是:《广场协议》签订后至美国次贷危机前的1985—2006年的间歇性通货紧缩,以及次贷危机后的2009—2016年的通货紧缩。下文将对20世纪以来美国和日本历次通缩进行具体的分析,并总结通缩调控的经验教训。

第二节　1929—1933年大萧条时期美国的通货紧缩

一　1929—1933年美国通货紧缩的背景

本轮通货紧缩前期，美国经济经历一段繁荣时期并形成"泡沫"，过度生产和投资不仅带来严重的产品过剩，也使债务危机隐患得以隐藏。1921—1929年，美国工业生产值几乎翻了一番，工业生产增长89.7%。但是国民收入和人均真实收入分别增长46.8%和37.2%。这说明：一方面，在危机前美国的工业生产旺盛，已形成一定的产品过剩；另一方面，也表明美国存在潜在的债务危机（加利·西林，2000）。与此同时，工业生产的快速增长推动着股票市场的繁荣，股票市场股指持续走高。1927—1928年，股票市值几乎翻番。大量股票通过杠杆被买入，造成市场虚假繁荣并逐渐形成了泡沫。

为了抑制过度投机，美联储实行了紧缩银根的政策而刺破了泡沫。为制止股票市场的过度投机活动，1928年年初美联储提高了贷款利率，将利率水平由之前的1.5%大幅提升至5%，流通中的货币供给也大幅减少。1929年8月，美联储加息到6%，贷款市场的放贷急剧收缩，道琼斯指数在9月3日达到创纪录的381点后急转直下，并在之后的25年再也没有创出新高。此后，股票市场的持续暴跌加剧了"流动性"危机，导致投资者因承担严重的债务压力而陷入"债务—通缩"的螺旋。

股市暴跌之后，美国爆发严重的经济危机，有效需求的萎靡加剧通缩风险。美国股市崩盘之后，金融体系陷入瘫痪之中，随即产生了一系列连锁反应，并对实体经济产生了严重的影响。美国出现了银行倒闭、工厂破产、工人失业等状况，美国经济陷入了前所未有的大萧条。经济衰退进一步拖累消费和投资需求，导致国内产品供给和有效需求之间出现了严重失衡，并引发了严重的通货紧缩。

二　1929—1933年美国通货紧缩的特征表现

1929—1933年美国通货紧缩的特征表现，如表8.1所示：

其一，价格指数持续走低，并出现大幅度的负增长。事实上，1926年开始，美国批发价格指数快速跌破零点，出现负增长，通货紧缩初现端倪。1927年，消费者价格指数也出现了持续下降的趋势，1930年的CPI比1929年同比下降了2.6%，并且持续下降，1932年的CPI同比增速为−9.3%。

表8.1 大萧条的主要经济指标统计

年份	实际GNP（10亿美元）	消费（10亿美元）	投资（10亿美元）	失业率（%）	价格水平	通货膨胀率（%）	货币供给（10亿美元）
1929	203.6	139.6	40.4	3.2	50.6	—	26.6
1930	183.5	130.4	27.4	8.9	49.3	−2.6	25.8
1931	169.5	126.1	16.8	16.3	44.8	−10.1	24.1
1932	144.2	114.8	4.7	24.1	40.2	−9.3	21.1
1933	141.5	112.8	5.3	25.2	39.3	−2.2	19.9
1934	154.3	118.1	9.4	22.0	42.2	7.4	21.9
1935	169.5	125.5	18.0	20.3	42.6	0.9	25.9
1936	193.2	138.4	24.0	17.0	42.7	0.2	29.6
1937	203.2	143.1	29.9	14.3	44.5	4.2	30.9
1938	192.9	140.2	17.0	19.1	43.9	−1.3	30.5
1939	209.4	148.2	24.7	17.2	43.2	−1.6	34.2
1940	227.2	155.7	33.0	14.6	43.9	1.6	39.7

资料来源：曼昆：《宏观经济学》，中国人民大学出版社2011年版。

其二，股价暴跌进一步加深和恶化了通货紧缩。1929年10月29日，纽约道琼斯指数由最高点386点跌至298点，跌幅达到22%。在此后短短的两个星期之内，股市共有300亿美元的财富蒸发。从1930年5月到1932年11月，美国股市连续出现6次暴跌，股票市场一片低迷。股票市值大幅蒸发并通过财富效应打击了企业投资积极性和减少了居民消费需求，这对价格水平形成了更大的向下压力。

其三，工业生产严重萎缩，企业破产、工人失业。1929—1933年间，美国许多工业生产处于休克状态，工业生产持续下降并维持负增长。1929—1932年，工商企业破产数目从2万余家升至3万多家，失业率由1929年的3.2%上升至1933年的25.2%。工资总额从1929年的510亿美元下降至 1932 年的 310 亿美元。

其四，经济增长出现倒退，消费和投资大幅下降，GNP 出现持续的负增长。1929—1933 年，消费由 1929 年的 1396 亿美元下降至 1933 年的 1128 亿美元，下降了近 20%；而投资在这五年间减少 351 亿美元，降幅高达 86.8%。消费和投资拉低了 GNP。1922—1929 年，美国 GNP 年平均增长速度达到了 5%，而在 1930—1933 年大萧条期间，实际 GNP 呈现持续下降趋势，实际 GNP 总额由 1929 年的 2036 亿美元下降至 1933 年的 1415 亿美元，降幅超过 30%。

其五，货币供应量减少，银行破产使得信贷收缩严重。1929—1933 年，美国的货币供应量下降幅度高达四分之一，1929 年货币供给量为 266 亿美元，而到 1933 年仅有 199 亿美元，货币市场流动性严重不足。在此期间，美国出现了银行兑现狂潮，致使大量银行停业和倒闭，银行歇业或倒闭的数目从 1929 年的 659 家猛增到 1933 年的 4004 家。银行大量破产造成信贷障碍，致使信贷收缩加剧。

三 1929—1933 年美国通货紧缩的原因

此轮通货紧缩伴随着严重的经济衰退，探究此轮通缩的原因具有重要意义。有效需求严重不足和生产严重过剩所带来的供需失衡是此轮通货紧缩的根本原因。在需求方面，银行大量破产、企业倒闭、工人失业致使投资和消费需求双双急骤下降；在供给方面，前期工业生产旺盛出现产品过剩，进一步加剧了供给和需求矛盾，并导致物价持续下行。而过度负债所引发的"债务—通缩"螺旋则是加剧此轮通货紧缩严重性的另一大原因。

可见，经济危机下的有效需求严重不足和产能相对过剩所带来的供求失衡，是此次通货紧缩最根本的原因。从需求方面来看，凯恩斯认为有效需求不足是此次经济危机的根本原因，其导致的结果是市场上持续存在着商品的严重过剩。一方面，经济危机导致许多银行和企业纷纷倒闭，银行的大规模破产直接影响了企业投资。银行破产使得企业失去了融资的渠道而不利于投资活动。另一方面，经济危机和许多企业的破产也动摇了其他企业的信心，形成了悲观预期而减少了投资需求。美国的企业投资额从 1928 年就开始下滑，并在 1931—1935 年净投资跌为负数。美国的总投资从 1929 年的 162 亿美元下降至 1932 年的 8 亿美元。加之，经济萧条下的失业率上升、工资下降也影响了个人的收入和消费，1933年美国的消费指数相比1929年下跌了近20%。而当时美国贫富悬殊也导致消费需求不振。1929年美国42%最低收入者赚的钱只占总收入的0.1%，财富分配严重不均使得大多数消费者根本没有足够的购买力。简言之，在此期间美国投资需求萎靡，消费不振带来的有效需求不足，是掣肘物价上扬的关键因素。

再从供给方面来看，美国出现了严重的相对过剩。在危机之前，美国曾经经历过一段较长时间的经济繁荣，国民生产能力得以大幅度提高。1919年，国民生产总值达到创纪录的742亿美元，到1929年又第一次突破1000亿美元大关，达到了1031亿美元，生产空前繁荣。20世纪20年代，特别是1923—1929年，是美国资本主义相对稳定的时期。在此期间，美国发生的技术革命显著地促进了工业的生产和发展。而在20世纪初，美国泰勒的科学管理方式几乎被每一工商业部门不同程度地接受，工业管理水平不断增强，无论是工业还是农业均日益在使用半自动化、自动化的机器，这使得生产效率大幅提高。1919—1927年，美国的工人劳动生产率平均提高53%左右。但是，从长久来看，由于工人的收入水平增长相对缓慢，如此大规模的生产并不能被完全消化，从而导致了产能相对过剩。由供给过剩和需求不足而形成的产品供求严重失衡使得价格水平大幅下跌。

另外，"债务—通缩"螺旋也使得美国此轮通货紧缩进一步加剧。1929—1933年，美国破产企业的平均负债额增加38.4%，企业面临严重债务负担，通缩期间，企业的过度负债引起一系列连锁反应并加剧通货紧缩。费雪认为，过度投资和过度投机往往是导致金融恐慌和危机的重要原因。如果不是举债投资和投机，那么后果不会那么严重。在经济繁荣时期，投资者举债进行投资，一旦泡沫破裂，就引发恐慌性资产抛售导致价格下跌。同时，企业所面临的真实利率会因为通缩进一步升高，从而刺激更大规模的资产抛售，从而陷入"债务—通缩"螺旋的泥沼，加剧通缩的严重程度（黄俊立等，2000）。

四 1929—1933年美国政府治理通缩的措施

此轮通货紧缩初期，胡佛政府主要依靠市场力量，通过实行紧缩性的货币政策辅以财政政策来应对危机和治理通缩，但却没有取得成效。之后，罗斯福政府主要依靠政府力量，通过增加财政支出以强力拉动国内消费和投资需求，从而修复市场机制，恢复工业生产、扶持农业发展、建立社会保障体系，最终使得美国经济逐渐走出萧条和通缩。

（一）胡佛政府依靠市场力量治理通缩

胡佛政府充满矛盾的货币政策，加重了危机和通缩。1930年3月，美联储降低利率到3.5%，5个月内下调利率2.5%—1%，这是货币政策宽松的一面。但胡佛政府时期始终保持金本位制，货币供给缺乏弹性，使得流动性不足。为保证黄金储备的不外流，当局连续几次提高贴现率，不仅使商业银行存款一路下滑、加快银行倒闭，还使得美国证券市场瘫痪、使得流动性减少（刘巍，2011），从而恶化了通货紧缩。

胡佛政府改变财政税收政策以应对危机，但并未达到理想效果。首先，筹备5亿美元的经济信贷备用金用以创建复兴金融公司，为银行、铁路和保险公司提供贷款从而稳定信贷状况。其次，于1930年6月签订《斯姆特—霍利关税法》，将25000多种商品的关税平均提高59%，致使国外需求大幅下降。最后，1931年出台了1932年税法，大幅度提高所得税，对收入最高者征收的附加税从25%上升至63%，严重抑制了私人消费和投资。部分财政政策具有其合理性，但紧缩性的财政政策反而加重了危机和通缩，产生了不利的影响。

（二）罗斯福新政利用政府力量治理通缩

1933年，罗斯福临危受命成为美国总统，他放弃了传统的自由放任政策，实行国家干预经济的政策，开辟了宏观调控新道路。罗斯福新政主要内容是复兴、救济和改革，主要措施包括积极的货币政策、宽松的财政政策、挽救金融业、恢复工业、扶植农业和扩大社会保障六个方面。罗斯福新政的要旨是，通过提高有效需求来实现供需平衡，从而拉动经济的增长并解决通货紧缩的问题。

第一，实行扩张性货币政策，降低投资的资金成本。一方面，颁布《1933年银行法》，其中Q条例限定利率的上限，一定程度上降低企业投资的成本，刺激了投资的积极性。同时，该项法律还建立了银行存款保险公司，有效地防止了挤兑风潮和恢复了公众的信心，并降低了银行倒闭的风险（杨目等，1998），营造了稳定的投资环境。另一方面，罗斯福委托联邦储备银行根据银行资产发行货币,授权复兴金融银行为银行提供资金款,进一步扩大货币供应量,增强货币流动性,降低企业的投资成本。

第二,采取积极的财政政策,增加财政支出。一方面,大力推进基础设施建设,大规模增加政府支出,直接拉动需求扩大。政府投资水坝工程、铁路建设等大型基础设施项目,完善公共工程建设,从而刺激投资、创造就业机会和扩大消费需求。另一方面,对失业人群实行临时救济,直接扩大该部分居民的消费能力。另外,在税收方面,则颁布了《税收法案》,减少对低收入者的征税,同时增加对高收入者的征税,多出的税收部分用于偿还国债。这项措施对国民财富均衡再分配,缓解贫富差距悬殊方面起到了一定的作用,从而增加居民的整体消费能力,缓解通缩压力。

第三,挽救金融业并疏通融资渠道。罗斯福政府越过美联储直接对金融业进行干预,通过《紧急银行救济法》,决定对银行实行个别审查颁发许可证的制度,允许有偿付能力的银行尽快复业(杨目等,1998)。通过重整银行信贷体系,企业融资渠道恢复并且更加规范,创造了良好的金融投资环境,增加了民众积极的心理预期。另外,通过强制措施使国内黄金回流金融系统,意图推动货币贬值来促进出口,从而通过进一步推动国内供需平衡来拉高物价,缓解通货紧缩。

第四,在工业方面主要是恢复工业生产,妥善安置庞大的失业人群和解决严重的失业问题。通过制定《国家工业复兴法》和各行业的《公平竞争法规》,以降低失业并增加工人收入。一方面,政府与工业垄断组织进行合作,努力调节资产阶级内部关系,消除生产剩余,实现供给和需求的平衡。另一方面,充分运用兴建公共工程等手段,不断扩充就业岗位,缓解严重的失业问题。这些措施带动了工业的增长和就业的增加,进而增加了公众收入,提高了消费能力,扩大了有效需求。

第五,扶植农业发展,减轻农民负担。政府颁布《农业调整法》,通过实行减产、缩减耕地面积的方式,从供给端着手转变供需关系,努力实现农产品供需平衡,稳定农产品价格。为进一步保障农民利益,政府对农民减产的损失给予税收补贴。此外,颁布《农业信贷法》和对农场发放新贷款的两个法案,恢复和发展农村信贷。根据新法案,农民可以获得低息贷款,因此农民有资金偿还抵押贷款并赎回农场。农民的债务问题和农场抵押问题得到有效控制,农村信贷体系逐步恢复,农民的消费信心大增。

第六，建立社会保障体系，通过影响预期来增加居民的消费需求。通过社会保险法案、全国劳工关系法案、公共事业法案等一系列法规来建立社会保障。通过了《社会保障法》，社会中困难人群得到生活保障。不但退休工人和失业人群可以获得保险金，子女年幼的母亲、残疾人也可以得到补助，受保障人群的范围进一步扩大。从而在一定程度上增加了社会购买能力，增强了公众的消费信心和消费需求，减轻了通货紧缩的压力。

五 1929—1933年美国通缩的调控效果和经验总结

（一）调控效果的分析

罗斯福采取国家干预经济的方式，实施积极的财政政策和货币政策，并具体对各个重点行业实施针对性调控，强力拉动国内有效需求，恢复了工业生产，改善了失业率居高不下的问题，物价指数不断上升，美国最终走出通货紧缩。

其一，物价水平上涨，通货膨胀率走出负增长。1934年，价格指数恢复上行，比1933年的39.3提高了2.9（见表8.1）。尽管通缩后的价格水平距离通缩前的价格水平依然存在一定差距，但价格水平总体呈现上行趋势。在1934年，价格指数走出负增长，通货膨胀率达到7.4%。1935年和1936年，通货膨胀率水平下降至0.9%和0.2%，保持温和通胀。

其二，房价和股价上涨走势强劲。房价逐渐恢复，到1935年，房价上升了10%。股价出现了较大反弹，1935年道琼斯指数上升了40%，在1936年则上涨了25%，1936年的股价相对于1933年的底部增长了4倍。

其三，实际GNP回升至萧条前水平，消费和投资均回暖。从1934年开始，美国实际GNP开始呈现上升趋势，到1937年GNP增加至2032亿美元，与1929年的2036亿美元几乎持平，已恢复至危机前的水平。而投资也开始缓慢回暖，虽然在短时间内并未恢复至通缩前的水平，但是保持上升趋势。另外，消费上升的走势更为强劲，1937年消费为1431亿美元，超过1929年的1396亿美元，并且消费保持持续上扬的趋势。

其四，失业率呈现出明显下降的态势。1933年的失业率为危机以来最高值25.2%，此后在罗斯福一系列调控之下，失业情况有所改善。到1937年，美国的失业率已经降至14.3%，相比1933年已经大幅下降了近11%。

（二）调控的经验总结

其一，无论是在何种体制的国家，政府干预市场经济是危机时刻强力拉动内需的有效手段。胡佛和罗斯福的调控经验证明，通货紧缩伴随着经济严重衰退，此时市场机制已经几乎失灵，不能幻想单独依靠市场的力量解决供需失衡的问题。市场存在内在缺陷，需要政府采取灵活的政策纠正市场偏差（北京大学中国经济研究中心宏观组，1998），通过增加财政支出，建设大规模公共工程来拉动内需并增加大量就业岗位，努力将供求关系推动至平衡状态。

其二，在进行国家宏观调控时，必须注意政策之间的协调性和持续性。总结胡佛反危机失败的原因，其中很重要的一点就是提高所得税和关税与扩张性财政政策相悖，政策间出现矛盾导致无法发挥作用，甚至起到反作用。因此，在制定政策治理通货紧缩时，一定要注意财政政策和货币政策的配合，并注意政策内部间的各项具体规则和措施是否与总基调相互冲突和矛盾。并且，在实行过程中，要根据实际情况来适当调整实施的时机和实施的时间长度，避免过晚退出而出现通胀。

其三，货币政策的有效性需要正常的金融体系的配合（刘巍，2011）。通缩期间，胡佛总统坚守金本位制，美国货币缺乏充分的供应弹性，使得银行破产率连年上升，银行体系发生危机。而胡佛说服联邦储备委员会收缩贷款限制股市投机，致使美国股市崩溃。这使得金融体系无法正常运转，严重阻碍货币政策的传导渠道，即使下调利率也无法挽救经济危局。因此，在发挥货币政策功能时，必须整顿金融体系，恢复金融体系正常运转，以此相互配合，才能发挥货币政策对通缩的最大调控作用。

第三节 1997—1999年美国的良性通货紧缩

一 1997—1999年美国通货紧缩的背景

1997—1999年的美国此轮通货紧缩，正处于世界经济加速一体化和资本进入新一轮扩展时期，各国积极推动新一轮全球贸易自由化，世界掀起了一股自由贸易的热潮。与此同时，20世纪90年代以来信息技术的迅猛发展和广泛应用，引发了全球范围的信息革命。全球化与信息技术也对美国此轮通货紧缩产生重要影响。

其一，此轮通货紧缩发生在全球化的背景下，生产、贸易、资本全球化给美国经济发展带来了新机遇，在提高产品生产效率的同时也加剧了产品的竞争（肖炼，2000）。一方面，生产全球化提高了资源配置效率，有利于降低生产成本。在贸易全球化背景下，生产资料的来源和种类不断拓宽，企业不仅可以在全世界范围内选择质量更优且价格更低的原材料，还可以进行国际分工、合作，既提高了生产效率，也使得生产成本不断下降。另一方面，贸易全球化加强产品间的竞争，供给关系在世界市场得到进一步调整，刺激产品价格下降。一国的产品不仅仅在国内销售，还需要接受世界的考验，因此世界市场的供给不断扩大，产品竞争越发激烈。这就促使企业通过压低价格来增加产品竞争力，获得更多利润。

其二，信息技术革命提高了生产效率，推动了产业变革。美国重视并强化科技发展战略，不断提高科研能力，努力扶植高新技术产业，利用信息技术提高生产效率，推动各行业的变革与创新，优化产业结构。信息技术与传统行业相结合，推动传统行业生产效率提高，从而使得产品价格下降。同时信息技术的发展还衍生出新兴行业，给市场供给注入了新的活力，信息产业和相关服务产业成为美国经济的主导产业之一，为美国经济发展增加动力。

二 1997—1999年美国通货紧缩的表现

自20世纪90年代以来，美国CPI同比增速不断下滑，并逐渐进入"1"时代；而PPI同比增速显著下降，呈现长期负增长态势。根据"单一要素"的判定规则，以及美国的CPI和PPI同比增速，判定美国1997—1999年再次发生通货紧缩。

从CPI来看，美国的CPI增速呈现持续缓慢下降的趋势，虽然并未转负，但始终徘徊在通缩边缘。20世纪90年代初期，美国CPI增速一直处在较高位区间，此后逐渐下降。1990年和1991年CPI的平均增速分别为5.4%和4.3%，但此后CPI下降并保持在温和通胀的态势。1996年和1997年美国的CPI平均增速已经下降至2.9%和2.3%；而到了1998年，美国的CPI增速下降至1.6%，走入"1"时代，通缩风险明显加强（见图8.1）。1999

年的 CPI 增速虽有好转但依然处于较低水平，平均增速仅为 2.2%。

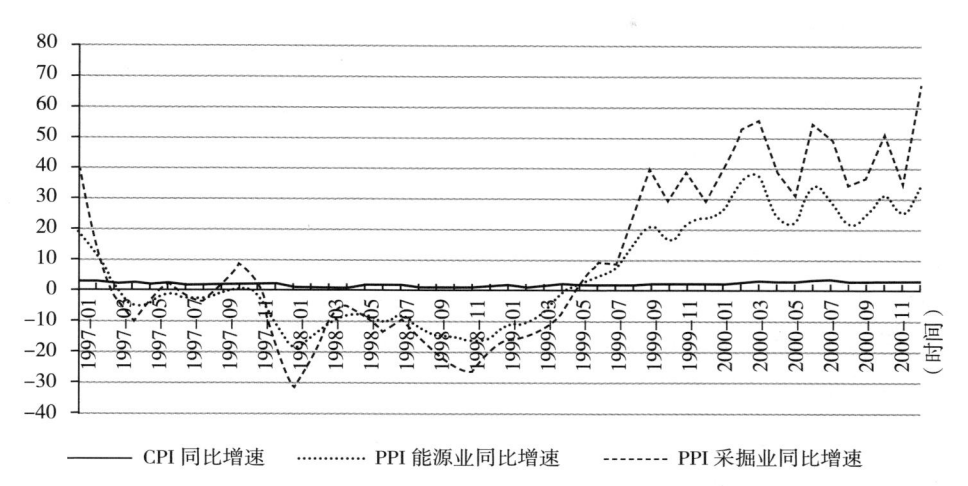

图 8.1　1997—2000 年美国 CPI 与 PPI 同比增速变化趋势

资料来源：中经网统计数据库。

1997—1999 年，美国的 PPI 却已显示出明显的通货紧缩的迹象。相对于 CPI 增速平稳下降的趋势，PPI 增速显示出更为强劲的波动。1996 年之前能源业和采掘业的 PPI 经历多次负增长，但在 1997—1999 年通缩期间波动幅度更大、时间更长。能源业 PPI 增速在 1997 年 4 月达到 –4.64% 进入负增长，并持续 24 个月，其中谷值低至 –18.21%。采掘业 PPI 在 1997 年 3 月下降至 –2.6%，开始负增长态势，增速最低值达到 –31.4%（见图 8.1）。

三　1997—1999 年美国通货紧缩的原因

此轮通货紧缩同时兼有经济增长和通货紧缩的特征，是一次良性的通货紧缩。通货紧缩的主要原因包括贸易全球化下产品成本下降，信息技术的进步导致的生产效率提高和成本下降，政府放松管制下的市场竞争更加自由和激烈以及全球原油价格下跌等。

首先，全球贸易一体化和自由化提高了资源要素的优化配置，降低了生产成本，带来了美国物价水平的下降。贸易一体化和自由化让各个国家更容易进入世界市场，贸易壁垒进一步被打破、货物和服务交易的成本不断降低、资源要素选择范围更为宽广。美国国内企业为生产而发生购买行为时，不仅可以获得国内生产资料，还可以对比国际市场的生产资料，选择价格更低并且质量更优的产品，减少企业生产成本。而在进行货物交易行为时，也需要与其他各国的产品进行激烈竞争。国内企业为增强产品竞争力获取更大的收益，降低出售商品的价格来扩大全球市场份额。因此，贸易一体化和自由化推动美国国内市场价格良性下降。

其次，信息技术的发展和应用所带来的生产效率提升和供给能力提升，是美国此次良性通货紧缩的重要原因之一。20世纪90年代以来，美国经济发展是以信息产业、知识密集型产业的迅速扩张为主要特征的。信息技术推动了信息产业的迅猛发展和应用，美国的信息产业逐渐取代传统产业成为国民经济中的支柱性产业。在这种"新经济"环境下，经济增长的要素结构发生转变，以"知识"要素为主的信息技术产业有力地推动了美国经济增长，同时也大大地降低了企业的生产成本。信息技术的发展和高新技术的运用不仅使得本行业的产品和服务价格下降，而且还能发挥技术优势通过效率的提高来影响其他行业的成本下降，进而引发价格进一步下跌。除此以外，高科技、信息化的运用使得生产能力大大提高，进而造成供给的大量增加，供给和需求平衡被打破，从而引发价格不断下行。

再次，美国政府放松管制所带来的效率提升也是此次通货紧缩的诱因。美国政府逐渐放松对市场的管制，让市场更加自由地发挥其调节作用，特别是放松对一些垄断行业的政府控制。许多行业的进入壁垒被打破，更多企业开始涌入市场，产品种类和数量不断增加，产品市场的竞争越发激烈。在巨大市场竞争压力下，价格竞争成为企业保持市场份额的必要手段，市场上许多产品竞相降价，造成物价水平的不断下跌。

最后，全球原油价格下跌带来的工业生产成本下跌也加大了工业品通缩的力度。20世纪70年代以来的两次石油危机驱动油价持续暴涨，原油价格由1970年的1.8美元一桶暴涨至1981年的39美元一桶。随后油价逐渐滑落，尤其是在1998—1999年，国际原油价格一度跌至不到10美元一桶。全球原油价格大幅度下跌，降低了相关企业的生产成本，进而影响下游工业产品的成本，导致工业产品出厂价格下降。

四 美国政府治理通缩的措施

由于此次通货紧缩的性质是良性的，对经济产生的危害很小。克林顿政府实施"依市场而动"的货币政策和平衡性财政政策,在减轻调控力度的同时根据实际经济情况进行微调。经济政策的重点着眼于高新技术的发展,注重推动信息化与各产业融合。此外,美国主动顺应全球化大势,实施积极的贸易政策,努力拓宽海外市场,增加出口需求。

第一,实行"依市场而动"的货币政策,并及时进行微调(杜厚文,2000)。在 1995 年 7 月到 1996 年 1 月,货币当局就曾 3 次调低利率来应对通货紧缩风险;而在 1997 年上半年由于经济小幅回升又重新调高利率;而到下半年在 PPI 通货紧缩加重的时候又 3 次调低利率。可见,在此阶段,货币政策的及时、灵活运用使利率保持在较低的水平,营造了良好的投资环境,对减轻通货紧缩压力具有积极的作用。

第二,实施平衡性财政政策并削减赤字。一方面,在税收政策方面,提高高收入者阶层的所得税率,并对中低收入者和 90% 的小企业减税,同时对贫困家庭免税。这些措施调整了国民收入的再分配结构,征税主要针对的是最富有阶层的纳税者和高利润公司,同时扩大了中低收入者所得税的抵免范围,缩短了贫富分化而有利于刺激消费。[①] 另一方面,对财政支出做出结构性调整,在减少冗余开支的同时加大对科技、教育和基础设施的投入。通过调整财政支出结构,促进产业结构的调整和推动经济长期增长。而政府削减赤字也有利于增强投资和消费的信心,缓解了通货紧缩预期。

第三,大力推进高新技术产业的发展,强调高技术发展与商业化结合,优化升级产业结构和供给体系。美国推行高技术产业政策,并对科技管理体制进行改革,增加科学研究与开发的投资,尤其是增加对民用技术的投入,促进基础科学的研究与技术的应用和商业化的协作。高新技术产业的发展会形成新的经济增长点,也会创造新的就业岗位,带来新的投资和消费需求。

第四,积极推进自由贸易政策,建立更加开放和自由的国际贸易体制。美国政府积极推动区域贸易自由化,并努力引领全球贸易自由化,将自由贸易作为美国扩大对外出口的重要途径。通过开拓新兴市场,支持新兴市

---

① 由于中低收入者的消费倾向比富人的消费倾向高,征税对富人的消费需求并不会有明显影响,而中低收入者却会因为减税而增加消费需求,从而社会总需求增加并推动价格回升。

场国家加入 WTO，以自由的国际贸易加大对外出口。同时，运用出口补贴、优惠税收等方式增强美国产品的竞争力，争取更大的国际市场份额和扩大外需。

五　调控效果和经验总结

（一）调控效果的分析

克林顿政府的经济政策和措施使美国走出了 1997—1999 年通货紧缩，并为美国经济发展创造了良好的宏观环境。1999 年下半年以来，美国 CPI 增速逐步提升，PPI 增速转负为正，GDP 增速持续上升，失业率也不断下降。

其一，CPI 结束"1"时代增速并开始缓慢上升。CPI 增速从低位区间缓慢上行，2000 年美国的 CPI 年平均增速为 3.1%，其中月度最高增速达到 3.73%，逐渐恢复至 1997 年前的水平。

其二，PPI 实现正增长，走出通货紧缩。1999 年 5 月，能源业 PPI 增速达到 2.47%，能源业产品出厂价格恢复正增长。此后能源业 PPI 增速持续上升，并在 2002 年 2 月达到阶段性高点 35.7%，创 20 世纪 90 年代以来的最高值。1999 年 5 月的采掘业 PPI 增速也转负为正，达到了 3.1%，并表现出持续上升的趋势，采掘业价格状况逐步改善。

其三，GDP 增速出现持续稳定增长。即使在 1997—1999 年通缩期间，GDP 增速保持较高速增长，实际 GDP 同比增速分别为 4.5%、4.4% 和 4.7%，2000 年 GDP 增速依然保持在 4% 以上，经济发展态势良好。

其四，失业率出现稳步下降的趋势。在通缩之前和通缩期间，美国总失业率就呈现下降趋势，美国总失业率由 1993 年的 7% 逐步下降至 1999 年的 4.2%，在 2000 年继续下降至 4.0%。

（二）调控的经验总结

美国此轮通货紧缩是市场的良性调整，经济依然保持稳定增长趋势。因此克林顿政府并未采取强力手段进行控制，而是根据经济形势进行适度微调，并把调控的重点放在发展高新技术、优化产业结构，培育高质量的有效需求，构建长远的供需平衡关系上。

第一，1997—1999 年的通货紧缩不是物价的全面下跌而是结构性的通货紧缩,是技术进步和成本下降带来的有效降价,所以政府不必采取过于刺激的手段来调控经济。与大萧条时期的市场失灵不同,政府只需要做好"掌舵者"的角色保证宏观环境的稳定,让市场逐渐适应新的生产和供求关系,充分发挥市场的自我调节功能。

第二,关注贸易全球化与技术进步带来的价格下跌,并注意调控的力度和增强产品竞争力。全球化的背景下,产品竞争更加激烈容易引起价格的下降。在主动进入国际市场的同时,必须要提前做好准备防范价格下行的风险,更要在竞争中取长补短,积极调整产业结构,提高供给的质量和效率,增强产品的竞争力。

第三,重点鼓励和发展高新技术产业,不断推进信息化与产业化融合,创造新的投资和消费热点,带来新的、高质量的有效需求。高新技术的发展令美国在工业领域通货紧缩之时依然保持经济增长和较低的失业率。高新技术发展不仅提高了各行业生产效率,同时也创造出新的消费和投资需求,致使社会总需求扩大并拉动 GDP 增长。同时高新技术的发展导致一些传统岗位逐渐消失,但又提供新的岗位,缓解社会失业问题。因此,必须把握技术革命的脉搏扶植高新技术产业,保持经济增长活力。

第四节 2008—2009 年次贷危机下美国通货紧缩

一 2008—2009 年美国通货紧缩的背景

2007 年之前,美国自由主义带来金融市场监管放松,在推动经济增长的同时,大量次级贷款的发放推动了房地产市场的快速发展并形成了泡沫。20 世纪 90 年代末,美国利率持续走低,宽松的货币政策为投机者创造了良好的投机环境,大量现金涌入房地产市场。贷款机构对低收入者、信用记录较差者发放抵押贷款,致使美国房价快速上涨,2006 年房价比 2000 年上涨 80%。加之,美国金融市场放松监管导致产生大量复杂的金融衍生产品,房地产泡沫进一步膨胀。金融机构将次级住房抵押贷款通过证券化进行多次组合和分拆,利益链条越来越长,债务积累越滚越大。

2007 年,美国爆发次贷危机,随后迅速演变成国际性的金融危机,美国和世界大部分国家的经济都因此而受到重创。美国经济负增长,投资、消费和出口均出现大幅下降的趋势。首先，金融行业的衰退严重阻碍了美国的投资需求。美国次级抵押贷款机构破产，导致金融市场资金流动性收紧，借贷成本增大，投资需求遭到挤压。2006年12月至2009年12月，美国私人固定资本形成总额出现连续两年的负增长，可见私人投资低迷。其次，次贷危机导致大量人群失业，削弱社会消费能力和消费需求。美国失业率不断攀升，在2009年年末，失业率超过10%。大量失业人群意味着很多居民失去资金来源，丧失购买能力，消费支出不断削减。居民消费不振进一步影响供需关系的平衡，从而影响物价走势。最后，次贷危机引发全球经济不景气，又通过传染效应影响美国出口需求。受美国影响，全球经济陷入低迷，美国外部需求大幅度下降，美国货物和服务出口出现负增长。美国出口需求下降加大了国内供给压力，进一步扩大了供需不平衡风险，带来物价下降。

二 2008—2009年美国通货紧缩的特征表现

第一，美国的CPI和PPI在短期内出现明显的负增长。如图8.2所示，自2008年8月起美国的CPI增长率就迅速下跌，在短短的三个月之内便降至不到1%。随着次贷危机负面影响的显现，2009年以来美国CPI增速持续下降，到2009年3月转正为负，开始了长达八个月的负增长。特别是在2009年7月，美国的CPI增速已经下降到-2%，成为美国近五十年以来的历史最低值。生产领域各行业的PPI也在短期内呈现出大幅下降的趋势，并出现明显的通缩现象。其中，采掘业的PPI在2008年10月就开始负增长，已经呈现通货紧缩迹象。2008年11月，美国的能源业PPI同比增速也跌破零并转为负增长。

美国广义货币供给M2增速明显下滑。2008年下半年M2增速尚处在上升期，到2008年年末M2增速超过4%。但2009年第一季度，M2增速迅速下滑，到第二季度其增速不到1%，2009年第三季度，M2已经出现负增长。

居民消费增速始终处于低位区间，私人投资和出口大幅下跌并拉低GDP增速，使得GDP也陷入负增长阶段。如图8.3所示，2008年第三季度美国居民消费开始出现负增长，其增速为-0.7%，居民消费在2009年第二季度达到阶段性低点-2.2%。而美国消费支出占GDP的比重达到了70%以上，消费增速的下滑对经济衰退产生重大的影响。

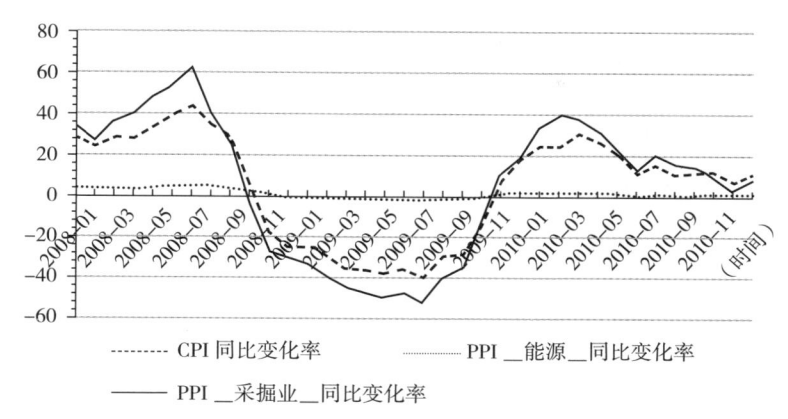

第八章 美国和日本通缩历程与调控经验借鉴

图 8.2　2008—2010 年美国 CPI 与 PPI 同比增速变化趋势
资料来源：中经网统计数据库。

次贷危机后，美国的私人投资衰退开始得最早也最为严重。如图 8.3 所示，私人投资增速在 2006 年第四季度已经跌到 -1.6%，并持续 14 个月为负，通缩期间曾达到了阶段性低点 -21.3%，直接拉低 GDP 增速。

在此期间，美国的出口情况同样不容乐观。如图 8.3 所示，2009 年第二季度美国出口暴跌至 -14.7%，与 2008 年第二季度的 11.5% 相比，下降超过了 25%，同样对 GDP 增长造成负面影响。2008 年第三季度美国 GDP 增速下降至 -0.3%，开始经济负增长，到 2009 年第二季度暴跌至 -4.1%，2009 年全年美国都处于负增长态势。

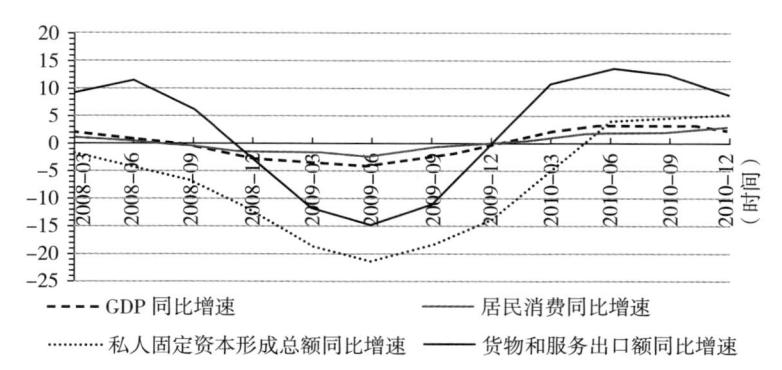

图 8.3　2008—2010 年美国 GDP、消费、投资、出口同比增速变化趋势
资料来源：中经网统计数据库。

失业率不断上升，并居高不下。如图 8.4 所示，自 2008 年起，美国的失业率就呈现大幅上升的趋势，由 2008 年 1 月的 4.9% 直接飙升至 2009

年1月的7.7%。此后美国失业率继续呈现出持续上行态势，并持续保持在高位区间。2009年5月美国失业率上升至9.4%，而到10月已经突破10%。甚至是到此轮通缩结束时，失业率还维持在9.5%以上的高点，就业形势非常严峻。

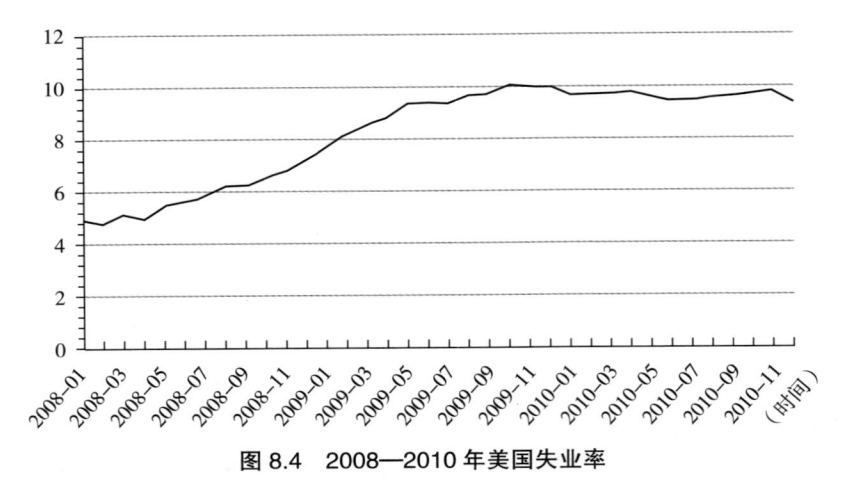

图 8.4　2008—2010 年美国失业率

资料来源：中经网统计数据库。

三　2008—2009 年美国通货紧缩的原因

美国此轮通货紧缩与前期次贷危机所产生的影响不可分割。此次次贷危机不但直接重创美国经济，还演化成国际金融危机，并导致全球经济笼罩了一层阴影。国际金融危机带来的全球经济不景气和复苏缓慢，反过来又阻碍美国的经济复苏。

其一，次贷危机引起金融体系动荡是此轮通货紧缩最重要的原因。危机前企业和居民大量借款进行房地产投资和消费，房价断崖式下跌导致商业银行存在大量不良贷款。而企业和居民无法偿还高额贷款致使商业银行遭受巨大损失，商业银行利润大幅下滑甚至面临破产。由于银行体系的资金减少，并出现"惜贷"现象，从而使得经济中的流动性减小，企业投资和居民消费因而受到影响。而且，企业和家庭在面对巨额债务、低迷的金融市场和经济萧条时，也会产生"惜借"的情绪，丧失私人消费和投资的积极性，从而带来需求的下降和价格的下跌（美国企业研究所，2010）。

其二，次贷危机后房地产市场复苏艰难，也是造成通货紧缩的重要原因。美国金融危机的根源在于房价的大幅调整，房地产行业对经济的带动能力很强，房地产市场能否快速地恢复也关系到整个经济的回暖。然而，此次危机后美国房地产市场的现实表现却不容乐观，住房市场供给严重失衡，导致房价持续下跌。从供给来看，积压代售的住房数量始终处于历史高位。但从需求来看，新房和现房销售都下降至十几年来的低点。危机后的住房供给远远超过现实的需求，使得房价下跌不可避免。而且，在危机之后美国房贷标准不断收缩，进一步抑制了居民的住房需求，导致房价的持续下行（王洛林、李向阳，2008）。

其三，全球经济低迷的外部环境严重削弱了美国的出口需求，这是美国通货紧缩持续的又一重要原因。国际金融危机导致各个国家的经济都蒙上阴影，很多国家为了复苏经济和扩大消费而采取贸易保护主义，这也对美国的对外贸易造成了不利影响。

其四，全球通缩的相互传递和国际大宗商品价格的下降也对美国的通缩加深产生了影响。一方面，在此阶段，全球主要经济体的经济也出现了大幅下滑，已经陷入通货紧缩之中或处于通缩的边缘，包括欧洲、日本和中国等（亚利克斯·巴雷特，2008）。全球价格水平的下跌和通缩会通过国际贸易和预期等途径相互感染，从而加剧包括美国在内的经济体的价格水平的进一步下跌。另一方面，由于全球经济和需求的低迷，包括原油在内的全球主要大宗商品价格都处于下行周期当中。国际大宗商品价格下跌会降低美国产品的生产成本和出厂价格，从而也会加剧美国通货紧缩。

四 美国政府治理通缩的措施

为了应对次贷危机所带来的经济衰退和通货紧缩，美国政府采取了积极的反周期调控政策进行调控，包括采取量化宽松的货币政策向经济注入流动性；采取扩张性财政政策，重点着眼于整顿金融体系，扩大基础设施建设，减轻中、低收入者负担；同时重视产业结构的调整与升级，为经济复苏注入强劲动力。

第一，实行量化宽松的货币政策，向经济注入流动性。2008—2010年美联储实行第一轮量化宽松政策，在一定程度上抑制了金融危机的恶化。但是，美联储向市场注入的大量流动性并未完全有效地进入实体经济金融市场，而是重新回到银行体系或是通过利差交易进入国际高风险的金融市场（易宪容等，2010），刺激效果相对有限。对此，美联储在2010年11月4日开始实施第二轮量化宽松政策。美联储持续8个月每月购买750亿美元长期国债，使国债总额达到6000亿美元，在此积极的货币政策刺激下，美国投资需求不断扩大、通胀预期和价格回升。

第二，实行扩张性财政政策，拉动需求增长。美国采取了包括布什财政救助计划和奥巴马政府救助计划两个阶段的财政刺激。次贷危机发生后，布什政府随机采取了财政救助计划。2008年1月，布什政府推出1500亿美元的经济刺激方案，并于同年9月推出7000亿美元不良资产救助方案。方案主要针对金融业进行救助和改革，帮助金融机构重新巩固资本基础、重建信任机制以及构建合理的借款和贷款规则。虽然刺激手段在一定程度上恢复了金融市场的信心，但还是存在对实体经济救助薄弱的弊端。

奥巴马政府上台后推出了高达7870亿美元的预算赤字刺激计划，主要包括直接开支计划和减税计划两个方面。其中，在直接开支计划的实施中，一方面，加大对基础设施建设、新能源、医疗等方面的公共设施和服务的投资，在扩大社会总投资和解决一部分人失业问题的同时，也在一定程度上恢复了投资者的投资信心。另一方面，增加政府公共服务的购买力度以直接扩大社会总需求，从而拉动物价上行。

而在减税方面，主要通过减税措施来增加居民的可支配收入和消费，减税措施主要针对中产阶级。以年收入25万美元为界，只对高于边界值的群体增收税款，边界以下免税。根据凯恩斯边际消费倾向递减的规律来看，中产阶级及其以下阶级的消费倾向更高。因此，该减税方案在尽量减少政府赤字的同时有效地提高中产阶级及其以下阶级居民的收入水平和消费能力，更有助于总消费的增长。

第三，制定一系列产业政策并升级产业结构。美国政府推出产业政策的短期目标是对房地产行业和汽车行业实行救助，保障和创造就业。而中长期的目标则是扶植新能源产业、新一代信息技术、生物科技等高新技术产业以及医疗、教育等基础产业，不断实现产业结构的优化升级，保持和重塑国际竞争力，进一步恢复和拓展出口需求（杨阔、郭克莎，2016）。

五 调控效果和经验总结

（一）调控效果的分析

在美国政府采取的凯恩斯主义政策的强力干预下，2009年年末美国经济开始走出通货紧缩的阴霾。宏观价格水平逐渐回升，PPI和CPI也较快地恢复了正增长；居民消费支出增加、私人投资上升、出口扩大，经济基本面逐渐好转。

其一，CPI和PPI恢复正增长，并走出通货紧缩。一方面，消费端价格指数CPI止跌回升，并达到了2%的通胀目标。2009年11月，美国的CPI增速上升至1.84%，结束了持续8个月的负增长；2010年上半年CPI平均增速超过2%，最高月增速达到2.72%。另一方面，生产端的价格指数PPI实现了"U"形反弹。2009年11月，美国能源业PPI和采掘业PPI增速分别达到了7.4%和11.8%，说明PPI也已经走出通货紧缩。2010年2月，美国采掘业PPI增速上升到39.9%，接近通缩前的水平。而在2010年3月，美国能源业PPI增速达到30.8%，与通货紧缩前水平相当（2008年上半年PPI均值为30.8%）。可见，到2010年年初，美国的PPI已经完全告别通缩，并呈现大幅上行趋势。

其二，GDP恢复正增长，居民消费支出、私人投资和出口等需求增速均有所提高。2010年第一季度，美国GDP增速达到2.2%，经济开始恢复增长；而2010年GDP增速已经上升至2.9%，经济基本面已经好转。美国居民消费支出在2010年第一季度走出了负增长，在2010年的均值为2.0%，消费需求缓慢增长。私人投资在2010年第二季结束连续14个月的负增长，开始实现正增长。美国出口增速也在2010年第一季度恢复正增长，2010年出口均值达到11.4%，接近于通缩前的阶段性高点（2007年12月为11.7%）。

（二）调控经验总结

应对通货紧缩重点在于防范通缩风险和治理通缩危机。通货紧缩发生前会出现征兆，其往往伴随着资产泡沫和金融体系的问题，因此要时刻监控市场，防止通缩风险进一步扩大。在治理经济衰退时的通缩问题时，政府强力干预以纠正市场失灵显得格外重要。政府对物价的干预和调控过程中，既要关注恢复物价的短期目标，也要制定长远目标，维持物价和经济的稳定。

第一，注意防范经济过热产生资产泡沫，预防和化解通货紧缩的威胁。注意房地产行业对经济增长和宏观价格转变的重要影响，需要重点监管房地产行业动态，注意对房地产行业的刺激手段和力度。美国次贷危机所引起的经济衰退和通货紧缩与美国房地产泡沫的破灭有很大的关系。美国政府前期过度刺激房地产市场，导致房价疯涨并形成了严重的房地产泡沫。当其积累到一定程度后，后期基准利率上升刺破了房市泡沫，造成房地产市场衰退引发金融危机并传导至实体经济，导致投资和消费等有效需求全面、大幅下降，从而引起物价暴跌和通货紧缩。因此，鉴于房地产行业在宏观经济中所起的重要作用，需要重点提防房地产市场过度膨胀所带来的泡沫，以及政策收紧急促转换带来的泡沫破灭、经济萧条和通货紧缩。为此，应该采取较为温和的方式引导经济"软着陆"，以免引发通货膨胀向通货紧缩的急速转变。

第二，规范金融机构，加强金融监管，稳定金融体系秩序。此轮通货紧缩的重要成因在于前期的金融自由化和金融监管放松所带来的金融危机。由于缺乏强有力的市场监管，美国金融体系内存在大量问题。银行贷款轻而易举、次级资产层层打包出售、影子银行兴起导致过度金融创新，为金融危机埋下隐患。因此，在金融市场化和金融创新的同时，需要建立审慎的金融监管体系，防止金融风险带来的金融危机、经济衰退和通货紧缩。

第三，金融危机下的经济衰退和通货紧缩，需要政府干预和调控。在认识到经济衰退和通货紧缩时，美国政府立即进行宏观调控，采取强力刺激扩大有效需求，拉动 GDP 上升。在政府即时的强力资金注入之后，美国经济实现"V"形反弹，较快地走出通货紧缩和经济衰退。对比美国经济大萧条时期的通货紧缩，由于没有经验，美国政府首先利用市场力量拯救危机，在市场力量无效后才意识到政府干预是治理通货紧缩的有效手段，美国经济复苏缓慢。以史为鉴，美国政府及时、精准的干预是美国快速走出此轮通缩的重要原因。

第四，政府治理通缩的过程中，既要关注短期目标，又要重视中长期目标。美国政府在调控时，利用增加开支直接拉动消费和投资的增长，短期内对价格恢复具有重要积极影响。但从中长期来看，美国政府注重产业结构优化，不断鼓励和扶植新产业的发展，培育支撑有效需求长效增长的消费点，维持供需关系的长期平衡。短期目标和中长期目标的协调与搭配共同助力美国走出通货紧缩，恢复经济增长。

第五节 2015年美国短暂通货紧缩

一 2015年美国通货紧缩的背景

（一）美国国内经济环境

2015年美国通货紧缩是国际金融危机之后，在美国经济复苏过程中所出现的第一次通货紧缩。次贷危机以来，美国通过多种政策措施刺激经济增长，2008—2014年共施行了四轮量化宽松货币政策。在前期政策的刺激下，美国经济增长也明显加快。世界银行数据显示，2014年美国GDP同比增速约为2.45%，相比2013年的1.84%有所上升，复苏势头表现强劲。国际金融危机以来，美国采取的重振制造业战略取得了明显成效，美国工业产值呈现不断增长的态势，产能利用水平也有所提高。美国的劳动力市场得到明显改善，在一系列扩大就业的政策推动下，美国失业率自2010年以来开始逐年下降，2014年12月的失业率已降为5.6%（张燕生，2015）。美国的出口贸易方面也有所改善，2014年美国的出口持续小幅度增长。然而，由于多种因素的综合影响，美国的物价水平并没有随着宽松的货币政策不断攀升，2014年的CPI增速保持低位，且低于过去十年来的平均水平。随着经济逐渐复苏，美联储在2014年10月29日宣布将削减购债规模150亿美元，开始逐步退出量化宽松货币政策。

（二）国际经济环境

国际金融危机之后，为了应对其带来的不利冲击，主要国家采取了大规模的经济刺激政策，并取得了一定的效果。但是，至2014年，全球经济仍未完全摆脱危机的阴霾，经济增长缓慢且主要经济体的复苏形势出现明显分化。

据世界银行统计，2014年世界经济增速为2.84%，相比2013年的2.65%，有小幅上升。其中，美国经济增速从2013年的1.84%上升到2014年的2.45%，经济复苏节奏加快；欧元区经济增速2014年为1.40%，在停滞的边缘徘徊；日本经济增速从2013年的2.00%下跌到2014年的0.38%，经济仍不景气；中国经济增速从2013年的7.77%下跌到2014年的7.30%，也有所下滑；印度则从2013年的6.39%上升到2014年的7.41%，发展形势良好；而多数发展中经济体出现增速放缓。

2014年1—11月，全球工业生产增速小幅上升，同比增长3.3%。其中，发达国家工业生产比上年同期上升了2.2个百分点，美国工业生产增长较为明显；发展中国家与上年同期相比下降了1个百分点（国家统计局，2015）。全球需求不足和各国在内需不足的情况下均试图增加出口，致使货币竞争性贬值的压力增大，进出口贸易竞争加剧，使得贸易保护主义涌现，增加了世界经济发展的不确定性。

由于需求不足，全球大宗商品价格连续几年下跌，陷入下跌周期当中。就能源来讲，2014年能源价格同比下跌7.2%，其中原油价格受多方面影响出现大幅下跌，欧佩克一揽子原油价格比上年下跌9.2%，原油价格变动对全球经济的影响较大。

另外，各国货币政策出现分化，国际组织的政策协调性下降。例如，美国于2014年年底宣布逐步退出量化宽松的货币政策；而欧元区和日本仍在加大货币宽松的政策力度。

二 2015年美国通货紧缩的特征表现

2015年美国通货紧缩期间，其CPI与PPI均出现了持续的负增长，发生了全面性通货紧缩。其主要特征如下：

第一，CPI的通缩开始晚、时间短且通缩程度轻微。从2012年5月开始到2014年年底，美国CPI增长率基本徘徊于1%—2%，CPI维持低位的正增长，低于美联储的通胀目标2%。但是，在2015年1月后，美国的CPI开始出现负增长（同比增速为-0.09%）并且持续至2015年5月，大致有近半年时间。在此期间，CPI的同比增长率一直处于-0.2%—0%，属于轻微通缩（见图8.5）。

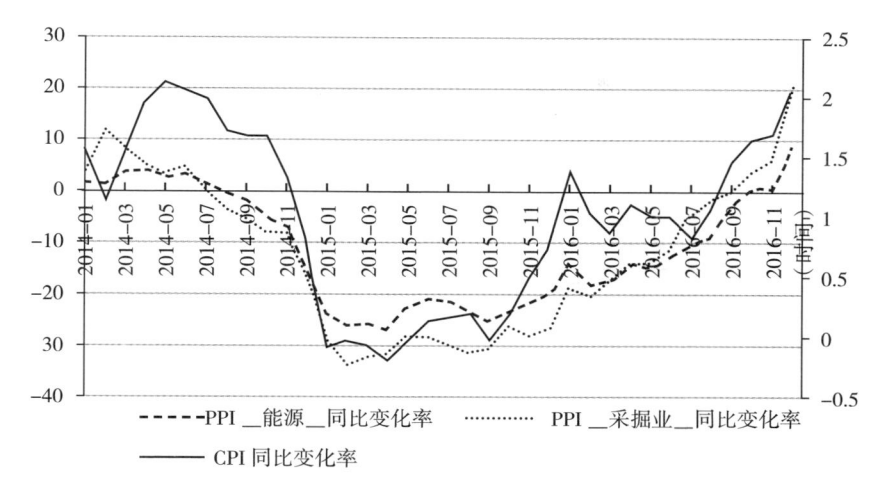

图 8.5　2014—2016 年美国 CPI 与 PPI 同比增速变化趋势

资料来源：中经网统计数据库。

第二，PPI 通缩开始时间早、时间长且通缩程度严重。从 2012 年开始，美国就已经有个别行业的 PPI 出现了短暂的负增长现象，直到 2014 年年末各行业的 PPI 才全面下跌变为负增长。美国此轮 PPI 的负增长一直持续到 2016 年下半年，通缩时间近两年。在此期间，PPI 下跌的幅度非常大，出现了非常严重的通缩。其中，PPI 采掘业价格指数同比增速在 2015 年 2 月到达了 -34% 的阶段性最低点；而 PPI 能源价格同比增速在 2015 年 4 月达到了 -26.9% 的阶段性最低点。可见，在美国的这次通缩中，PPI 的通缩早于 CPI 通缩开始，并且 PPI 通缩晚于 CPI 通缩结束，证明美国上游价格 PPI 对下游价格 CPI 有一定的传导作用。

第三，美国经济增速有一定下滑，但经济形势依旧良好。如图 8.6 所示，从 2015 年第一季度到第四季度，美国的 GDP 同比增速呈现出趋势性的下降特征。但由于 2015 年第一季度和第二季度的 GDP 同比增速表现良好，2015 年全年的 GDP 同比增速虽有所放缓，但仍高于 2014 年，约为 2.88%。可见，虽然 2015 年美国发生了短暂的通货紧缩，但对其经济增速的影响有限。

具体从三大需求来看，消费、投资和出口增速都出现了一定程度的下滑。一是消费需求增速下滑是美国经济增速趋势性下滑的重要原因。如图 8.7 所示，在 2015 年通缩期间，美国居民消费支出的同比增速从 2015 年第一季度的 3.6% 下降到第四季度的 3%。居民消费需求动力不足，在一定程度上影响了物价水平的上升。

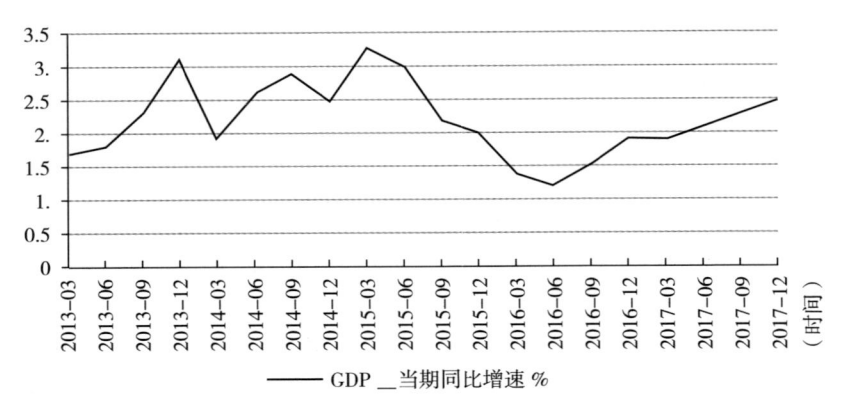

图 8.6　2003—2017 年美国 GDP 同比增速变化趋势

资料来源：中经网统计数据库。

二是在 2015 年通货紧缩期间，美国投资增速也出现明显下滑。从图 8.7 可以看出，从 2014 年第三季度开始，美国私人固定资本形成总额同比增速出现下跌，直到 2016 年第三季度才停止，时间长达两年。且从 2014 年第三季度的 6.1% 跌至 2016 年第三季度的 0.1%，几乎停止增长，下跌幅度严重。

三是此轮通货紧缩期间，美国的货物和服务出口额同比增速亦呈下降趋势。如图 8.7 所示，早在 2014 年下半年，美国的货物和服务出口额同比增速就开始出现下降，并在 2015 年下半年转为负值，且一直持续到 2016 年年中才又转为正值。2015 年的季度出口同比增速不仅全面低于 2014 年的季度水平，且整体表现也不如 2013 年。

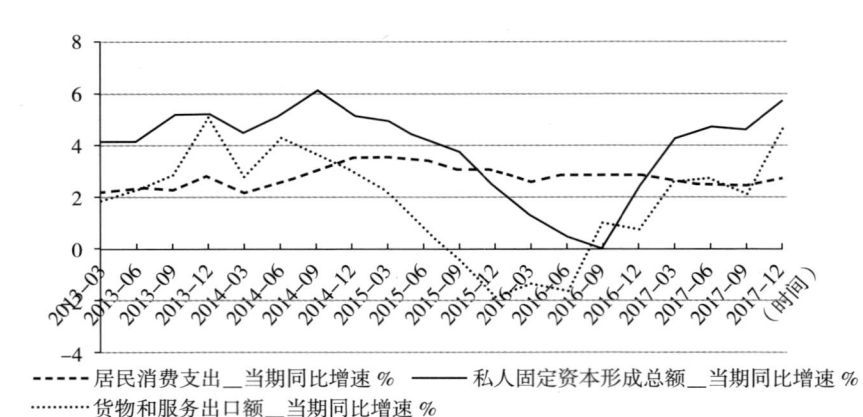

图 8.7　2013—2017 年美国消费、投资和出口同比增速

资料来源：中经网统计数据库。

第四，通缩期间美国货币供给量同比增速有所降低。次贷危机后美国共推出了四轮量化宽松货币政策，为市场注入了大量的流动性。直到 2014 年年末，美联储才开始逐步采取行动，着手于量化宽松货币政策的退出。为了避免量化宽松货币政策突然退出引起货币供给规模大幅度变化，从而对正在复苏的经济造成不利的冲击和影响，2015 年美联储在继续减少注资规模的同时，还是维持着一个相对宽松的货币政策环境。2015 年的 M1 月均增长率为 0.52%，与 2014 年相比下降了 0.1 个百分点；M2 月均增长率为 0.48%，和 2014 年持平，货币供给增长保持平缓的态势（张燕生，2016）。

另外，在美国 2015 年通货紧缩期间，美国的失业率持续下降。失业率从 2015 年 1 月的 5.7% 下降到 2015 年 12 月的 5%，已经接近正常年份水平，就业形势持续好转。

三 2015 年美国通货紧缩的形成原因

2015 年美国出现通货紧缩的原因是多方面的，主要包括：国际大宗商品价格连续多年下跌、美国量化宽松货币政策的逐步退出以及产能过剩的影响等。

其一，国际大宗商品价格的持续下跌对美国物价水平产生了较大的向下压力。据世界银行统计，2014 年的全球能源价格同比下跌 7.2%，非能源价格同比下跌 4.6%，均已经连续三年下跌。其中，农产品价格下跌 3.4%，肥料下跌 11.6%，金属和矿产下跌 6.6%（国家统计局，2015）。2015 年以来，国际大宗商品价格继续下跌且跌幅激增，能源价格同比下跌 45.1%，非能源价格同比下跌 15.1%。其中，原油、金属以及粮食等价格都出现大幅下跌，原油价格更是创下 2009 年以来的最低水平。原油、金属等大宗商品多作为工业生产的原材料，其价格的下跌通过降低工业品的生产成本进而拉低产品的价格；而粮食等农产品价格下跌会减少作为中低收入者农民的收入和消费，从而带来物价水平的降低。另外，2015 年全球 CPI 同比增速整体出现回落，比 2014 年回落 0.5 个百分点，这表明通货紧缩通过大宗商品交易等贸易渠道具备了一定的全球传染性。

其二，量化宽松货币政策的退出是触发此轮通货紧缩的重要原因。2008 年金融危机之后，量化宽松是美国为了刺激本国经济而采取的一种非常规的货币政策。随着美国经济形势的好转，经济、就业等各方面逐渐复苏并达到美联储的预期水平，因此美联储在2014年决定逐渐退出量化宽松货币政策。2014年1月美联储开始放缓量化宽松货币政策，9月公布货币政策正常化计划，紧接着10月正式宣布退出为期6年的量化宽松货币政策，这一系列的行动也加强了全球对美国加息的预期。并且，美国在2015年年底实施了第一次加息，标志着美联储开始了新一轮的紧缩性货币政策周期。一方面，加息即美国利率的正常化，会在一定程度上通过增加成本来影响企业的投资和居民的信贷消费，从而导致总需求下降；另一方面，加息通过吸引外来资本，从而促使美元进一步升值和抑制出口，也会导致总需求下降和对国内物价形成向下的压力（杨长湧，2015）。

其三，美国工业产能过剩是通缩的又一重要原因。国际金融危机以来，由于经济低迷，美国的工业产能利用率也大幅下降。据统计，2008—2014年美国工业的平均产能利用率为75%，低于历史平均水平（陆晓明，2017）。2014年美国经济形势好转，工业产值和产能等供给指标不断增长，但需求增速却在下降，从而出现供过于求和物价下降。加之，此轮通货紧缩期间，欧元区、日本、俄罗斯以及新兴经济体等主要经济体因为各自的问题均出现增长乏力或放缓的状况，致使美国的外需环境疲软，这也在一定程度上加重了美国产能过剩的程度，并加深了工业品价格PPI的通缩程度（杨长湧，2015）。

四 2015年美国通缩的调控措施

在2015年美国通货紧缩过程当中，CPI的通缩持续时间相对短暂，而PPI的通缩时间较长。这次PPI通缩时间较长，主要是由国际大宗商品价格下跌所致。而在2015年通缩期间，美国经济仍处于复苏阶段，并没有发生经济衰退的情况。因此，美国政府并没有专门采取针对性措施加以调控，只是加强了对价格变化的密切关注。

例如，在货币政策方面，FMOC议息会议没采取宽松的货币政策对物价水平加以调控，而是加强对价格走势的关注与监控，以及保持定力，适当延迟加息时间点。

在财政政策方面，美国财政部也并未出台针对性措施，但在此期间，美国实行的是较为积极的财政政策。2016年财年（2015年10月—2016年

9月）的财政赤字增长33.8%，间接上对此轮通货紧缩起到了一定的缓解作用。

五 2015年美国通货紧缩的经验总结

2015年的美国通缩发生在全球经济复苏态势依旧艰难曲折的背景之下，全球主要经济体均面临通缩压力或通缩风险，通缩具有一定的全球性特征，且国际大宗商品价格出现了持续下降的态势。因此，美国通过甄别通缩的主要原因，主要采取了市场化的手段来应对。而对于其他不同的经济体，则需要根据不同的通缩原因以及自身的经济结构，采取不同的政策措施和政策力度进行干预。

其一，甄别是否主要属于大宗商品价格下跌带来的输入型通缩，进而防止政策反应过度造成不良后果。美国此次通缩的重要背景是，全球经济复苏乏力和进口贸易需求不足所带来的国际大宗商品需求不足及其价格下跌。全球主要经济体均处于PPI通缩之中，通缩呈现出全球传染性的特征。但是，由国际大宗商品价格大幅下跌造成的工业生产成本下降所形成的通缩对经济的负面影响相对较小，因此，可以静观其变以市场的手段走出通缩。即使政府想要采取扩张性的需求调控政策，也应该保持其政策力度相对较小。

其二，注意区别不同经济结构的经济体PPI通缩，并采取不同力度的调控政策。美国等发达国家的产业结构呈现出工业占比相对较低、服务业占比很高的特征，故PPI指数所衡量的宏观价格比例相对较小。因此，对于PPI通缩，需求调控政策的力度可以相对较小，甚至可以仅仅密切关注。而中国等发展中国家的经济结构中的工业占比依然较高，PPI能衡量的宏观经济价格的比例也较高。因此，当面临国内工业低端产能过剩和有效需求不足所带来的PPI通缩时，应该采取调控力度较强的措施来加以应对。

其三，区分PPI通缩的主要原因，是正确采取通缩调控措施的前提。2015年美国经历的PPI通缩，是国际大宗商品价格下降通过成本传导机制所带来的国内工业品价格的下跌。在其国内经济增长形势依然良好的情况下，宏观调控政策不需要做出过度的反应。而2012—2016年，我国所面临的长达54个月的PPI通缩，既有来自国际大宗商品价格下跌的原因，也有来自国内工业领域严重产能过剩所导致的供需结构性失衡的原因。而且，在此期间，我国工业领域的主要经济指标都呈现出大幅的、明显的、持续的下降趋势，这对 PPI 的通缩有着重要的影响。因此，在面临 2012—2016 年的 PPI 通缩时，我国采取了积极的财政政策和稳健的货币政策加以应对，从而适当地增加有效需求，以缓解通缩。与此同时，我国还大力推进供给侧结构性改革，通过去除低端无效产能以缓解供需结构性失衡的状况；通过降杠杆以减轻企业债务和盘活资金存量，从而防止"债务—通缩"引起 PPI 通缩加剧。

第六节 1985—2006 年日本的通货紧缩

一 1985—2006 年的日本通货紧缩的背景和表现

根据前文"单一要素"判定标准，日本自 20 世纪 80 年代以来的通货紧缩起始于 1985 年，并一直延续到国际金融危机发生前的 2006 年。从 1985 年 5 月开始，日本的 PPI 出现短暂的通缩，紧接着 CPI 也出现了通缩。在此后的 20 多年间，日本的 PPI 与 CPI 多次出现了间歇性和反复性的通缩，一直到 2006 年全球经济复苏时才阶段性地中止。1985—2006 年，长时间的、间歇性的反复通货紧缩已经成为日本经济的一大典型特征。

（一）1985—2006 年日本通缩的背景

在此轮通货紧缩之前，日本出现了股票、地产等资产泡沫化。第二次世界大战后，日本经济先后经历了"战后经济复兴期（1946—1955 年）""经济高速增长期（1956—1973 年）""经济稳定增长期（1974—1985 年）"与"泡沫经济的膨胀及破灭期（1986—1991 年）"[1]，随后日本经济一蹶不振，陷入长期间歇性的通货紧缩之中。

第二次世界大战后（1946—1985 年），日本成功推进一系列民主改革，率先实现战后经济复苏。此外，政府大力扶持新兴成长型产业、加工产业和出口导向型产业，大规模引进国外先进产品和技术，利用超低汇率优势

---

[1] 民银智库：《日本 1980 年代以来经济发展兴衰的启示与借鉴》，和讯网，https://m.hexun.com/news/2016-10-18/186473581.html。

扩大出口规模，带来了巨大的贸易顺差。从轻纺工业到重化工业再到高新技术产业，产业结构不断升级，日本国内的投资快速增加，生产规模也不断扩大，国内供给显著提高，创造了"日本奇迹"。1968 年，日本国民生产总值超过德国，一举跃升为世界第二经济强国。

然而，为应对石油危机爆发以来美元升值的不利影响及美国的巨额贸易赤字问题，1985 年美国牵头五国于纽约市广场饭店召开会议并且签订《广场协议》，强制要求日元相对于美元持续升值。此后，日本产业国际竞争力下降，严重影响了日本的出口。1986 年，日本出台《前川报告》决定了日本的经济发展方向，要求扩大内需、转换产业结构、扩大进口并改善市场准入环境、加快金融自由化与国际化、采取积极的财政金融政策（蔡林海、翟峰，2007）。随后，政府采取宽松的货币政策，连续下调再贴现率并扩大财政投资规模。超低的利率使得日本企业和民众的投资倾向增加，由于房地产抵押贷款风险小，于是大家纷纷将资金投入房地产市场，造成了房地产市场的价格猛涨。同时，由于日本国内的利率低于国际利率，国际投资快速增长并且集中涌入房地产和股票等资本市场，资本市场出现非理性繁荣，各类资产价格飙升。日经指数从 1985 年年末的 13083 点上涨至 1989 年年末的 38915 点，在四年间上涨近两倍。日本城市住宅土地价格在 1986—1991 年的六年间上涨了 148%，六大主要城市土地价格上涨了 245%[①]。

资本泡沫严重阻碍了日本实体工业的发展，挫伤了农业的生产积极性，带来了严重的负面影响。日本政府在意识到泡沫的危害后，开始实行紧缩的货币政策。1989 年 5 月至 1990 年 8 月，日本央行连续五次上调利率，同时收缩信贷，对房地产行业的贷款进行控制。在双重调控的影响下，日本经济泡沫迅速破灭，股票价格暴跌、房价骤降，同时产生了大量的不良债权。危机快速蔓延全国，日本经济元气大伤，自此开始陷入长期停滞与低迷的沼泽。

（二）1985—2006 年日本通缩的特征表现

1985—2006 年的日本通货紧缩具有长期性、间歇性和反复性的特征。

---

① 民银智库：《日本 1980 年代以来经济发展兴衰的启示与借鉴》，和讯网，https://m.hexun.com/news/2016-10-18/186473581.html。

在这二十年间，日本经济发展低迷，政府面临高额负债，国内产业空心化效应凸显，此段时期被称为日本"失去的二十年"。具体的表现如下所述：

第一，CPI 与 PPI 陷入长期的、间歇性和反复性的通缩当中。渡边努（2010）认为，日本此次通货紧缩的突出特点是经历时间长，从 20 世纪 90 年代末开始，经历了十余年的时间。但事实上，从 1985 年《广场协议》签订到 2007 年国际金融危机发生前的长达 20 多年内，日本一直遭受着反复的、间歇性通缩的影响。如图 8.8 所示，根据日本 CPI 与 PPI 两大价格指数同比变化情况判断，日本间歇性的通缩发生在 1980 年之后，主要集中在 1985—1987 年、1991—1997 年、1998—2004 年以及 2005—2006 年四个阶段。

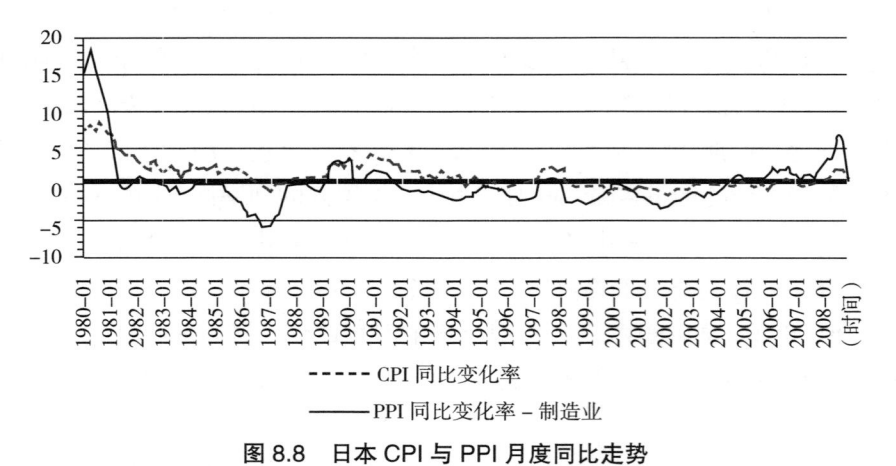

图 8.8　日本 CPI 与 PPI 月度同比走势

资料来源：中经网统计数据库。

其中，1985—1987 年，日本的 PPI 从 1985 年 5 月到 1987 年 10 月期间呈现负增长状况；而 CPI 则从 1986 年 10 月到 1987 年 3 月期间呈现负增长的态势。从消费者价格指数来看，1985—1987 年，日本 CPI 同比增速平均值仅为 0.94%，36 个月中有 20 个月的 CPI 同比增长率位于 1% 以下，可见消费领域面临陷入通缩的风险。从工业品生产端的 PPI 来看，以制造业 PPI 为例，PPI 与 CPI 变化趋势大体一致，但是 PPI 比 CPI 涨跌幅更大，负增长持续时间更长，通缩的情况更为严重。

1991—1997 年，日本的 PPI 始终处于负增长状态，CPI 同比增速在零值上下波动。日本的 CPI 从 1995 年 10 月开始出现负增长并持续至 1996 年 3 月，在此期间通货紧缩明显。从 1991 年 11 月至 1997 年 3 月的将近六年时间内，日本的 PPI 始终处于负增长状态，其负增长区间包含了此轮 CPI 通缩的区间。可见，PPI 通缩比 CPI 通缩开始时间更早、持续时间更长。制造业 PPI 的连续多年同比负增长，说明日本的制造业产品出厂价格持续下降和企业利润受到侵蚀，这对企业再投资产生了巨大的消极影响。

1998—2004 年，日本的 PPI 有长达 70 个月的时间处于负增长的状况；CPI 也有 70 个月时间处于负增长状况。1998 年 7 月至 1998 年 9 月期间，CPI 陷入负增长状态，达到通缩的判定标准。而 1999 年 2 月至 2004 年 8 月期间，CPI 步入新一轮的持续负增长，此次通货紧缩的时间相对较长（除 1999 年 8 月 CPI 同比增速为 0.3%，2003 年 10 月、2004 年 2 月同比增速为 0）。而自 1998 年 3 月开始至 2004 年 4 月结束，PPI 期间一直处于负增长状况（除 2000 年 2 月、2000 年 4 月 PPI 同比增速为 0.09%，2000 年 3 月同比增速为 0.19%）。

2005—2006 年，日本的 PPI 同比增速平均值为 1.34%，CPI 有 14 个月处于负增长。CPI 通缩时间段包括 2005 年 1 月至 2005 年 3 月以及 2005 年 6 月至 2006 年 4 月，在此期间经济处于通货紧缩阶段。2005—2006 年，日本的制造业 PPI 同比增长率虽未达到零以下，但始终保持低位运行。

可见，日本开始于 20 世纪 80 年代的通货紧缩一直间歇性地、反复性地延续至 21 世纪。即使是经济短暂地处于非通缩阶段，其 CPI 和 PPI 的同比增长率也是比较低的。从最开始发生通缩的 1985 年 5 月至阶段性结束的 2006 年 4 月，日本的月度 PPI 同比增速平均值为 –0.93%；日本的月度 CPI 同比增速平均值为 0.68%。

结合 CPI 与 PPI 两大价格指数不难看出，日本经济在 20 世纪 80 年代开始就陷入了通货紧缩，即使两大价格指数会有短暂上升的情况，还是无法改变其随之而来的下行趋势。在通货紧缩期间，一般先是 PPI 指数下跌，随后才是 CPI 持续下跌，从而形成物价水平全面下跌的趋势。更为严重的是，日本物价下降并不是只存在于某些部门或者行业，而是生产和消费部门总体水平全面、连续地下降，因此形成的是全面性通货紧缩。

第二，在通缩期间，日本的经济不景气，经济增速低位徘徊。如图 8.9 所示，日本 GDP 同比增长率在 1988 年达到峰值 6.78% 后出现下滑，特别是在泡沫经济崩溃后的 1990 年，GDP 增长率更是一路急剧下滑至 1993 年的 –0.52%。此后三年，实际 GDP 增长率虽有所恢复（分别为 0.99%、2.74%、

3.10%），但在亚洲金融危机的影响下，日本 GDP 增速在 1997 年出现新一轮的下跌，甚至在 1998 年和 1999 年连续两年出现负增长，GDP 增速分别为 –1.13% 和 –0.25%。2000 年短暂恢复一年后，2001 年和 2002 年 GDP 增速再次滑落，直至 2003 年才出现复苏。通过图 8.9 可以较为直观地看到，相比 20 世纪 70 年代和 80 年代，日本 GDP 同比增长率自 1990 年后出现阶梯式下降。1990—2007 年，日本 GDP 增速整体处于低位徘徊状态，经济发展不景气。

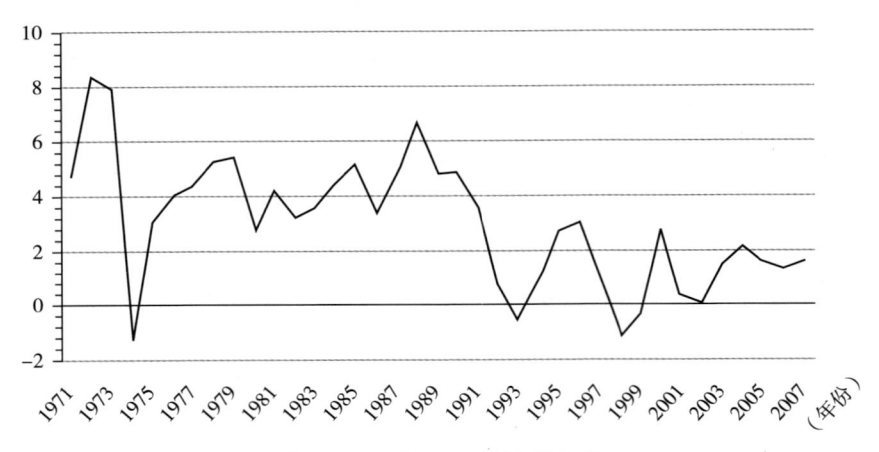

图 8.9　日本 GDP 同比增长率

资料来源：世界银行。

图 8.10 显示了 1986—2006 年日本出口同比增长率变化情况。1985 年《广场协议》签订后，日元大幅升值，日本的出口遭受重创，出口额逐年下降，出口同比增长率为负，直到 1988 年才逐步恢复，开始正增长。自 1992 年，日本出口额进入新一轮的下降，出口同比增长率再次陷入负增长状态，直至 1995 年出口同比增长率转为正增长，出口额开始回升。受东南亚金融危机影响，1997 年日本对外贸易再次遭受冲击陷入负增长，且此次下滑幅度较大，出口同比增速在 1999 年跌至 –6.12%。2000 年开始，日本对外贸易逐渐恢复，出口开始缓慢上升。

第三，通缩期间，日本公共债务余额和债务率持续攀升。自 1989 年泡沫经济崩溃后，日本政府就实行扩张性财政政策，财政支出急剧扩大，而与此同时，财政收入却大幅减少。在此情况下，日本政府不得不靠举债度日，由此导致财政赤字不断恶化，债务率持续攀升。统计数据显示，

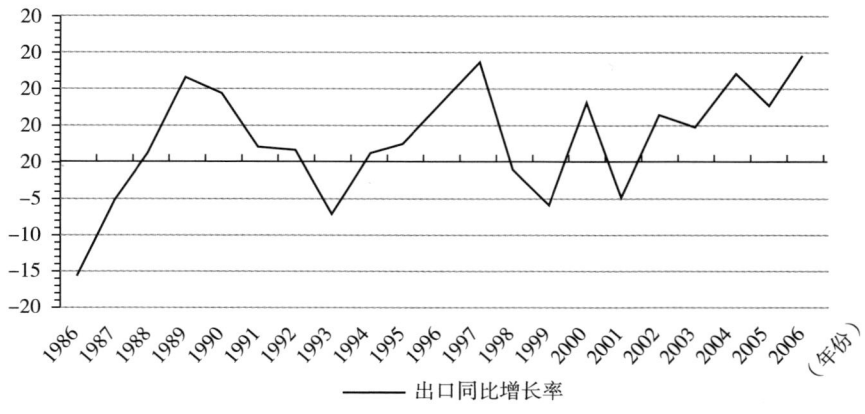

图 8.10 日本出口同比增长率

资料来源：CEIC 全球数据库。

1991年日本财政赤字与GDP之比仅为-1.72%，2000年却上升至8.03%；日本债务余额与GDP之比1991年为66.49%，2000年上升为140.15%，位居发达国家之首，远远超过公认的60%的国际警戒线（梁军，2013）。

第四，产业空心化现象凸显。一方面，自第二次世界战后的大战恢复期，日本的很多方面的技术创新便长期依赖于对欧美等国家科研成果的消化吸收，自身基础研究实力相对下降。当其他国家产业结构做出调整向高科技和知识信息产业转换时，日本没能及时调整产业结构。至此，日本在信息技术产业的大国竞争中落伍。另一方面，《广场协议》签订后日元大幅升值，而且日本的劳动力成本更为高昂。加之，投资自由化的发展与新兴国家崛起，日本加大了对外投资力度，将不再具有比较优势的产业转移至其他国家，企业外移规模不断扩大，国内产业聚集程度下降。日本传统优势制造产业向海外转移，而信息技术产业发展滞后导致日本新兴产业成长不足，两者叠加加剧了日本国内的产业空心化程度。

二 1985—2006年的日本通货紧缩的原因

1985—2006年，日本的通货紧缩是受多种复杂因素共同作用而形成的。其中，日本泡沫经济破灭后所带来的供求失衡是日本陷入长期的间歇性通缩的主要原因；产能过剩进一步加剧了供需失衡的状况；加之，货币、财政政策失效与人口老龄化等问题，终使日本经济难以摆脱低迷的困境。

第一，日本泡沫经济的破灭所导致的经济萎靡是其陷入长期通缩的根本原因。泡沫破灭后，日本的资产价格急剧缩水，国内外投资与消费需求大幅降低，导致物价下降。一是日本经济泡沫的破灭直接导致资产价格大幅度、持续下降，并通过财富效应和信心作用影响了企业投资和消费能力。资产价格尤其是股价下跌时，会通过逆资产效应收缩市场需求。人们不看好投资前景，会减少投资需求从而导致物价下降。同时，经济泡沫破灭后，私人部门（企业和居民个人）开始大规模持有国外资产，企业部门对外投资增加，居民部门对外资产也快速扩张，降低了国内总需求。二是工业生产萎缩、工人工资下降和失业率上升降低了居民消费需求。失业和家庭可支配收入减少对居民消费心理产生了很大的负面影响，使整个社会的有效消费需求不足，进而引发价格下跌。三是日本外部消费需求下降。1985年的《广场协议》使得日币大幅度升值，日本商品相对价格上涨，抑制了出口的增长，加剧了供求失衡，进一步引发价格下降，这对日本的通货紧缩产生了重要的影响。

第二，产能过剩进一步加剧了供需失衡的状况，导致物价下降，经济陷入通缩。在泡沫经济扩张时期，日本企业盲目扩大投资规模，长期高速扩张导致各产业领域出现大量过剩设备与生产能力，产品积压严重。《广场协议》签订致使日本出口环境恶化，产品对外出口受阻，进一步加剧了国内产能过剩情况。在日本泡沫经济崩溃后的二十几年内，日本传统产业产能过剩的情况依旧存在，并进一步抑制投资的增加。由于投资和消费需求疲软，供给又过剩，供需缺口越来越大，导致物价下降。

第三，不良资产占比过重造成"流动性偏好陷阱"，不利于货币政策传导和对通缩的调控。日本金融机构在泡沫经济期间对房地产开发商提供了大量贷款，泡沫经济破灭后，房地产价格暴跌，金融机构的贷款无法收回，于是在短期内形成大量不良债权。

此外，由于日本银行的贷款一般以不动产作抵押，房地产价格暴跌使银行除非忍受巨大损失否则无法对不良债权进行处理。不良债权久拖不决，进一步导致银行信用下降和信用风险加剧。商业银行为确保自身发展经营，大幅收缩信贷，导致银行"惜贷"问题严重。民间部门投资因为信用收缩受到抑制，投资需求不足，物价下降。

第四，财政政策失效及政府过度的财政赤字也同样不利于经济运行，加剧了价格下行的风险。20世纪90年代以来，日本政府为了刺激需求、恢复经济，多次推出扩张支出和减税的政策。然而，由于财政支出结构过于僵化，大规模的财政刺激政策不仅没有使日本经济走出通货紧缩，反而导致政府资产负债表急剧恶化，导致债台高筑。在政府过度负债的情况下，民众的消费和投资信心受到打击，形成了悲观的预期，抑制了有效需求，进一步促使物价下行。

第五，日本老龄化问题严重，影响日本的经济活力和消费需求，导致物价下降。一方面，日本人口出生率出现大幅下降。如图8.11所示，日本出生率在1973年达到19.40‰的峰值以后便呈现持续下降趋势，2007年日本出生率仅为8.63‰。另一方面，根据联合国标准，日本于1970年就进入了老龄化社会阶段，并且老龄化程度不断加深。由图8.12可知，65岁及以上老年人口所占比重从1970年的7.03%迅速增长到2007年的20.70%，成为世界人口老龄化最严重的国家[1]。

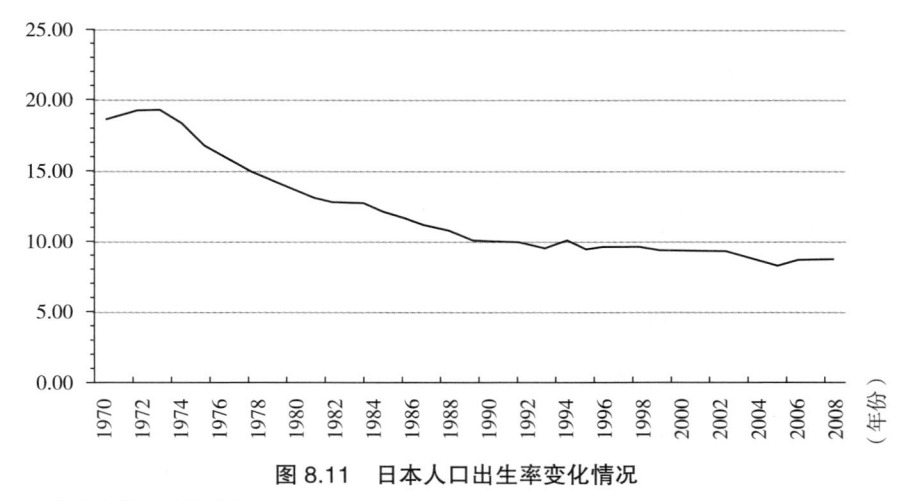

图 8.11 日本人口出生率变化情况

资料来源：世界银行。

---

[1] 民银智库：《日本1980年代以来经济发展兴衰的启示与借鉴》，和讯网，https://m.hexun.com/news/2016-10-18/186473581.html。

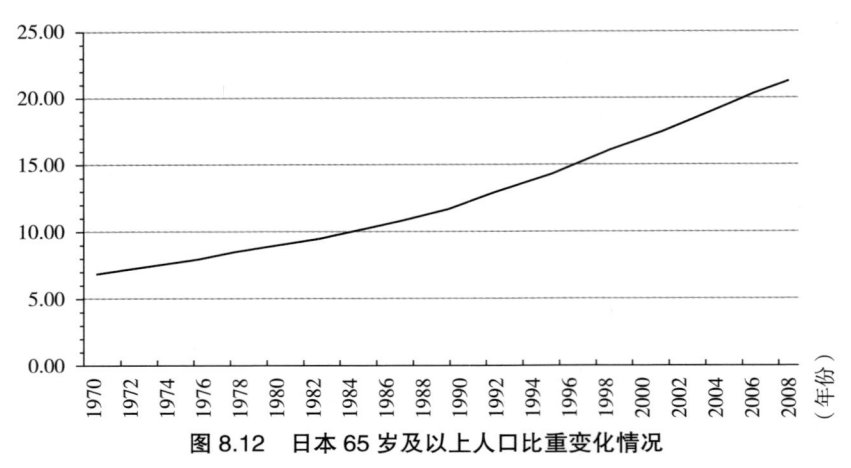

图 8.12　日本 65 岁及以上人口比重变化情况

资料来源：世界银行。

而老龄化和少子化现象日益严重，使得日本消费需求低迷，经济活力明显下降。一方面，人口数量下滑直接导致消费人口的减少，国内市场消费需求不断萎缩。另一方面，老龄化程度不断加深致使个人和家庭防老负担空前加重，促使消费者控制当前的消费，增加储蓄以备退休以后使用。从而使得储蓄率不断上升，消费率下降，消费需求的增长速度不可避免地持续下降，从而加剧通货紧缩。

三　1985—2006 年日本政府治理通缩的措施和效果

（一）1985—2006 年日本治理通缩的措施

为走出长期经济衰退和通缩紧缩的困境，日本政府采取了一系列措施进行调控，主要包括：采取宽松的货币政策和积极的财政政策以扩大总需求；处理不良债权以刺激投资需求；进行金融制度改革以激发金融业活力等。具体措施如下：

第一，在货币政策方面，日本大力实施宽松的货币政策，并推出了长期超低利率和"零利率"政策。在日本 1985—2006 年长达 20 年的间歇性通货紧缩当中，货币政策成为日本政府试图摆脱通货紧缩困境的惯用手段。20 世纪 90 年代以来，日本的货币环境一直都相对宽松。日本央行从 1991 年 7 月就开始连续下调官方利率来刺激需求，并相继于 1992 年、1993 年和 1995 年，每年两次下调贴现率。官方利率从 1990 年的 6% 下降至 1995

年9月的0.5%，达到历史最低水平（范从来、卞志村，2003）。从1999年2月起，日本开始实行"零利率"政策，通过增大货币投放量来应对通货紧缩。

然而，20世纪90年代以来，日本长期极为宽松的货币政策并没有有效地刺激经济复苏。由于利率一直处在超低水平，日本陷入货币政策几乎完全失效的"流动性陷阱"。2001年以后，日本央行出台了非常规的数量宽松货币政策（王佳琦，2015），以解决经济放缓和通货紧缩问题。2001—2006年，日本的货币政策演进历程总结如表8.2所示，可见，其宽松性特征非常明显。

表8.2　　　　　　　　　　　日本货币政策演进

日期	货币政策
2001年3月19日	将银行在央行的储备金总额由大约4万亿日元提高至2006年3月的5万亿日元，恢复零利率政策。增加长期政府债券的购买规模4000亿日元。意味着量化宽松政策正式实施
2001年8月14日	加大公开市场操作。将央行经常账户余额目标提高至6万亿日元，每月购买长期政府债券增加到6000
2002年2月28日	增加每月政府长期债券购买到1万亿日元，经常账户余额增长到10万亿至到15万亿日元
2002年10月30日	经常账户余额增长到15万亿到20万亿日元，增加每月长期政府债券购买到1.2万亿，延长买入票据的到期时间，从6个月增加到1年
2003年4月1日	经常账户余额目标变为17万亿到20万亿日元
2003年4月30日	经常账户余额目标变为22万亿到27万亿日元
2003年5月20日	经常账户余额目标变为27万亿到30万亿日元
2003年6月25日	日本银行开始购买资产支持证券（ABS）
2003年10月10日	经常账户余额目标最高限额变为30万亿到32万亿日元，最后余额变为27万亿到32万亿日元，有更大的货币政策操作空间，延长政府债券回购协议的到期时间从6个月变为1年
2004年1月20日	经常账户余额目标变为30万亿到35万亿日元
2006年3月9日	公开市场操作目标由经常账户余额变为无担保隔夜拆借利率，并保持在0左右，QE结束
2006年7月14日	隔夜拆借利率0.25%，改变基本贷款利率到0.4%，维持零利率政策，确保价格稳定，实现中长期的增长

资料来源：王佳琦：《日本的长期通货紧缩与货币政策有效性研究》，硕士学位论文，山东财经大学，2015年。

第二，在财政政策方面，日本实施扩张性财政政策并不断加大政策的力度。1992年，日本政府意识到经济开始萎缩，出台了一系列的财政政策并投入大量财政资金以挽救日本经济，主要体现在以下三方面：扩大公共投资、减税、发行公债（张季风，2006）。具体财政政策实施情况如表8.3所示：

表8.3　　　　　　　　　　日本财政政策演进

年份	财政政策（事业规划）	20世纪90年代的主要减税项目	公债发行
1992	10.7万亿日元	—	2兆日元以上
1993	19.35万亿日元	—	5兆日元以上
1994	15.25万亿日元	5.5万亿日元的特别减税	2兆日元以上
1995	21.22万亿日元	（1）3.5万亿日元的永久减税，其余的2万亿日元继续进行特别减税； （2）决定从1997年度提高消费税税率	4兆日元以上
1996	—	（1）继续进行2万亿日元特别减税停止； （2）下调有价证券交易税税率（0.3%—0.21%）	—
1998	40.55万亿日元	（1）4万亿日元的特别减税； （2）下调法人税（实效税率40.87%—46.36%）； （3）废除有价证券交易税、交易所税； （4）发行区域振兴券	18兆日元以上
1999	18万亿日元	—	7兆日元以上
2000	11万亿日元	—	
2001	9.9万亿日元	—	
2002	4.4万亿日元		

注：表中"—"代表当年没有相应项目的数据。
资料来源：张季风：《挣脱萧条：1990—2006年的日本经济》，社会科学文献出版社2006年版。

统计数据显示，1992—2000年，日本政府共实施了11轮经济刺激方案，动用130兆日元的财力来刺激经济，平均每年近19兆日元，占比高达GDP的3.7%。其中，有高达70兆日元用于公共事业投资（庞德良，2002）。由于日本政府在20世纪60—80年代长期奉行财政扩张计划，导致政府财政赤字问题严重。而1992—2000年多次实施的经济刺激方案更是令日本政府负债累累，财政赤字问题雪上加霜。到2005年年末，日本中央政府和地方政府的长期债务余额达774万亿日元，与GDP之比超过

150%，赤字率在主要发达国家中高居榜首（张季风，2006）。然而，整个20世纪90年代的日本并未走出经济低迷陷阱，主要经济指标数据不容乐观，直至2006年日本仍未完全走出通缩的阴霾。

第三，着手处置不良债权，以期刺激投资需求和经济增长，进一步减缓通缩。1998年10月，日本政府通过《金融再生法》和《金融早期健全法》，宣布政府拿出60万亿日元处理不良债权。一方面，改革邮储等公共融资部门，改善资金循环状况。另一方面，通过景气对策与结构改革相结合，及时处理金融领域的结构改革问题和产业领域的结构调整问题。2003年，日本成立产业再生机构，进一步加速处理金融不良债权和"僵尸企业"。以上政策措施减少了银行不良债权与"僵尸企业"的存在，提高了商业银行信用，使银行部门更好地发挥其作为金融中介的作用，刺激民间部门投资需求与经济增长率，进而缩小供求缺口使物价水平上升，在一定程度上缓解了通货紧缩问题。

第四，进行金融制度改革以激发金融业活力。自泡沫经济破裂后，日本面临诸多金融问题：不良债权巨额累积、金融机构纷纷倒闭、官僚贪污腐败、国际金融中心地位趋于下降、资金大量外流等。日本僵化落后的金融制度无法适应国内外新的经济形势，严重阻碍了经济复苏，在经济金融等领域进行重大改革成为政府的必然选择。1997年，桥本首相提出被视为日本"金融大爆炸"的《金融体制改革计划》以解决不良债权问题，进一步刺激实体经济复苏，使通货紧缩问题得到一定的缓解。

（二）1985—2006年日本治理通缩的效果

为了治理通货紧缩，日本出台的一系列应对措施使经济得到过短暂的回升，但是没有起到根本性的作用。日本的通货紧缩反反复复，并没有得到彻底解决。直到2007年世界经济形势趋向好转时，日本经济才短暂地走出通货紧缩的阴霾。但受2008年国际金融危机影响，日本又陷入了更深一轮的通货紧缩与经济下行之中。整体而言，日本出台的调控政策并没有取得理想的效果，具体表现如下：

第一，日本的通缩间歇性地持续了20余年，但一直没有消失。日本的经济增速一直萎靡不振，低于世界主要发达国家水平。从消费者价格指数CPI与生产者价格指数PPI的增速来看，处于通缩或通缩边缘。1985年

5月至2006年4月，CPI同比增速平均值为0.68%，PPI同比增速平均值更是低至-0.93%。从实际经济增长率来看，1991—2006年日本实际GDP增长率均值为1.19%，远低于世界平均水平。

第二，货币政策与财政政策的调控效果相对有限。日本长期实施极为宽松的货币政策，使日本银行丧失了进一步缓和金融环境的政策手段。由于利率一直处在超低水平甚至"零利率"，日本陷入货币政策几乎完全失效的"流动性陷阱"。此外，日本实施的财政刺激方案不仅令政府负债累累，面临巨额财政赤字，还催生了一批"僵尸企业"与"僵尸银行"，债台高筑也没能换来期待的经济复苏。

第三，金融体制改革在短期内使日本金融形势进一步恶化。1997年日本金融体制改革开始后，股票价格大跌，从年初21000日元跌至16000日元；汇率从110日元兑1美元跌至130日元兑1美元；1997年也是日本历史上金融机构倒闭最多的一年。可见，此次金融体制改革是一次"需要流血的改革"（国彦兵、郑明慧，1998）。

四　经验教训总结

纵观我国改革开放40多年的经济发展历程以及现阶段经济形势，可以发现其与日本存在很多相似之处。例如，我国与日本均采取政府主导和出口导向的发展模式；均经历过被视为"奇迹"的高速发展阶段。又再如，日本在20世纪80年代经历高速发展之后，出现了资产价格泡沫化、人口老龄化等一系列问题，并陷入经济增长减速和长期间歇性通缩之中。而中国的经济在经历高速增长过后增速放缓，也出现了与日本当年类似的产能过剩、房地产市场泡沫以及人口老龄化等问题。有鉴于此，吸取日本经济发展的经验教训，对于我国的通缩调控具有重要的意义。

第一，防范金融风险和注意宏观经济政策的连贯性，防止泡沫经济的形成与破裂带来经济在短期内的大起大落，并导致长期的衰落与通缩。一般而言，累积的金融泡沫在破灭后会带来较长时间的经济萧条和通货紧缩。因此，我们需要建立起有效的宏观审慎监管体系，加强金融监管以防止资产泡沫的形成和破灭，将大衰退和通缩消灭于萌芽之中。在应对日元升值时，日本前期大力度、快节奏地推行宽松货币政策，使得资产泡沫迅速扩大和累积；而后期实施的紧缩货币政策力度又过猛过快，导致了泡沫的迅速产生和随后的急剧破裂，以及长期的萧条和通缩。另外，日本政府的周期较短，每届政府在其短暂的任期内都无法有力地推动和实施完自己的经济政策，使得政策执行缺乏连贯性、稳定性。而政策的方向和节奏转换得过快又加大了刺破泡沫的概率。因此，我们需要注意宏观经济调控政策实施的连贯性与稳定性，把握好调控的周期、节奏和力度，防止政策忽起忽落、转换过快、力度过大而刺破泡沫，带来经济萧条和通货紧缩。

第二，不能寄希望于单纯的刺激政策以解决经济中长期积累起来的结构性问题。日本人口结构老龄化与产业结构空心化是导致其长期陷入通缩的主要原因之一。日本靠单纯的刺激政策并没有解决经济中存在的结构性问题，经济深陷长期通缩的泥沼。值得注意的是，在长期的计划生育政策的影响下，我国老龄化程度有所加深。政府意识到人口老龄化对经济发展的影响，先后于党的十八届三中全会和党的十八届五中全会推出"单独二孩"和"全面二孩"政策。但我们仍然应该加大对人口老龄化问题的关注力度，不断优化人口结构，为经济发展注入活力。

此外，政府应当放松行业管制，充分释放经济活力，形成良好的市场竞争环境。让市场在资源配置中起决定性的作用，同时更好地发挥政府在产业政策中的宏观引导作用，提高资源的配置效率，让资源要素流向高科技产业，使产业结构得到优化升级，从而缓解目前存在的结构性过剩问题。

第三，积极解决产能过剩问题，在推动"僵尸企业"退出市场的同时发展新兴产业。日本长期扩张性财政货币政策，使得"僵尸企业"造成的不良资产不断累积。财政补贴和信贷资源在更多地流向"僵尸企业"的同时，新兴产业却得不到足够和低廉的资金。在此背景下，低端产业产能过剩而高端产业供给不足，加重了通缩的程度。

当前我国工业企业产能利用率仍处于较低水平，传统工业行业产能过剩问题严重，存在大量"僵尸企业"。为此，我国应当加快转变经济增长方式，加大对产能过剩行业结构调整力度。通过实行供给侧结构性改革加速处理金融不良债权和"僵尸企业"，化解过剩产能，结合"一带一路"倡议推进过剩产能转移。同时着力降低"僵尸企业"杠杆率，防止"债务—通缩"螺旋的形成。此外，我们还应当继续创新和使用结构性货币政策工具，优化信贷结构，提高信贷资源的配置效率，加大对战略性新兴产业和消费信贷投放，大力扶持新兴产业发展。

第四，经济发展到一定水平时，技术进步方式要及时地从技术引进转向自主创新。借鉴日本的发展经验，当一国处于较低经济发展水平时，通过技术引进等方式模仿先进国家发展路径是具有一定优势的，但随着经济发展提高，科技水平与发达国家间的差距不断缩小，依靠技术引进引领经济增长的模式将受到极大的限制，许多前沿技术将无法获得。因此，要及时地转变技术进步方式，单纯地依靠技术引进不再可取，而是要更加注重自主创新。通过切实采取优惠政策鼓励企业不断进行技术创新，逐步淘汰消除低端过剩产能，刺激科技含量高和环境友好的产品生产并带来高端需求。

第五，实时监控宏观价格水平的异动，前瞻地、科学地判定通货紧缩。1997年之前，日本政府并没有把日本经济衰退中所出现的价格持续负增长的现象明确地界定为通货紧缩。当局对于宏观形势判断失误和对通缩重视程度不够，加大了通缩治理的难度。后来，尽管政府进行了大力度的宏观调控，但是效果甚微，日本陷入了"经济萧条、通货紧缩"为特征的"迷失二十年"。因此，针对价格水平的变动需要时刻监控，并进行预测和预警，制定科学的通缩标准进行判断。防止因为错失前瞻性调控的时机，而增加后续通缩调控的政策成本和社会成本。

第七节　2009—2016年日本的通货紧缩

一　2009—2016年日本通货紧缩的背景和表现

在遭受了20世纪90年代的通货紧缩后，日本经济一直处于低迷的状态（伍伟烨，2013）。2008年肇始于美国的国际金融危机在全球范围内爆发，尚未恢复过来的日本经济又面临了新一轮的冲击。受到国际金融危机的影响，日本的GDP同比增速从2007年12月的1.9%迅速下跌至2008年12月的-4.1%。日本的居民消费支出的同比增速也开始下滑，2008年3月居民消费支出同比增速为0.9%，而2009年3月已下跌至-4.8%。此外，日本的失业率也从2008年1月的3.8%提升至2008年12月的4.3%，一年内提升了0.5个百分点。总体来看，国际金融危机的发生是日本短期内再次出现通货紧缩的重要背景，而日本经济长期的萎靡不振势必会带来间歇性的通缩。日本此轮通货紧缩的显著性特征表现为以下两大方面。

第八章 美国和日本通缩历程与调控经验借鉴

一是从发生的时间上来看，此轮通货紧缩整体持续的时间较长，且呈现出了间歇性的特征。从图 8.13 可以看出，不论是反映消费端整体社会物价水平的 CPI 指数，还是反映工业生产领域价格水平的 PPI 指数，都具有上述特征。在 2009 年 2 月至 2010 年 9 月、2011 年 1 月至 2011 年 6 月、2011 年 10 月至 2011 年 12 月、2012 年 6 月至 2013 年 5 月，以及 2016 年 4 月至 2016 年 9 月，日本的 CPI 均呈现出负增长趋势，间歇性通货紧缩态势比较明显。而在 2009 年 1 月至 2010 年 3 月、2010 年 7 月至 2010 年 11 月、2012 年 1 月至 2013 年 5 月，以及 2015 年 4 月至 2016 年 10 月，日本的制造业 PPI 出现持续的负增长，PPI 的间歇性通缩特征非常明显。

二是从通货紧缩的程度来看，PPI 比 CPI 的通货紧缩更为明显，PPI 对 CPI 的带动作用较为明显。从图 8.13 可以看出，从 2009 年 1 月开始，PPI 就已经出现了负增长，而 CPI 虽然也受到影响，但此时尚未出现负增长。2009 年 8 月的 PPI 同比变化率为 −7.41%，达到阶段性的最低点。而日本 CPI 同比增速的最低点值为 −2.5%，直到 2009 年 10 月才出现。在此轮通货紧缩的前期，CPI 的变化总是滞后于 PPI 的变化，此轮通货紧缩在某些短暂的时间段里也呈现出了结构性的特点。例如，2012 年 1 月至 2012 年 5 月，CPI 的同比增长率有小幅上升且一直保持为正，而 PPI 的同比增长率却持续为负，降幅还非常明显。也就是说，此轮通货紧缩对制造业部门的冲击是最早也是最明显的，CPI 的下跌在很大程度上是由 PPI 的下跌所推动的。直到 2012 年 7 月开始，CPI 的变化几乎不再滞后于 PPI 的变化，两者的变化情况大致保持同步。

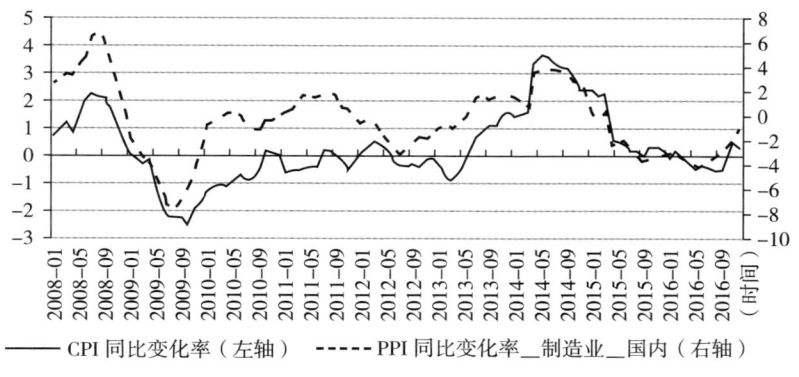

图 8.13　2008—2016 年日本 CPI、PPI 同比变化趋势

资料来源：中经网统计数据库。

二 2009—2016年日本通货紧缩的形成原因

(一)日本经济缺乏抵抗外来冲击的"免疫力"

长期以来,日本整体经济表现低迷,减弱了其对国际冲击的防御能力。事实上,自20世纪80年代末以来,日本的各类资产价格全线下跌,失业率居高不下,信贷和投资持续收缩,投资者情绪不断下滑,政府债台高筑,这些因素的综合作用使得日本经济处于异常疲软的状态,极度缺乏应对外部冲击的"免疫力"。国际金融危机的爆发对于长期疲软的日本经济来说,无异于雪上加霜,使日本国内需求不足的状况进一步加剧,造成了较为严重的通缩。日本后续的刺激政策并没有明显地增加总需求,供求矛盾没有得到根本解决,使得通缩间歇性地发生。

(二)日本出口贸易面临竞争力下滑压力

一方面,日本经济长期依赖于对外出口,国际金融危机直接影响了日本的主要贸易伙伴美国和欧盟的经济,美国等国为了加速恢复国内经济采取了一系列的贸易保护策略,减少了对日本产品如汽车、电视和机械制品等的进口,从而影响到日本的出口增长。另一方面,在金融危机期间,美元出现了大幅度的贬值,日元则相对于美元升值,对日本产品的出口十分不利,如图8.14和图8.15所示。

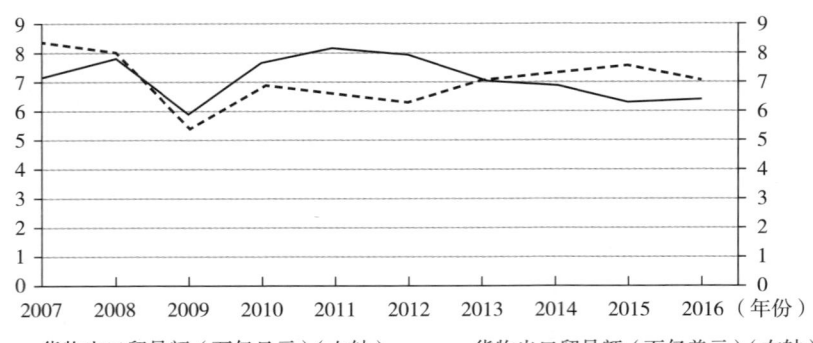

图8.14 2007—2016年日本出口贸易额变化情况

资料来源:IMF数据库。

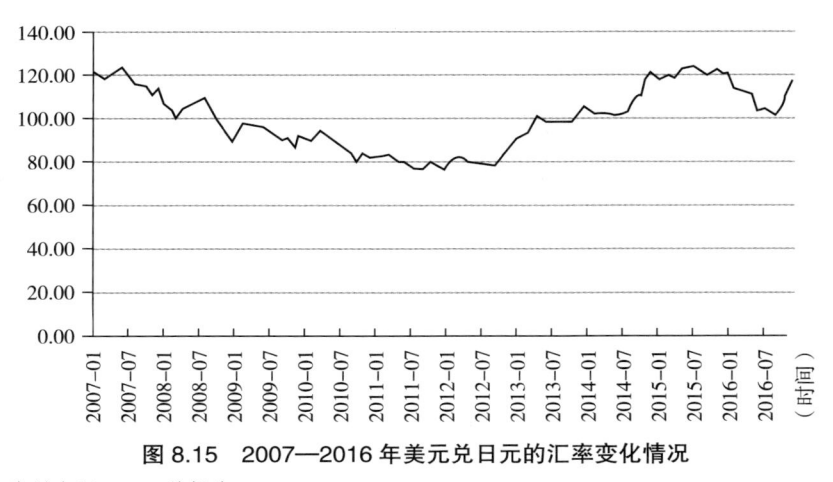

图 8.15　2007—2016 年美元兑日元的汇率变化情况

资料来源：IMF 数据库。

从出口数据的表现来看，如图 8.14 所示，以日元计价的日本出口贸易额在金融危机发生后显著下跌。2009 年日本出口贸易额达到阶段性的最低点 5.4 万亿日元，尽管之后呈现缓速回升的态势，但在 2009—2016 年始终未能恢复至 2008 年的水平。而以美元计价的出口贸易额在 2009 年之后呈现先上升后下降的趋势，2011 年和 2012 年以美元计价的出口贸易额甚至超过了 2008 年的水平。但这与国际金融危机所引起的美元贬值有关，并不能说明日本的出口贸易额实际值有所增加。且随着美元汇率逐渐恢复稳定，以美元计价的贸易额从 2011 年也开始出现了下降的趋势，这也再次说明了日本的出口贸易确实受到金融危机很大的影响。

（三）日本国内消费需求增速缓慢

日本居民收入增速长期处于低位，导致私人消费增速呈现出不断下降的态势。如图 8.16 所示，2000 年以来，日本国民可支配总收入和国民可支配收入同比增速均呈下降趋势。2001—2003 年，国民总收入增速为负。2004—2007 年，日本国民可支配总收入和净收入均稳定地正增长，但其增速始终未超过 2%。2008 年起，日本国民可支配总收入和净收入出现直线下跌，两者在 2009 年分别达到最低点 -6% 和 -7%。2010 年，两种收入均有所回升，但不到一年又转为负值。在后来的三年之中，两种收入同比增速在波动中上升，但升幅有限，最高达 4% 左右，并且迅速在 2016 年下降。从 2016 年的情况来看，日本居民总收入增长相当乏力，尤其是对金融危机的反应非常敏感。

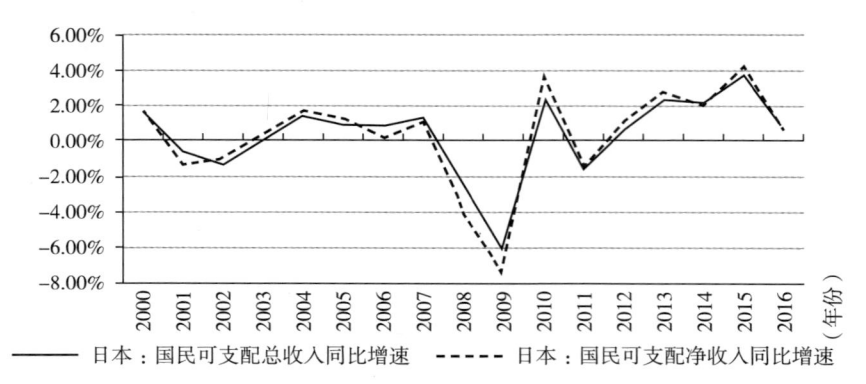

图 8.16 日本国民收入同比变化率

资料来源：Wind 数据库。

另外，"老龄少子"的老龄化人口结构导致了日本国内消费动力不足，同时也加重了国内年轻人的供养压力。少子老龄化的结构性问题导致国内的居民倾向于减少消费而增加储蓄。如图 8.17 所示，自 20 世纪 20 年代以来，日本 65 岁以上人口占总人口的比例不断上升，并且上升速度越来越快。2015 年，65 岁以上人口占比高达 26.33%，且仍呈上升趋势。与此同时，每位 65 岁以上老人所对应的供养他们的年轻人数量也在逐年锐减。1995 年，每位老人平均对应 4.5 个年轻人，而 2015 年仅对应 2.1 个年轻人。短短二十年时间，日本年轻人的供养压力增大了至少一倍，这就导致了他们缩减消费。

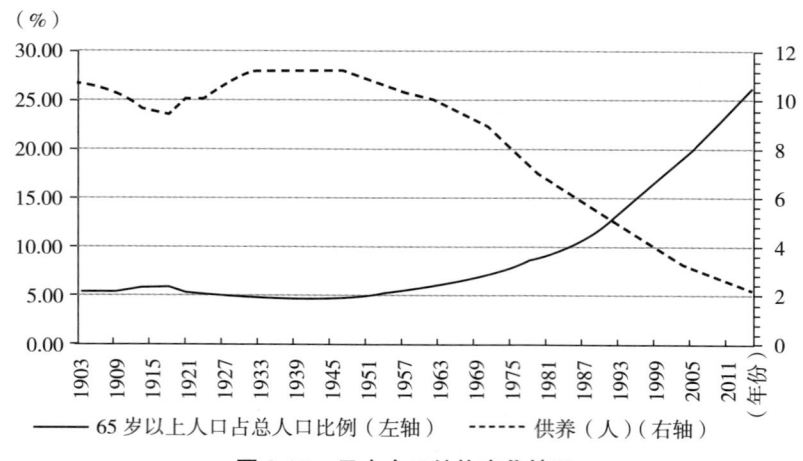

图 8.17 日本人口结构变化情况

资料来源：Wind 数据库，经笔者整理计算得到。

总的来说，不论是国民收入的减少还是人口结构的不均衡，都对日本国内的消费需求造成了严重的影响。从图 8.18 可以看出，在 2008—2016 年期间，日本居民消费支出同比增速大多低于 2%，只有 2014 年 3 月为 2.1%，但随即迅速下跌并在 2014 年 6 月达到 -5%。此外，2009—2016 年期间的相当多的时间段内，居民消费支出同比增速为负。消费需求的减少加大了供需矛盾，进一步恶化了通货紧缩的局面。

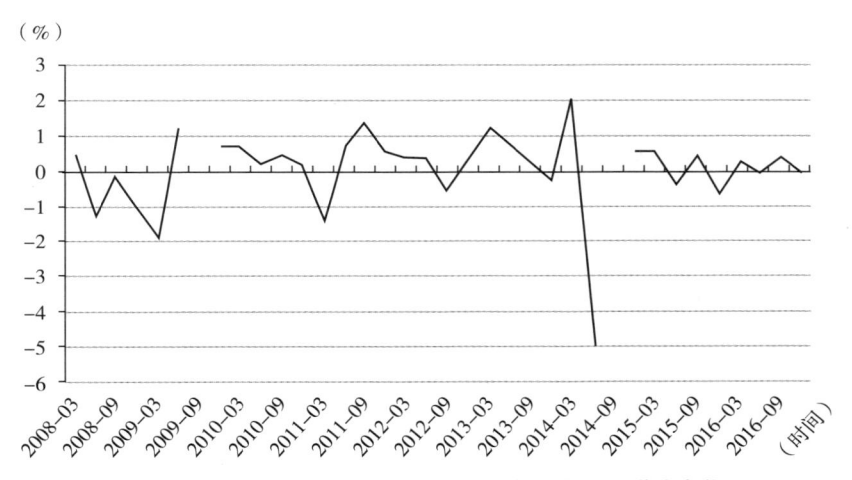

图 8.18　2008—2016 年日本居民消费支出同比增速变化

资料来源：中经网统计数据库。

（四）日本国内私人投资信心和意愿不强

日本经济在长时间内处于低迷状态，这影响了国民的投资信心。如图 8.19 所示，从 2008 年开始，日本固定资产形成总额同比增速为负，这种情况一直持续到 2010 年。这说明金融危机确实引起了市场恐慌，以至于国民的情绪悲观，减少投资。2012—2013 年，由于日本政府采取了宽松的财政政策，进行了大规模的公共投资，固定资产形成总额同比增速有较为明显的提升，到 2014 年 3 月上升至 9.9%。但政策的效果有限，固定资产形成总额同比增速又很快跌为负值，且在此之后最大增速不超过 2%。

再加上金融危机时期的日元升值和国内利率水平低下，投资者更加担忧日本经济的前景，出现了日本国内大量资金迅速外流的现象，这直接反映到了日本外国直接投资流出上。如图 8.20 所示，2010 年起，日本外国直接投资流出大幅增多，而且连续三年保持在 20 万亿日元以上。在经历 2014 年的

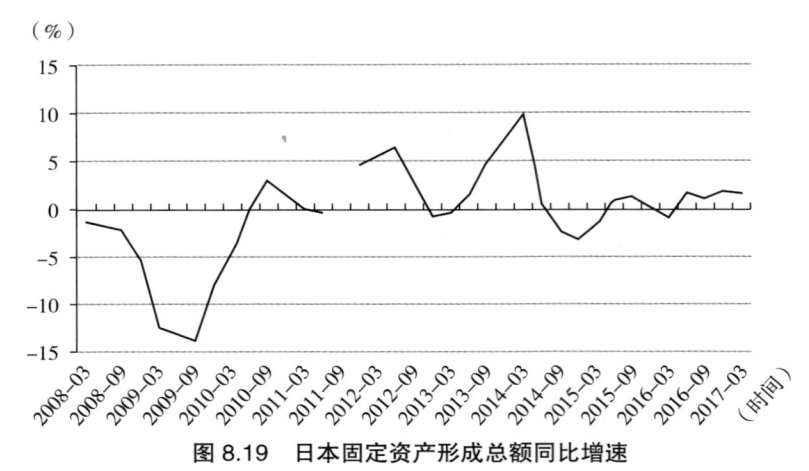

图 8.19　日本固定资产形成总额同比增速

资料来源：中经网统计数据库。

短暂下降以后，又重新进入上升阶段。另外，对外直接投资净额（外国直接投资流入减去外国直接投资流入）也反映出相同的情况。2008—2016 年，日本对外直接投资净额持续为负，并呈现缩小趋势。尽管在 2009 年的直接投资净额（-6.0 万亿日元）相较于 2008 年（-10.7 万亿日元）有所回升，但 2010 年之后，对外直接投资净额开始持续走低，而 2016 年甚至达到 -14.9 万亿日元。此外，资金持续外流会导致国内上市公司股票价格的下跌，如图 8.21 所示，2010 年 1 月至 2012 年 1 月，股价由 171.43 日元跌至 128.48 日元，跌幅达 25%。股价下跌又会进一步影响银行等金融机构资产的质量，日本的金融体系也会受到冲击，从而对投资资金的供给造成影响。

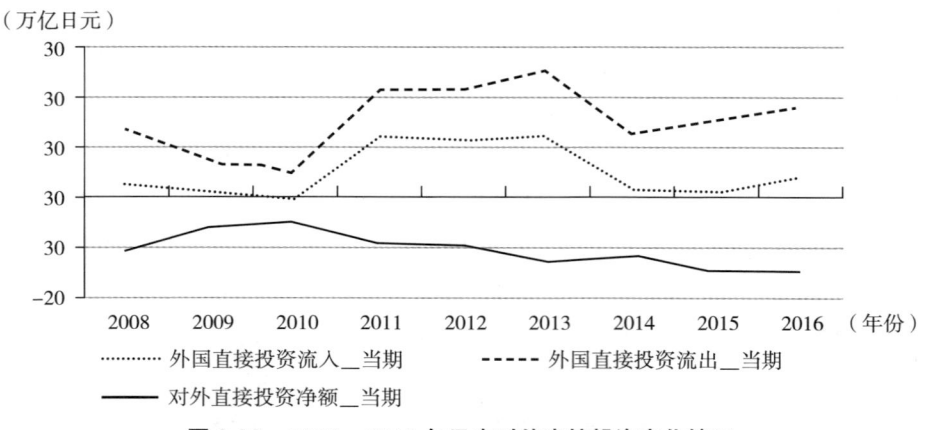

图 8.20　2008—2016 年日本对外直接投资变化情况

资料来源：中经网统计数据库。

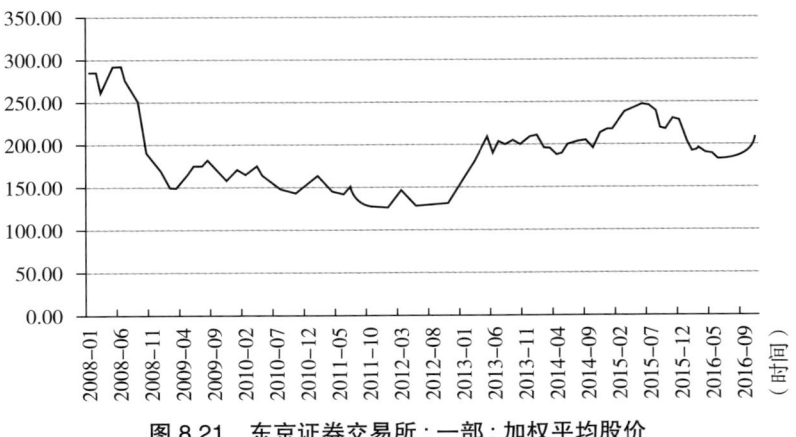

图 8.21　东京证券交易所：一部：加权平均股价

资料来源：Wind 数据库。

（五）日本的供给结构不合理

长期以来，日本企业对需求变化应对缓慢，导致产品的供给结构与需求结构错位，造成部分产品供给过剩、生产效率低下等问题。尽管日本早在 20 世纪 80 年代以后就进军了计算机、半导体等高科技领域，也取得了较为丰硕的成果。但是日本国内的消费需求增长乏力，难以提供新技术应用推广的平台，这严重阻碍了产业结构的升级（邬琼，2017）。因此，日本只能把大量的资金投入在家电、汽车等传统行业上。然而金融危机导致全球市场竞争加剧，日本出口的产品变少，国内积压的库存就会更多。面对过剩的产能，厂商只能被迫降低产品价格。这直接影响了日本国内的物价水平，形成通货紧缩的压力。

（六）日本对通缩的适应容易触发后续通缩

20 世纪 90 年代以来，日本长期处于不断通货紧缩当中，使得日本人似乎逐渐适应这种低物价水平的生活了，并形成一定的预期，这也容易触发后续的通缩。东京富士通研究所的高级经济学家马丁·舒尔茨（Martin Schulz）指出，"人们都知道通货紧缩不利于就业、不利于经济，但渐渐地家庭和公司开始适应它了"。虽然居民的工资不断降低，但是国内产品的价格也在降低，消费者能够买到更多性价比高的产品。另外，为了应对消费者对低价产品的需求，企业也不得不去适应通货紧缩而推出低价产品。

比如，麦当劳推出低价菜单，大创产业公司设立百元商店，优衣库、无印良品和宜得利也在提高品质的同时降低价格。一份政府报告指出，2010年人们对生活的满意程度为63.9%，相较于1989年提升了0.8个百分点。但是，人们越是习惯通货紧缩带来的"福利"，就越难摆脱它带来的"危害"（Aki Ito，2011）。

三　日本政府对此轮通缩采取的调控措施和效果

（一）调控措施

为了缓解增长乏力和通货紧缩的问题，日本在2008—2012年再次实施量化宽松货币政策，并重启资产购买计划，不断扩大资产购买规模。2013年开始，日本首相安倍晋三又推出了以"大胆的金融政策""机动的财政政策""刺激民间投资的经济增长战略"为基本内容的经济刺激政策，也被称作"安倍经济学"（王志刚等，2014），该政策背后的逻辑如图8.22所示：

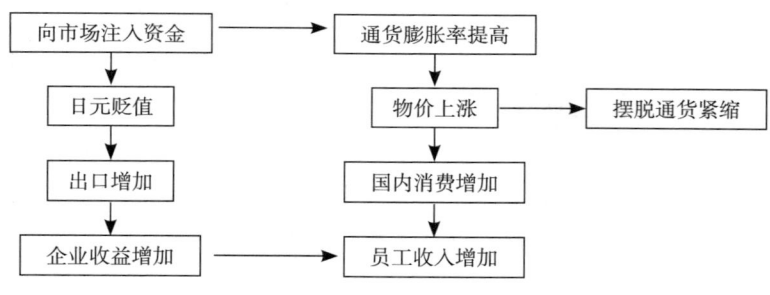

图8.22　日本治理通货紧缩图解

在"安倍经济学"的相关政策提出之后，日本央行迅速印发大量日元以增加市场的流动性。其一，实施通货膨胀目标制，将通货膨胀目标值由原来的1%调整为2%，通过引导预期和通货再膨胀政策以加强货币政策反通缩的力度。其二，日本采取了超量化宽松货币政策应对经济低迷和通货紧缩的压力。每年增加基础货币60万亿—70万亿日元，其中日本银行每年增加50万亿日元的长期国债保有量；并且还提高了资产购买的总规模、取消国债购买期限和规模限制。其三，2016年2月，日本开始实施负利率货币政策，将无担保隔夜拆借利率由0.1%下调至-0.1%。其四，为了增强对央行的控制，日本政府还修改了银行法，使其有权决定央行的人事任免情况。其五，为了保证资金能够顺利地流入市场，日本政府在2012年补充了13.1万亿日元的公共事业预算。到2013年，预算增加到92.6万亿日元。此外，为了实现经济增长战略，日本政府还注重传统产业的振兴和新兴产业的发展，同时大力支持企业积极开拓海外市场（邬琼，2017）。

（二）调控效果

这一系列政策的实施，在短期内对治理通货紧缩具有一定的效果，但并未让日本完全摆脱通缩的阴影。其一，CPI同比增速由2013年3月的-0.9%迅速上升至2014年5月的3.7%，提升了4.6个百分点，成为仅20年以来日本最高的通胀水平。PPI同比增速自2012年7月开始回升，从2013年6月开始连续20个月为正，且在2014年6月达到了3.9%的较高水平。

其二，自2013年开始，日本的经济增长也有明显的回升。如图8.23所示，2014年第一季度日本的实际GDP同比增速达到2.4%，较2012年年末提高了2.7个百分点，这对经济长期低迷的日本来说是非常少见的。但是，经济增速总体上是处于波动状况中，2014年第二季度至2015年第一季度，日本的实际GDP的增速处于负增长区间，说明增长的态势并不稳定。

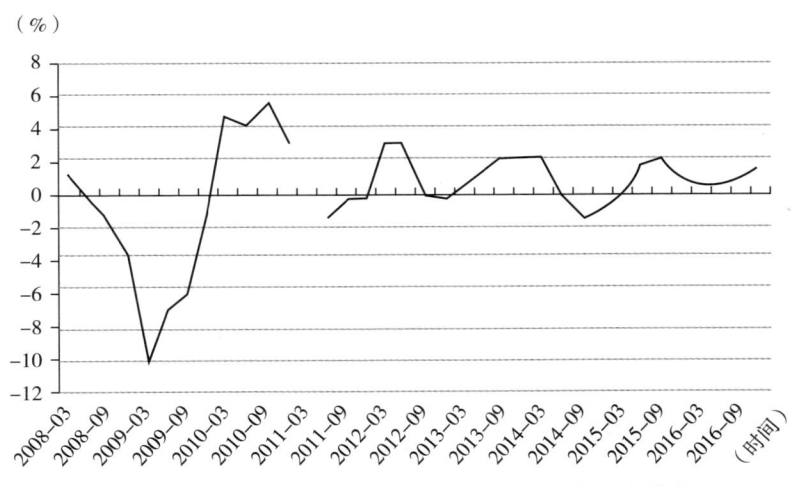

图 8.23　2008—2016 年日本 GDP（支出法）同比增速

资料来源：中经网统计数据库。

其三，失业率有了较大程度的降低。虽然从短期来看，失业率的变化存在较小的波动,但从长期来看,日本失业率处于稳定下降的态势。另外,企业经营状况的好转也带来了就业率的上升。图8.24反映出,从2009年7月的5.7%到2016年12月的3.1%,五年半的时间失业率降低了2.6个百分点,幅度比较大。2013年之后的失业率仍在不断降低,当然不能完全排除掉"老龄少子"可能带来的影响。此外,非正式雇佣和隐性失业也在一定程度上人为地拉低了失业率(李晓、王晗,2017)。

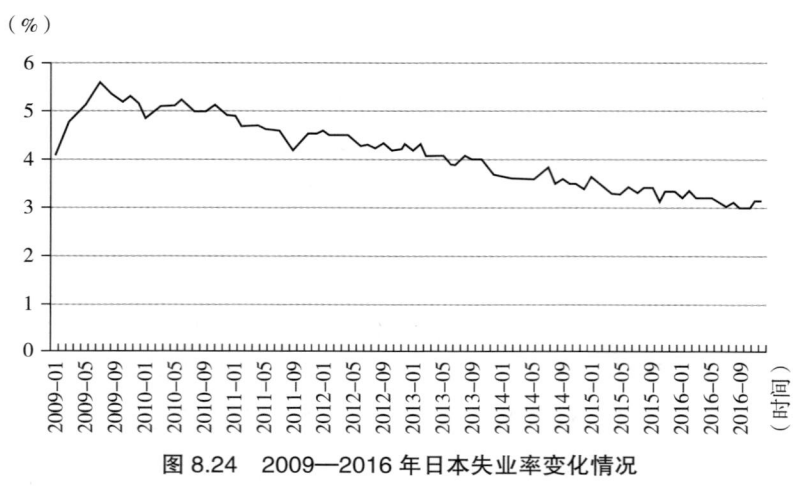

图8.24 2009—2016年日本失业率变化情况

资料来源:中经网统计数据库。

其四,量化宽松的货币政策对汇率产生了明显的影响,并在一定程度上有利于出口。由图8.15可以发现,从2013年开始,日元兑美元的汇率持续贬值,日元的贬值又在一定程度上带动了出口贸易,虽然并未恢复到通货紧缩前的水平,但以日元计价的出口贸易总额自2012年以来有一定的回升。

然而,这些调控政策并没有使日本摆脱通货紧缩。CPI增速只有在2013年6月至2015年8月这两年时间内保持为正,通货膨胀率维持在2%的时长仅为2014年4月至2015年3月的短短一年。而2016年3月之后,CPI又开始持续为负。在制造业领域,PPI从2013年6月开始,连续为正的仅有19个月,2015年4月之后又重新回到通货紧缩的状态。

日本未能摆脱通货紧缩的原因有以下几点:首先,安倍的经济刺激政策未能解决长期困扰日本的"老龄少子"结构性问题,并且人口老龄化也减弱了财政政策和货币政策的有效性(方显仓、张卫峰,2019;张卫峰、刘堂勇，2019）。其次，政策只通过加大公共投资在短期内扩张需求，而忽视了内需不足的内在原因。除了人口老龄化以外，企业和居民对经济的不良预期也是一个重要的原因。经历了十年的去杠杆化过程，企业的融资情绪低下，居民的消费意愿不足。短暂的扩张需求对市场情绪的"安抚"无济于事，反而加剧了公共债务负担（高海红等，2013）。最后，政策未能很好地触及供给端的问题。日本长期对国内外供给低端产品，却没有提升中高端供给能力。随着经济的发展，世界各国对高质量产品的需求逐步扩张。而在内需不足的情况下，这种供给结构也让日本产品在国际市场上不受待见。

四 经验教训

根据以上内容并结合当前的中国国情，我们总结出以下经验教训：

第一，防止人口老龄化的结构性因素对物价形成通缩压力。人口结构失衡是日本最根本的问题。人口结构对国内需求和供给有着决定性的作用。尽管中国目前的老龄化程度还没有日本这么严重。然而，中国人口老龄化对经济增长潜在的负面影响远远高于世界平均水平和OECD国家的平均水平（郑伟等，2014）。另外，中国的人口出生率也在近几年持续走低。根据国务院新闻办公室的数据，2018年年末的人口出生率仅为10.94‰，比2017年下降2.01个百分点。因此，政策需要加大对家庭在生育、养育环节上的支持力度。

第二，及时转变需求结构，经济增长动力从依靠外需积极地向依靠内需转变。日本深陷通货紧缩的原因有很大部分是因为经济发展过度依赖外需。一旦外需缩减，国内经济就会非常脆弱。类似于日本，中国的对外依存度也非常高，农业、制造业、服务业分别为14.5%、29.5%、14.2%（刘鹏等，2019）。在内需方面，中国的最终消费率甚至低于日本（陈斌开等，2014）。同时，中国经济进入新常态，再加上中美贸易摩擦的不断升级，国际市场环境的日益恶化，通过扩大内需来防范通货紧缩的风险，保证经济的稳定增长就显得更为重要。

第三，政策从供给侧发力，注重提高产品供给的质量以适应高端消费需求。日本政府在治理通货紧缩时没能处理好供给侧的问题，这是导致治理通货紧缩不够彻底的重要原因之一。中国在2015年才提出供给侧结构性改革，且在此轮通货紧缩调控中担任重要角色，去过剩产能和降杠杆等措施对于 2012—2016 年中国结构性通缩的走出起到了重要的作用。只有国家的产品质量在全球处于领先水平，国内外的需求才能同时保持稳定甚至是扩张，并且经济在面临外部冲击时也会具备较强的"抵抗力"。因此，不仅需要长期坚持以创新来引领供给侧改革，还需要不断完善制度、制定措施和强化法律保障来推动改革落实见效。

第八节　小结

本章放眼于国际通缩历史，从产生背景、形成原因、调控手段、调控效果及经验等几个方面深入剖析了 20 世纪以来美国和日本所经历的几个具有代表性的通货紧缩历史阶段，包括 1929—1933 年大萧条时期美国的通缩、1997—1999 年美国的良性通缩、2008—2009 年次贷危机下美国的通缩、2015 年美国短暂的通缩、1985—2006 年日本的间歇性通缩以及 2009—2016 年日本的通缩。在深入剖析了历次通缩的原因，总结了通缩的调控手段，考察了通缩调控的效果后，以期寻求防范和治理通货紧缩的思路，借鉴他国反通缩经验为我国所用。

从产生背景来看，美国和日本几轮通缩所处的时代环境各不相同。1929—1933 年美国的通缩发生于美国大萧条时期；1997—1997 年美国的良性通缩发生于世界经济加速一体化、资本进入新一轮扩展与信息技术革命时期；2008—2009 年美国的全面性通缩发生于次贷危机以及由此引发的国际金融危机时期；2015 年美国短暂的通缩发生于其经济复苏及全球经济增速放缓时期；1985—2006 年日本的通缩发生于日本"泡沫经济"破灭后；2009—2016 年日本的通缩则是在国际金融危机的背景下发生的。

从特征表现来看，除 1997—1999 年美国的良性通缩以外，1929—1933 年美国的通缩、2008—2009 年美国的全面性通缩、2015 年美国的短暂通缩、1985—2006 年日本的通缩以及 2009—2016 年日本的通缩大都呈现出价格指数下跌、工业生产减速、经济增速、货币供应量和出口增速下滑等现象。

从形成原因来看，1929—1933 年美国的通缩主要是由生产供给过剩与有效需求不足引起的供需失衡造成的；1997—1999 年的良性通缩的主要原因包括贸易全球化下产品成本下降，信息技术的进步导致的生产效率上升和成本下降等；2008—2009 年美国的通缩主要是由次贷危机引发的金融体系动荡、总需求的大幅下跌造成的；2005 年美国短暂通缩的成因主要包括：国际大宗商品价格连续多年下跌、美国量化宽松货币政策的逐步退出以及产能过剩的影响等；1985—2006 年日本的通缩主要是由日本泡沫经济破灭后所带来的供求失衡引起的；2009—2016 年日本的通缩的根源仍然是供需矛盾尚未解决。不难看出，供需失衡是引发美国和日本上述几轮通缩的重要原因。

从调控措施与调控经验来看，为应对上述几轮通缩，美国和日本采取了不同的调控措施。其通缩调控经验对我国有着重要启示：例如，应实时监控宏观价格水平的异动，前瞻地和科学地判定通货紧缩；通缩调控需要"市场之手"与"政府之手"同时发力；通缩调控必须注意政策之间的协调性和持续性；政府在治理通缩的过程中，既要关注短期目标，又要重视中长期目标；通缩调控不仅需要注重需求侧管理，还需注重供给侧改革等。

本章深入剖析了美国和日本几次典型通缩，为我国寻求防范和治理通货紧缩的思路和构建结构性通缩调控体系，提供了具有参考意义的国际经验和教训。

第九章
中国结构性通货紧缩调控体系的建立

第一节 中国结构性通缩调控体系的基本框架

CPI 与 PPI 是衡量经济运行冷热程度的温度计，CPI 与 PPI 增速过高或过低都不利于经济正常运转。实际上，通缩给经济生产活动所带来的危害甚至超过通胀。2012—2016 年中国所经历的结构性通货紧缩又与之前的全面性通货紧缩有着明显不同的特点。其中，生产领域的 PPI 持续了长达 54 个月的负增长，这是前所未有的；而消费领域的 CPI 增速却维持在 1% 附近的通胀减速状况，并未进入通缩。不同的通缩特征表明了不同的经济状况，这就需要不同的调控措施来加以应对。因此，建立系统性的宏观经济政策体系对结构性通缩加以调控，具有非常重要的理论和现实意义。

通货紧缩调控体系不同于调控措施，调控体系是除了调控措施在内的，包括底线与目标、预警与预测、原则和措施、模拟选优、政策建议以及反馈等一系列步骤的有机调控整体。具体而言，中国结构性通货紧缩的调控体系包括以下部分：结构性通缩的调控底线与目标的设定、结构性通缩的预警与预测、结构性通缩调控的原则与措施，以及结构性通缩调控的效果评价与建议等，如图 9.1 所示。

可见，相对于结构性通货紧缩的一般调控措施，结构性通货紧缩的调控体系能够形成更为丰富完善的逻辑框架，更具有科学性和系统性。在通缩开始前就设定了判定标准，刚有通缩苗头就进行预警与预测，并有完整的应对措施方案，还包括各种措施方案的政策模拟与甄选，在对各种方案进行了模拟与评估比较后，最终才提出相应的科学有效方案。并在结构性通缩调控完成后，对实际调控效果与方案进行评估，对调控体系进行修正、完善和反馈，从而可以更好地应对未来可能出现的类似结构性通缩状况。

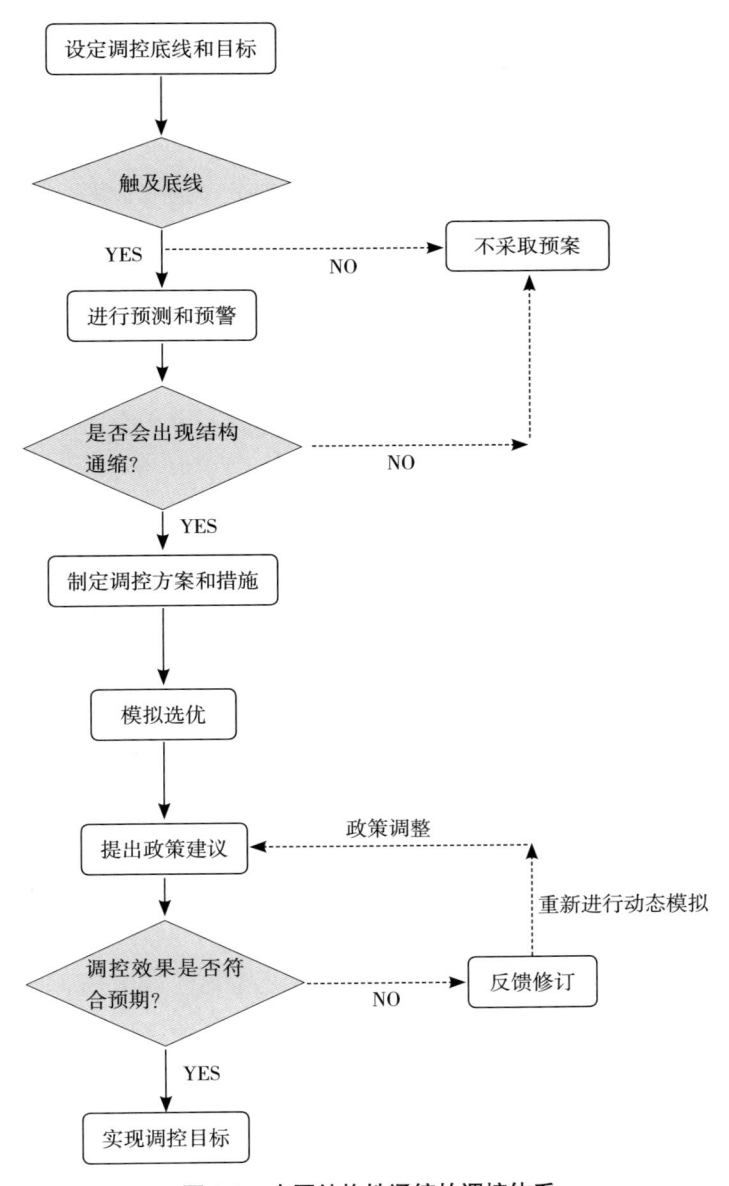

```
        ┌─────────────────┐
        │ 设定调控底线和目标 │
        └────────┬────────┘
                 ▼
              ╱ 触及 ╲
             ╱  底线  ╲─── NO ──┐
             ╲       ╱          ▼
              ╲     ╱      ┌─────────┐
               YES         │ 不采取预案 │
                │          └─────────┘
                ▼                ▲
        ┌─────────────┐          │
        │ 进行预测和预警 │          │
        └──────┬──────┘          │
               ▼                 │
          ╱ 是否会出现 ╲           │
         ╱  结构通缩?  ╲── NO ────┘
          ╲          ╱
           ╲        ╱
              YES
               │
               ▼
       ┌──────────────┐
       │ 制定调控方案和措施 │
       └──────┬───────┘
              ▼
       ┌──────────┐
       │  模拟选优  │
       └─────┬────┘
             ▼
       ┌──────────┐       政策调整
       │ 提出政策建议 │◀──────────────┐
       └─────┬────┘                 │
             ▼              重新进行动态模拟
       ╱ 调控效果是否 ╲              │
      ╱  符合预期?   ╲── NO ──▶ ┌────────┐
       ╲           ╱            │ 反馈修订 │
        ╲         ╱             └────────┘
           YES
            ▼
       ┌──────────┐
       │ 实现调控目标 │
       └──────────┘
```

图 9.1 中国结构性通缩的调控体系

另外，结构性通缩调控体系对全面性通缩的调控也有一定的启示作用。事实上，从以往的通缩历史经验来看，全面性通缩可以看作结构性通缩恶化演变后所形成的更为严重的情况。一般而言，在经济下行阶段，生产领域的价格 PPI 相对于消费领域的价格 CPI 会更先进入通缩，如果结构性通缩继续发展与演进，随后的 CPI 也可能因为上游的传导而出现通缩，那么结构性通缩就演变成了全面性通缩。可见，不管是结构性通缩还是全面性通缩，PPI 均是处于通缩的状况。区别在于，全面性通缩时 CPI 已经通缩，而结构性通缩时 CPI 尚未通缩。

在应对结构性通缩时，由于此时 CPI 一般处于通胀放缓、增速尚为正增长的阶段，所需采取的提升 CPI 增速的相关措施的调控力度相对较小。而如果是全面性通缩，由于 CPI 已经处于通缩当中，那么，提升 CPI 增速的相关调控措施的力度就应该更大。因此，在对结构性通缩的调控体系加以修正，针对 CPI 调控措施的力度适当提升后，就可以形成全面性通缩调控体系。可见，结构性通缩调控体系更具一般性，对于全面性通缩的调控也具有适用性和重要意义。

第二节　中国结构性通缩调控的底线与目标

一　中国结构性通缩的判定标准

建立结构性通货紧缩调控体系，首先要明确通缩和结构性通缩的判定标准。根据前文的研究，我们选择合适的价格指数，并采用"单一标准"，以及使用月度频率的数据是比较科学的，并有利于迅速预测预警和采取相关调控措施。也就是说，当 CPI（或 PPI）出现连续三个月及以上的负增长，就表明消费领域（或生产领域）出现了通货紧缩的现象。之所以没有选择 CPI（或 PPI）连续两个季度的负增长作为消费领域（或生产领域）通缩的判定标准，是因为数据频率过低、观察时间过长会影响到调控的前瞻性，并且滞后作用会影响到政策的调控效果。

因此，若 CPI 与 PPI 的负增长都连续达到三个月以上，则说明经济处于全面性通缩的状况，可以在技术上判定出现了全面性通缩（IMF，2003）；如若仅 PPI 出现连续三个月及以上的负增长，而 CPI 却处于低速正增长的状况（1% 左右），则表明经济存在结构性通缩现象，在技术上判定为结构性通缩。值得注意的是，如果长时间的 PPI 通缩没有得到有效遏制,甚至出现加剧的状况,则 PPI 的持续通缩可能会通过生产链的成本传导,或者通过影响经济增速等引起 CPI 持续负增长,从而使得结构性通缩演变成全面性通缩。因此,加强对结构性通缩的及时积极调控,是防止出现更为严重的全面性通缩的重要前提和基础。

二 中国结构性通缩的调控底线与目标

(一)中国结构性通缩调控的底线

通货紧缩调控的底线,是指当主要价格指标的变化低于一定值时需要触发调控预案进行调控,该值可以称为通货紧缩调控的底线。通缩调控的底线是反通缩措施所不能再容忍的、价格指数再下跌的底线,属于底线思维的实际运用。

一般而言,一旦 CPI 增速在 1% 附近徘徊而趋于 0 时就很有可能在未来进入通货紧缩,因此需要提前实施一定力度的反通缩措施以"治未病",否则一旦进入通缩而进一步形成强烈的通缩预期,则会增加未来通缩治理的政策成本和治理难度。因此,对于 CPI 而言,本书认为 1% 是触发通缩调控的底线。

在生产领域,PPI 的变化具有更大的弹性,波峰与波谷之间的振幅更大。而且,一旦经济出现通缩,PPI 会比 CPI 更早地进入负增长的状况。本书认为,当 PPI 的增速低于 1% 并在附近波动时,就需要相关反通缩的调控政策做出反应,实行一定力度的反通缩措施,因此 1% 为触发 PPI 通缩调控的底线。

综上,一旦经济出现 PPI 增速持续下降并接近于 1%,并且 CPI 通胀减速有接近于 1% 的迹象时,就应该提前触发结构性通缩调控的预案,并采取相应的措施加以积极应对,从而克服时滞效应(认识时滞、政策时滞和行动时滞)的影响,降低政策成本和社会福利损失,实现前瞻性、精准性的调控。

(二)中国结构性通缩调控的目标

中国结构性通缩调控的主要目标是,让主要的价格指数 CPI 与 PPI 保持在合理区间内,并维持正的增长。具体而言,通过相关政策的调控和干预，使得总体价格水平恢复和稳定到正常水平，主要包括两方面的内容。一方面，使 PPI 的同比增速转负为正，恢复并稳定在 3% 左右，以保证工业企业的正常利润；另一方面，使 CPI 的同比增速停止通胀放缓（通胀减速）的态势，消费端的价格企稳回升，恢复并维持在 2%—3% 的温和正增长态势。如若结构性通缩已经恶化并转变成全面性通缩，则需要进一步加大反通缩措施的力度，使得 PPI 和 CPI 的增速同时转负为正，并分别保持在 3% 和 2%—3% 的水平。由于宏观价格水平是衡量经济冷热程度的温度计，如果宏观调控能够使得 PPI 和 CPI 两大价格指数分别达到比较理想的同比增速水平，就说明经济总体供需达到了均衡水平，表明经济总体运行态势良好。

一般而言，将 CPI 的增长率调控和维持在 2%—3% 的水平是经济正常增长的需要，也是符合科学设定的。从理论上讲，很多文献都支持适度通胀是有利于经济增长的观点（如 Barro，1996；刘金全等，2003），温和的需求增加是实现供需均衡和市场出清的重要条件，著名的泰勒规则也将 CPI 通胀的目标值设定为 2%（Taylor，1993）。从全球各国实际情况来看，2% 左右的温和通胀标准也是合理的，因为 2% 正是许多发达国家央行所设定的 CPI 通货膨胀的目标值。例如，美联储长期以来将美国通胀的目标值设定为 2%[①]，英国、欧盟等经济体的央行也将 CPI 通货膨胀目标设定为 2%[②]。而实行通货膨胀目标制的新西兰、芬兰等国家，其央行也是将通胀目标设定为 2% 左右（卞志村，2007）。根据以往经济运行的经验，当 CPI 增速持续低于 2% 的水平，经济容易处于低迷的状况；而 CPI 增速持续高于 2% 的水平，则容易诱发经济过热进而引起通货膨胀。如若 CPI 长时间处于 0—1% 的水平，则很有可能使得 CPI 跌入负增长进而陷入通缩。而且当市场出现负向冲击时会限制央行的调控能力，因此 2%—3% 的通胀目标为央行留足了调控的政策空间。

但是，与发达国家的情况不同，中国有关 CPI 的通货膨胀目标值并非定值，而是根据经济状况的不同每年动态调整变化的。政府每年度公布的通胀目标值，一般来自国家发展和改革委员会每年向全国人民代表大会所提交的《关于某年国民经济和社会发展计划执行情况与下一年国民经济

[①] Jared Bernstein, "Why is 2 percent the Federal Reserve's inflation target?" 2014.
[②] 根据英国每日电讯报，自 2003 年以来，英格兰银行（英国央行）设定 2% 的 CPI 通胀率目标。

和社会发展计划草案的报告》。其制定规则一般是以前一年的通胀实际值，以及对下一年的经济走势的预测为参考进而确定通胀目标值。（见图 9.2）

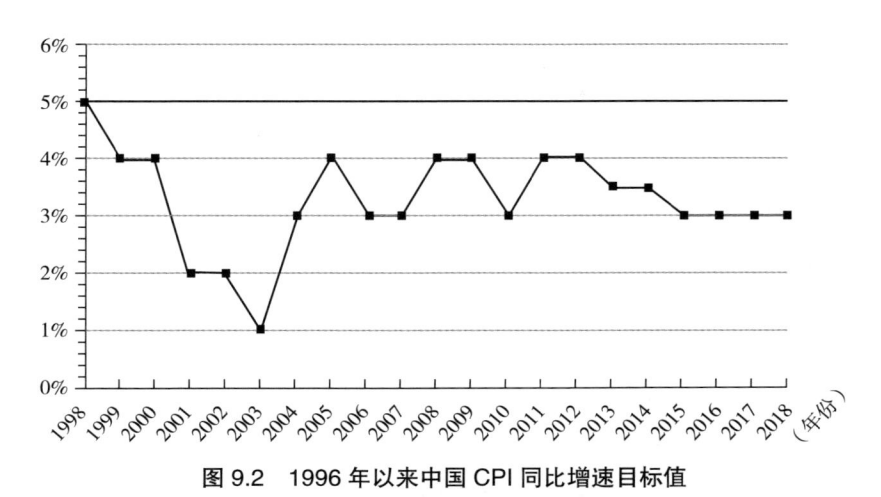

图 9.2　1996 年以来中国 CPI 同比增速目标值

资料来源：根据国家发改委每年向人大提交的《关于某年国民经济和社会发展计划执行情况与下一年国民经济和社会发展计划草案的报告》整理。

如图 9.2 所示，我们绘制出了 1998 年以来我国政府部门所制定的 CPI 通胀目标值。通过与实际经济增速的比较可以发现，经济过热时政府调控部门对通胀的容忍度相对较高，此时总需求大于总供给，所设定的通胀目标值一般也较高。例如，在 2007 年中国经济实际增速高达 14.2% 的背景下，2008 年的 CPI 增速目标值设定为 4%，明显高于发达国家 2% 的目标值。而经济增速下滑时，此时经济偏冷，总需求小于总供给，政府调控部门所设定的通胀目标值就较低。比如说，2001—2002 年，由于中国正经历着一轮通货紧缩，政府则将 2001—2003 年的 CPI 的增长率目标分别设定为 2%、2% 和 1%。

但总体而言，中国的 CPI 通胀目标值是要高于其他发达国家的。1996—2018 年，中国通胀目标值平均为 4%，是发达国家所设定的目标值 2% 的两倍。但是，中国即使设定较高的通胀目标值和拥有较高的通胀容忍度，在现实中并没有带来严重的通货膨胀。这是因为，新兴发展中国家的经济增速一般明显地高于发达国家，总需求大于总供给的情况时常出现，从而 CPI 上涨的幅度也较高，因此其现实的和目标的通胀值都要相对高一些。而且，考虑到统计误差，物价总水平即使还不到负增长（比如 2% 以下）

或略高于零时，人们便会开始担心出现"通缩"（刘伟，2015）。因此，中国的通胀目标值设定得相对较高些，一般高于2%的标准。事实上，在中国结构性通缩时期，CPI的增速一般处于1%附近，随时有跌破0而处于通缩的风险，从而陷入更加难以治理的全面性通缩的困境。

因此，通过采取相应的政策调控措施使得CPI增速恢复至所设定的2%，但不超过3%的水平，可能是最合理的。一方面，设定不低于2%的水平，这符合温和通胀促进经济发展的理论，也可以防止CPI增速长期处于"1"时代而跌入通缩区间。另一方面，设定的CPI增速目标值不超过3%，也可以防止因为反通缩政策的调控力度过猛而带来通货膨胀。①

通过反通缩的政策调控措施实现PPI的增速转负为正，并恢复到3%以上的增速目标，这是生产领域价格的调控目标。在结构性通缩期间，PPI已经长时间持续处于负增长的区间当中，宏观调控措施的效果至少要先达到打破PPI负增长的态势，并转为正增长的目标。在此基础之上，保持实施反通缩的措施不松懈以巩固反通缩的成果，并在较长时间内维持PPI价格企稳回升，防止再次跌回通缩区间。本书认为，通过政策调控使得PPI实现和保持3%以上的正增长的目标是比较合理的。一方面，PPI的波动幅度较大，具有很强的弹性，将PPI的目标值定为3%的较高水平而不是0—2%的较低水平，才能保证工业企业一定的盈利水平，防止刚结束通缩的PPI再次陷入未来间歇性的通缩当中；另一方面，在经济运行过程中，由于PPI的涨跌幅一般要超过CPI的涨跌幅，且PPI对宏观政策的反应也更为敏感，因此制定的PPI目标值高于CPI目标值也是符合政策操作效果的实际情况。例如，一般而言，面对同样力度的货币政策的干预，PPI比CPI做出的反应力度更大。因此，在同一政策的干预下，如果将CPI增速调整至2%的目标值，则可能需要将PPI增速上调至3%或者以上的值。因此，在反通缩过程中，将CPI增速调控的目标值设定为2%—3%，而PPI增速调控的目标值设定为3%极具科学性，也更具现实可操作性。

综上，当PPI出现3个月以上的持续负增长，CPI出现3个月以上的持续低速（1%左右）增长，表明经济已经处于结构性通缩的调控底线。宏观调控当局必须采取相应的宏观调控政策，使PPI增速转负为正，并恢复到

---

① 随着中国经济增长由高速平台向中高速平台的转换，之前的CPI增速4%的均值目标可能不再出现，3%的CPI通胀中枢目标值更为科学。

3%左右的目标值；CPI增速上升，恢复到2%以上但低于3%的目标值。而在CPI与PPI正式进入通缩之前，其增速一旦低于1%的底线，就应该采取相应力度的反通缩调控措施，以避免真正进入通缩后所造成的福利损失。

第三节 中国结构性通缩的预警与预测

一 中国结构性通缩的预警

一般而言，从价格低迷和出现通缩迹象到最终通缩实现之间会有一段时间，即通缩开始前一般都会有一定的苗头。因此，为了提前预防通缩的发生，克服宏观政策时滞效应对经济带来的不利影响，可以建立通货紧缩的预警与预测系统，提前几个月对物价波动趋势和波动范围进行有效的预警和预测。将通缩扼杀在摇篮中，进而最大限度地将通缩可能带来的社会福利损失降到最低。

事实上，已经有学者就通缩预警与预测的问题进行了研究，并编制了相应的价格预警指数。例如，基于动态因子模型在众多数据中提取重要因子的思路，中国人民银行武汉分行课题组（2005）较早地构建了我国CPI的先行指标体系，并运用向量自回归（VAR）模型的脉冲响应与误差分解对CPI先行指标的先行期数进行了实证检验。利用合成指数法，在构建了物价景气指数的基础上，高铁梅等（2008）实证分析了我国物价周期波动的特征与形成原因。进一步采用景气指数分析法，王金明和高铁梅（2011）在构建了反映物价波动态势和物价未来走势的一致指数及先行指数的基础上进行了实证检验，结果表明，物价先行指数的纳入显著地提高了物价变化预测模型的精度。

中国结构性通缩的调控需要做好CPI与PPI等主要宏观价格水平指标的观测与预警工作。宏观经济调控部门需要时刻观察两大指数的中枢和变化趋势，在PPI增速还为正但出现持续下滑的苗头和前兆时，就需要引起调控部门的密切关注和重视。而当PPI同比增速下滑跌至1%附近，或CPI同比增速下降至1%以下，则说明经济存在较大的通缩风险，可能即将出现结构性通货紧缩，需要提前采取一定的措施加以应对。

二 中国结构性通缩的预测

当 CPI 和 PPI 的增速出现持续下滑的通胀放缓的情况，就需要密切观察 CPI 与 PPI 的走势，并做出相应的预测。

第一，寻找 CPI 与 PPI 持续下降的主要原因。影响 CPI 和 PPI 持续下跌的主要原因可以从四大机制中加以寻找和判断。具体而言，其一，根据全国劳动力成本增长趋势来判断其对 CPI 和 PPI，特别是对 CPI 的支撑力度变化情况。一般而言，劳动力成本在未来是呈现逐步上涨的趋势，其上涨快慢对 CPI 的变动有较大影响。而技术领域进步导致劳动生产率的提升，机器对人的替代可能会在一定程度上使得劳动力成本上升幅度减缓。由于经济周期性不景气或者紧缩性的需求政策（财政政策或货币政策）所带来的周期性失业可能会对劳动力成本产生减缓甚至是下降的压力。

其二，可以根据国际大宗商品价格波动周期和趋势判断其对 CPI 与 PPI 的影响程度。国际大宗商品价格随着全球经济的周期性波动以及地缘政治情况而出现周期性的波动。国际大宗商品成本的持续下降会对 PPI 形成下跌的压力，但对 CPI 的影响有限。

其三，工业部门产能过剩导致的工业品供大于求对 PPI 有很大的向下压力。生活工业品的供过于求也会使得 CPI 承受一定的下降压力，但其影响相对有限。而农产品领域的机械化、生产技术进步或者农业生产率的提升会在一定程度上减缓 CPI 的上升，农产品暂时的季节性过剩的供给冲击也会对农产品的价格形成一定的下降压力。如果服务行业的供给能够满足或超过民众对服务产品的需求，也会对 CPI 产生向下的压力。

其四，债务杠杆率上升带来的实际支付利率上升可能会造成资金密集型工业行业的实际债务上升和偿债压力加大，由此形成的"债务—通缩"螺旋机制会对 PPI 生产资料价格产生较大的向下压力。

第二，通过先行指标对 CPI 与 PPI 的未来变化趋势进行预判。由于生产链上游的价格传递至下游需要一定的时间，上游价格指数的变化对下游的 PPI 与 CPI 的未来变动趋势有一定的判断与提示作用。如图 9.3 所示，上游的国际大宗商品价格指数 CRB 同比增速，和原材料、燃料、动力购进价格指数 PPIRM（又称为工业生产者购进价格指数）同比增速变化对 PPI 同比增速有很重要的预测与提示作用。但是，CRB、PPIRM 等指数对 CPI 的传导作用相对有限。因此，可以建立相关的时间序列模型，分别估计 CRB 和 PPIRM 等上游的指数对 PPI 传导的滞后期数以及力度，从指数上下游关系粗略判定未来 PPI 的走势。此外，还可以通过狭义货币供给 M1 和广义货币供给 M2 的增速、莫罗萨尼指数等来对 CPI 的未来变动趋势进行简单的预测。①

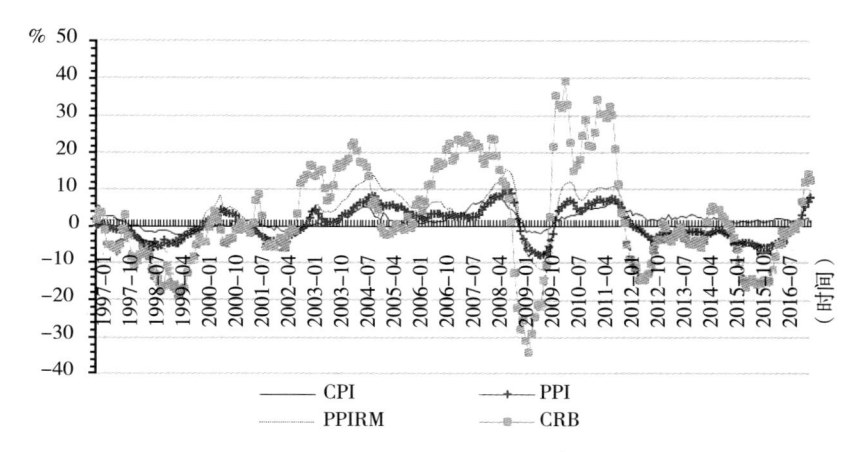

图 9.3　CRB、PPIRM 对 PPI 与 CPI 的传导

资料来源：Wind 数据库。

第三，构造通货紧缩先行合成指数、景气信号灯和综合警情指数，反映当前宏观经济冷热和物价水平的状况，对结构性通缩进行预测。从大量的宏观经济指标中，选择统计频率高、相关性强、有前瞻性的反映景气的指标，分别构成通货紧缩监测预警体系的先行指标组合和一致指标组合。比如，采购经理人指数 PMI、经济景气先行指数、经济景气合成指数，以及反映多重冲击非对称作用的复合指数等②。其中，先行指标必须是提前

---

①　莫罗萨尼指数，即 CPI 对滞后 12 个月的产能利用率/贸易加权后的美元指数进行回归后所得的系数。

②　常见的 CPI 复合先行指标包括摩尔复合指数和尼米拉复合指数等。其中，摩尔复合指数包含了反映期货、劳动力和资本市场供求状况以及通胀预期和进口品价格的表现的五大指标，它们分别是工业品现货价格增速、就业比例、未偿付债务增长率、生产者对未来销售价格的预期和进口品价格增速。尼米拉复合指数包含了就业人口与总人口之比、供应商表现、采购经理指数以及贸易加权后的美元指数四大指标。根据我国的实际情况，可以对上述复合指数进行修订，构造包含供需、债务—通缩、劳动力成本和大宗商品价格四重非对称作用机制的复合先行指标，从而对 PPI 和 CPI 的未来走势进行更精准的预测。

6个月左右对PPI与CPI的变动有紧密相关性,并在统计上能够通过显著性检验;而一致性指标的同期值与PPI以及CPI有紧密的相关性,并在统计上也能够通过显著性检验。然后,按照合成指数的方法分别获得CPI的先行合成指数和一致合成指数,以及PPI的先行合成指数和一致合成指数,进而进行预测判断。

第四,建立反映宏观价格变动的宏观经济模型进行更为精准的定量预测。目前,国际组织和国内外学术机构建立了相关的宏观经济预测模型,对宏观经济指标进行预测,当然这些宏观指标不仅限于PPI与CPI等价格指标。比如,世界银行、IMF等国际组织具有相关的宏观经济预测模型,并对世界各个国家的主要宏观经济变量进行预测。国内学术机构包括中国人民大学,其开发的中国宏观经济分析与预测模型(CMAFM),每季度会对包括CPI与PPI在内的主要宏观经济变量指标进行预测;清华大学中国与世界经济研究中心(CCWE)、北京大学国民经济研究中心、上海财经大学高等研究院以及厦门大学经济学院等学术机构,也都定期发布相关的宏观经济分析与预测报告,其中包括了对CPI与PPI的预测。另外,国内外的主要券商和银行研究部门的宏观经济分析预测报告中,也有CPI与PPI的相关预测数据。这些预测数据可以作为决策部门对PPI与CPI走势判断的参考,决策部门也可以根据自身需要开发自己的宏观经济预测模型,对PPI与CPI等指标进行预测。

三 良性与恶性通缩的性质判定

面对价格水平不断下跌所形成的通货紧缩,我们有必要在性质上做出良性、恶性的判断。由于良性通缩和恶性通缩对经济社会的影响效应截然不同,因此需要提前加以判断以便采取不同的应对措施。从理论上来讲,"低通胀、高增长、低失业"组合状态下所出现的通缩是良性的,主要原因在于这种"通缩"是由于技术进步、成本下降等原因导致的供给扩张所形成的。由于是生产供给方面的成本下降和效率提升所形成的扩张效应而导致的"通缩",其对应的是经济增长率的上升和失业率的下降,对经济发展是利好影响。而如果是由于需求萎缩导致的"通缩",那么相对应的则是经济增长率下降和失业率上升,即所谓的恶性通缩(刘伟、苏剑,2014),对经济产生的是不利影响。

一般而言，在良性通缩的情况下，GDP 的增速不会大幅背离其潜在增速而出现太大幅度的下滑，GDP 更多地表现为持续轻微的正增长。如若经济处于良性通缩的情况，那么工业企业仍然保持较好的盈利能力，企业投资需求和消费需求增速处于上升的态势，全社会的失业率保持在相对较低的水平，货币供给增速也保持在比较高的水平，相关的经济信心指数和调查数据都对未来前景比较看好。而在恶性通缩的情况下，GDP、消费和投资增速出现较大幅度的下降，工业企业的利润率明显下降，失业率明显提高，货币供给和信贷增速处于大幅下降的状况。

例如，根据第三章不同通缩时期上述指标的变化可以判断，2001—2002 年的通缩就属于良性通缩；而 1998—2000 年的通缩以及 2008—2009 年的通缩则是属于恶性通缩；而 2012—2016 年的通缩属于恶性通缩和良性通缩相互交织的情况，但来自需求方面的恶性冲击成分和影响更大，更多地属于恶性通缩。从 2012—2016 年的结构性通缩的具体表现来看，既存在需求疲软的恶性通缩冲击成分，也存在供给扩张的良性通缩冲击的成分。但是，需求萎缩的负面冲击效应显著大于供给自然扩张的效应，形成通货膨胀率下降，同时经济增长率也下降的局面（刘伟、苏剑，2014）。

综上，如果是技术进步和生产率上升导致的成本下降所形成的良性的通货紧缩，则无须过于担心未来轻微的通缩所带来的不利影响，也不需要采取过多的调控措施，只需继续严密观察主要价格指数的走势，采取一些扩张性措施让需求的增长能够适应供给增长的速度。但在实际经济中所面临的更多的情况，是来自需求或其他方面的冲击等所引起的恶性通缩，此时则需要启动调控预案并较大力度地采取相应的反通缩调控措施。判断良性和恶性通缩的主要参考依据包括 GDP 实际增速、货币供给增速、工业企业的利润增速、失业率等其他宏观经济指标以及当期经济背景下是否存在明显的技术革命或技术进步。通过参考这些指标的综合表现，可以判断通缩是属于良性还是恶性。

四 形成初步的反通货紧缩预案

反通缩预案是指，针对潜在的或者可能发生的通货紧缩，根据其类型和影响程度而事先制订的应急处置方案。其目的是在通货紧缩发生之前，预防或减轻未来可能的通缩所带来的不利影响。反通缩预案是各种类型和强度的反通缩措施的系列组合。

在启动反通缩预案前,需要时刻观察和关注 PPI 和 CPI 等主要价格指数的变化趋势,根据之前对通缩的预警以及预测的判断,形成对未来三个月和半年的总体价格水平变动趋势和通缩程度的预测。

如图 9.4 所示,第一步,对 CPI 和 PPI 的未来变化走势做出判断。若预计 CPI 和 PPI 等宏观价格水平在未来不会继续下跌甚至反转回升,则不需采取相关的调控预案。

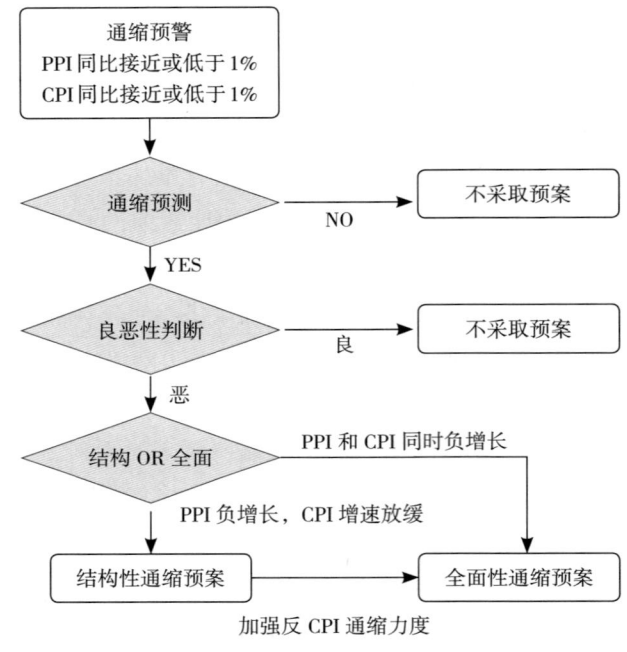

```
          通缩预警
       PPI 同比接近或低于 1%
       CPI 同比接近或低于 1%
                ↓
            通缩预测 ──NO──→ 不采取预案
                ↓ YES
            良恶性判断 ──良──→ 不采取预案
                ↓ 恶
            结构 OR 全面 ──PPI 和 CPI 同时负增长──┐
                ↓ PPI 负增长,CPI 增速放缓         ↓
          结构性通缩预案 ─────────────→ 全面性通缩预案
                   加强反 CPI 通缩力度
```

图 9.4　中国结构性通缩的预警、预测与预案

第二步,对未来通缩的良恶性做出判断。若预计经济未来会出现通缩,则需要根据相关具体情况来判定通缩的性质。如果是良性的通缩,由于对经济的危害有限,则不需过于担忧也不需启动和采取反通缩的预案;如果是恶性的通缩,则需要启动和采取相应的预案。

第三步,对未来通缩到底是属于结构性的还是全面性的通缩做出判断。如果未来 PPI 的同比增速为负增长,CPI 的同比增速为正但增速下降,则是属于结构性通缩;如果未来 CPI 与 PPI 同时出现持续的负增长,则表明未来是全面性的通缩。

第四步，采取相应的反通缩预案。反通缩预案不仅需要针对 PPI 与 CPI 的通缩程度做出强度不同的反应，同时也要区分是属于结构性通缩还是全面性通缩。一方面，如果是属于结构性的通缩，那么预案的调控主要是针对 PPI 的通缩，而对 CPI 的反通缩调控力度较小。另一方面，如果预测到未来所面临的是全面性通缩，则预案需要同时对 PPI 与 CPI 的通缩做出相应的反应。可见，全面性通货紧缩是结构性通缩的发展与恶化。因此，全面性通缩的预案不仅需要对 PPI 的通缩做出反应，同时也要对 CPI 的通缩做出更强力度的政策反应。

第四节 中国结构性通缩调控的原则与方案措施

一 中国结构性通缩调控的原则

（一）政府宏观调控与市场自发调节相结合的原则

宏观经济的供需失衡所造成的一般价格水平的持续下跌和通货紧缩，从结果上来讲，说明此时经济处于总供给大于总需求的状况，存在市场机制失灵和政府调控失效。市场机制调节经济运行的理想状况是市场出清和价格稳定，但是，微观企业决策主体的动物精神、信息非对称等客观事实会导致单个企业生产决策的非理性行为，造成加总的集体行为失效和市场失灵，表现出产品生产供给相对于市场有效需求的过多或者过少，在价格水平上则表现为通缩或者通胀。当然，完全依靠政府的行政命令以及产业政策等调控行为，也可能由于信息不完全而好心办坏事，并加剧产品供需之间不平衡的程度，从而加剧价格水平的波动程度。

比如说，美国次贷危机带来的我国 2009 年外部需求冲击，使得国内外有效总需求突然降低。但是，企业并未预测到此次危机所带来的需求冲击对其产品需求量下降的影响，市场机制的失灵最终形成了 PPI 与 CPI 持续负增长的全面性通缩。政府为应对危机和通缩而采取 4 万亿元投资计划，以政府干预的方式弥补了市场失灵，用国内投资需求的增加填补了外需的不足，使得一般价格水平起底回升，PPI 与 CPI 指数在短期内就恢复到了正常水平。但是，由于政府干预和刺激经济的政策措施力度过大，在基建投资的拉动下以及在以"十大振兴产业"为代表的产业政策的支持下，企业对未来预期趋于乐观，纷纷加大投资和扩大产能，这又造成了 2010—2011 年的中国经济过热，以及 2012 年强刺激退出以来的产能过剩和结构性通缩。可见，市场机制失灵和政府调控失效同时对供需失衡和通缩、通胀的出现有重要影响。

虽然由于供需失衡和通缩（通胀）主要是由市场机制失灵所导致的，并且，在政府调控力度把控不得当的情况下又有可能造成通胀与通缩的迅速切换，使得物价水平大幅波动。但是，由市场失灵导致的供需失衡和通缩（或通胀），还是需要市场机制与政府调控同时发力来加以解决的。如果完全依靠市场机制来实现资源的自由优化配置以达到供需均衡进而走出通缩，则需要经历一个长时间的市场出清的痛苦过程，其社会福利损失可能是民众和国家所不能承受的。这正如凯恩斯的名言所述，从长期来看我们都将会死去。例如，1929—1933 年的美国大通缩前期，胡佛政府采取自由放任的政策，意在通过市场机制自发解决市场出清并恢复正常价格水平，但是该方案并未让美国在短期内走出严重的通缩。相反，在此期间，美国的 GDP 增速下降了 1/4，失业率增加到了 25%，全社会的福利遭受了巨大损失。而危机后期，罗斯福新政的政府干预主义则强调政府干预对市场失灵的补充作用，通过积极的财政政策和宽松的货币政策，最终走出大通缩。政府的有力调控对市场机制起到很好的补充作用，并能通过乘数效应、心理预期带动市场机制起作用。因此，从某种意义上来说，政府调控与市场机制对资源配置的作用是互补的，对通货紧缩的调控是同时需要的。

具体就通缩紧缩的调控而言，按照"清偿主义"（Liquidationism）理论，通过市场自发调节的机制实现市场供需均衡来化解结构性通缩的方式会更有效。产品价格下降会导致企业利润的下降和亏损，将迫使产能过剩行业中效率较低的企业自发倒闭、重组和退出，从而实现新的供需平衡、价格水平回升和走出通缩。但是，由于我国国有企业面临预算软约束问题，即便是私人企业也可能因为是地方利税大户或创造了较多就业岗位等原因而受到地方政府的保护（冯明，2015），从而可能使得这些企业即使亏损也不愿意退出生产，进而放慢了市场出清的脚步，不利于迅速走出通缩。并且，部分私人企业家的生产决策目标可能并不完全是企业利润最大化，而是存在"消耗战"博弈等其他非理性的行为。比如说，在产能严重过剩的情况下，部分钢铁企业认为只要坚持到最后，熬到其他企业倒闭退出后，行业总产能就会下降并伴随产品价格和企业利润的回升，从而使得本企业得以存活和继续发展。然而，如果行业当中大多数企业都想通过所谓的"消耗战"博弈的方式来应对产能过剩和产品价格下降的问题，就会延缓市场出清和价格回升的进程。可见，在通缩期间，如果完全依靠市场机制来实现市场出清和价格回升，即使最终能够实现目标，其过程也是非常缓慢并可能时常受阻，造成的社会损失可能是难以承受的。

因此，当经济处于结构性通缩的状况，需要实现市场出清并走出通缩的目标时，由于单靠市场机制实现市场出清和走出通缩需要经历很长的时间，最好的策略是在市场机制与政府调控两方面同时发力。即在发挥市场机制起决定性作用的同时，辅之以必要的政府干预措施，通过采取相应的适宜的政策调控措施以扩大总需求，并进一步激发市场机制的作用和带动相应微观主体的自发需求，从而实现供需平衡并走出结构性通缩。

（二）需求侧管理与供给侧结构性改革相结合的原则

通货紧缩从根本上来说，还是经济的总供给和总需求之间的失衡，因此应对通缩的思路和方案也应该遵循从需求和供给两方面同时入手，需求侧管理和供给侧结构性改革相结合的原则。在短期适度扩大总需求的同时，长期着力加强供给侧结构性改革，以短、长期相结合的方式共同应对结构性通缩。一方面，要注重需求端的管理，避免经济增速放缓和通缩形成相互强化的陷阱，导致经济增速和价格水平面临陷入螺旋式下跌的风险；另一方面，又要避免在经济转型期盲目地加强刺激，以不恰当的宽松政策来放大甚至恶化结构性问题（方昕，2016），在长期导致更大规模的低端过剩和无效产能。

需求侧管理可以通过扩张有效需求实现供需均衡和走出通缩。需求管理的政策作用于需求端，能够在短时间内提升投资需求而消除过剩的产品和产能，这也是凯恩斯主义宏观调控的主要思想，在应对大萧条的通缩时发挥过重大的作用。总需求主要包括国内消费、私人投资、政府购买（政府投资和政府消费）以及净出口。其中，净出口主要是由国外的收入水平所决定的，尽管汇率水平的变动能够对净出口产生影响，但是短时间内贬值或出口退税政策的效果有限并会加剧贸易摩擦。国内消费主要是由国内居民收入所决定的，但是消费倾向在短期内难以改变，而且通缩期间的经济增速和收入下降可能使得消费增速下降。私人投资受到流动性偏好陷阱的影响而不容易刺激，企业家出于对前期的观察及其惯性思维会对未来的前景产生悲观情绪而减少投资。而且，虽然私人投资的增加在短时间内能够带动需求的快速上升，但在长期内却又产生了新的供给，而不利于长期的总供给与总需求之间的均衡。因为私人厂房、机器设备的投资短期内可以扩大需求，但是长期内无疑又扩大了未来的生产能力，从而可能导致未来产能出现进一步的过剩。

因此，政府购买尤其是基础设施的投资增加对于需求侧的管理是非常有效的。一方面，政府通过逆周期调控增加基础投资需求直接由政府决定而不需要其他经济主体的同意，在政府财政预算允许的范围内可以迅速地落实和见效。而且，政府在基础设施方面的投资，在短时间内直接增加总需求的同时，还能通过投资乘数效应拉动私人消费和私人投资的增长，以更大的幅度带动总需求增加从而使得经济走出通缩。另一方面，政府基础设施投资的最大优点是可以快速增加有效需求，同时又不会造成未来的产能过剩。

但是，值得注意的是，有些通缩现象是由于供给端的成本下降所造成的，属于良性通缩，主要是来自供给方面的成本下降而形成的，不需要需求端的调控来解决，如果不当地利用需求端的调控反而可能会引起供需失衡和通胀。

供给侧结构性改革通过提高经济的潜在增长率和供给质量，去除无效供给和低端产能，从而实现供需均衡和走出通缩。尽管目前中国在供给端表现出总体产能过剩，但更主要的是表现出结构性的产能过剩。其中，低端产能和无效产能是严重过剩的，而高端的产能仍然处于短缺状态。供给侧结构性改革的目的就是调动微观主体的积极性，让要素自由流动和更大程度上由市场机制进行配置，引导各种要素从低端生产供给部门更好地配置到高端供给部门上去。在供给侧结构性改革的过程中，市场机制起决定性作用，自发引导要素流向效率更高、附加值更高的高端行业，而低端过剩行业则在竞争中自然倒逼和退出。然而，完全依靠市场机制来完成供给方面的升级和优化是不可能的，因为很多从事低端生产的企业的行为有时是非理性的，其决策并不完全是利润最大化。例如，部分企业认为熬过困难时期，在其他企业倒闭后便能够得以生存，并因行业供给少而获得更高的利润便可以获得重生而不愿意退出。因此，如果完全依靠市场机制自发地进行供给侧供给升级和质量优化，需要经历很长的时间，因此政府需要辅之以行政调控手段以去产能和引导产业结构优化。所以，在供给侧结构性改革方面，我们也需要市场机制和政府调控之手的同时发力，才能够有效地去除低端产能和实现供给结构的不断优化。

需求侧和供给侧的同时发力还体现在短期与长期相结合上。需求侧管理在短期内可以立马提高有效需求和提升价格水平，并为供给侧结构性改革换取时间。而供给侧结构性改革则是从根本上化解低端产能过剩，从长期意义上实现产品供需均衡和走出通缩。综上，中国结构性通缩的化解需要同时发挥市场机制和政府调控的作用，并在需求侧和供给侧同时发力进行宏观调控。

（三）总量调控和结构性调控相协调的原则

中国出现结构性通缩，说明中国的经济存在结构性失衡的问题。中国 2012—2016 年的状态可用"结构性通缩"来描述，中国的通缩风险和高杠杆问题都是结构性问题所导致的，其背后的本质原因是结构性的供需失衡（冯明，2015）。CPI 处于通胀放缓的态势，说明在消费领域总体上是处于供求相等的状况；而 PPI 的负增长则说明工业领域的生产环节处于供大于求的状况。因此，结构性通货紧缩的调控不仅需要传统的使总需求和总供给均衡的总量调控方法，还需要注意运用结构性的调控方法。在宏观调控过程中，由于 PPI 是处于深度通缩当中的，所以针对其所采取的反通缩措施力度应更大；而 CPI 仍处于通胀放缓的正增长态势，因而针对其的反通缩措施力度则相对较小。

（四）前瞻性调控与非对称调控相结合原则

一方面，结构性通缩的调控需要提前发力，实施前瞻性的调控。由于宏观调控政策从制定到实施，再到产生效果存在一定的时滞，因此在应对结构性通缩时需要加强政策调控的前瞻性。在结构性通缩刚刚出现苗头和迹象时就采取措施，进而最小化政策时滞效应对调控效果的负面影响。如果等到结构性通缩形成再采取措施，则其已经对经济产生了一定的负面影响并造成了社会福利损失。而且，通缩一旦形成会强化预期并容易形成通缩螺旋，使得后续的通缩调控措施需要更大的力度来加以应对，并消耗政策的应对空间进而增加调控的难度。

另一方面，结构性通缩的调控需要考虑采取非对称的调控措施，以达到精准调控的目的。在结构性通缩中，一般表现为PPI同比增速出现持续负增长，CPI同比增速出现低速正增长。如果"一刀切"，对二者采取相同的调控力度则无法达到调控的目的。如若力度过大，则容易因调控力度过猛而导致CPI出现通胀；若力度过小，则不能使得PPI走出深度通缩。可见，在进行反结构性通缩调控时，还需要遵循非对称调控的原则，调控措施主要针对PPI发力，而对CPI的调控力度应该较小，从而达到精准调控的目的，同时实现PPI与CPI的调控目标。

因此，在应对结构性通缩现象时，为了使得社会福利损失和调控政策成本最小，宏观调控政策需要同时遵循和兼顾前瞻性和非对称性的原则，通过提前发力和精准施策以达到精准调控的目的。

二 中国结构性通缩调控的方案措施

（一）防止CPI进入全面性通缩

在发生结构性通缩的时候，CPI一般已经进入了通胀放缓的态势，CPI同比增速已经下滑至0—1%附近，触及结构性通缩调控的底线。如果不采取相关的方案措施，CPI同比增速有可能继续下滑，从而进入PPI与CPI同比增速同时为负的全面性通缩的状况，对经济产生更大的危害。因此，应对结构性通缩的宏观调控，其首要任务就是要防止CPI进入同比负增长的态势，进而形成生产领域和消费领域全面性通缩的状况。

1.短期：加强农业和服务业的需求侧管理调控

首先，积极扩大服务业的有效消费，提升服务类价格对CPI的支撑作用。2013年以来，我国的经济结构发生了重大转变，第三产业已经超过第二产业成为我国国民经济中占比最高的行业。另外，2017年我国人均GDP达到8800美元，预计五年后将迈入高收入国家行列，我国的消费能力得以提升并且对服务消费的需求不断增加。因此，一旦经济出现CPI下滑可能陷入负增长的态势，我们可以采取各种鼓励服务消费的措施，刺激居民对服务的短期需求进而使得服务类产品的价格能够比较强劲地支撑CPI，防止其进一步下滑。

在服务消费升级方面，积极倡导和鼓励居民进行各种形式的服务消费。

随着收入水平的提升，着重鼓励和刺激居民在教育、文化、旅游、体育、健康、养老、家政、金融保险等方面各种形式的服务消费在总消费中的占比，实现消费升级。例如，在信息消费方面，鼓励和支持居民增加在网络教育、电子商务、云服务等方面的消费；在消费基础设施建设方面，增加农村电商服务网点，扩大农村物流网络、宽带网络覆盖范围，为农村消费升级提供良好的外部支撑条件；在货币政策方面，在加强金融监管和防范风险的前提条件下，通过鼓励商业银行等金融机构提供推进个人消费信贷的产品来打破居民的收入约束，满足其对服务需求的不断增长；在财政政策方面，通过对服务消费的税收抵免、补贴等方式鼓励个人的服务消费支出。

其次，支撑和优化农业消费升级，适度提升农产品价格对 CPI 的支撑作用。食品价格指数在 CPI 中所占的比重较高，而农产品在食品中又占了很大一部分，因此农产品价格的变动会在较大程度上影响 CPI 的变动，农产品价格的提升对于稳定 CPI 具有重要的作用。当 CPI 出现下滑的趋势时，可以通过支撑农业和农产品消费升级，扩大居民对绿色、有机等优质农产品的需求，从而有效提升农产品的价格进而阻止 CPI 进一步下滑，防止其陷入负增长区间。并且，政府可以对部分耐储存的重要农产品进行收购，通过增加政府方面的需求以缓解农产品价格下跌的趋势。综上，随着居民收入水平的不断提升和购买力的增强，通过市场机制与政府引导的协调作用，促进人们在食物方面的消费观念从"吃得饱"向"吃得好"转变，鼓励人们在绿色、有机农产品上的消费，促进农业消费升级进而发挥农产品价格对 CPI 的支撑作用以缓解结构性通缩。

2. 中长期：加快农业和服务业供给侧结构性改革，促进农业和服务业转型升级

首先，加快农产品目标价格制度改革，深化农产品收储制度改革，促进农产品价格回升。在农产品市场价格过低时，加大对生产者的补贴；而在农产品价格过高时，加大对低收入消费者的补贴，从而稳定农产品供给和农产品价格。在结构性通缩期间，农产品价格的提升对于稳定 CPI 具有重要的作用。通缩时期是农产品价格制度改革的良好时机，因为不用过多担心改革后价格上升带来通胀，并且还可以抵消通缩的压力。此外，在当前由市场机制形成的农产品价格基础上，政府通过差价补贴保护生产者利益，在不伤害其未来生产积极性的同时，又防止了因为农产品供给减少带

来的农产品价格的大幅波动。

其次，推进服务业转型升级，引导新兴服务需求。通过采取相关的优惠政策和项目指引，引导企业在增加服务多样性、提升服务品质、创造服务品牌、创新服务业态等方面提供服务供给创新和改革。开展新一轮服务业综合改革试点，降低社会服务领域的准入门槛，鼓励和引导民间资本积极参与养老、医疗、教育等服务行业。创新服务业发展理念与模式，积极推进服务业与第一、第二产业融合，促进乡村养老、文化创意、工厂旅游等新兴消费。加强乡村旅游基础设施和配套服务的建设，大力推进乡村民俗游、全域旅游等的发展，引导和刺激新兴服务的需求。

最后，推进农业供给结构调整，防止农产品供给出现结构性失衡。优化农业生产力布局，推进农业结构调整和升级。利用卫星遥感技术、大数据、信息化等手段，对农产品的种植结构和畜牧业的养殖结构进行优化，防止由于信息不对称而导致的一拥而上种植或养殖同种农产品和家禽家畜的情况，进而出现农产品和畜牧产品过剩，农产品烂在地里以及价格大幅走低的局面，从而导致农产品价格走低而对 CPI 形成向下的压力。另外，需要继续加大支农、惠农的投入力度，壮大各地区优势明显的特色农业产业、培育和打造农业品牌、优化农产品供给质量，为农产品的消费需求升级以及消费动力提供来自供给方面的保障。比如，增加高品质、安全放心的奶粉、有机绿色的食品的供给都能够拉动国内农产品的消费，最终为有效需求中的消费提供动力。

3. 优化收入分配结构，扩大消费需求

通过优化收入分配结构来缩小收入差距，扩大消费需求。供给侧结构性改革的内容之一就是优化收入分配结构。一般而言，高收入者的消费需求相对饱和，而中低收入者的消费需求相对不足。从供给侧入手进行深入的收入分配结构优化与改革，逐步形成合理完善的国民收入分配结构，进而促进消费需求的适度扩张对于维持 PPI 与 CPI 的稳定具有重要作用。目前，我国城乡之间、地区之间、行业之间以及各个社会阶层之间的收入差距较大，低收入者有消费欲望但却因购买力不足而无法形成有效的消费需求。通过优化收入分配结构，适当合理地提高中低收入者的收入，扩大中等收入群体的人数，能够有效地刺激消费需求，进而改善当前的供需不平衡局面，最终缓解或消除 CPI 下降的趋势。

4. 理顺 PPI 对 CPI 的传导机制，缓解上游成本推动对 CPI 通缩的压力

作为上游价格指数，PPI 的持续负增长会对下游价格指数 CPI 产生向下的压力，从而使得下游的 CPI 同比增速也出现下降（孙坚强等，2016）。从 CPI 的构成来看，其包括了 40% 左右的生活工业品，因此 PPI 生活资料价格的下跌会对 CPI 中的生活工业品产生一定的下跌压力。而 PPI 生活资料价格又主要受到 PPI 生产资料价格以及技术进步对成本对冲的影响。因此，沿着整个生产链，存在 PPI 生产资料价格→PPI 生活资料价格→CPI 工业用品的成本与价格的传导路径。当 PPI 发生通缩时，主要是由于 PPI 生产资料的通缩，而 PPI 生活资料价格下降的幅度并不大（如图 9.5 所示）。这是因为 PPI 中 71.6% 比例是由 PPI 生产资料构成的，大致 28.3% 的比例为 PPI 生活资料。而 PPI 生产资料包括的主要是上游的采掘品和原料以及前两者加工而来的工业加工品，PPI 生产资料的变动受到投资需求和经济增速的影响特别明显。PPI 生活资料需要依托 PPI 生产资料进行（机器设备）生产，因此 PPI 生产资料的价格也会对 PPI 生活资料的价格产生一定的传导。但是，如果技术进步加快则可以部分抵消 PPI 生产资料对 PPI 生活资料传导的影响幅度。因此，在 PPI 通缩时期，技术进步的加快以及对 PPI 生活资料生产企业的降税减费都会减轻 PPI 生产资料下跌对其的传导。此时，只有通过有效地扩大下游消费需求，形成对 CPI 价格上升的反向倒逼支撑，从而减轻 PPI 生活资料的下跌幅度以及对 CPI 生活用品的传导。

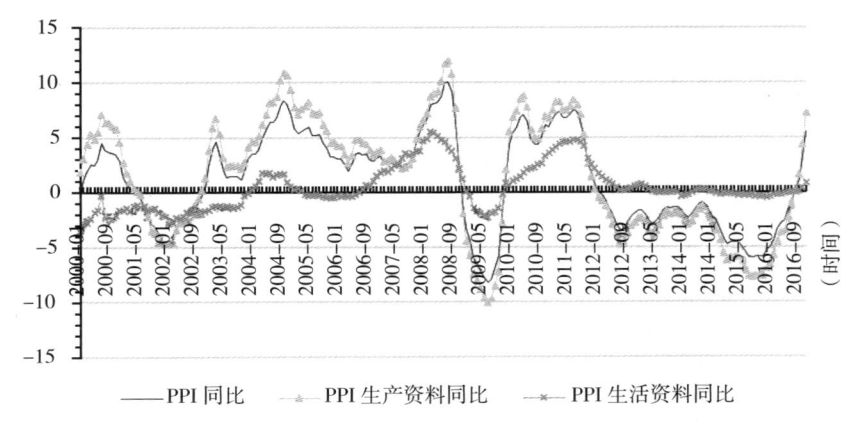

图 9.5　PPI、PPI 生产资料和 PPI 生活资料的变动趋势

资料来源：中经网统计数据库。

5.提升劳动力素质，适度发挥劳动力成本机制对维持CPI增速的作用

CPI指数构成中劳动密集型的农业和服务业所占的权重相对较大。因此，劳动力成本的变动会在较大程度上传导至农产品和服务品的价格，进而引起CPI的变动。在结构性通缩时期，为了防止CPI同比增速进一步下滑进而陷入负增长区间，可以适度发挥劳动力成本机制的支撑作用。通过大力发展教育和加大技能培训，提升劳动力（特别是农村劳动力和服务行业劳动力）的整体素质，进而适度提升劳动力的市场价值，并通过劳动力成本推动机制的传导作用支撑CPI同比增速维持在合理水平，以防止出现全面性通缩的局面。与此同时，劳动力因为市场价值的提升而获得更高的收入报酬也利于消费的增长。此外，通过教育和职业培训可以促进人力资本的积累。从长期来看，这将有利于培育新的经济增长点，进而带动有效的投资和消费需求的增长，形成一种良性循环，从而维持总体物价水平的稳定。但值得注意的是，政策力度要避免劳动力成本的过度提升拉动CPI同比过度上行，带来通胀压力。

（二）缓解恶性冲击加重PPI通缩

1.短期内：加强工业需求侧的定向调控，积极增加有效需求

首先，支持民生领域和短缺领域的投资，稳定国内有效需求。结构性通缩表现为PPI持续负增长，而PPI主要衡量工业领域生产资料价格水平的变化。国内投资增速与PPI同比增速之间的正相关关系非常显著（见图9.6），因为投资需求增加会显著增加对相应工业生产资料的消耗和需求。因此，当生产资料的供给严重超过其需求而导致产能过剩时，PPI将会持续下跌而出现通缩。此时，可以刺激投资需求消化过剩的工业品生产资料，使PPI同比增速短时间内转负为正。

因此，可以通过扩大基础设施和民生领域的投资需求，使得经济走出PPI通缩。固定资产投资包括基础设施投资、制造业投资、房地产投资以及其他投资四大部分。在通缩期间，制造业企业投资的意愿比较低，且制造业投资在长期内会成为新的生产供给能力，进一步形成潜在的产能过剩。而房地产投资则受到了"房住不炒"政策的限制，在严厉调控下不易过快地增长。因此，在通缩时期，基础设施建设成为拉动投资需求以及PPI的主要动力。与发达国家相比，中国的城镇化率还有大约20%的提升空间，

基础设施尤其是市政设施、环保工程等民生工程尚有很大的提升空间。[①] 民生、环保工程等基础设施建设会增加对上游采矿、冶金、钢筋、水泥等生产资料需求，并通过乘数效应对私人投资和消费起到拉动作用，从而消耗过剩的产能和提升PPI。而且，从长久来看，基础设施建设投资并不会增加新的产能供给，未来还有利于降低企业的成本和提高企业的效率。

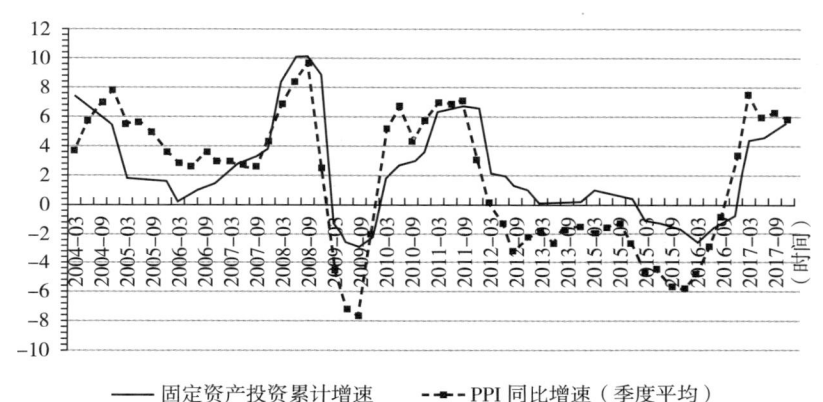

图 9.6　PPI 同比增速与固定资产投资累计增速走势

资料来源：中经网统计数据库。

其次，进一步加快落实"一带一路"倡议，扩大海外需求。"一带一路"倡议能够将国内的产能输出到"一带一路"沿线国家。中国企业在沿线国家的投资必将带动中国相关机器设备的出口，扩大对外总需求。对外总需求的增加将会使得国内生产资料工业品供给大于需求的局面得以缓解，从而减轻PPI继续下跌的压力。

2. 中长期内：坚持工业领域的供给侧结构性改革

首先，坚持市场出清的定力和决心，大力去除无效、低端、过剩产能。我国工业领域尤其是生产资料领域存在大量的低端无效产能，供给大于需求从而压低PPI。钢铁、水泥、煤炭等工业生产资料领域的产能过剩影响到企业正常盈利，不利于经济发展质量的提高。供给侧结构性改革需要发挥市场机制的决定性作用，并同时利用政府的宏观调控措施，使得过剩行

---

① 余永定等（2016）指出中国可进行基础设施投资的领域很多。例如，城市地下管网建设、各类污染的治理、生态安全屏障的构筑、江河流域整治、废弃物资源化利用和无害化处置、各类公共服务设施的建立与完善等领域都需要大规模的投资。

业的部分低效、"僵尸企业"破产、倒闭、重组或退出。无效产能的去除将改善供给结构，平衡供需失衡并促使PPI反负为正。

其次，促进要素资源流动，纠正供需结构性错配。供给侧结构性改革的内容不仅包含产品和服务结构的改革，也包含要素投入结构的改革。部分产业的产能过剩以及产业结构的扭曲反映的是要素资源配置不合理与低效率。因为稀缺的要素资源并未配置到短缺行业生产相应的产品，从而出现PPI持续下降和通货紧缩。要素投入结构的改革就是要使得各种要素在价格信号的引导下，通过市场机制向有效、高端供给行业流动和配置。在此过程中，政府要更好地发挥作用，制定相关的公平竞争机制，维护良好的竞争秩序和环境，打破要素自由流动配置的樊篱，让要素由低端过剩行业流向高端行业，从而使得PPI下降的趋势得以扭转。

最后，加快资源要素价格市场化改革，提升资源要素的定价。在工业领域通缩持续的情况下，可以运用此契机加快推进能源、交通和电气等市政基础设施领域重要资源要素的价格改革进程。理顺能源、交通、电气价格的形成机制，逐步从由政府定价、以调为主转变为由市场定价、以放为主的新局面。加快推进上述市场化改革会在一定程度上导致相关要素资源价格上涨，在一定程度上提升资源要素成本，进而通过上下游价格的联动调整缓解PPI持续通缩的压力。

3. 防止经济陷入"债务—通缩"螺旋

持续的金融杠杆过高、债务压力过大，会使得资金密集的重工业企业在通缩时面临实际负债成本上升的压力。还债压力的增大会减少投资需求，而投资需求的下降则会进一步使PPI增速下滑，加剧通缩，从而形成"债务—通缩"螺旋。对于资本密集行业的价格指数PPI而言，"债务—通缩"机制对其向下拉动的作用更为强烈。为了治理结构性通缩，扭转PPI同比增速负增长的趋势，必须逐步加快推进结构性"去杠杆"的进程，适度降低企业部门的杠杆率（毛振华，2015），以防止"债务—通缩"螺旋加剧结构性通缩趋势。

首先，通过扩大直接融资比例，实行债务重组和广泛推行"债转股"，适度减少经济中的债务存量（殷剑锋，2015），尤其是减少实体部门的债务存量和降低实体部门的杠杆率。由于当前我国的股权融资渠道较为狭窄，广泛推行"债转股"要求有关当局加快改革和完善股票市场，注重建设场外股权融资市场，从而发挥做市商在场内外实现股权置换债务的重要作用。此外，还应该对企业和债务融资平台进行合理的评估，鼓励"资金暂时有困难但市场预期良好"的企业和债务融资平台进行兼并重组，通过资产证券化等方式实现股权置换债务。对于市场预期较差的企业和债务融资平台，则需要及时进行债务清理核销，以避免其通过"债务—通缩"机制拉动PPI同比增速进一步下滑。

其次，稳健的货币政策（中性偏宽松的）环境对于缓解"债务—通缩"螺旋也是必要的。因为适当宽松的货币政策会使得名义利率降低，可以缓解通胀率的下降趋势，同时也能够降低负债企业所承受的过高实际利率（张平，2015）。值得注意的是，此轮结构性通缩反映出我国的经济结构存在失衡，完全依靠以往的总量政策无法解决结构性问题。因此，需要发挥结构性货币政策的作用，在把控好流动性总闸门的同时，利用定向降准、降息等结构性工具向非产能过剩部门输送流动性（满向昱、汪川，2015），解决其资金困难问题。从而在增加其有效供给，缓解当前供需失衡局面的同时，降低负债企业的名义利率，防止其陷入"债务—通缩"螺旋。

最后，加快健全和完善社会信用体系建设。PPI统计口径下的行业主要为资金密集型行业。在结构性通缩时期，这些行业中过度负债的企业融资难、融资贵的局面将更为严峻。这主要是因为银企之间的信息不对称以及社会信用体系的不健全，会使银行产生"惜贷"情绪并提高其风险贴水率，进而加重企业的债务约束。对此，必须加快健全和完善社会信用体系建设，通过大数据和云技术等方法打造包括工商、银行、法院系统等在内的统一信用信息基础数据库，定期发布公司、个人和银行征信报告等措施，来减少企业、个人和金融机构之间的信息不对称，降低交易成本，进而防止"债务—通缩"机制加剧结构性通缩趋势。

三 中国结构性通缩调控的政策工具搭配

与以往的全面性通缩相比，受供求失衡、"债务—通缩"、劳动力成本和大宗商品价格四重非对称机制的影响，此轮结构性通缩表现出显著不同的特征。PPI同比增速连续54个月负增长，而CPI长期低速增长，二者走势出现了明显的背离。如果继续沿袭以往的通缩调控措施，简单地采取扩张性需求管理政策，可能会使低端、无效产能部门的产能过剩问题进一步加剧，进而加重结构性通缩甚至造成全面性通缩。因此，不同于以往的常规传统做法，在本轮结构性通缩的调控中，有关当局在进行政策工具搭配时应该坚持总量目标与结构性目标相配合，总量政策与结构性定向政策相协调，"数量型"工具与"价格型"工具相结合，对四重非对称作用机制同时发力，为国民经济结构调整创造有利的政策环境，从而在短期内减轻PPI 和 CPI 进一步下滑的压力，在中长期内解决结构性通缩问题。

（一）需求侧与供给侧调控政策工具

1. 财政政策工具：总量与结构性工具协调搭配

在财政政策的调控中，注重总量调控工具与结构性定向调控工具的协调配合。充分发挥各种财政税费和补贴工具的乘数效应和杠杆作用，拉动投资增长和助力消费升级，进而缓解供需失衡和结构性通缩。

在总量调控中，中央政府可以适当提高财政赤字率和扩大财政赤字规模，利用多种普惠性的"减税降费"政策来为市场添活力和为群众增便利。具体来看，在减税方面，一是继续加快推进个税改革，适当增加对子女教育、大病医疗、住房贷款利息、赡养老人等支出的专项附加扣除，[①] 减轻居民税负，刺激消费增长和推动消费升级；二是继续扩大和完善"营改增"范围，减少重复征税，调动各方积极性，进而带动投资需求增长；三是完善出口退税政策，加快出口退税进度，提高我国产品在国际市场上的竞争力，进而拉动外需增长。

在降费方面，停征或减征各种行政事业性收费和经营服务性收费，如不动产登记费、社保缴费、网络宽带资讯费等，改善居民和企业的生存发展环境，激发其消费和投资潜力，进而增加有效需求，缓解结构性通缩压力。但值得注意的是，在进行结构性通缩调控时，除了财政工具的总量调控外，还应该发挥各种结构性的税收和补贴工具的作用（卞志村、杨源源，2016），通过"有增有减"的结构性调整，在扩大有效需求的同时避免造成未来的产能过剩。首先，通过定向减税降费和财政补贴等方式，给予民生、"三农"、小微企业以及战略性新兴产业等短板领域支持；其次，对钢铁、水泥、电解铝等高污染、高能耗和资源性（"两高一资"）产品进行结构性

[①] 国务院：《国务院关于印发个人所得税专项附加扣除暂行办法的通知》（国发〔2018〕41号），http://yss.mof.gov.cn/mofhome/mof/zhengwuxinxi/caizhengxinwen/201812/t20181223_3102091.htm。

增税，避免这些低端行业的产能过剩情况进一步加剧，进而使结构性通缩趋势进一步恶化。

2.货币政策工具："量""价"结合相辅相成

在此轮结构性通缩时期，我国货币当局所面临的约束条件和可操作空间也发生了显著变化。一方面，以存款准备金率等为代表的"数量型"工具的可测性、可控性及其与最终目标的相关性不断下降（Zhang，2009；张晓慧，2012）。另一方面，随着利率市场化改革的加快推进及基本完成，我国货币政策调控框架已经具备了从"数量型"向"价格型"转型的条件，但还未形成健全的利率市场化机制。因此，在当前"数量型"货币政策工具的局限性日益凸显、"价格型"工具的调控体系尚未健全的现实背景下，为应对此轮结构性通缩，货币政策应该坚持稳健的总基调，改变以往传统的"大水漫灌"的作风，坚持"数量型"工具与"价格型"工具相结合，注重通过货币"量""价"调控的协调搭配，综合运用"数量型"货币政策工具、"价格型"货币政策工具及多种创新型货币政策工具，为结构性通缩的调控创造有利的货币政策环境。

其一，审慎地运用"数量型"货币政策工具，把控好货币供应量的总闸门，避免因过度释放流动性加剧产能过剩进而加重结构性通缩。其二，注重发挥"价格型"工具的作用，通过对利率等"价格型"工具的市场引导拉动PPI和CPI回升。其三，要注重结构性调控，灵活运用定向存款准备金率、抵押补充贷款（PSL）、常备借贷便利（SLF）、中期借贷便利（MLF）等创新型货币政策工具，解决"三农"、小微领域的流动性短缺的问题，保持民生短板领域的信贷和融资规模平稳增长（孙丹、李宏瑾，2017）。此外，继续深化人民币汇率市场化改革，适度扩大人民币汇率的浮动区间，避免因汇率大幅波动对国内物价水平产生冲击。通过对上述多种货币政策工具的灵活运用，为此轮结构性通缩调控争取时间和空间。

另外，货币当局可以通过公开宣告等方式，管理好CPI的通缩预期，防止通缩的自我强化。与通胀具有通胀预期自我强化的特征一样，通缩也会自我强化。通缩预期导致的通缩自我强化与实现，可能形成"通缩—通缩预期—通缩加剧"的局面，从而使通缩不断地循环和加剧。因此，央行需要增强货币政策声明的公信力，通过公开渠道明确锚定未来通缩调控目标，并多次在不同的、重要的公开场合重复同一声明，增强央行的政策可信度，从而进行通缩的预期管理，给予民众未来的信心和打破民众通缩预期。为此，央行强调和表明反通缩的决心以及制定 2%—3% 的 CPI 通货膨胀目标，是破解"通缩预期"、提振市场信心的最为简单有效的做法。

3. 供给侧调控工具：不同层面的工具同时发力

钢铁、水泥、电解铝等工业领域的低端、无效产能过剩是我国经济运行中诸多问题和矛盾的根源，也是导致 PPI 连续 54 个月负增长、CPI 长期低速增长的重要原因之一（莫万贵等，2019）。因此，需要利用宏观、中观和微观工具同时发力，深化供给侧改革、去除落后产能和优化产业结构，这是此轮结构性通缩调整的重中之重，更是从根本上扭转供需失衡的必要举措。

在宏观侧层面，一是利用结构性减税、定向补贴、政府采购倾斜、定向降准、定向信贷优惠等结构性财政和货币政策工具，支持"三农"、小微和高新技术产业发展，从而增加高端有效产能的供给。二是运用结构性增税等工具遏制低端、无效产能的扩张，避免产能过剩趋势进一步恶化，进而为长期的产业结构调整争取时间和空间。三是依托国家战略消耗过剩产能。通过"一带一路"等国家战略，向沿线国家输出国内过剩产能进而缓解内部的产能过剩问题（张前荣、王福祥，2015）。通过去除落后产能有效地缓解供需失衡的矛盾从而提高了工业品的出厂价格，进而提升 PPI 增速和解决结构性通缩问题。

在中观层面，通过各种产业政策、行业法规等行政措施去除落后产能，引导和支持高新产业的发展。

首先，制定合理的行业政策、规范和标准并发挥其引导和约束作用，加强行业准入和规范管理，修订完善钢铁、水泥、电解铝等产能过剩行业的准入门槛。

其次，淘汰和退出落后产能。探索建立淘汰落后与发展先进的良性互动机制，通过完善激励和约束政策，建立合理有效的过剩产能退出的法律制度，一方面引导落后产能与"僵尸企业"主动有序退出，另一方面鼓励和支持高端、先进产能的发展。[①] 同时要健全各方的责任共担和损失分担机制，做好去产能的后续保障工作，避免因去产能而造成严重的失业与经济下滑问题。

---

① 国务院：《国务院关于化解产能严重过剩矛盾的指导意见》（国发〔2013〕41 号），http://www.scio.gov.cn/32344/32345/32347/33367/xgzc33373/Document/1447657/1447657.htm。

为了彻底解决产能过剩问题并防止未来出现类似的结构性通缩，必须促进产业结构优化升级，从根源上解决供需失衡问题。一是依托各种产业政策，如《中国制造 2025》等，鼓励和支持各种高科技产业及先进制造业的发展，如高端装备、人工智能以及新能源新材料等，引导工业向智能化、信息化、数字化、绿色化发展，促进第二产业优化升级、增加有效工业供给（胡冰，2018）。同时，着力打造以企业为主体、市场为导向、产学研相结合的创新成果转化和产业化平台，大力推进科技成果在实际应用中的转化，从而实现最大限度的技术集聚效应。二是大力发展现代化农业，促进第一产业转型升级。充分整合利用农村资源，加大农业科技投入，重点发展具有区域特色的农业，促进农业产业结构优化升级。三是大力发展高端服务业，促进第三产业转型升级。随着居民收入水平和购买力的提高，对医疗、卫生、教育、养生及旅游等高端服务的需求不断增长，但在这一领域我国的供给却相对不足。通过出台和切实落实鼓励上述服务业的发展的产业政策，有利于增加第三产业的有效供给进而缓解供需矛盾和拉动 CPI 上升。

在微观层面，加快推进简政放权，激发企业活力。一是积极引入市场竞争机制，通过加快推进和适当增强对上述短板领域简政放权的进度和力度，鼓励民间企业和资本加大对教育、医疗、养老等的投入，激发市场活力，增加高端、优质服务的供给，进而缓解当前供需失衡的局面。二是深化国有企业改革，建立现代企业制度，以法制化的规范手段加快推进对国有"僵尸企业"的处置进程，去除过剩产能，提高国有资本的利用率，进而增加有效供给。

（二）应对"债务—通缩"螺旋的政策工具

"债务—通缩"螺旋会加剧资金密集的 PPI 下降趋势，因此，在此轮结构性通缩调控工具搭配中，应该注重通过结构性去杠杆、加强对不良债权的处置等措施打破已有的"债务—通缩"螺旋或防止未来的"债务—通缩"螺旋。

加快推进结构性去杠杆进程，需要分部门和分债务类型适度降低国民经济中的杠杆率，尤其是非金融企业部门的杠杆率。如图 9.7 所示，我国宏观杠杆的结构性问题较为突出。虽然自 2000 年以来，我国居民部门、政府部门、金融企业部门的杠杆率总体呈现出增长态势，但与国际样本相比，上述部门的杠杆率仍处于良性状态[①]。然而，值得注意的是，我国非金融企业部门的杠杆率较高，并且自2009年以来不断攀升，截至2016年第四季度已高达158.5%，可见，我国非金融企业部门的债务负担较为沉重。在结构性通缩时期，这些企业将面临更为严峻的债务约束，并可能由此陷入"债务—通缩"螺旋，因此，加快推进结构性去杠杆进程，降低非金融企业部门的杠杆率势在必行。

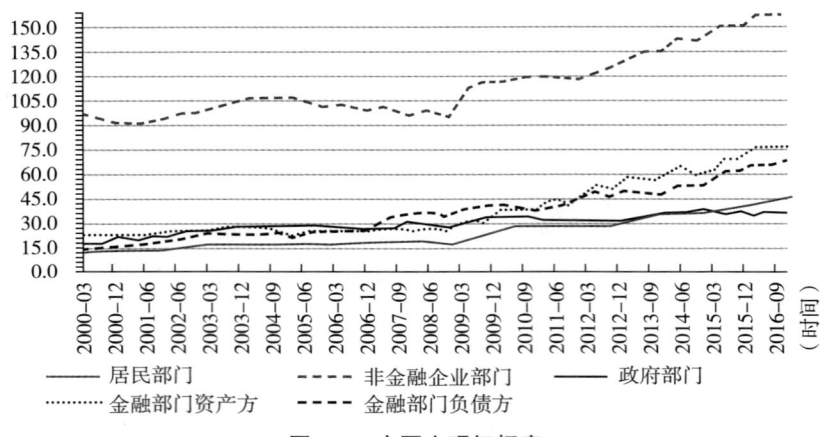

图 9.7 中国宏观杠杆率

资料来源：国家资产负债表研究中心（CNBS）。

对非金融企业部门降低杠杆率，既要严格控制债务增量，又要注重降低债务存量。首先，完善金融市场体制机制，大力推行股权融资，鼓励企业通过"债转股"或自有资金进行融资，进而优化其融资结构和降低杠杆率。其次，加强对不良债权的处置，及时清理和核销"僵尸企业"的不良债权，健全和完善企业破产机制，从而降低债务存量和非金融企业部门的宏观杠杆率。此外，在非金融企业部门中，国有企业的预算软约束问题较为突出，与民营企业相比，其债务积累更为严重，因而其杠杆率也远远高于民营企业。对此，应该分行业、分类型设定国有企业杠杆率指标标准，深化国有企业改革，打破其行政化的管理模式，建立现代企业治理结构，增强国有

---

① 经验研究指出，居民部门、政府部门、企业部门的杠杆率警戒线分别为85%、85%、90%。可见，2000—2016年，我国居民部门、政府部门和金融企业部门的杠杆率均未超过警戒线。

企业财务的真实性和透明度，进而加强其外部资产约束和降低其杠杆率。

（三）应对国际大宗商品价格机制的政策工具

在应对此轮结构性通缩中国际大宗商品价格机制对 PPI 生产资料和 CPI 生活工业用品的向下拉动作用时，各种政策工具的主要目标是防止上游国际大宗商品价格的下跌大幅传导至下游的 PPI 生产资料价格和 CPI 工业品价格。对此，一方面，应该积极竞购海外资源，打破国际大宗商品市场的垄断格局，争取我国对国际大宗商品价格的定价权，从而减轻国际大宗商品价格波动对我国物价水平的冲击（龙少波等，2016）。另一方面，通过财政、货币、产业等政策工具的引导和支持，促进经济发展方式转变和产业结构优化升级，提高资源利用率，降低单位 GDP 能耗，减少对国际大宗商品价格的依赖，进而降低输入型通缩（通胀）发生的概率。此外，加快推进人民币国际化进程和人民币汇率市场化形成机制改革，适度扩大其双向浮动区间（徐薇等，2009），进而通过人民币汇率的市场化调节减轻或消除输入型通缩（通胀）压力。

（四）应对劳动力成本机制的政策工具

在此轮结构性通缩中，劳动力成本上升导致的食品和服务价格上升对 CPI 的上涨有很强的推动作用，从而避免了 CPI 同比增速大幅下滑而陷入全面性通缩。因此，在进行结构性通缩调控时，应继续适度发挥劳动力成本机制对 CPI 的支撑作用。一是通过完善《劳动法》和修订各地最低工资标准，适度提高各地的最低工资水平。二是通过加大对农业和服务行业从业人员的技能培训和教育投资，不断提高其工作技能和个人素质，促进其均衡工资水平合理适度增长，进而通过成本机制推动 CPI 同比增速上升，以避免经济陷入全面性通缩的局面。并且，通过促进劳动力高质量发展可以刺激对教育、医疗的需求，进而增加有效需求，缓解供需失衡的局面，起到强化结构性通缩调控效果的作用。

第五节　中国结构性通缩调控的效果评价与建议

与单一的结构性通缩调控措施不同，一个完备的结构性通缩调控体系除了调控措施，还包括通缩判定、调控底线与目标、模拟选优、政策建议以及反馈修正、调控效果评价等一系列动态环节和内容。结构性通缩调控体系是一个丰富完善的逻辑体系，相对于结构性通缩调控措施而言，更具科学性和完备性，能对不同的结构性通缩调控预案进行比较、评估和择优。并且，在调控过程中还能及时地对调控效果加以反馈，从而允许有关当局根据实际的经济状况不断地进行动态的政策调整，以达到精准调控的目的。在调控完成后，通过对实际调控效果与方案进行评估，进而对调控体系进行修正和完善，还能对未来的结构性通缩的调控起到一定的借鉴作用。此外，对结构性通缩调控体系加以修订，加大对 CPI 的政策调控力度，还能形成全面性通缩调控体系。因此，结构性通缩调控体系更具普遍性和适用性，对于全面性通缩的调控也具有重要意义。

对结构性通缩调控效果评价而言，主要包括以下内容：首先，应该从多个方面出发，建立严谨的结构性通缩调控效果评估指标体系。其次，运用多种经济学数理模型对各种结构性通缩调控预案进行政策仿真模拟，进而以建立的结构性通缩调控效果评估指标体系为依据，对各种方案的调控效果进行综合比较和排序，并给出各种通缩调控方案的不同评估指标的表现情况。在此基础上，决策者可以根据实际的经济情况和自身的政策目标偏好，选择其认可的最佳方案，并根据方案的具体措施加以实施。最后，在调控方案实施过程中，还需要时刻关注 CPI、PPI 等主要价格水平指标以及其他宏观经济指标的变化趋势，并与政策方案模拟的结果进行比较，以考察调控目标的方向或变化幅度是否符合当初的设想。如果存在偏离，则必须向有关当局进行反馈，并重新进行参数修正和动态模拟，适当地调整现有的调控方案，进而实现反结构性通缩的目的。

一 中国结构性通缩调控效果评估指标体系的建立

在进行结构性通缩调控效果评估时，显然不能依靠笼统的、模糊的描述，必须确定具体的评估指标以进行精确的定量分析。一般而言，在评价一项政策或措施的效果时，常用的方法是由里昂惕夫提出的投入产出法（Leontief，1936）。即利用实施该项政策或措施所耗费的投入与此项政策或措施产生的收益比率，来对该项政策或措施的调控效果进行评价。然而，不同的结构性通缩调控政策可能受到不同因素的影响，导致其在政策作用时间、目标达成等方面的表现可能各不相同，这些表现将直接或间接影响其调控效果。因此，有必要从多个方面出发，构建全面、严谨的结构性通缩调控效果评估指标体系，来评价不同的结构性通缩调控预案和措施的综合效果，进而为有关决策当局提供可靠的决策依据。

本书在综合考虑多个方面的政策效果表现的基础上，构建了包括政策目标达成性、政策外部时滞、政策效率、政策福利损失以及政策协调性五大维度的中国结构性通缩调控效果评估体系，具体的指标含义如下。

政策目标达成性。主要是指结构性通缩调控方案实现预定调控目标的程度。根据上文设定的结构性通缩调控目标，即结构性通缩调控方案是否能实现PPI同比增速转负为正并稳定在3%以上的正常增速；CPI同比增速停止通胀放缓的态势，恢复并维持在2%左右的正常增速的目标。一般而言，如果结构性通缩调控方案使PPI和CPI同比增速越接近上述设定的目标值，其调控效果就越好。

政策外部时滞性。主要是指结构性通缩调控方案从开始实施到对调控目标产生影响的时间长度，用以衡量结构性通缩调控方案的政策传导效率。[1] 不同的结构性通缩调控方案受各种复杂因素的影响，其外部时滞可能有所不同，而政策外部时滞的长短又会影响相应政策的调控效果。如果政策外部时滞过长、传导效率过低，可能会出现政策开始起作用时，总体物价水平已经发生大幅变动，PPI和CPI同比增速已经回升，进而造成政策无效甚至引起通胀的情况。因此，结构性通缩调控方案的外部时滞越短，其政策调控效果越好。

政策效率。主要是指结构性通缩调控政策的产出与投入之比。具体来看，是指PPI和CPI等价格指数同比增速的变化幅度与相应的结构性通缩调控政策工具的变化幅度之比。例如，PPI（或CPI）同比增速变化幅度/利率差、PPI（或CPI）同比增速变化幅度/赤字率差、PPI（或CPI）同比增速变化幅度/产业结构调整幅度、PPI（或CPI）同比增速变化幅度/杠杆率差、PPI（或CPI）同比增速变化幅度/劳动力成本变化幅度等。政策

---

[1] 一般而言，政策时滞分为内部时滞和外部时滞，其中，内部时滞是指有关当局从政策制定到采取行动的时间，外部时滞则是指从政策实施到对最终目标产生效果的时间。由于在评估既定的结构性通缩调控政策的政策效果时，并不涉及有关当局的政策制定，因而仅将政策外部时滞纳入结构性通缩调控评估指标体系。

效率不仅可以反映相应的结构性通缩调控方案的收益与成本之比，还可以反映特定调控措施的可利用政策空间的占用情况。一般而言，有关当局的不同调控政策或多或少都面临着不同的政策空间约束。政策效率较高的结构性通缩调控措施其所需的政策工具变化幅度较小，所占用的有关当局可利用的政策空间也越小，因而该政策未来的再调整性也就越强，进而能够更好地适应不断变化的经济形势。因此，在进行结构性通缩调控预案择优时，应当选取政策效率相对较高的方案，实现以较小的政策投入和政策空间占用获得较好的结构性通缩调控效果。

政策福利损失。主要是指结构性通缩调控政策对除价格水平之外的其他宏观经济方面的影响。例如，为采取相应措施调控结构性通缩所牺牲的GDP增长率累计值、失业率高于自然失业率的累计值等。由于应对结构性通缩的财政政策、货币政策、去杠杆、产业结构调整等举措会对经济增长率、长期失业率等宏观经济指标产生影响，从而影响到社会的福利。因此，在选择结构性通缩调控方案时，必须考虑相应方案对宏观经济其他方面的影响。相对较优的结构性通缩调控政策应该是在实现价格指数恢复至所设定的目标水平的同时，对经济增长率、失业率等其他宏观经济指标产生相对较小不利影响的政策，也即使社会福利损失最小的政策。

政策协调性。主要是指结构性通缩调控政策组合中，每种政策工具能最大限度地发挥其效力，相互协调增加对方的效力，并各有侧重、相互作用以更好地实现调控目标的程度。根据上述定义，各种调控预案的政策协调性，可以采用相应政策组合预案所引起的PPI和CPI变化幅度来衡量。由于此轮结构性通缩是由供需失衡机制、"债务—通缩"机制、大宗商品价格机制和劳动力成本机制四重机制的非对称作用造成的。因此，单一的调控措施可能无法实现预期的调控目标，而财政政策、货币政策、供给侧改革等多种政策的配合使用在应对此轮结构性通缩时可能是十分必要的。然而，由于各种调控措施并不是相互独立的，如果协调不当将会影响调控方案的有效性。因此，有必要比较不同结构性通缩调控方案中各种政策工具之间的协调性，并选择协调性相对更好的结构性通缩调控方案。

可见，上述结构性通缩调控效果评估指标可以从多个维度考察结构性通缩调控方案的政策效果。并且，按照与实现最终目标的相关性、有关当局的不同政策目标偏好等为标准，可以对上述五大结构性通缩调控效果评估指标赋予不同的权重，进而进一步为结构性通缩调控方案的选择提供依据。

根据各评估指标与最终调控目标的相关性，本书对政策目标达成性、政策外部时滞、政策效率、政策福利损失以及政策协调性五大指标赋予了不同的权重[①]。第一，由于政策目标达成性直接指向结构性通缩调控目标的实现程度，因此对其赋予了最高的 25% 左右的权重；第二，政策外部时滞反映了结构性通缩调控方案起作用所需的时间，这将直接影响调控目标实现所需的时间，因此对其赋予第二高的 20% 左右权重；第三，政策效率直接反映了结构性通缩调控方案的调控目标的实现与所需成本之比，以及政策后续根据调控目标的不断变化进行再调整的程度，因此对其赋予 20% 左右的权重；第四，政策福利损失代表了结构性通缩调控对宏观经济其他方面的不利影响，由于 GDP 增长率和失业率等宏观经济表现直接关系民生福利，是实施结构性通缩调控预案不可忽略的因素，因此对其赋予 20% 左右的权重；第五，政策协调性体现了结构性通缩调控方案中各种政策工具的配合程度，这一指标虽然不直接锚定最终调控目标，但在一定程度上考察了结构性通缩调控方案的政策效果，能对结构性通缩调控方案的选择提供一定的依据，因此对这一指标赋予 15% 左右权重。具体的结构性通缩调控效果评估指标如表 9.1 所示。

表 9.1　　　　　　结构性通缩调控效果评估指标体系

一级指标	二级指标	权重
F1 政策目标达成性	S1 PPI 同比增速与目标值（3%）之差的绝对值	25% 左右
	S2 CPI 同比增速与目标值（3%）之差的绝对值	
F2 政策外部时滞	S3 政策开始实施到产生效果所需的时间	20% 左右
F3 政策效率	S4 PPI（CPI）同比增速变化幅度 / 利率差	20% 左右
	S5 PPI（CPI）同比增速变化幅度 / 赤字差	
	S6 PPI（CPI）同比增速变化幅度 / 杠杆率差	
	S7 PPI（CPI）同比增速变化幅度 / 产业结构调整幅度	
	S8 PPI（CPI）同比增速变化幅度 / 劳动力成本变化幅度	

①　本研究依据各评估指标与最终调控目标的相关性对上述指标赋予权重，旨在提供一个示例，决策者可以根据不同的经济形势和自身的目标偏好对上述权重进行合理调整。

续表

一级指标	二级指标	权重
F4 政策福利损失	S9 GDP 增长率偏离其自然水平的累计值	20% 左右
	S10 失业率高于自然失业率的累计值	
F5 政策协调性	S11 PPI（或 CPI）变化幅度	15% 左右

二　中国结构性通缩调控预案模拟与择优

对不同类型和力度的政策工具进行组合可以形成不同的结构性通缩调控方案。在此基础上利用经济学数理模型分别在不同的政策组合情境下进行计算机仿真模拟，得出各结构性通缩调控预案的目标达成性、政策外部时滞、政策效率、政策福利损失以及政策协调性等指标，并进行综合比较和排序，进而选择有关当局认为最优的结构性通缩调控方案。

将从不同作用机制出发的不同力度的结构性通缩调控工具进行组合，形成了如表 9.2 所示的 3 种结构性通缩调控预案。其中，预案 1 与预案 2 的区别在于，预案 1 不包含应对大宗商品价格机制的政策和应对劳动力成本机制的对策；预案 2 与预案 3 的区别在于，预案 2 的部分调控政策的实施力度小于预案 3 相应政策的实施力度。

表 9.2　　　　　　　　　　结构性通缩调控预案

政策工具/调控预案	预案 1	预案 2	预案 3
财政政策	实施总量与结构性相结合的适度扩张的财政政策，财政赤字率上升至 2%—3%：（1）继续深化个税改革，适度增加专项附加扣除；（2）对"三农"、小微、高新产业领域实施定向减税降费、定向补贴；（3）对钢铁、水泥等产能过剩行业实施定向增税；（4）加大对基建投资的定向财政支出	实施总量与结构性相结合的适度扩张的财政政策，财政赤字率上升至 2%—3%：（1）继续深化个税改革，适度增加专项附加扣除；（2）对"三农"、小微、高新产业领域实施定向减税降费、定向补贴；（3）对钢铁、水泥等产能过剩行业实施定向增税；（4）加大对基建投资的定向财政支出	实施总量与结构性相结合的扩张性的财政政策，财政赤字率上升至 3%—4%：（1）继续深化个税改革，适度增加专项附加扣除；（2）对"三农"、小微、高新产业领域实施定向减税降费、定向补贴；（3）对钢铁、水泥等产能过剩行业实施定向增税；（4）加大对基建投资的定向财政支出

第九章 中国结构性通货紧缩调控体系的建立　295

续表

政策工具/调控预案	预案1	预案2	预案3
货币政策	实施稳健中性的货币政策，灵活运用多种货币政策工具：（1）"量价"结合，下调存款准备金率250个基点，下调公开市场操作利率30个基点，下调加权平均贷款利率45个基点；（2）运用常备借贷便利、抵押补充贷款等创新工具向"三农"、小微、民生领域注入充裕的流动性；（3）通过公开宣告等方式，加强通缩预期管理	实施稳健中性的货币政策，灵活运用多种货币政策工具：（1）"量价"结合，下调存款准备金率250个基点，下调公开市场操作利率30个基点，下调加权平均贷款利率45个基点；（2）运用常备借贷便利、抵押补充贷款等创新工具向"三农"、小微、民生领域注入充裕的流动性；（3）通过公开宣告等方式，加强通缩预期管理	实施扩张性的货币政策，灵活运用多种货币政策工具：（1）"量价"结合，下调存款准备金率350个基点，下调公开市场操作利率40个基点，下调加权平均贷款利率50个基点；（2）运用常备借贷便利、抵押补充贷款等创新工具向"三农"、小微、民生领域注入充裕的流动性；（3）通过公开宣告等方式，加强通缩预期管理
供给侧改革政策：去产能和补短板	稳步推进供给侧改革：（1）制定合理的行业法规和标准，修订完善钢铁、水泥、电解铝等产能过剩行业的准入门槛；（2）淘汰和退出落后产能，完善激励和约束政策，建立合理有效的过剩产能退出的法律制度，引导落后产能与"僵尸企业"主动有序退出；（3）制定合理的产业政策，调整优化产业结构，鼓励发展现代农业和高端服务业，引导制造业向高质量发展	稳步推进供给侧改革：（1）制定合理的行业法规和标准，修订完善钢铁、水泥、电解铝等产能过剩行业的准入门槛；（2）淘汰和退出落后产能，完善激励和约束政策，建立合理有效的过剩产能退出的法律制度，引导落后产能与"僵尸企业"主动有序退出；（3）制定合理的产业政策，调整优化产业结构，鼓励发展现代农业和高端服务业，引导制造业向高质量发展	加快推进供给侧改革：（1）加快制定合理的行业法规和标准，修订完善钢铁、水泥、电解铝等产能过剩行业的准入门槛；（2）加快淘汰和退出落后产能，完善激励和约束政策，建立合理有效的过剩产能退出的法律制度，引导落后产能与"僵尸企业"主动有序退出；（3）加快制定合理的产业政策，调整优化产业结构，鼓励发展现代农业和高端服务业，引导制造业向高质量发展
应对大宗商品价格机制的政策	—	削弱国际大宗商品价格对国内物价水平的传导：（1）竞购海外资源，打破国际大宗商品市场垄断格局，争取定价权，减轻大宗商品价格波动对国内物价水平的冲击；（2）转变经济发展方式，降低单位GDP能耗，降低大宗商品价格带来的输入型通缩压力；（3）推进人民币国际化进程和人民币汇率机制改革，通过汇率调节降低大宗商品价格波动冲击	削弱国际大宗商品价格对国内物价水平的传导：（1）竞购海外资源，打破国际大宗商品市场垄断格局，争取定价权，减轻大宗商品价格波动对国内物价水平的冲击；（2）转变经济发展方式，降低单位GDP能耗，降低大宗商品价格带来的输入型通缩压力；（3）推进人民币国际化进程和人民币汇率机制改革，通过汇率调节降低大宗商品价格波动冲击

续表

政策工具/ 调控预案	预案1	预案2	预案3
应对劳动力成本机制的政策	—	加大对农业、服务业从业人员的教育投资与技能培训，适度提高农业和服务业从业人员最低工资和均衡工资水平，通过劳动力成本推动机制支撑CPI增速	加大对农业、服务业从业人员的教育投资与技能培训，较大幅度提高农业和服务业从业人员最低工资和均衡工资水平，通过劳动力成本推动机制支撑CPI增速

注：符号"—"表示相应的结构性通缩预案中没有使用对应的政策工具。

在形成了结构性通缩调控预案之后，接下来需要对各种预案进行模拟与择优。利用向量自回归（VAR）模型、带有随机波动项的时变参数向量自回归（TVP-VAR-SV）模型、动态随机一般均衡（DSGE）模型、CH6宏观计量经济模型等计量和数理模型对上述结构性通缩调控预案进行仿真模拟，并以结构性通缩调控效果评估指标体系为依据，对不同预案在走出结构性通缩的目标实现程度、政策作用时间、政策投入产出效益、社会福利损失以及政策协调性方面的表现进行定量评价，进而为下一步的结构性通缩调控政策建议的提出提供科学、可靠的依据。

三 中国结构性通缩调控政策建议的提出

根据上述各种经济学计量和数理模型模拟结果给出的不同结构性通缩调控预案的不同指标的表现，结合经济实际情况以及决策者对政策目标的偏好，对不同的调控预案进行综合比较和排序，提出相应的适宜的结构性通缩调控政策建议以供参考。

例如，当宏观经济整体表现不佳，GDP增速下滑较快和失业率较高时，可以建议决策者在进行结构性通缩调控方案选择时，以政策福利损失为主要参考指标，选择社会福利成本最低的方案，进而避免因结构性通缩的调控加剧经济下滑和失业率上升。而对于厌恶较长的结构性通缩调控时间的决策者，则可以建议其将政策外部时滞作为主要的决策参考指标，选择政策传导效率相对较高的结构性通缩预案。综上，结构性通缩调控效果评估体系和调控预案模拟可以因人而异、因时制宜地为有关当局提供合理的结构性通缩调控建议。

四 中国结构性通缩调控效果的动态反馈与修订

受多种内外部复杂因素的影响,在通缩调控政策的实施过程中,PPI 和 CPI 等价格水平的变化可能存在不确定性。因此,结构性通缩的调控并不止步于调控政策的实施。在调控过程中,还需要时刻关注 PPI、CPI 等主要价格水平指标以及其他宏观经济指标的变化趋势,考察其是否符合当时政策模拟预期。如果 PPI 和 CPI 同比增速的调整方向或者调整幅度不恰当,则需要向决策者及时地进行效果反馈,并重新进行参数修正和动态的模拟,适当地调整相应的政策,以精准调控的方式达到反通缩的目标。

第六节　小结

本章着眼于中国结构性通货紧缩调控体系的建立,不同于以往的通缩调控措施,结构性通缩调控体系是除了调控措施在内的,包括底线与目标、预警与预测、原则措施、模拟选优、政策建议以及反馈等一系列步骤的有机调控整体,能够形成更为丰富完善的逻辑框架,更具科学性和系统性。

首先,明确了 PPI 出现连续三个月及以上的负增长,而 CPI 处于低速正增长(1%左右)的结构性通缩判定标准;在此基础上,设定了中国结构性通缩的调控底线和目标,并论证了设立"PPI 增速 3%,CPI 增速 2%"为通缩调控目标的合理性。

其次,建立了包括如下几个步骤的结构性通缩预测和预警机制:一是寻找 CPI 与 PPI 持续下降的主要原因;二是通过先行指标对 CPI 与 PPI 的未来变化趋势进行预判;三是构造通货紧缩先行合成指数、景气信号灯和综合警情指数以反映当前宏观经济冷热和物价水平的状况,进而对结构性通缩进行预测和预警;四是建立反映宏观价格变动的宏观经济模型进行更为精准的定量预测。在此基础上,对通缩的良恶性质进行判定并形成初步的反通缩预案。

再次,提出了结构性通缩调控的原则和方案措施。首先阐述并论证了在本轮结构性通缩调控中需要坚持的四大原则,包括政府宏观调控与市场自发调节相结合的原则、需求侧管理与供给侧结构性改革相结合的原则、总量调控和结构性调控相协调的原则、前瞻性调控与非对称调控相结合的原则。在此基础上，从防止 CPI 进入全面性通缩与缓解恶性冲击加重 PPI 通缩两大角度出发，提出了结构性通缩的短期、中期及长期调控方案，并对调控工具进行了合理的搭配。

最后，对结构性通缩调控效果的评价与方案选择提出了如下建议：一是应从多个方面出发，建立严谨的结构性通缩调控效果评估指标体系；二是在进行政策仿真模型的基础上结合调控效果评估体系、现实的经济情况等对通缩调控预案进行择优；三是在调控过程中需要对通缩调控方案和措施的效果进行动态监控和反馈，并对反通缩方案进行实时动态修订，以实现通缩调控目标。

第十章
2012—2016 年中国结构性通缩调控经验总结

针对 2012 年以来中国经济出现的 PPI 增速持续为负，CPI 增长减速的结构性通缩状况，政府主动适应经济新常态，改变宏观调控的思路，提高对经济减速现状的容忍度。宏观经济政策注重从需求侧和供给侧同时发力，以求恢复市场的供需总量和供需结构平衡，最终将经济增速和价格水平稳定在合理区间内。

在需求侧管理的实践中，宏观经济政策坚持总量调控和结构性调控目标并重的原则，供给侧调控则注重通过不断的改革来调节和优化生产供给的结构，从而化解产能过剩以走出结构性通缩。由于结构性问题的存在制约了传统的货币政策的发挥空间，央行创新并推出了结构性的货币政策工具加以应对，并对结构性通缩问题的缓解起到了重要作用。与此同时，财政政策实施也注重结构性的调控，结构性的财政支出和税收使得财政政策的发力更加精准，通过对基础设施建设、民生保障领域增加投入和支出，以及对产业升级和供给短缺的高端领域实施减税降费，以创造高质量的、新的产品需求，从而使得 PPI 走出长达 54 个月的通缩。

第一节 需求侧管理：总量调控和结构性优化并重

2012—2016 年，政府坚持稳中求进的经济工作总基调，宏观经济政策坚持不搞"大水漫灌"式的强刺激方案，而是注重保持政策的连续性和稳定性，并努力增强政策的前瞻性、针对性和灵活性，加强定向调控、相机调控和区间调控，将经济运行保持在合理区间内。在需求管理方面，坚持实施积极的财政政策和稳健的货币政策，并注重政策之间的协调性。其中，积极的财政政策主要集中于减税降费领域，而稳健的货币政策则注重综合协调运用多种政策工具，重点支持实体经济发展。通过微刺激的方式盘活存量、增加总需求和提升总体价格水平。

一 货币政策在使用"价格型"工具的同时，坚持总量性与结构性政策并重

以中介目标为标准，传统的货币政策调控工具可以划分为"数量型"工具和"价格型"工具。其中，"数量型"工具包括存款准备金率、公开市场业务、再贷款和再贴现等，"价格型"工具包括存贷款基准利率等（牛润盛，2013）。在"数量型"工具方面，央行通过调整存款准备金率，改变市场操作的力度和频率，以调控商业银行等金融机构的可贷资金和放贷能力，调节市场的资金供给和企业的资金可得性从而对宏观经济产生作用。在"价格型"工具方面，通过调控商业资金获取的成本，从而影响企业和个人的资金借贷成本，进而影响投资和消费，以及就业和国民收入等实际变量，使得有效需求和供给达到均衡，并促使一般价格水平保持平稳状况。

2012—2016年，中国人民银行的货币政策的总基调是稳健的，并且将稳定物价作为货币政策调控的主要目标之一。在这一时期，央行综合运用和创新总量型与结构型的货币政策工具，通过货币政策的逆周期调控，适度地扩张央行的资产负债表，防止价格水平的进一步下降，从而使得价格维持在相对稳定的水平。而且，在货币政策工具的使用过程中，"价格型"工具发挥越来越重要的作用（徐忠，2018）。

（一）"数量型"货币政策工具并未大幅发力扩张

2012—2016年，中国的广义货币供给M2的同比增速呈现出逐步下降的趋势。如图10.1所示，2011年12月M2的同比增速为13.6%，此后经历了短暂的上升，并在2013年4月达到16.1%的高点，随后则呈现出震荡下降的趋势。到2016年8月我国结构性通缩结束时，M2的同比增速已经下降为11.4%。可见,在此轮结构性通缩过程中，央行并未采取所谓的"大

水漫灌"的方式,把宽松的数量型货币政策工具作为通缩调控的主要手段,而是适当地不断降低 M2 的同比增速(刘金全、解瑶姝,2016)。并且,在通缩结束后,M2 的同比增速下降幅度越来越大,目前已经接近于 8% 的新低。可见,在应对此轮结构性通缩时,央行注重把控货币供给的总闸门,注重盘活存量,防止过于宽松的货币政策可能延缓产能过剩部门在市场机制作用下去产能、去杠杆的进程,以及阻碍市场出清和再平衡的实现(冯明,2015)。

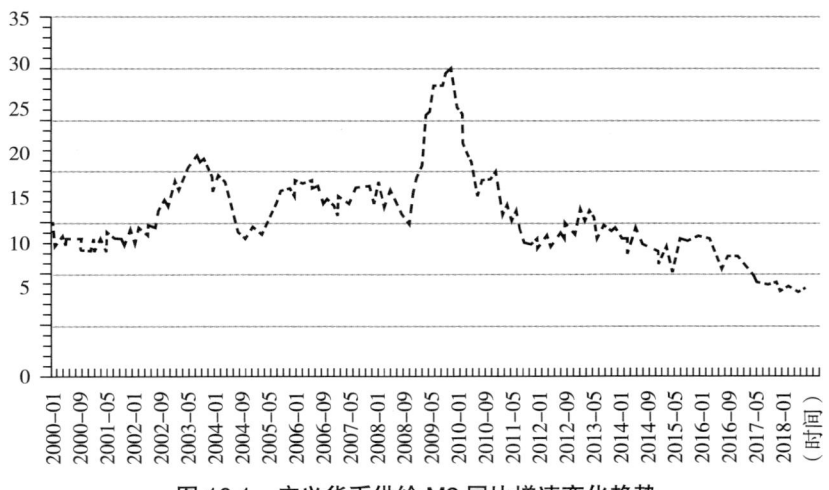

图 10.1　广义货币供给 M2 同比增速变化趋势

资料来源:中经网统计数据库。

(二)"价格型"货币政策工具的使用频率相对密集

在 2012—2016 年的结构性通缩期间,央行连续多次下调各期限的人民币存贷款基准利率。在 2011 年 7 月,央行上调了金融机构人民币一年期贷款基准利率至 6.56%,这是在应对上一轮的通胀调控,也是此轮反通胀中对贷款基准利率的最后一次上调。前期较高的基准利率也为后续反通缩的降息提供了政策空间。

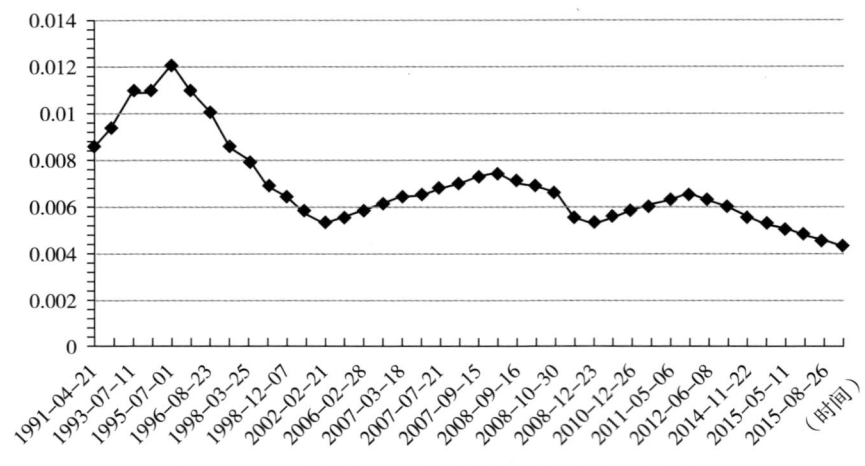

图 10.2　金融机构人民币贷款基准利率（一年期）

资料来源：中国人民银行官网。

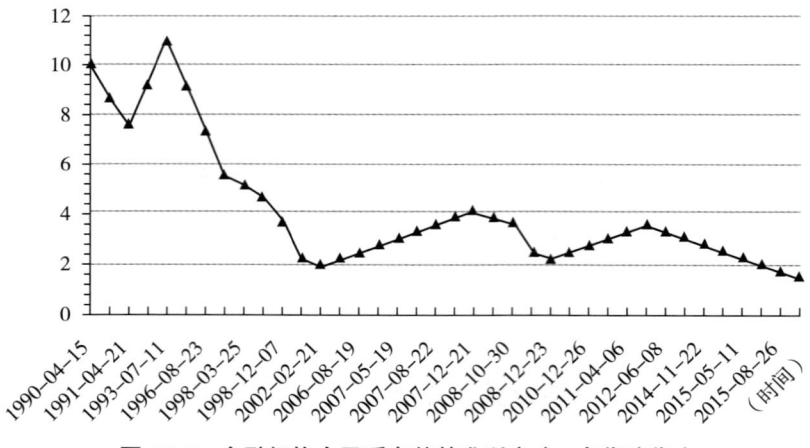

图 10.3　金融机构人民币存款基准利率（一年期定期）

资料来源：中国人民银行官网。

此后为应对经济下滑与价格通缩，央行一路下调各期限的人民贷款基准利率。以一年期贷款基准利率的变化情况为例，2012年6月央行下调一年期人民币贷款基准利率至 6.31%，此后连续 8 次下调基准利率。到 2015年 10 月 24 日，我国的一年期贷款基准利率已经下调至 4.35% 的历史性低点，低于 2008 年金融危机全面性通缩时的最低点 5.31%。与此同时，央行也基本同步地下调人民币存款基准利率。因此，无论是从调控力度还是从操作频率来看，在应对此轮结构性通缩时，央行十分注重发挥"价格型"货币政策工具的调控作用。

(三) 创新并实施结构性货币政策

中国结构性通货紧缩的现象表明,我国经济存在"供需错配"的结构性失衡问题。其主要表现就是低端、无效产能严重过剩与高端产品和服务有效供给不足的现象同时并存。此时若完全依靠并采取传统的、总量性的货币政策进行调控,其作用可能会受到束缚而难以发挥,并陷入两难的境地。一方面,根据宏观经济逆周期调控的理论,经济处于通货紧缩时央行应该采取扩张性的货币政策刺激需求,让价格水平起底回升至正常水平。但是,其副作用可能会让产能过剩部门获得资金支持而延缓其市场出清的进程。另一方面,如果不采取扩张性的货币政策,又会使得急需资金的、非产能过剩的、提供有效供给的部门面临资金短缺问题,从而进一步加剧高端部门有效供给不足的矛盾。因此,央行需要采取结构性货币政策,通过微刺激使得要素资源流向供给不足的部门而非产能过剩的部门,从而使得经济结构失衡的状况得以调整。由于价格是供需状况的反映,只有当经济结构趋于均衡后,结构性的通缩问题才能得以缓解。如图 10.4 所示,通过实施结构性的货币政策,可以使得经济供需结构性失衡的状况得以缓解,最后解决结构性通缩问题。

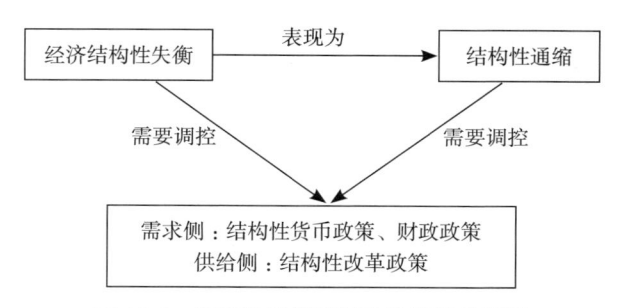

图 10.4 结构性政策对结构性通缩的调控

在 2012—2016 年结构性通缩期间,中国总体货币流动性呈现出总量盈余和结构性短缺并存的状况(余振等,2016)。为解决此类结构性融资缺口问题,央行创新了货币政策调控工具,并推出了结构性的货币政策。货币当局坚持总量稳定、结构优化的原则,以差异化的流动性供给来应对社会各部门间流动性的结构性失衡,从而促进产业结构升级,增加有效供给和缓解供需失衡（彭俞超、方意，2016）。央行从总量和结构两方面着手，在稳定融资总量的同时加强信贷政策引导，优化融资结构，对"三农"、小微企业、战略性新兴产业、棚户区改造、保障性住房建设等重点领域和行业加强信贷支持，[①] 并防止新增资金流向产能过剩的行业和领域。

从理论上来看，结构性的货币政策以特定的金融机构为媒介，通过向其提供流动性，借助定向贷款等方式，向实体经济中的资金短缺部门注入低成本的流动性，进而通过结构性货币政策工具的精准施策，解决部分实体部门融资难、融资贵的问题，以实现促进经济增长的目的（刘蔚，2017）。当新增的信贷资金更多地流向农业、民生投资等行业时便会拉动有效需求，并从金融要素供给方面限制产能过剩行业的产能扩张，从而实现经济供需的结构性调整，最终实现 PPI 转负为正，CPI 增速上升进而解决结构性通缩的问题。

从实际操作层面来看，自 2013 年以来，中国人民银行开始探索并推出的结构性货币政策，其工具主要包括定向降准、公开市场短期流动性调节工具（Shortterm Liquidity Operations，SLO）、常备借贷便利（Standing Lending Facility，SLF）、中期借贷便利（Medium-term Lending Facility，MLF），以及抵押补充贷款（Pledged Supplementary Lending，PSL）等几种（见表 10.1）。其各自的主要作用机理以及对结构性通缩的调控作用机制如下：

一是实施定向降准的结构性货币政策。央行的定向降准是指，央行对符合结构调整、满足市场需求的、对实体经济贷款达到一定比例的银行适当降低准备金率，同时扩大支持小微企业的再贷款和专项金融债规模，将资金更好地用在"刀刃上"。可见，定向降准有利于将流动性更好地投放到"三农"、小微企业等薄弱环节而直接降低其融资成本。"三农"和小微企业因为信贷资金的获得而有利于其提高农产品与创新型产品与服务的产出。同时，定向降准可以防止资金投向产能过剩行业和继续增加无效供给，从而促进经济结构的调整、恢复供需平衡和促使 PPI 回升。例如，在 2014 年 4 月和 6 月，央行就曾两次实施定向降准和下调存款准备金率 0.5 个百

---

① 周小苑：《人民日报谈定向降准：货币供应充足不会再现钱荒》，东方财富网，http://finance.eastmoney.com/news/1370,20140602389315342.html。

分点；而在 2015 年，央行更是 5 次实施定向降准，累计下调存款准备金率 0.5 个百分点。

表 10.1　主要的结构性货币政策工具对结构性通缩调控的作用比较

	SLO	SLF	MLF	PSL
目标与主要功能	调节市场短期资金供给，解决突发的市场资金供求大幅波动	满足金融机构中短期的流动性需求，以应对市场流动性的短期波动	资金被明确要求需要投放"三农"和小微贷款	缓解流动性的结构失衡并降低社会融资成本，尤其是向部分需要发展但却缺乏足够流动性支持的领域倾斜
期限	7 天以内	1—3 个月	3 个月至 1 年	3—5 年
发起主体	正回购：央行从一级交易商（即能够承担大额债券交易的商业银行）卖出有价证券；逆回购：央行向一级交易商购买入有价证券	由于自身流动性紧缺而需向央行申请资金支持的金融机构	MLF 也是金融机构主动参与中央银行招标的活动	PSL 是由中国央行为发起主体，主动的定向式流动性支持措施
支持领域	银行间短期突发流动性紧缺导致利率上升	满足金融机构临时性、流动性需求	"三农"与小微企业	重点领域、薄弱环节和社会事业发展
利率制定	利率招标	央行制定	利率招标	央行制定
抵押品	政府支持机构债券和商业银行债券	高信用评级的债券类资产及优质信贷资产等	国债、央行票据、政策性金融债、高等级信用债等优质债券	高等级债券资产和优质信贷资产等
对结构性通缩的调控作用	较小	较小	较大	较大

资料来源：公开资料、钜派研究院以及笔者整理和分析。

二是实施抵押补充贷款的结构性货币政策。抵押补充贷款（Pledged Supplementary Lending，PSL），是指央行向以一定资产抵押作为保证的特定银行所发放的、利率水平较低的贷款。设置抵押补充贷款的目的在于，通过对特定金融机构提供期限较长的大额融资，进而为国民经济的重点领域、薄弱环节和社会事业的发展提供充足金融支持。[1] 抵押补充贷款与定点式

---

[1] 货币政策司：《抵押补充贷款概述》，中国人民银行官网，http://www.pbc.gov.cn/zhengcehuobisi/125207/125213/2161446/2161453/2812560/index.html。

的流动性调控手段类似，二者的相同点在于，通过定向支持高风险但流动性短缺的特定部门，避免流动性被少数优质项目或金融投行过度吸收，缓解经济中存在的结构性的流动性紧缺问题（余振等，2016）。央行通过PSL将贷款以较低成本定向支持到诸如地下管网、棚户区改造、轨道、铁路、公路等市政民生工程建设项目，从而拉动投资，促进对上游原材料（煤炭采选、石油开采、黑色和有色金属采选、石油加工、化工化纤以及黑色有色金属冶炼等工业产品）的需求。而这些产品正是PPI生产资料领域所包含的产品，通过增加对这些产品的需求改善PPI下跌的态势。与此同时，PSL也可以防止资金继续流入"两高一剩"行业导致过剩产能扩张，从而提升PPI，使其走出通缩。在实践操作中，2015年央行累计提供PSL共6981亿元，2016年累计提供PSL共9714亿元，并在2016年2月起将PSL的适用范围扩大至发放地下管网贷款。

三是使用公开市场短期流动性调节工具。央行在2013年开始引入公开市场短期流动性调节工具（Short-term Liquidity Operations，SLO），并将其设定为补充公开市场常规操作的新工具。[①]SLO以7天期内短期回购为主，并以市场化利率招标的方式展开操作。该工具是在公开市场常规操作的间歇期使用，当临时性的流动性波动在银行体系中出现时，SLO通过指引市场基准利率的变动，防止价格持续下跌并有利于缓解通货紧缩。SLO的操作对象为公开市场业务一级交易商中部分金融机构，这类金融机构普遍具备以下几个特征：①具有系统重要性；②资产状况良好；③政策传导能力强。[②] 截至2016年结构性通缩结束时，央行共使用SLO工具达到了30次，累计交易量高达28480亿元。其中，2013年开展SLO操作11次，累计交易10020亿元；2014年开展SLO操作12次，累计交易11210亿元；2015年开展SLO操作5次，累计交易5200亿元；2016年开展SLO操作2次，累计交易2050亿元。

四是使用常备借贷便利工具。2013年央行创立了常备借贷便利工具（Standing Lending Facility，SLF），其主要功能是优化和完善中央银行对中小金融机构提供正常流动性供给的渠道，满足金融机构期限较长的大额流

---

① 中国人民银行官网公告显示，在2013年10月已经开展了SLO操作。
② 货币政策司：《公开市场业务公告》，中国人民银行官网，http://www.pbc.gov.cn/zhengcehuobisi/125207/125213/125431/125469/2888548/index.html。

动性需求，解决符合宏观审慎要求的中小金融机构的流动性需求。政策性银行和全国性商业银行等是其主要的发放对象，涵盖城市商业银行、农村商业银行、农村合作银行和农村信用社四类地方法人金融机构（张景智，2016）。SLF 的期限为 1—3 个月，并以抵押方式发放。[①] 自 2003 年 SLF 创立以来，央行累计开展 SLF 共 23650 亿元。其中，2014 年仅一季度就投放 3400 亿元；2015 年累计投放 3349 亿元；2016 年央行累计投放 7122 亿元，同比增幅高达 112.7%。SLF 的推出加强了对中小银行流动性的补充和支持，有利于缓解中小银行所面对客户中小企业的流动性，从而使得中小企业获信贷而增加投资和进行科技创新，对总体价格回升有积极作用。

五是使用中期借贷便利工具。中期借贷便利（Medium-term Lending Facility，MLF）由中国人民银行于 2014 年 9 月创设，是一种央行提供中期基础货币的政策工具。一般而言，招标是 MLF 的主要开展方式，符合宏观审慎监管要求的商业银行、政策性银行都可以参与招标并成为 MLF 的操作对象。中期借贷便利的期限为 3 个月，临近到期可重新约定利率并展期，并采取质押方式发放。通过调节金融机构的中期流动性成本，MLF 可以发挥中期政策利率的作用，合理引导市场预期（崔琳熠，2018）。中国人民银行要求接受 MLF 的商业银行和政策性银行将部分资金作为"三农"和小微贷款，注重引导其将低成本的流动性注入符合国家政策导向的实体经济部门，进而降低实体部门的社会融资成本。[②] 可见，MLF 强调商业银行资金需要向"三农"和小微企业倾斜，这有利于增加农业等部门的金融要素供给和提升农业的全要素生产率。2014 年央行累计开展中期借贷便利操作 11445 亿元；2015 年累计投放 21948 亿元；2016 年累计投放 55235 亿元。MLF 的使用更好地发挥了货币政策工具对结构性通缩的主动、预调和微调作用。一方面，MLF 通过引导商业银行等金融机构将部分流动性定向投放至"三农"、小微领域，使其获得相应的资金支持，进而带动投资增长和增加有效供给，并促进价格水平企稳回升。另一方面，MLF 通过下调金融机构的部分资金借贷成本，还可以对其资产负债表产生影响，进而利

---

① 货币政策司：《常备借贷便利》，中国人民银行官网，http://tianjin.pbc.gov.cn/fzhtianjin/2927296/113906/2765534/index.html。
② 货币政策司：《中期借贷便利概述》，中国人民银行官网，http://www.pbc.gov.cn/zhengcehuobisi/125207/125213/125446/125870/2809123/index.html。

好市场预期，这将有利于带动消费和投资的增长从而缓解价格水平下跌的压力。

二 实施积极的财政政策，注重优化支出结构与税收结构

（一）积极的财政支出对调控结构性通缩起到重要作用

2012年以来，随着中国经济增速的放缓和工业生产者价格指数PPI的持续通缩，企业的盈利水平出现了较大幅度的下滑，国家财政收入增速也出现了较为明显的下滑。为此，国家坚持"稳中求进"的工作总基调，通过实施积极的财政政策来应对经济下行和结构性通货紧缩。

一是不断扩大财政预算赤字。如表10.2所示，从国家2012—2016年的政府工作报告对当年财政政策的定调可以看出，政府是在"稳中求进"的工作总基调下实施积极的财政政策，并不断地增加财政赤字和提升财政赤字率。财政预算总赤字不断增加，从2012年的8000亿元增加到2016年的2.18万亿元，增幅高达172.5%。与此同时，国家财政预算赤字率从2012年的1.5%不断上调至2016年的3%，赤字率为此轮结构性通缩开始时（2012年）的两倍。可见，为了应对漫长的结构性通缩状况，国家连续采取了积极的财政政策，造成财政赤字率不断上升。

表10.2　　　　　2012—2016年政府工作报告对财政政策的定调

年份	经济工作总基调	财政政策定调	预算赤字率（%）	财政赤字水平和构成
2012	把握好稳中求进工作总基调	实施积极的财政政策	1.5	保持适度的财政赤字和国债规模。拟安排财政赤字8000亿元。其中中央财政赤字5500亿元，代地方发债2500亿元
2013	坚持稳中求进工作总基调	继续实施积极的财政政策	2	拟安排财政赤字1.2万亿元，比上年增加4000亿元，其中中央财政赤字8500亿元，代地方发债3500亿元
2014	坚持稳中求进总基调	继续实施积极的财政政策	2.1	拟安排财政赤字13500亿元，比上年增加1500亿元，其中中央财政赤字9500亿元，由中央代地方发债4000亿元

续表

年份	经济工作总基调	财政政策定调	预算赤字率（%）	财政赤字水平和构成
2015	坚持稳中求进工作总基调	实施积极的财政政策并适当加大力度，积极的财政政策要加力增效	2.3	拟安排财政赤字1.62万亿元，比上年增加2700亿元。其中，中央财政赤字1.12万亿元，增加1700亿元；地方财政赤字5000亿元，增加1000亿元
2016	坚持稳中求进工作总基调	积极的财政政策要加大力度	3	拟安排财政赤字2.18万亿元，比上年增加5600亿元。其中，中央财政赤字1.4万亿元，地方财政赤字7800亿元。安排地方专项债券4000亿元，继续发行地方政府置换债券

资料来源：根据2012—2016年政府工作报告整理。http://www.gov.cn/guowuyuan/。

二是财政政策的实际实施力度较大。一方面，从财政收入和支出的增速来看，积极的财政政策的取向非常明显。如图10.5所示，由于经济增速的下滑，2012年的财政收入增速从2011年的25%下降到2012年的12.9%，此后一路下滑，2016年更是达到了4.5%的低点。与此同时，受到财政收入的制约，国家财政支出增速也同步下滑。国家财政支出同比增速从2011年的21.6%，一路下降到了2014年的8.3%。受随后国家扩大财政赤字的影响，财政支出增速在2015年短暂地增加到13.2%后又在2016年下降到了6.3%。虽然在2012—2016年财政支出同比增速整体下滑，但国家财政支出的平均增速要高于财政收入的增速，积极的财政政策非常明显。

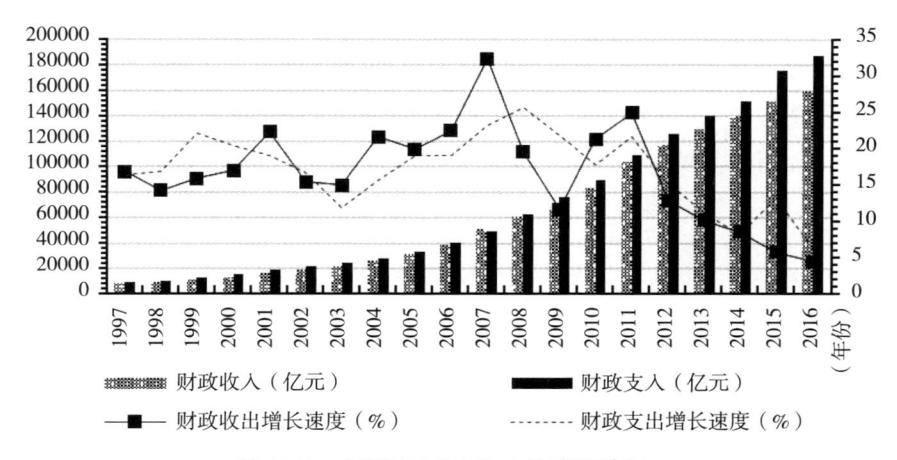

图10.5 中国财政收入和支出变化情况

资料来源：中经网统计数据库。

另一方面，从全国财政实际支出和收入占GDP的比重来看，财政收入占GDP的比重稳中略降，而财政支出占GDP的比重却呈现出明显的上升态势。如图10.6所示，2012年财政支出占GDP的比重为23.3%，而到本轮结构性通缩结束的2016年该值已经上升到了25.3%，比重提升了2个百分点；2012年财政收入占GDP的比重为21.7%，到2016年该值变为21.5%，略微下降了0.2个百分点。财政支出占GDP比重的扩大与财政收入占GDP的比重缩小，使得财政收支平衡缺口率上升。财政收支平衡缺口率从2012年的1.6%上升到了2016年的3.8%，这也说明在2012—2016年的通缩期间，我国积极财政政策的实际执行力度是不断加大的。[①]

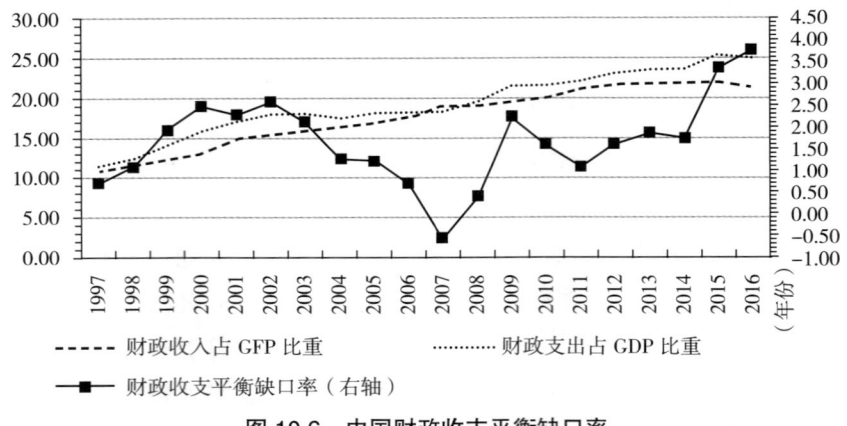

图10.6 中国财政收支平衡缺口率

资料来源：中经网统计数据库。

此外，在2012—2016年结构性通缩期间，政府所采取的财政政策的积极程度与PPI变化的趋势有明显的相关性[②]。当结构性通缩的程度变得严重时，政府来年所采取的积极的财政政策的调控力度也是越大的，这说明政府的财政政策是将物价稳定纳入其主要调控目标的。例如，2014年9月

---

① 财政收支平衡缺口率=（财政支出－财政收入）/GDP，一般而言，财政收支平衡缺口率越大，表明财政政策越积极。与此相对应的概念是财政赤字率，财政赤字率=[（全国一般公共预算收入+调入预算稳定调节基金和其他预算资金+动用结转结余资金）－（全国一般公共预算支出+补充预算稳定调节基金+结转下年支出的资金）]/GDP。考虑到数据的可得性，我们用财政收支平衡缺口率来近似地表示财政政策的积极程度。

② 财政政策与货币政策在制定时，价格水平稳定是重要的目标之一，经济增长目标与就业目标也很重要。但是三个目标之间有一定的关联性。例如，经济增速下滑带来失业率的上升，就业率下降；经济增速下降会带来需求不足和供大于求，这会反映在价格水平上。

以来，PPI 同比增速出现进一步的大幅下滑，至 2014 年 12 月 PPI 同比增速降至 –3.2%，2015 年 2 月该值进一步下降到 –4.8%。此时工业领域的产能过剩情况和经济下行的压力进一步加大。为此，2015 年我国实施了更加积极的财政政策，适度提高了财政赤字率，并进一步加大地方政府债券发行规模和推行政府债券置换，加快财政支出进度（财政支出增速从 2014 年的 8.3% 上升到了 2015 年的 13.2%）和大力推进 PPP 模式，积极的财政政策效果十分明显（刘昆，2016）。[①] 具体来看，2015 年政府加快了中央财政的支出进度，加大了中央对基础设施投资项目的拨款，并对棚户区改造配套基础设施、城镇污水处理配套管网等重点领域，新增中央投资 505 亿元。积极的财政政策在增加增量支出的同时，还积极盘活存量资金，以加大调控力度。例如，面对 2015 年的 PPI 通缩程度不断加剧的情况，2015 年 7 月中央财政依规收回 119 个中央部门以及单位财政存量资金 131 亿元，统筹用于促投资、稳增长的基础领域。[②] 为了解决财政资金支出过慢而起不到拉动需求的问题，地方财政收回同级各部门以及单位财政存量资金 2438 亿元，统筹用于发展急需资金的重要领域和优先保障民生支出。

2015 年 12 月 PPI 同比增速更是达到了 –5.9% 的低点，CPI 同比增速为 1.6%。在我国经济增速下降、物价水平结构性通缩持续并加强的情况下，积极的财政政策调控力度进一步加大。2016 年年初的政府工作报告更是将赤字率设定为 3%，首次达到《马斯特里赫特条约》的国际警戒线标准。积极的财政政策通过扩大支出尤其是投资支出，有利于增加投资需求，并通过乘数效应拉动私人投资和消费进而带动 PPI 与 CPI 增速上升。

与此同时，财政部积极推进政府和社会资本合作（PPP）的融资方式，积极发挥财政资金的撬动功能，放大财政政策扩大需求的效应。需求的增加可以缓解工业领域失衡状况，有利于 PPI 通缩的缓解和消除。自 2014 年以来，财政部开始创新试点公共基础设施投融资模式，推广 PPP 合作模式。2014 年 10 月，国务院发布《关于加强地方政府性债务管理的意见》（国发〔2014〕43 号）提出推广使用 PPP 模式。2015 年 5 月财政部、发改委、

---

① 刘昆：《增强财政金融协调共同推进结构性改革》，财政部官网，http://www.mof.gov.cn/zhengwuxinxi/caizhengxinwen/201602/t20160218_1760389.html。
② 卢倩仪：《2015—2016 年经济形势分析与展望》，中国网，http://guoqing.china.com.cn/2015-12/29/content_37415418.htm。

中国人民银行联合发文《关于在公共服务领域推广政府和社会资本合作模式指导意见》(国办发〔2015〕42号),提出在新能源、交通运输、水利等13个领域推广PPP模式。

(二)税收减免增加微观主体的收入并刺激有效需求

2012—2016年,政府不断减税降费以增加微观主体的可支配收入来增加需求。一方面,降低消费环节和投资环节的税率,谨防"以费代税"现象出现而对冲财政政策的效果。另一方面,实行营业税改增值税,这一举措起到了降低税率的效果。保证所有行业税负只减不增是营改增试点全面改革的目标之一,国家在通缩期间加快了营改增的步伐。从2012年1月起中央决定首先在上海市部分行业推行营改增试点改革;2012年8月进一步在包括北京在内的八省市组织实施试点;2013年中央决定加快试点步伐和在更多的地区和行业不断推进营改增改革;2016年5月1日起营改增改革正式在全国全面推开。截至2015年年底,营改增累计实现减税6412亿元,2016年全年降低企业税负5700多亿元。营改增不但降低了企业税负还推动了服务业的发展和制造业的转型升级,对产业结构起到了优化的作用。

表10.3　　　　　　　　　营业税改征增值税改革主要进程

改革试点时间	改革试点范围
2012年1月1日起	在上海市交通运输业和部分现代服务业进行营改增改革试点
2012年8月1日起至2012年年底	营改增试点范围由上海市分批扩大至北京市、天津市、江苏省、安徽省、浙江省(含宁波市)、福建省(含厦门市)、湖北省、广东省(含深圳市)等省市
2013年8月1日起	试点行业的营改增在全国范围内推开,广播饮食服务纳入试点范围
2014年1月1日起	铁路运输业和邮政服务业纳入营改增试点范围
2014年6月1日起	电信业纳入营改增试点范围
2016年5月1日起	建筑业、房地产业、金融业和生活服务业纳入试点范围,营改增全面推开

资料来源:笔者根据营改增相关政策整理得到。

（三）结构性的财政支出和税收结构对通缩起结构性调控作用

2012 年以来，国家在实施积极财政政策的同时，注重发挥财政政策在支出方面和税收方面的结构性作用和杠杆作用，大力优化财政支出结构和进行结构性减税。通过发挥财政政策的激励和约束作用，综合使用财政支出和税收工具，有保有压地调节供需错配所造成的结构性矛盾，加快去除过剩产能和培育新动能。

一方面，政府在实施财政政策时注重大力优化投资结构。如表 10.4 所示，2012 年以来，政府工作报告一直突出优化财政支出的要求，规定财政支出要更多地向民生领域倾斜。财政支出加大对公共设施和公共服务领域的投资，主要投向农业、中西部铁路、水利、城市管网等基础设施，保障性安居工程，社会事业等民生工程以及节能减排等生态环境领域（李雪松，2013）。同时增强政府财政支出的投资引导能力，支持 PPP 项目和政府引导基金的投入，从而带动社会投资的增长。可见，财政支出结构的优化既扩大了有效的投资需求又补充发展了经济社会发展不足的领域。在带动民间投资的同时，又规避了投资投向产能过剩的行业，这在扩大对工业生产资料的需求、缓解供需矛盾以及促使 PPI 起底回升等方面起到了重要的作用。

另一方面，在税收政策方面大力推行结构性减税。在 2012—2016 年的政府工作报告中反复提及结构性减税，通过行业的差异性税负来有区别地支持或限制不同行业的发展与供给。例如，2012 年政府工作报告要求实施结构性减税；2013 年则要求结合税制改革完善结构性减税政策以促进经济结构调整；2014 年要求完善有利于结构调整的税收政策以促进经济提质增效升级；2015 年要求实行结构性减税和普遍性降费以加强对实体经济的支持。一是通过结构性减税激励中小企业创新和增加高质量供给。结构性减税的优惠措施主要针对的是中小微型企业和个体工商户，通过降低其成本，激励创新和增加有效供给。二是保持高污染和高消耗行业的税率以限制过剩产能继续扩张。即在降低消费和投资环节的税率以刺激总需求扩张的同时，对高污染、高消耗以及产能过剩行业保持原来的税率或适度提高税率。例如，对煤炭、钢铁、水泥等产能过剩行业加大税收力度、减少税收补贴优惠，从而限制其发展。而对符合产业调整方向的行业和企业给予更大的财政贴息力度和减免税力度。三是通过税收调节消费结构。从2015年开始，国家对一些新的行业征收消费税以调节消费和产业结构。与此同时，加快推进营业税改征增值税试点并最终全面推行和实施从而较大幅度地减轻税负。这些政策都表明结构性税收政策成为调节经济结构和结构性供需失衡的重要着力点。可见，结构性减税对于激发中小型企业和创新行业的产出供给有重要的作用，而对产能过剩和高耗能的行业保持不变的税率或适度提高税率则有利于防止产能过剩行业继续加重过剩状况，从而有利于市场出清和PPI转负为正，走出结构性通货紧缩。

表10.4　2012—2016年政府工作报告中有关结构性财政政策的表述

年份	结构性财政支出	结构性减税
2012	优化财政支出结构、突出重点。更加注重向民生领域倾斜，加大对教育、文化、医疗卫生、就业、社会保障、保障性安居工程等方面的投入	实施结构性减税。认真落实和完善支持小型微型企业和个体工商户的各项税收优惠政策，开展营业税改征增值税试点。继续对行政事业性收费和政府性基金进行清理、整合和规范
2013	着力优化财政支出结构。继续向教育、医药卫生、社会保障等民生领域和薄弱环节倾斜，严格控制行政经费等一般性支出，勤俭办一切事业。中央预算内投资主要投向保障性安居工程，农业、水利、城市管网等基础设施，社会事业等民生工程，节能减排和生态环境等领域	结合税制改革完善结构性减税政策。重点是加快推进营业税改征增值税试点工作，完善试点办法，适时扩大试点地区和行业范围
2015	优化财政支出结构，大力盘活存量资金，提高使用效率。用好增量，盘活存量，重点支持薄弱环节	继续实行结构性减税和普遍性降费，进一步减轻企业特别是小微企业负担
2016	适当增加必要的财政支出和政府投资，加大对民生等薄弱环节的支持。创新财政支出方式，优化财政支出结构，该保的一定要保住，该减的一定要减下来	适度扩大财政赤字，主要用于减税降费，进一步减轻企业负担。一是全面实施营改增；二是取消违规设立的政府性基金，停征和归并一批政府性基金，扩大水利建设基金等免征范围；三是将18项行政事业性收费的免征范围，从小微企业扩大到所有企业和个人

资料来源：根据2012—2016年政府工作报告整理，http://www.gov.cn/guowuyuan/baogao.htm。

第二节 供给侧结构性改革：优化供给结构

2015年11月10日，中央正式提出了供给侧结构性改革的任务，要求在适度扩大总需求的同时着力加强供给侧结构性改革，依靠改革和创新来稳增长、调结构，提高供给体系质量和效率。供给侧结构性改革通过对生产供给端进行结构性管理，依靠改革的相关措施在限制低效、无效、过剩产能继续扩张的同时，刺激短缺的、有效的高端产能的供给，在供给端发力使得经济中的结构性供需失衡矛盾得以缓解，并走出结构性通缩的阴影。

一 通过供给侧去除过剩落后产能，优化供给结构提高供给质量

去产能对结构性通缩的调控作用，主要是通过淘汰供给侧产能过剩行业的产能，减少无效低端的供给，从而使得PPI生产资料的供需向均衡方向恢复，实现PPI的上升和走出通缩。自2016年以来，去产能的任务一直位居我国供给侧结构性改革的五项重要任务之首，而钢铁和煤炭行业成为去产能任务的重中之重。在钢铁行业去产能方面，2016年共淘汰400立方米及以下高炉39座、落后炼铁产能677万吨，30吨及以下转炉和电炉71座、落后炼钢产能1096万吨。2016年炼钢的产能退出超过了6500万吨。在煤炭行业去产能方面，2016年强制关闭和退出30万吨以下规模的小煤矿约1500个、落后煤炭产能1.2亿吨。2012—2016年，我国煤炭产能退出超过了2.9亿吨。

为了有力地促进去产能工作顺利开展并维护社会稳定，2016年，中央财政安排资金1000亿元用于去产能过程中的人员分流安置，安置职工72.6万人。从实际情况来看，各项去产能的措施安排落实得较好。在2016年钢铁煤炭行业淘汰落后产能专项行动中，发现的落后钢铁产能均已按要求进行拆除或封存；应依法关闭和限期淘汰类煤矿也已按要求实施了关闭。通过开展淘汰落后产能、违法违规建设项目清理和联合执法三个专项行动，进一步营造了优胜劣汰的市场环境。[1]2016年前十个月，钢铁与煤炭两个

---

[1] 华政：《成效显现去产能取得良好开局》，《湖北日报》，http://www.xinhuanet.com//local/2017-05/19/c_129608161.htm。

行业均实现三位数的利润增长率,这固然与去年低基数的原因相关,却也反映了企业盈利的明显改善,在一定程度上扭转了外界的悲观预期,起到稳定信心的作用。2016年,我国在去产能方面取得良好成效,其中钢铁、煤炭去产能提前超额完成上一年目标[①],不少相关企业扭亏为盈,煤炭企业的利润也增长了1.1倍。供给侧结构性改革的去产能减少了低端无效产能的供给,使得供给大于需求的矛盾得以缓解,从而使得工业品的价格逐步恢复至正常水平,2016年8月以来,中国的PPI结束了长达54个月的持续通缩,转为正增长。

政府在积极推进去除低端无效产能的同时,也十分注重引领产业的创新转型以促进产业结构优化和缓解工业领域的供求矛盾,进而扭转结构性通缩的局面。创新转型指向的是传统行业向新兴服务业和高端制造业转变。通过鼓励和支持能够满足现代社会多样化、个性化和高端化需求的现代化农业、新兴服务业和高端制造业的发展,提高投资的有效性和刺激短缺的有效高端产能。虽然产业的升级和创新转型有利于扩大总需求,但并不会带来太多的重化工业、建筑业等传统行业的需求,因而不会加重低端无效产能的继续扩张。

2012年11月党的十八大明确提出要坚持走中国特色自主创新道路、实施创新驱动发展战略,此后相关部门积极贯彻落实这一战略,推动产业创新转型升级。例如,2014年国家发改委、科技部、工业和信息化部联合发布了《长江经济带创新驱动产业转型升级方案》,旨在加快创新驱动产业转型升级,构建长江经济带现代产业走廊,使长江经济带实现经济提质增效,进而对其他地区的经济发展产生辐射带动作用;2015年3月1日中共中央、国务院印发了《关于深化体制机制改革加快实施创新驱动发展战略的若干意见》(中发〔2015〕8号),从总体思路与主要目标、环境营造、制度保障、创新激励等几个方面对创新驱动发展战略进行了全面、有重点的部署;2016年5月中共中央、国务院发布了《国家创新驱动发展战略纲要》,在新的发展阶段为贯彻落实创新驱动发展战略、实现产业转型升级进行了系统性的谋划和全局性的部署。

---

① 人民网记者:《国家发改委:2016年去产能目标超额完成今年继续大力清退落后产能》,搜狐网,http://www.sohu.com/a/127992779_114731。

图 10.7 第三产业占比及其对 GDP 的贡献率

资料来源：国家统计局。

从实际成果来看，我国产业创新转型收效甚好，产业发展呈现出新特征。一是微观主体创新、创业活力不断迸发。随着商事登记制度和"放管服"改革的不断深化，各类群体创新、创业活力持续迸发。2016 年日平均新登记企业达到 1.6 万户，与 2012 年相比增幅高达 121%。二是重大科技成果层出不穷。在重大科技领域，2016 年发明专利申请量超过 133 万件，与 2012 年相比增长了 105%，科技进步贡献率从 51% 上升到 56%。三是新产业、新业态不断涌现。以互联网、大数据为依托的各种产业迅猛发展，网络购物、移动支付、共享单车、高铁成为我国"新四大发明"，享誉海外。四是产业结构不断优化。2012—2015 年第三产业增加值占 GDP 的比重呈现出逐年上升的趋势，2012 年第三产业占比为 45.5%，至 2016 年该值已上升到 51.8%，增加了 6.3 个百分点，并且在这一时期第三产业对 GDP 的贡献率[①]也显著增加，2016 年该值为 57.7%，与 2012 年相比提高了 12.7 个百分点。可见我国产业结构创新转型升级效果明显。五是产业融合态势明显。农业与旅游、养老等产业深度融合，观光农业、生态农业不断发展。高端工业产能、高端农业及服务业供给的增加在一定程度上刺激了高质量消费需求，扭转了供需失衡的局面和带动了 PPI 由负转正。

---

① 第三产业对 GDP 的贡献率是指第三产业增量占 GDP 增量的比重。一般而言，随着产业结构水平的提高，第三产业对 GDP 的贡献率也会相应提高。

二 降杠杆减轻了"债务—通缩"的压力

大力推进降杠杆措施以减轻债务通缩的压力。目前非金融企业部门杠杆率过高,是造成我国债务问题突出的重要原因,处理好企业高杠杆问题尤其是国有企业高杠杆的问题,是解决我国债务问题的关键所在。为此政府积极推动资本市场的发展,大力发展直接融资,推进企业间的兼并重组,实施市场化法治化的债转股,使得工业企业资产负债率有所下降。(见图10.8)

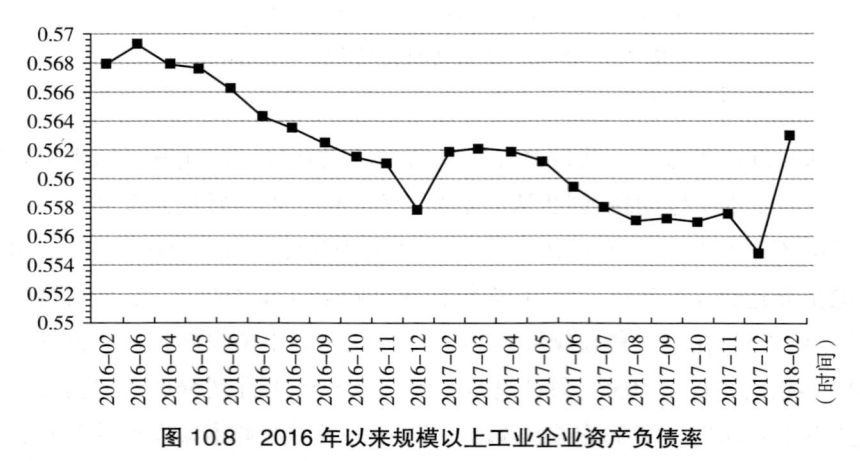

图 10.8 2016 年以来规模以上工业企业资产负债率

资料来源:中经网统计数据库。

如图 10.8 所示,自 2016 年起,我国规模以上工业企业资产负债率呈现出整体下降趋势。规模以上的工业企业的资产负债率从 2016 年年初最高的 57% 下降到了 2016 年年底的最低点 55.8%,下降了 1.2 个百分点。规模以上工业企业杠杆率的下降可以通过降低企业的负债成本,在一定程度上减轻"债务—通缩"螺旋进而起到缓解 PPI 增速进一步下行的作用。但是,2016 年企业的杠杆率下降得并不是特别明显,并且后续还出现了上升的迹象。这表明我国去杠杆工作仍任重而道远,必须时刻注意防范杠杆率再次升高。尤其是要防止低端、无效产能企业和行业杠杆率的大幅攀升,进而避免通过"债务—通缩"机制再次引发结构性通缩甚至是全面性通缩。

三 促进资源要素价格回归价值，促使其从过剩低端行业流向短缺高端行业

PPI 衡量的是工业企业产品的出厂价格，因此其上游资源要素价格的变动将引起 PPI 的变动。通过盘活资源要素市场价值和体现其稀缺性，促进资源要素从低收益的领域流向高收益的领域，由此带来配置效率的提升进而拉动 PPI 增速回升，是治理结构性通缩的一大重要举措。一方面，加快资源要素市场化定价，通过资源要素的市场化改革，可以促进资源要素的自由流动和市场化配置。将部分沉睡的资源要素充分转化成为可交易的要素。与此同时，通过进一步的市场化改革，打破垄断、进一步推进简政放权，降低资源流动成本。要素市场化配置综合配套改革，可以促进资源要素根据产品的需求和盈利状况，从产品产能过剩、盈利亏损的行业，流向产品供小于求、盈利状况良好的高端行业，从而使得过剩行业的产能下降，PPI 价格转负为正。

另一方面，通过资源税税收来实现资源要素的优化配置。2014 年年底，国家实施煤炭资源税从价计征改革。2016 年 7 月 1 日，资源税从价计征改革全面推进，水资源费改税从河北省开始试点。资源税的从价征收克服了资源税从量定额征收税负过低的缺点，能够更加真实地反映资源的稀缺程度和市场价值，使得能够带来盈利的高端行业才用得起这部分要素资源，从而促进资源要素从低效过剩行业流向高端行业，实现资源的优化配置，进而缓解 PPI 通货紧缩的状况。

第三节 前瞻性和区间调控：提高对通缩的预测能力和容忍度

在 2012—2016 年的经济新常态时期，我国经济增速放缓，价格运行中枢和波动区间整体下移，并且价格的结构性变化明显。与此同时，由于世界各国经济复苏步伐分化，外部环境的不确定性明显增加。在此背景下，面对结构性通缩问题，有关当局的宏观调控方式也发生了显著变化，除了更加注重对小微和民生等领域的结构性调控外，政府在调控目标方面开始从单一的点目标调控转向区间调控，在调控过程中更加注重预期管理与前瞻性调控。

一 目标管理方面转向区间调控

在党的十八大之前,我国的宏观调控侧重于盯住一个单一的、特定的目标值,在经济增长方面多次提出要"保8""保7"的目标。例如,1998年提出"一个确保、三个到位、五项改革"的目标,其中的"一个确保"就是指要确保经济增速达到8%。[①] "保8""保7"的目标是符合我国当时宏观经济发展阶段的实际情况和要求的。

但是,在此轮结构性通缩时期,各种周期性问题和结构性问题相互叠加,如果继续沿用过去单一目标值的调控方式,目标设定太高可能会要求大幅扩张需求而走传统强刺激的老路,不利于经济结构转型;如果目标设定太低,则可能因刺激力度不够而加重结构性通缩问题进而加剧经济下滑压力。党的十八大以来,我国不再偏重于采取针对特定目标值的宏观调控方式,而是提出要实施区间调控的概念。区间调控是一种新的调控理念和调控模式,它是将宏观调控的目标界定为一个合理区间:允许经济发展相关指标处于计划指标的上下限范围内,从而将精力放在深化改革、调结构和促转型上[②],确定合理区间是区间调控的重中之重。"合理区间"的具体含义是由李克强总理在广西的经济形势座谈会上提出的,他指出只要经济增长率、就业水平等不滑出"下限",物价涨幅等不超出"上限",政府就不刺激干预,专心调结构、促改革(李志启,2015),其中合理区间的"上限"是 CPI 不超过 3.5% 左右,城镇登记失业率不超过 4.5%,"下限"是 GDP 增速不低于 7.5%。区间调控意味着,如果经济运行处于合理区间,则不需要进行过多的宏观调控;若经济运行偏离合理区间,则需要采取相应的宏观调控手段使其恢复至合理区间(陈彦斌、陈小亮,2014)。

与传统单一的点目标管理相比,采取区间调控的方式具有以下好处。首先,区间调控这一创新性的宏观调控方式明确了价格水平运行的合理区间,允许 CPI 和 PPI 在合理的区间内波动,避免了政策的频繁变动,有利于稳定公众预期,提升政府公信力,从而提升政策调控效果。其次,区间

[①] 刘伟、陈彦斌:《十八大以来宏观调控的六大新思路》,全国哲学社会科学工作办公室,http://www.npopss-cn.gov.cn/n1/2017/0301/c219468-29115005-2.html。

[②] 年巍:《合理区间论引领经济列车又快又稳运行》,中国经济网,http://finance.sina.com.cn/review/hgds/20130722/102916200640.shtml。

调控放宽了经济目标波动的范围，提高了新常态时期对经济增速下滑、通货紧缩的容忍度。例如，面对此轮结构性通缩，央行一改以往"大水漫灌"的作风，广义货币供给增速由以往的刺激经济增长转变为经济增速托底，严控货币供给闸门，M2 增速不增反降，从 2012 年 3 月的 13.43% 下降至 2016 年 8 月的 11.35%。在保持经济平稳增长的同时，有利于政府将更多的精力和资源放在深化体制改革、调整产业结构和促进产业转型升级等方面，为供给侧改革、结构性去杠杆、产业转型升级争取时间与空间，进而从根本上缓解供需矛盾和解决结构性通缩问题。

二 注重预期管理与前瞻性调控

根据理性预期学派的观点，公众的预期将会影响政府政策的实施效果。一般而言，在经济衰退和通缩时期，微观主体容易形成对未来的悲观预期，在这种预期的引导下，投资者会减少投资，消费者会减少消费，进而引起总需求的下滑，加重经济衰退与通货紧缩问题，最终导致通缩预期的自我实现和通缩的进一步强化。因此，在治理通货紧缩时，政府的宏观调控政策要加强预期管理，注重引导公众形成合理的预期。通过信息交流与沟通改变公众掌握的信息，进而影响市场预期，以更好地发挥宏观政策的作用和实现宏观调控目标。以货币政策的预期管理为例，在短期名义利率受到零利率的下限约束，即常规货币政策空间收窄时，可以通过影响微观主体的预期达到降低实际利率的目的。预期管理不仅交易成本低，而且能够依托现代的互联网等媒介进行传播，大大缩短了政策时滞，进而达到事半功倍的效果。

2012—2016 年，无论是内部环境还是外部环境的不确定性都显著增大，在应对结构性通缩期间，我国政府不断完善宏观调控方式和手段，注重预期管理，不断增强调控的前瞻性、针对性和协同性。通过预调、微调避免了频繁的政策变动加重公众的不稳定预期，从而防止了通缩预期的进一步自我实现与强化。在"十三五"规划纲要中明确提出，要"改善与市场的沟通，增强可预期性和透明度"；2014—2016 年，连续 3 年的中央经济工作会议都特别强调要更加注重引导社会预期。2016 年，政府对北京、上海等部分热点城市的房价泡沫风险加强了预期管理，避免了因"债务—通缩"螺旋进一步加重结构性通缩问题。2016 年 7 月和 10 月的中央政治局会议也都明确提出要"抑制资产泡沫",随后,银监会等相关部门也相继采取了各种针对性措施,如加强宏观审慎管理等,以防范金融系统性风险的发生。在结构性通缩的 5 年里,央行在货币政策的定调中始终强调要注重预期管理,适时适度地预调微调,增强货币政策的前瞻性、针对性和协同性。通过强化预期管理与前瞻性调控等一系列措施的实施,2016 年 9 月以来我国 PPI 同比迈出了负增长区间,CPI 同比增速稳定,结构性通缩问题得以解决。

第四节 2012—2016 年中国结构性通缩调控的思考

一 2012—2016 年中国结构性通缩调控的不足

在 2012—2016 年的结构性通缩调控过程中,坚持政府调控与市场自发调节相结合的原则、需求侧和供给侧同时发力的原则、前瞻性调控和区间调控相结合的原则,灵活运用各种总量和结构性调控工具,最终化解了结构性通缩问题,使得 PPI 同比增速转负为正,CPI 同比增速实现了相对稳定增长,在治理此轮结构性通缩方面取得了比较显著的成效。

但是,纵观整个调控历程可以发现,此轮结构性通缩调控仍存在以下不足和可以改进的地方:

首先,此轮通缩持续和反通缩调控的时间太过漫长。从 2012 年 3 月结构性通缩开始到 2016 年 9 月此轮结构性通缩完全化解,整个过程持续了长达 4 年多,这是我国通缩史上未曾有过的。这不仅说明了此次通缩的严重性,也同时从侧面反映出此轮结构性通缩调控用时过长,未能及时地将物价水平提升至合理的水平。在此漫长的通缩过程当中,企业的利润增速放缓、民间投资迟缓、居民收入和消费增速下滑,社会福利损失增加。因此,如果更早地、更大力度采取供给侧结构性措施加以应对,并加以适度偏大的需求政策管理,对于尽早地走出此轮通缩是必要的。

其次,反通缩调控政策的前瞻性仍然有待加强。虽然近年来,我国的宏观调控思路发生了很大转变,决策层越来越意识到前瞻性调控的重要性。但从此轮结构性通缩调控过程来看,前期对各种物价水平的各种先行指标的关注度还不够,因而未能及时地采取相应的预调措施防止此轮结构性通缩发生。由于缺乏科学合理的判定标准，前期大家对此轮通缩与否以及结构性通缩程度的判定存在不一致的意见，这对通缩的预防预测与调控存在一定的延误。

最后，尚未建立起结构性通缩调控框架体系，不利于通缩的全面有效防控。尽管面对此轮通缩采取了许多调控措施，也取得了一定效果从而最终走出了通缩，但并没有形成完整通缩调控框架，缺乏程序化的调控流程和闭合的调控政策体系。如果建立并遵循了完整的结构性通缩调控体系，包括通缩的判定标准、预测与预警、结构性调控的底线与目标、调控的原则与方案、调控方案措施的模拟和选优、动态反馈与评价过程，此轮反通缩调控的达成效果可能会更好。

因此，如果中国再次面临结构性的通缩或者全面性通缩，我们可以从多重机制非对称作用的角度出发，利用结构性通缩调控体系而不仅仅是通缩调控措施进行应对，将会有更好的效果。

二 目前宏观价格变动中存在的风险与问题

自从推行供给侧结构性改革以来，通过去库存与去杠杆，部分行业产能过剩问题得到缓解，加上相关政策制定以及国际大宗商品价格上涨的影响，PPI同比增速自2016年9月突破负增长态势，并实现了较大幅的正增长。而CPI则继续保持相对稳定的同比正增长态势，并且增速得以回升。尽管PPI与CPI正负相离的现象得以改善，实现了同时正增长的态势，但目前宏观价格变动仍存在一些风险与问题需要防范与解决。

（一）如果去产能不彻底可能导致低端产能复燃使PPI同比下行

在去产能工作推进过程当中，部分行业退出了无效产能，产能利用率也得以提高，但巩固去产能成效却面临多方面问题。退出无效产能意味着企业需解决相关人事和就业问题，需要对剩余劳动力进行适当安置以降低劳动力成本。由于部分行业，特别是煤炭行业，所在地区产业比较单一，社会吸收剩余劳动力的能力较差，企业在安置员工方面存在一定难度，除了内部吸收以外缺少安置方式（别凡，2018）。此外，退出无效产能需要对相关设施和固定资产进行处置。一些固定资产成本高昂且功能受限，企业在去产能中损失难以弥补，企业债务压力增加。并且多数产能过剩行业由国有企业掌控，利益主体关系复杂，更是加大了去产能的难度。尽管部分低端产能得以退出，但由于供需缺口较大，退出的产能无法满足供需平衡的要求。

受到工业品生产资料价格回升的刺激，企业扩大生产规模使得部分低端产能出现"抬头"趋势，更会加重供需失衡的问题。如果去产能存在不彻底问题，低端、无效产能可能再次"复燃"，造成工业供给规模再一次扩大，工业品生产资料价格将会受到影响。上一轮 PPI 同比持续数年负增长与工业领域供大于求的关系密切，相关行业只有合理调整供给才能避免产品价格的下跌，从而避免对 PPI 同比造成下行压力。自 2017 年 10 月以后，PPI 同比增速放缓，并逐渐呈下降趋势，这说明 PPI 面临了一定的通缩压力，低端产能复燃将会加大 PPI 同比通缩压力。

（二）非金融企业部门杠杆率上升可能使得 PPI 下行

非金融企业部门杠杆率从 2017 年年末开始以较快增速上升，说明去杠杆还需继续推进。特别是在国有企业降杠杆过程中，一些问题日益凸显。部分国有企业同时面临产能过剩和杠杆率过高的问题，去产能与去杠杆工作需齐头并进，多项任务交织明显加大了上述企业去杠杆的难度。低端产能"复燃"会激励企业加大投资规模，进一步放松债务约束，这增加了去杠杆的压力，同时也加大了企业的债务风险。如果无法协调去产能与去杠杆的进度，企业可能陷入去产能和去杠杆双重问题均未合理解决的困境。

此外，去杠杆和经济增长也存在一定矛盾。国有企业生产规模大，肩负着税收和就业等社会责任。面对短期收益，地方政府易对企业生产进行干预，从而影响企业降杠杆工作的进程。如果企业杠杆率高企，企业受到外部因素冲击时所承受的风险加大。此时资产价格或者产品价格如果出现较大幅度的下降，必然会对企业盈利和相关产品的价格水平造成影响。目前，我国 PPI 同比增速已放缓，说明相关工业品价格继续上升受阻。如果工业品价格出现下降，会加大杠杆率过高企业的经营风险，很大可能再次发生"债务—通缩"螺旋。因此，PPI 同比增速在该机制的作用下将会下跌，甚至可能存在再次出现通缩的风险。

（三）劳动力成本上升与高质量需求推升 CPI 同比增速上扬

在 2012—2016 年的结构性通缩过程中，劳动力成本机制对 CPI 同比增速起着一定的支撑作用，并且从长期来看，这种支撑和拉动作用可能会持续下去，进而不断推升 CPI 同比增速。一方面，适龄劳动力数量的缩减、新《劳动法》对劳动力的保障力度加大等因素使得企业用工成本增加。中国过去被冠以"世界工厂"之称，表现出人口红利的优势。但近几年，这种优势已逐渐减弱，劳动力名义工资逐年上升。而工资水平的上升将通过成本推动 CPI 同比增速上扬。

另一方面，高质量的发展和需求对 CPI 起到支撑作用。中国经济结构显著优化，第三产业对 GDP 增长的拉动能力较第二产业增强（钟红等，2015）。随着第三产业的迅速发展，消费者的需求也日益朝着高质量发展。2017 年中央提出的高质量发展理念，更是确定了生产要素、生产力、全要素生产率的提高，以及经济结构转型升级的发展目标。高质量需求和高质量发展意味着企业生产不能再一味地依赖于生产要素的投入，而需将重点转至相关生产环节质量的提高上。第三产业对经济的支撑作用越来越强，其发展质量对高质量需求和发展都有重要影响。劳动密集型产业在此背景下将形成对劳动力的更高要求。在这样的供需形势下，劳动力成本的上升似乎成为必然趋势。上游劳动成本的提高，将通过价格传导推动产品价格上涨，最后将推升 CPI 同比增速。并且，中国正处于迈向高等收入国家的途中，随着国民收入的提升和对高素质劳动力需求的增加，将会刺激和拉动对养老、医疗等高端服务的需求，这将从需求端拉动 CPI 的上涨。

从变动趋势来看，CPI 同比此前一直保持温和上涨，2017 年年末增速出现上升，2018 年 2 月已达到约 2.9% 涨幅，而在 2019 年 8 月 CPI 同比增速达到了 2.8%。因此，受劳动成本的推动作用和高质量发展的需求拉动作用，CPI 同比存在一定的通胀可能性。然而，在 CPI 上涨中，食品价格尤其是猪肉价格的上涨是其主要原因，而且 2019 年 8 月 CPI 非食品价格同比增速已经下降至 1.5%。一旦猪肉供需失衡得以纠正，整体 CPI 的中枢可能下移。另外，2019 年 7 月和 8 月的 PPI 同比增速已经转负，并在 9 月可能持续负增长，因此在技术上可以判定，中国的生产领域可能会再次进入通缩阶段。综合 PPI 与 CPI 的走势我们可以发现，2019 年第四季度以来，中国可能会再次面临结构性通缩的状况。

三 对中国宏观价格未来变动的调控建议

随着供给侧结构性改革的推进与需求侧管理的协调配合，中国的PPI已克服过去长达54个月的负增长态势，CPI同比增速保持稳定，2012—2016年中国的结构性通缩问题得到解决。

然而，值得注意的是，最近中国的结构性通缩似有"复燃"之势，PPI的通缩风险加剧，而CPI受各种因素的影响其同比增速可能会出现上涨趋势。如图10.9所示，PPI同比结束负增长态势之后，于2017年2月达到7.8%的峰值，此后便开始出现震荡式下滑。并且，自2018年12月PPI同比增速跌破1%的通缩调控底线后，其一直维持在1%以下的低速增长状态，PPI面临通缩风险。2019年6月，PPI同比增速进一步下滑至0，2019年7月和8月的PPI已经转为负增长，生产领域PPI的通缩风险加剧。另外，2019年3月到目前为止，CPI同比增速始终维持在2%以上的正增长状态，并且受上游劳动力成本的推动以及蔬菜、水果、猪肉等价格上涨的影响可能有进一步上扬的趋势。但是，一旦猪肉价格回落，CPI增速可能会恢复至2%左右的水平。

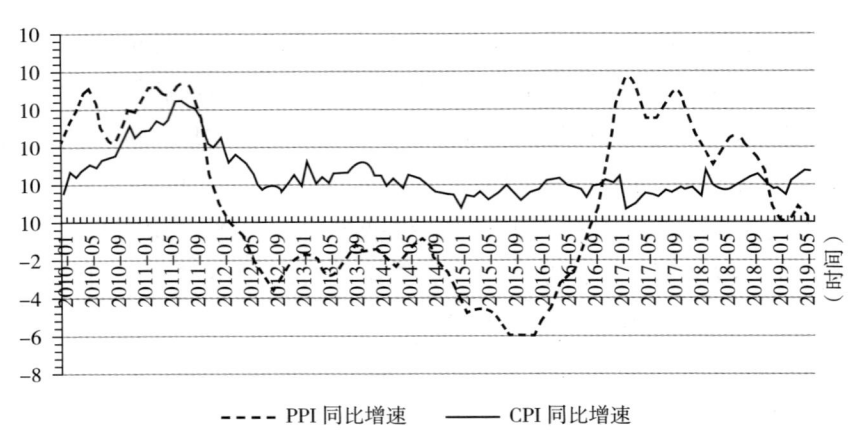

图 10.9　PPI同比增速与CPI同比增速近期变动趋势

资料来源：中经网统计数据库。

综上，目前PPI同比已经跌破通缩调控底线并且面临着极大的跌入负增长区间的风险，而CPI同比增速可能会恢复到2%水平的趋势，中国面临新一轮的结构性通缩风险。针对目前 PPI 同比增速已开始回落并在 2019 年第四季度有通缩的风险，以及 CPI 同比增速 2% 左右的趋势，我们对中国宏观价格未来变动的调控提出在结构性通缩调控体系下预防和调控可能出现的结构性通缩的建议。

第一，对可能出现的结构性通缩进行预测与预警。在明确通缩判定标准的前提下，密切关注和监测 CRB、PPIRM、采购经理人指数、M2 同比增速以及反映多重机制非对称作用的 PPI 和 CPI 先行指标和 CPI、PPI 自身的变化趋势，预防和预警结构性通缩的发生。具体来看，当 CRB、PPIRM、采购经理人指数、M2 同比增速等先行指标出现持续下滑时，有关当局就应当引起重视，通过建立 CMAFM、DSGE 等宏观经济预测模型对 PPI 和 CPI 同比走势进行定量预测。如果预测 PPI 同比增速将出现持续下滑，或 PPI 同比增速将跌至 1% 附近并且 CPI 增速将以低于 1% 的速度增长，触及结构性通缩调控的底线，则必须提前启动通缩调控预案，进而扼杀可能出现的通缩苗头，以最大限度地降低社会福利损失。

第二，对可能出现的结构性通缩的良恶性质做出判定。如果判定未来可能出现的通缩是由技术进步、成本下降等有利的供给冲击造成的，则不需要采取相应的通缩调控措施；相反，如果未来的通缩可能伴随着经济增长率、失业率、货币供给增速以及工业企业利润的大幅下滑，则表明其属于恶性通缩，必须提前启动通缩调控预案，将未来可能出现的恶性通缩扼杀在摇篮之中，以避免造成过大的社会福利损失。

第三，制订初步的防范和调控可能出现的结构性通缩的预案。在制订预案时，为了减少不必要的社会福利损失，达到精准预防和调控可能出现的结构性通缩的目的，需要坚持上文所述的调控原则。其一，市场自发调节和政府宏观调控相结合的原则。即充分发挥市场的"无形之手"与政府的"有形之手"在预防和调控通货紧缩方面的作用。其二，需求管理与供给侧结构性改革相结合的原则。虽然经过 2012—2016 年的一系列宏观调控，中国经济中存在的供需矛盾有所缓解，但其并未彻底根除，结构性的供需失衡机制仍然可能再次成为引发结构性通缩的一大诱因。因此，在此轮通缩风险防范和调控过程中，仍需要坚持需求管理与供给侧结构性改革相结合的原则，避免 PPI 在结构性供需失衡机制的作用下，再次陷入负增长区间。其三，总量调控与结构性调控相结合的原则。由于目前 PPI 同比增速持续下滑并在 1% 以下的区间低速增长甚至停止增长，而 CPI 同比增速却在 2% 以上的区间保持温和正增长态势。因此，在防范和调控可能出现的结构性通缩时，应该避免"一刀切"和平均使力，坚持总量和结构性调控相结合的方式，以避免在防范和调控 PPI 通缩时引起 CPI 通胀。其四，前瞻性调控和非对称调控相结合的原则。从上轮结构性通缩调控历程可以看出，有关当局的前瞻性调控落实仍然不到位，因此在本次及未来的通缩预防和调控过程中，还需加强政策调控的前瞻性。并且针对 2019 年 2 月开始出现的 CPI 和 PPI 同比增速背离的情况，还需要采取非对称的调控方式，进而达到精准预防和调控可能出现的结构性通缩的目的。具体来看，预防和调控本轮可能出现的结构性通缩的措施如下：

一是继续深入推进供给侧结构性改革，防止过剩产能复燃导致 PPI 再次通缩。中国目前处于供给侧结构性改革的持续深入阶段，经济结构优化升级的任务繁重。去产能遭遇"瓶颈"、相关生产要素的流动和市场化配置还不顺畅、供需失衡现象仍然存在，低端产能过剩仍有"抬头"趋势。我们需要进一步巩固去产能与去杠杆的成果，克服 PPI 同比通缩压力，加大力度积极地推进去产能与降杠杆。要科学把握去产能力度，合理解决相关生产要素自由流动问题，减少企业在去产能过程中的财务负担（周开国等，2018）。推动产能过剩行业调整发展战略，提高产品质量，加强品牌塑造，形成产品品牌化、质量化和绿色化发展（孟凡君，2018）。通过坚定不移地深入推进去产能和去杠杆工作，防止 PPI 再次跌入通缩的通道。

二是提升农业和服务业的劳动生产率，缓解成本推动对 CPI 上涨的影响。在高质量发展时期，面对长期以来上涨的劳动力成本与居民的高质量需求，CPI 同比出现通货膨胀的可能性加大。为了稳定 CPI 同比增速，需要解决上游成本上升带来的食品类及服务类产品价格攀升的问题。劳动力成本受到多方面因素影响，短期无法逆转其上涨趋势。对此，要提升农业和服务业劳动生产率以对冲成本上涨对 CPI 通胀的压力。在农业方面，依靠农地流转制度的改革，盘活土地经营权，克服农业分散性生产所带来的效率低下的弊端，引入农业职业经理人模式，实行农业规模化、专业化生产。同时，因地制宜购入农业机械装置，提高生产效率，实现机械化生产。在服务业方面，依靠人工智能技术，以机器人等装置代替重复性、可替代性人工劳动，合理安排劳动力要素的投入。加强相关人才的培养，提高有效劳动的供给，克服企业用工人浮于事现象，提高单位劳动的产出。此外，企业要增强创新意识，以技术创新、战略创新等方式提高生产效益。

三是把握货币政策对 CPI 与 PPI 的前瞻性和精准性调控力度。由于货币政策对 CPI 与 PPI 的影响力度不一致，如果仅关注单一指标可能会使得另一指标处于不适宜区间，从而可能导致结构性通缩问题。因此，货币当局在货币政策与宏观审慎双支柱框架下，应充分考虑货币政策对 CPI 及 PPI 的非对称影响（刘金全、张都，2017）。在进行货币政策调控时要同时盯住 CPI 与 PPI，实现两者的稳定变动。根据相关的政策模拟和政策区间目标，关注货币政策对投资需求及消费需求的影响，有效调节工业领域和民间的信贷规模。针对 PPI 与 CPI 同比变动出现分化的情况，需灵活使用各种货币工具并把握好货币政策对 PPI 与 CPI 调控力度，在 PPI 同比处于下行阶段时谨慎放宽货币政策，同时要注意避免对 CPI 同比上涨的过度刺激，使得两者均处于合理的区间。

四是继续实施结构性财政政策改善经济结构、助推高质量发展和预防结构性通缩。当前我国供给侧改革和去产能进入攻坚阶段，供需失衡矛盾仍然突出。在需求管理方面，要求实施适度扩张的财政政策，发挥财政工具的乘数效应和杠杆作用，撬动内需。而在供给方面，则要求适度的增税以遏制低端、无效、过剩的产能扩张。在此背景下，必须从优化财政收入和支出结构、服务于经济增长和经济发展转变方式的要求着手，改变以往的"平均使力"和"一刀切"的财政调控方式，坚持实施"有增有减，结构性调整"的财政政策。

一方面，通过定向的减税降费、财政补贴，支持民生、"三农"、小微企业等短板领域的发展和提高居民的可支配收入水平，促进投资和消费需求的增长。与此同时，考虑到目前我国基建投资尚未饱和，还有较大增长空间，并且增加基建投资能在有效扩大总需求的同时又不增加过剩产能，因此，财政当局应该注重通过定向的财政支出来扩大基建投资规模，刺激有效需求增长。另一方面，对钢铁、水泥等低端产能过剩行业进行结构性增税，避免出现低端无效产能"复燃"的局面，并对高新技术产业、高端制造业、现代化农业以及高端服务业进行定向减税补贴，进而增加有效供给，促进产业结构优化和经济发展方式转型升级。通过上述结构性财政工具的协调搭配，在增加有效需求的同时去除落后产能，化解结构性供需失衡矛盾，进而促进和维持 PPI 和 CPI 等价格水平指标的合理稳定增长。

五是稳定杠杆率不再上升，防止过高的杠杆导致"债务—通缩"螺旋的形成。截至目前，我国结构性去杠杆进程取得了一定的成效，非金融部门企业的杠杆率从 2017 年第一季度的 161.4% 下降到了 2018 年第四季度的 153.6%[①]，下降了 7.8 个百分点。但值得注意的是，我国非金融企业部门的杠杆率仍然处于高位，特别是部分"僵尸"国有企业（钟宁桦等，2016），其杠杆率明显高于民营企业的杠杆率。而在高杠杆率的情况下，PPI 统计口径下的资金密集型企业的债务负担较为沉重，一旦出现通缩苗头，上述企业不得不降价销售以偿还债务，这将对 PPI 产生下行压力。与此同时，银行的惜贷行为将导致实际利率上升和物价水平下跌，并进一步加重企业债务负担，由此形成"债务—通缩"螺旋。对此，我国应该将非金融企业部门作为重点对象，继续坚持推进结构性去杠杆进程，通过合理控制信贷规模、发展股权融资、强化不良权的处置、加强对国有企业的内外部资产负债约束和完善金融监管机制等措施，将宏观杠杆率维持在合理区间，避免陷入"债务—通缩"螺旋僵局（殷剑峰，2015）。但值得注意的是，结构化去杠杆是一个渐进的过程，不可能一蹴而就。有关当局应该制定明确的阶段性目标，分步实施，理性地、渐进地推进结构性去杠杆进程，要注意避免因激进的过度收缩信贷规模等去杠杆措施而造成经济下滑甚至衰退的局面。

第四，针对上述预防和调控措施，建立科学、严谨的结构性通缩预防和调控效果评估指标体系，并运用 VAR、TVP-VAR-SV、DSGE、CH6 等计量和数理模型对上述措施进行仿真模拟，以给出不同方案措施在相应评估指标方面的表现并进行选优，进而为有关当局预防和调控可能出现的结构性通缩提供更为科学、可靠的建议。在实施各种预防和调控措施过程中，还需密切观察 PPI、CPI 等主要价格水平指标及其先行指标的变化趋势，从而判断各种预防和调控措施是否起到了应有的政策效果。如若 PPI、CPI 等价格水平指标并未达到预期设定甚至与之背离，则需要重新进行参数修订，并对相应的预防和调控措施进行适当的调整，进而在不断修正的动态调控过程中对可能出现的结构性通缩进行预防和调控，从而避免或减轻物价水

---

① 数据来源：国家资产负债表研究中心（CNBS）。

平的持续下跌所带来的社会福利损失。在通缩调控达到目标后，最终对通缩调控效果进行评价和经验总结，从而更好地应对未来的通缩。

第五节 小结

本章对 2012—2016 年中国结构性通缩的调控经验和不足进行了总结，并给出了本书关于本轮中国结构性通缩的相关思考。

第一，总结了 2012—2016 年中国结构性通缩的调控经验，包括在需求侧管理方面，注重总量调控和结构性优化并重，坚持实施积极的财政政策和稳健的货币政策；在供给侧结构改革方面，注重优化产品结构，通过去产能、去库存优化供给结构，去杠杆缓解"债务—通缩"压力，促进资源价格回归，引导资源合理、优化配置等。此外，政府在调控目标方面开始从单一的点目标调控转向区间调控，在调控过程中更加注重预期管理与前瞻性调控。

第二，给出了本书关于本轮结构性通缩的相关思考。首先，对本轮结构性通缩调控的成果给予了肯定，并提出了调控过程中存在的不足，包括通缩持续和反通缩调控的时间过长、政策调控的前瞻性仍然有待加强、未建立完整的通缩调控体系等；其次，对目前宏观价格变动中存在的风险与问题进行了分析，包括去产能不彻底可能导致低端产能复燃使 PPI 同比下行，非金融企业部门杠杆率上升可能使得 PPI 下行，劳动力成本上升与高质量需求可能推升 CPI 同比增速上扬等；最后，结合本书建立的中国结构性通缩调控体系，对中国宏观价格未来变动和可能出现的结构性通缩的调控提出了相关的政策建议。

参考文献

Akcay S., 2011, "The Casual Relationship between Producer Price Index and Consumer Price Index: Empirical Evidence from Selected European Countries", *International Journal of Economics and Finance*, 3(6), 227-232.

Atkeson, A., and P. J. Kehoe, 2004, "Deflation and Depression: is There an Empirical Link?", *American Economic Review*, 94(2), 99-103.

Baig, M. T., M. J. Decressin, M. T. Feyzioglu, M. M. S. Kumar, and M. C. Faulkner-MacDonagh, 2003, "Deflation: Determinants, Risks, and Policy Options", International Monetary Fund Occasional Paper, No. 221.

Barro, R. and V. Grilli, 1994, The Economics of Robinson Crusoe, European Macroeconomics, Macmillan Education UK.

Barro, R. J., 1996, "Inflation and Growth", *Review-Federal Reserve Bank of Saint Louis*, 78, 153-169.

Beechey, M., and P. Österholm, 2008, "Revisiting the Uncertain Unit Root in GDP and CPI: Testing for Non-Linear Trend Reversion", *Economics Letters*, 100, 221-223.

Bernanke, B. S., and K. Carey, 1996, "Nominal Wage Stickiness and Aggregate Supply in the Great Depression", *Quarterly Journal of Economics*, 111(3), 853-883.

Bernanke B. S., 2002, "Deflation: Making Sure 'it' Doesn't Happen Here", *Board of Governors of the Federal Reserve System*, No.530.

Bordo, M. D., & A. J. Filardo, 2005, "Deflation in a Historical Perspective", *Social Science Electronic Publishing*, 12(186), 189-198.

参考文献

Borio, C. E., and A. J. Filardo, 2004, "Back to the Future? Assessing the Deflation Record", *Social Science Electronic Publishing*, 68(152), 1–18.

Boyarchenko, S., and S. Levendorskiĭ, 2008, "Exit Problems in Regime-Switching Models", *Journal of Mathematical Economics*, 44(2), 180-206.

Caporale, G. M. , and N. Pittis, 1997, "Causality and Forecasting in Incomplete Systems", *Journal of Forecasting*, 16(6), 425-437.

Caporale, G. M., M. Katsimi, , and N. Pittis, 2002, "Causality Links between Consumer and Producer Prices: Some Empirical Evidence", *Southern Economic Journal*, 68(3), 703-711.

Chris F., Baig T., Jörg D., et al., 2003, "Deflation: Determinants, Risks, and Policy Options", International Monetary Fund Occasional Paper.

Colclough, W.G., and M.D.Lange, 1982, "Empirical Evidence of Causality from Consumer to Wholesale Prices", *Journal of Econometrics*, 19(2-3), 379—384.

David, P. A., 1962, "The Deflation of Value Added", *The Review of Economics and Statistics*, 44(2), 148-155.

Delong, J. B., and C. A. Sims, 1999, "Should We Fear Deflation?" *Brookings Papers on Economic Activity*, 225-252.

Dickey, D. A., and W. A. Fuller , 1979, "Distribution of the Estimators for Autoregressive Time Series with a Unit Root", *Journal of the American Statistical Association*, 74(366a), 427-431.

Favero, G., 2010, "The Cost of Living in America: A Political History of Economic Statistics", *Business History*, 52(5), 869-870.

Fisher, I., and W. J. Barber, 1920, "The Purchasing Power of Money", *Journal of Political Economy*, 37(959), 758-763.

Fisher, I., 1933, "The Debt-Deflation Theory of Great Depressions", *Econometrica*, 1(4):337-357.

Friedman, M. , and A. J. Schwartz, 1963, *A monetary History of the United States, 1867–1960*, Princeton University Press.

Furhrer, J. C., and M. S. Sinaderman , 2000, "Monetary Policy in A Low-inflation Environment Conference Summary", *Journal of Money Credit & Banking*, 32(4), 845-869.

Ghazali, M.F.,O. A.Yee, and M.Z. Muhammad, 2008, "Do Producer Price Cause Consumer Prices? Some Empirical Evidence", *International Journal of Business & Management*, 3(11), 78-82.

Goldfeld, S. M., and R. E. Quandt, 1973, "A Markov Model for Switching Regression", *Journal of Econometrics*, 1(1), 3-15.

Hamilton, J. D., 1989, "A New Approach to the Economic Analysis of Nonstationary Time Series and the Business Cycle", *Econometrica*, 57(2), 357-384.

Hoffmann, W.G., 1967, "Das Wachstum der Deutschen Wirschaft Seit der Mitte des 19. Jahrhunderts", *Southern Economic Journal*, 129(4).

Hongyi, C., M. Funke, and A. Tsang, 2016, "The Diffusion and Dynamics of Producer Prices, Deflationary Pressure across Asian Countries, and the Role of China", *Hong Kong Institute for Monetary Research Working Papers* 152016.

Rogoff, K., 2003, "Deflation Determinants, Risks, and Policy Options: Findings of An Interdepartmental Task Force", IMF Occasional Paper, No.221.

Jared Bernstein, 2014, "Why is 2 Percent the Federal Reserve's Inflation Target? ", https://www.washingtonpost.com/posteverything/wp/2014/09/25/why-is-2-percent-the-federal-reserves-inflation-target-because-it-is/?noredirect=on&utm_term=.b1ffef4e1d79.

Jones, J.D., 1986, "Consumer Prices, Wholesale Prices, and Causality", *Empirical Economics*, 11(1), 41-55.

Karagianni, S., and C. Kyrtsou, 2011, "Analysing the Dynamics between U.S. Inflation and Dow Jones Index Using Non-Linear Methods", *Studies in Nonlinear Dynamics & Econometrics*, 15(2), 1-23.

Kindleberger C. P., 1973, *The World in Depression, 1929-1939, Berkeley*, University of California Press.

Koop, G., and D. Korobilis, 2010, "Bayesian Multivariate Time Series Methods for Empirical Macroeconomics", *Foundations and Trends? in Econometrics*, 3(4), 267-358.

Krolzig, H. M., 1997, "Markov-switching Vector Autoregressions", *Springer Science & Business Media*, Vol. 454.

Leontief, W. W., 1936, "Quantitative Input and Output Relations in the

Economic Systems of the United States", *The Review of Economic Statistics*, 18(3), 105-125.

Minsky H. P., 1986, *Stabilizing an Unstable Economy*, Yale University Press.

Nakajima, J., 2011, "Time-varying Parameter VAR Model with Stochastic Volatility: An Over-view of Methodology and Empirical Applications", *Monetary and Economic Studies*, 29, 107-142.

Nobay, R., I. Paya, and D. A. Peel, 2010, "Inflation Dynamics in The U.S.:Global but Not Local Mean Reversion", *Journal of Montary, Credit and Banking*, 42(1), 135-150.

Pigou A. C., 1943, " The Classical Stationary State", The *Economic Journal*, 53(212), 343-351.

Primiceri, G. E., 2005, "Time Varying Structural Vector Autoregressions and Monetary Policy", *The Review of Economic Studies*, 72(3), 821-852.

IMF, 2003, "Deflation: Determinants, Risks, and Policy Options-findings of An Interdepartmental Task Force", IMF Occasional Papers Series, Jun.

Sidaoui, J., C. Capistrán, D. Chiquiar, and M. Ramous-Francia, 2009, "One the Predictive Content of the PPI on CPI Inflation: the Case of Mexico", In Participants in the meeting (p. 249).

Silver, J.L, and T.D.Wallace, 1980, "The Lag Relationship between Wholesale and Consumer Prices-An Application of The Hatanak-Wallace Procedure", *Journal of Econometrics*, 12(3), 375-387.

Sims, C. A., 1980, "Macroeconomics and Reality", *Econometrica*, 48(1), 1-48.

Smith, G.W., 2006, "The spectre of Deflation: A Review of Empirical Evidence", *Canadian Journal of Economics*, 39(4), 1041-1072.

Tobin, J., 1994, "Price Flexibility and Output Stability", In Business Cycles: theory and empirical methods (pp. 165-195), Springer, Dordrecht.

Wray, L.R., & D.B. Papadimitriou, 2003, "Understanding Deflation: Treating the Disease, not the Symptoms", *Economics Public Policy Brief Archive*, 1-27.

Zhang, M., and C. Balding, 2015, *Carry Trade Dynamics under Capital Controls: The Case of China*, Social Science Electronic Publishing.

Zhang, W., 2009, "China's Monetary Policy: Quantity Versus Price Rules", *Journal of Macroeconomics*, 31(3), 473-484.

《2002 年国务院政府工作报告》，中央政府门户网站，http://www.gov.cn/test/2006-02/16/content_201164.htm。

《2003 年国务院政府工作报告》，中央政府门户网站，http://www.gov.cn/premier/2006-02/16/content_201173.htm。

《2014 年中央经济工作报告会议》，中国网财经频道，http://finance.china.com.cn/news/special/zhyjj/index.shtml。

Aki Ito：《日本学会适应通货紧缩》，和讯网，http://news.hexun.com/2011-04-07/128551560.html。

Claudio 等：《论通货紧缩的成本：历史回顾》，《国际金融研究》2018年第 8 期。

保罗·克鲁格曼：《萧条经济学的回归》（中译本），中信出版社 2012年版。

北京大学中国经济研究中心宏观组：《美国 30 年代大萧条对中国经济的启示》，《战略管理》1998 年第 3 期。

北京大学中国经济研究中心宏观组：《产权约束、投资低效与通货紧缩》，《经济研究》2004 年第 9 期。

毕吉耀：《如何看待当前出现的全球通货紧缩》，《宏观经济研究》2003年第 5 期。

毕吉耀、陈磊：《缓解通缩压力要标本兼治》，《中国金融》2015 年第7 期。

卞志村：《通货膨胀目标制：理论、实践及在中国的检验》，《金融研究》2007 年第 9 期。

卞志村、杨源源：《结构性财政调控与新常态下财政工具选择》，《经济研究》2016 年第 3 期。

财信国际经济研究院：《2019 年会出现通缩吗？减税是拉高还是降低 PPI——宏观通胀系列深度报告》，2019 年。

蔡林海、翟锋：《日本的经济泡沫与失去的十年》，经济科学出版社

2007年版。

蔡喜洋、张炜:《中国结构性通缩将在2015年延续》,《宏观经济与市场》2015年第5期。

蔡昉:《刘易斯拐点很可能会在2013年到来》,新浪财经,http://finance.sina.com.cn/review/hgds/20110408/15169658822.shtml。

蔡昉:《中国经济增长进入"刘易斯拐点"》,中证网,http://www.cs.com.cn/xwzx/hg/201505/t20150520_4715983.html。

常清、王倩:《关注通货紧缩现象》,《价格理论与实践》2012年第11期。

车维汉:《日本学者关于本国通货紧缩问题研究述评》,《现代日本经济》2011年第2期。

陈斌开、陈琳、谭安邦:《理解中国消费不足:基于文献的评述》,《世界经济》2014年第37期。

陈东琪:《通货膨胀和通货紧缩交互换位时代的政策操作》,《财贸经济》1998年第11期。

陈建奇:《PPI、CPI倒挂与通货膨胀调控——基于非对称供求结构与价格决定机制的实证研究》,《中国工业经济》2008年第11期。

陈彦斌、陈小亮:《中国经济"微刺激"效果及其趋势评估》,《改革》2014年第7期。

崔琳熠:《金融市场环境下货币政策工具调控效力的影响探究》,《金融发展评论》2018年第10期。

董小君、吕君临:《输入型通缩与供给过剩型的叠加是本轮经济下滑的本质特征》,《华东经济管理》2015年第12期。

杜厚文、董裕平:《对美国"新经济"的若干思考》,《宏观经济研究》2000年第7期。

渡边努:《日本顽固和缓的通货紧缩与日银"物价预期的启动"》,《经济学人》2010年第2期。

段鹏:《当前我国PPI与CPI走势分化原因分析》,《华北金融》2013年第11期。

樊纲:《通货紧缩、有效降价与经济波动——当前中国宏观经济若干特点的分析》,《经济研究》2003年第7期。

樊纲：《对2015年中国经济增长保持乐观》，《财经界》2015年第3期。

樊孝菊、郑午、王成勇：《PPI与CPI关系的再研究：基于非线性Granger因果检验》，《统计与决策》2013年第20期。

范从来、卞志村：《日本通货紧缩问题研究》，《世界经济》2003年第4期。

范建军：《2015总量政策和结构政策互补而非对立》，《经济纵横》2015年第4期。

方福前：《大改革视野下中国宏观调控体系的重构》，《经济理论与经济管理》2014年第5期。

方显仓、张卫峰：《人口老龄化与货币政策有效性——理论演绎与跨国证据》，《国际金融研究》2019年第7期。

方昕：《警惕通缩风险，完善宏观调控》，《金融研究》2016年第2期。

冯明：《结构性通缩与高杠杆问题背景下的货币政策挑战》，《清华金融评论》2015年第8期。

弗里德里希·哈耶克、国鹰：《奥地利人的批评》，《国际经济评论》1983年第10期。

高海红、陈思翀：《安倍经济学经济增长战略的目标、内容和评价》，《国际经济评论》2013年第5期。

高铁梅、李颖、陈飞等：《我国物价波动特征和成因的实证分析》，《经济学动态》2008年第1期。

格利高利·曼昆：《宏观经济学》（第7版），中国人民大学出版社2011年版。

郭克莎、汪红驹：《经济新常态下宏观调控的若干重大转变》，《中国工业经济》2015年第11期。

国家发展和改革委员会经济研究所经济形势分析课题组：《2015年经济形势分析与2016年展望》，《中国物价》2015年第1期。

国家计委宏观研究院形势分析课题组：《我国宏观经济运行：2001年回顾与2002年展望》，《首都经济》2002年第1期。

国家统计局：《中国主要统计指标诠释》（第二版），中国统计出版社2013年版。

国家统计局国际统计信息中心:《2014 年世界经济形势回顾与 2015 年展望》,国家统计局官网,http://www.stats.gov.cn/tjsj/zxfb/201502/t20150227_686531.html。

国务院:《国务院办公厅关于做好 2002 年扩大农村税费改革试点工作的通知》,国发〔2002〕25 号,http://www.gov.cn/zhengce/content/2016-10/12/content_5117778.htm。

国务院:《国务院关于化解产能严重过剩矛盾的指导意见》,国发〔2013〕41 号,http://www.scio.gov.cn/32344/32345/32347/33367/xgzc33373/Document/1447657/1447657.htm。

国务院:《国务院关于印发个人所得税专项附加扣除暂行办法的通知》(国发〔2018〕41 号),http://yss.mof.gov.cn/mofhome/mof/zhengwuxinxi/caizhengxinwen/201812/t20181223_3102091.htm。

国彦兵、郑明慧:《日本"金融大爆炸"的背景、措施与展望——评日本金融体制改革》1998 年第 3 期。

贺力平、樊纲、胡嘉妮:《消费者价格指数与生产者价格指数:谁带动谁?》,《经济研究》2008 年第 11 期。

贺力平、樊纲、胡嘉妮:《消费者价格指数与生产者价格指数:对徐伟康商榷文章的回复意见》,《经济研究》2010 年第 5 期。

侯成琪、罗青天、邹学恒:《PPI 和 CPI 之间的传导关系:从加总价格指数到分类价格指数》,《经济评论》2018 年第 1 期。

胡鞍钢:《我国通货紧缩的特点、成因及对策》,《管理世界》1999 年第 3 期。

胡冰:《基于创新驱动的河南省产业结构优化升级对策研究》,《当代经济》2018 年第 8 期。

华政:《成效显现去产能取得良好开局》,《湖北日报》,http://www.xinhuanet.com//local/2017-05/19/c_129608161.htm。

黄钫、刘凤元:《本轮 PPI 持续下行:比较分析与调控策略》,《指数研究》2014 年第 7 期。

黄俊立、周林新、卢运珍:《国外通货紧缩理论研究述评》,《经济学动态》2000 年第 2 期。

货币政策司:《公开市场业务公告》,中国人民银行官网,http://www.

pbc.gov.cn/zhengcehuobisi/125207/125213/125431/125469/2888548/index.html。

货币政策司：《常备借贷便利》，中国人民银行官网，http://tianjin.pbc.gov.cn/fzhtianjin/2927296/113906/2765534/index.html 。

货币政策司：《中期借贷便利概述》，中国人民银行官网，http://www.pbc.gov.cn/zhengcehuobisi/125207/125213/125446/125870/2809123/index.html。

货币政策司：《抵押补充贷款概述》，中国人民银行官网，http://www.pbc.gov.cn/zhengcehuobisi/125207/125213/2161446/2161453/2812560/index.html。

加利·西林著：《通货紧缩》，李扬等译，经济管理出版社2000年版。

贾康：《对我国1998年以来实施的积极财政政策及其效果的评析》，《税务研究》2002年第6期。

江明伟：《我国通货紧缩的判定标准及其成因思考》，《商业经济研究》2015年第27期。

姜欣欣：《CPI和PPI背离变化的原因分析与策略应对》，《金融时报》2017年第7期。

卡尔·马克思：《马克思资本论》（中译本），人民出版社1953年版。

李德水：《对我国当前通货紧缩压力的分析和对策建议》，《全球化》2015年第4期。

李晴：《PPI怎么计算？明年的PPI如何预测？一文剖析PPI来龙去脉》，搜狐网，http://www.sohu.com/a/271991249_117959。

李伟：《我国当前的通货紧缩风险及其影响因素研究》，硕士学位论文，华侨大学，2016年。

李晓、王晗：《日本银行的量化宽松"新政"：特征、背景及其面临的挑战》，《国际经济评论》2017年第3期。

李雪松：《中国宏观经济的风险与挑战》，《检察风云》2013年第9期。

李志启：《宏观调控"三部曲"》，《中国工程咨询》2015年第10期。

李中：《当前通货紧缩形成机制及对策分析》，《财税金融》2015年第36期。

梁红、易峘：《中金2019年下半年中国宏观展望：贸易摩擦升温，经济增长承压》，中金点睛，https://mp.weixin.qq.com/s/UExeqB-b7YcwgfdTjQzBAQ。

梁军：《简论日本经济持续萧条的原因与影响》，《日本学刊》2013年第6期。

廖保平:《CPI、PPI 双降,通货紧缩是否来临?》,《北方观察》2014年第 11 期。

林浩田:《我国 CPI 与 PPI 走势相背离的原因分析》,《经济研究导刊》2015 年第 15 期。

林毅夫:《我国通货紧缩的成因与对策》,《新东方》2000 年第 9 期。

刘斌:《我国货币供应量与产出、物价间相互关系的实证研究》,《金融研究》2002 年第 7 期。

刘凤良、鲁旭:《CPI 与 PPI 的"虚假传导"及其修正———个相对稳健的实证框架》,《数量经济技术经济研究》2011 年第 8 期。

刘凤良、章潇萌、于泽:《高投资、结构失衡与价格指数二元分化》,《金融研究》2017 年第 2 期。

刘慧玲:《试析目前我国通货紧缩压力的原因及对策》,《管理科学》2015 年第 7 期。

刘金全、解瑶姝:《"新常态"时期货币政策时变反应特征与调控模式选择》,《金融研究》2016 年第 9 期。

刘金全、谢卫东:《中国经济增长与通货膨胀的动态相关性》,《世界经济》2003 年第 6 期。

刘金全、张都:《新常态下 CPI 与 PPI 背离的货币成因分析》,《经济经纬》2017 年第 3 期。

刘昆:《增强财政金融协调 共同推进结构性改革》,《财政研究》2016 年第 2 期。

刘鹏、夏炎、刘得格:《全球价值链视角下我国对外依存程度分析》,《中国管理科学》2019 年第 27 期。

刘树成:《通货紧缩:既不能估计不足,亦不可估计过重》,《经济研究》1999 年第 10 期。

刘巍:《不同经济态势下货币政策的有效性——大萧条时期的历史经验》,《经济学动态》2011 年第 2 期。

刘伟:《新常态下"通缩"的预期及宏观政策选择》,《区域经济评论》2015 年第 3 期。

刘伟、陈彦斌:《十八大以来宏观调控的六大新思路》,全国哲学社会科学工作办公室,http://www.npopss-cn.gov.cn/n1/2017/0301/c219468-

29115005-2.html。

刘伟、苏剑：《良性与恶性"通缩"冲击下的中国经济——对近期中国经济趋势的考察》，《经济学动态》2014年第12期。

刘伟、苏剑：《良性与恶性通缩冲击下的中国经济增长和宏观调控对近期中国经济趋势的考察》，《经济学动态》2014年第12期。

刘蔚：《我国结构性货币政策效果评估及优化建议》，《中国商论》2017年第33期。

刘雪晨、张晓晶：《中国PPI与CPI背离原因分析》，《价格理论与实践》2017年第4期。

刘战武：《当前通货紧缩形成机制及对策分析》，《财税金融》2015年第36期。

刘哲希、韩少华、陈彦斌：《"债务—通缩"理论的发展与启示》，《财经问题研究》2016年第6期。

刘志成：《刘易斯转折期的通胀及其治理——日本、韩国和中国台湾的经验及启示》，《经济学家》2014年第5期。

柳永明：《通货紧缩理论》，上海财经大学出版社2002年版。

龙少波、袁东学：《经济新常态下中国CPI与PPI的"正负背离"现象分析——基于部门间价格传导机制差异视角》，《财贸研究》2016年第4期。

龙少波等：《国际大宗商品价格波动、投资驱动、货币供给与PPI低迷——基于TVP-VAR-SV模型的动态分析》，《国际金融研究》2016年第5期。

卢峰：《宏调的逻辑》，中信出版社2016年版。

卢倩仪：《2015—2016经济形势分析与展望》，中国网，http://guoqing.china.com.cn/2015-12/29/content_37415418.htm。

卢延纯、赵公正：《国际大宗商品价格对我国PPI和CPI传导效应的新变化》，《价格理论与实践》2017年第7期。

陆磊：《通缩压力、金融动荡与供给侧结构性改革》，《新金融评论》2016年第1期。

陆晓明：《危机以来美国通货膨胀走势及未来趋势》，《债券》2017年第4期。

吕光明、于学霆：《CPI 与 PPI 背离的成分特征与驱动因素解析》，《债券》2018 年第 1 期。

吕捷、王高望：《CPI 与 PPI"背离"的结构性解释》，《经济研究》2015 年第 4 期。

满向昱、汪川：《新常态下我国通货紧缩风险防范及其措施》，《中国统计》2015 年第 8 期。

毛振华：《降杠杆应对通缩风险》，《中国金融》2015 年第 3 期。

梅新育：《CPI 和 PPI 走势背离意味着什么》，《经济参考报》2013 年第 5 期。

美国企业研究所：《通缩风险构成重大威胁》，《财经界》2010 年第 8 期。

民银智库：《日本 1980 年代以来经济发展兴衰的启示与借鉴》，和讯网，https://m.hexun.com/news/2016-10-18/186473581.html。

莫万贵等：《中国结构性通缩中的周期性与结构性问题》，《金融研究》2019 年第 3 期。

年巍：《合理区间论引领经济列车又快又稳运行》，中国经济网，http://finance.sina.com.cn/review/hgds/20130722/102916200640.shtml。

庞德良：《论日本公共投资困境与经济衰退长期化》，《财贸经济》2002 年第 2 期。

彭俞超、方意：《结构性货币政策、产业结构升级与经济稳定》，《经济研究》2016 年第 7 期。

人民网记者：《国家发改委：2016 年去产能目标超额完成今年继续大力清退落后产能》，搜狐网，http://www.sohu.com/a/127992779_114731。

宋国青：《2015 年中国经济增长的判断》，《河南社会科学》2015 年第 1 期。

宋金奇、舒晓惠：《我国 PPI 与 CPI 的分化走势研究》，《价格理论与实践》2015 年第 11 期。

宋开：《就我国是否已经形成事实上通货紧缩的几点分析》，《财政金融》2015 年第 1 期。

苏剑、林卫斌、叶溪尹：《金融危机下中美经济形势的差异与货币政策的选择》，《经济学动态》2009 年第 9 期。

孙丹、李宏瑾：《经济新常态下我国货币政策工具的创新》，《南方金融》2017年第9期。

孙坚强、崔小梅、蔡玉梅：《PPI和CPI的非线性传导：产业链与价格预期机制》，《经济研究》2016年第10期。

田国强、黄晓东：《通缩来袭？》，《中国经济报告》2015年第8期。

王姝：《"经济发展新常态"首次明确九大特征》，新京报网，http://www.bjnews.com.cn/news/2014/12/12/345418.html。

汪同三、李涛：《中国通货紧缩的深层次原因》，《中国社会科学》2001年第6期。

王德贞：《货币主义学说对我国借鉴作用的哲学思考》，《黑龙江史志》2009年第2期。

王红茹：《从重基础设施到重民生"积极财政"十年轮回出新意》，《中国经济周刊》2008年第11期。

王佳琦：《日本的长期通货紧缩与货币政策有效性研究》，硕士学位论文，山东财经大学，2015年。

王金明、高铁梅：《基于先行指数对我国通货膨胀率的预测》，《统计与决策》2011年第5期。

王军：《加强价格调控监管预防通货紧缩风险》，《宏观经济管理》2015年第3期。

王洛林、李向阳：《2009年世界经济形势分析与预测》，社会科学文献出版社2008年版。

王小广：《经济增长与通货紧缩并存的成因和对策》，《经济学动态》2002年第10期。

王晓芳、王瑞君：《总体经验模式分解视角下的PPI与CPI波动特征及传导关系研究》，《数量经济技术经济研究》2013年第5期。

王晓彦、何金祚、胡德宝：《中国CPI与PPI相关关系研究——兼析我国CPI与PPI走势背离原因》，《价格理论与实践》2017年第7期。

王雪松：《价格传导机制在中国的实证分析》，《价格理论与实践》2007年第9期。

王永龙：《通货紧缩影响经济增长机理与宏观政策配置》，《经济学家》2016年第1期。

王宇鹏、赵庆明：《中国通缩了吗？》，《中国经济报告》2014 年第 6 期。

王志刚、周永刚、钱成济：《经济刺激计划能否将日本带出通货紧缩泥沼？——基于安倍经济学的政策效果评价》，《教学与研究》2014 年第 48 期。

邬琼：《日本通货紧缩问题研究》，国家信息中心网，http://www.sic.gov.cn/News/456/7966.html。

吴国权、杨义群：《通货紧缩理论界定与衡量的新认识——对我国通货紧缩再抬头的认识》，《财经研究》2003 年第 4 期。

伍伟烨：《充满武士道精神的"安倍经济学"——日本超量化宽松货币政策走向》，《国际金融》2013 年第 8 期。

肖炼：《美国经济保持强势的原因及前景》，《世界经济》2000 年第 3 期。

徐薇等：《对当前经济金融状况的估计及若干政策调整的思考》，《吉林金融研究》2009 年第 10 期。

徐伟康：《对〈消费者价格指数与生产者价格指数：谁带动谁？〉一文的质疑》，《经济研究》2010 年第 5 期。

徐忠：《经济高质量发展阶段的中国货币调控方式转型》，《金融研究》2018 年第 4 期。

许保利：《我国通货紧缩的原因及治理》，《财经问题研究》2003 年第 2 期。

薛薇：《SPSS 统计分析方法及应用》，电子工业出版社 2009 年版。

亚利克斯·巴雷特：《信贷危机后，通货紧缩将成为西方经济体主要风险》，《中国货币市场》2008 年第 8 期。

杨继生、冯焱：《货币供给与 PPI 的动态响应机制和结构性差异》，《统计研究》2013 年第 8 期。

杨阔、郭克莎：《发达国家应对通货紧缩及通缩预期对经济增长影响的政策研究》，《区域经济评论》2016 年第 2 期。

杨目、赵晓、范敏：《罗斯福"新政"：评价及启示》，《国际经济评论》1998 年第 8 期。

杨长湧：《美国经济当前形势及全年走势》，《中国经贸导刊》2015 年第 12 期。

杨子晖、赵永亮、柳建华：《CPI 与 PPI 传导机制的非线性研究：正向传导还是反向倒逼？》，《经济研究》2013 年第 3 期。

姚景源：《解读当前中国经济形势》，《电气时代》2015 年第 1 期。

易纲：《1998—2000 中国通货紧缩研究》，北京大学出版社 2000 年版。

易宪容、施晓红：《美国通货紧缩？》，《数据》2010 年第 10 期。

殷剑峰：《通货紧缩的成因与应对》，《中国金融》2015 年第 6 期。

尤宏业、莫倩、高善文：《上升的地平线——刘易斯拐点与通货膨胀裂口》，《金融发展》2010 年第 12 期。

余永定：《警惕通缩恶性循环》，《证券市场周刊》2016 年第 27 期。

余永定、张延群：《如何打破通货收缩的恶性循环》，《国际经济评论》1999 年第 7 期。

余振、顾浩、吴莹：《结构性货币政策工具的作用机理与实施效果——以中国央行 PSL 操作为例》，《世界经济研究》2016 年第 3 期。

约翰·梅纳德·凯恩斯：《就业、利息和货币通论》，中译本，上海交通大学出版社 2014 年版。

张成思：《长期均衡、价格倒逼与货币驱动——我国上中下游价格传导机制研究》，《经济研究》2010 年第 6 期。

张季风：《挣脱萧条：1990—2006 年的日本经济》，社会科学文献出版社 2006 年版。

张景智：《新型货币政策工具总量与结构效应比较研究——基于定向降准的实证》，《上海金融学院学报》2016 年第 4 期。

张可心：《中国结构性通缩的测度、成因与政策建议》，硕士学位论文，东北财经大学，2016 年。

张平：《通缩机制对中国经济的挑战与稳定化政策》，《经济学动态》2015 年第 4 期。

张启迪：《中国会出现债务通缩吗？——基于新债务通缩理论框架的预判和防范》，《世界经济研究》2017 年第 6 期。

张启迪：《良性通货紧缩还是恶性通货紧缩——基于 2011 年以来通货膨胀水平下行的原因分析》，《财经理论与实践》2017 年第 3 期。

张前荣、王福祥：《通货紧缩相关理论研究综述》，《宏观经济与物价调控》2015 年第 5 期。

张曙光、袁钢明、张平：《核算性扭曲、结构性通缩与制度性障碍：当前中国宏观经济分析》，《经济研究》2000 年第 9 期。

张天顶：《中国经济发展是否面临通货紧缩的威胁》，《宏观经济与市场》2015 年第 11 期。

张卫峰、刘堂勇：《人口老龄化与日本货币政策、财政政策有效性：抑制还是强化？》，《世界经济研究》2019 年第 6 期。

张晓峒：《计量经济学基础》，南开大学出版社 2014 年版。

张晓慧：《中国货币政策》，中国金融出版社 2012 年版。

张晓林、杨源源、张译文：《CPI 与 PPI 持续性"背离"的结构性解释》，《中国经济问题》2018 年第 1 期。

张燕生：《2014 年美国经济形势分析与展望》，《国际经济分析与展望（2014—2015）》，中国国际经济交流中心，2015 年。

张燕生：《2015 年美国经济形势分析与展望》，《国际经济分析与展望（2015—2016）》，中国国际经济交流中心，2016 年。

郑伟、林山君、陈凯：《中国人口老龄化的特征趋势及对经济增长的潜在影响》，《数量经济技术经济研究》2014 年第 31 期。

中国人民大学"大宏观"课题组、陈彦斌：《宏观政策评价报告 2018》，《经济研究参考》2018 年第 3 期。

中国人民大学宏观经济分析与预测课题组：《我国宏观形势及政策建议》，《宏观经济管理》2009 年第 1 期。

中国人民银行：《关于改进国有商业银行贷款规模管理地通知》，（银发〔1997〕560 号），http://www.chinalawedu.com/falvfagui/fg22016/40639.shtml。

中国人民银行货币政策分析小组：《2009 年第三季度中国货币政策执行报告》，中国人民银行官网，http://www.pbc.gov.cn/zhengcehuobisi/125207/125227/125957/126003/2843721/index.html。

中国人民银行武汉分行课题组：《通货膨胀监控先行指标体系动态分析》，《金融研究》2005 年第 6 期。

中投顾问：《中国已陷入通货紧缩？供给侧改革无法应对通货紧缩？》，中国投资咨询网，http://www.ocn.com.cn/hongguan/201602/xqobo17115313.shtml。

钟红、李宏瑾、苏乃芳：《通货紧缩的定义、度量及对当前经济形势的判断》，《国际金融研究》2015年第7期。

钟宏、黄涛：《正确认识CPI与PPI的持续背离》，《中国统计》2014年第3期。

钟宁桦等：《我国企业债务的结构性问题》，《经济研究》2016年第7期。

周继燕：《新常态下中国通货紧缩风险成因及对策研究》，博士学位论文，东北财经大学，2016年。

周开国、闫润宇、杨海生：《供给侧结构性改革背景下企业的退出与进入：政府和市场的作用》，《经济研究》2018年第11期。

周小川：《金融改革发展及其内在逻辑》，《中国金融》2015年第19期。

周小苑：《人民日报谈定向降准：货币供应充足不会再现钱荒》，东方财富网，http://finance.eastmoney.com/news/1370,20140602389315342.html。

邹静娴：《中国CPI、PPI的分化与通缩》，《国际经济评论》2016年第4期。

左小蕾：《通货紧缩之辩》，《新金融》2006年第1期。

后 记

作为经济运行的"温度计",CPI 和 PPI 等价格指标是测度宏观经济运行冷热与否的重要标志。价格稳定是宏观经济调控的主要目标之一,这也是本人长期关注并研究宏观价格波动与调控的重要原因。

2012—2016 年,中国宏观经济运行的一个典型事实就是:长达 54 个月的"PPI 增速持续为负,而 CPI 增速放缓为正"的结构性通货紧缩。如此长时间的结构性通缩是我国未曾有过的现象。值得注意的是,此阶段也恰好是中国持续 30 多年高增速的经济开始出现结构性减速的时期。那么,究竟是什么原因导致中国宏观价格出现如此长时间的分化与背离呢?为此,本书基于多重机制非对称作用的视角,深入剖析了中国结构性通缩的形成机制,尝试构建中国结构性通缩的理论并利用多种实证方法进行验证。在此基础上,提出了包括底线与目标、预警与预测、原则与措施以及效果评价为主要内容的中国结构性通缩调控体系。

本书是国家社科基金"多重机制非对称作用下的结构性通缩及调控体系研究"的研究成果之一,也是重庆市人文社科研究重点基地——重庆大学公共经济与公共政策研究中心的系列研究成果之一,负责人为中心副主任龙少波。其他与价格调控相关的成果发表在 *Economic Research*(SSCI)、《金融研究》、《国际金融研究》等学术期刊,以及清华大学《中国宏观经济预测与分析》系列报告上。

参加本书讨论与写作的团队成员有:龙少波(重庆大学)、张梦雪(重庆大学)、丁露(重庆大学)、裴红霞(重庆大学)、陈路(重庆大学)、邹凌(重庆大学)、张子萌(南开大学)、厉克奥博(清华大学)、梁俊(国家发改委市场与价格研究所）、钱东平（中国人民银行重庆营管部）、以及胡国良（国务院发展研究中心国研智库）。龙少波和张梦雪负责本书的最后统稿与定稿。

本书写作过程获得了清华大学李稻葵教授、中国人民大学陈璋教授、陈彦斌教授以及重庆大学刘渝琳教授等众多专家的建设性意见。本人长期参与李稻葵教授所领衔的"清华大学中国宏观经济预测与分析"团队，并负责宏观价格部分的讨论与撰写，这对于本书写作思路的启发与完善有着重要的作用。与此同时，本人作为重庆大学公共经济与公共政策协同创新团队（重庆市高校哲学社会科学协同创新团队）的成员，本研究也得到了该团队的支持和帮助。为此，对于上述专家和团队的帮助和支持表示谢意。

通货紧缩等宏观经济问题博大精深，一直以来也是国内外诸多经济学者们所关注和研究的重大核心问题之一。因此，尽管团队成员尽力对我国结构性通缩进行了机制总结、理论构建和实证分析，但由于能力限制，仍可能只是管中窥豹，且存在诸多不足之处，还请读者们批评指正。另外，在本书写作过程中参阅了大量的中英文文献，也吸收了众多专家学者的成果和观点，并尽量在注释和文献中列出，因时间仓促，若仍有遗漏，敬请谅解。

中国社会科学出版社的责任编辑刘晓红，责任校对周晓东，责任印制戴宽为本书的出版付出了大量的精力和辛勤劳动，在此一并表示感谢。

2020 年 7 月于重庆大学